北伐时期的罗炳辉

红军时期的罗炳辉

红军时期的罗炳辉与贺龙

长征时期，罗炳辉和红小鬼合影

1937年罗炳辉在延安

海伦·斯诺镜头下的罗炳辉

1937年的徐海东、罗炳辉、陈伯钧

红军长征胜利结束，罗炳辉等红一、二、四方面军团以上干部合影

罗炳辉（后排戴帽者）、朱德、叶剑英等与国民党中央考察团成员合影
（选自《西行漫记》）

1938年罗炳辉在武汉

1938年罗炳辉与李克农在武汉

新四军时期的罗炳辉

新四军时期的罗炳辉

1939年罗炳辉与叶挺等合影

罗炳辉、张明秀合影（叶挺摄）

1939年罗炳辉与叶挺等在东汤池新四军江北指挥部。
左起：叶挺、赖传珠、罗炳辉、张云逸

罗炳辉（左四）与叶挺（右一）、张云逸（左三）、邓子恢（右三）、高敬亭（左二）等
在新四军江北指挥部合影

罗炳辉等新四军五支队领导人合影

罗炳辉与妻子张明秀、长女罗镇涛、儿子罗新安、幼女罗鲁安在山东临沂东北园家中合影

罗炳辉百年经纬

罗新安 主编

上海市新四军历史研究会军直分会、二师分会 编

中西書局

《罗炳辉百年经纬》
顾问、主编名单

首席顾问 张明秀 张劲夫 夏征农 裴先白

顾　　问（按姓氏笔画为序）

卜厚沛 毛西夫 王庄霄 王征明 王　维
邓旭初 左　英 石　斌 许克诚 阮武昌
何永忠 何浩泉 吴鹤鸣 张宏献 肖习琛
肖　挺 苏　鲁 陈　扬 孟　克 林道生
林德明 曹恩民 萧　卡 寒　松 彭　璞
蔡　园 瞿道文

主　　编 罗新安

学术顾问 宋　霖

副 主 编 龙美光 宋祖彰 王计生 胡　斌 程晓明
黎　鲁 斯　简 林企湘 许国桢 钱厚祥
李　华 王东风 肖海伦

前　言

1945 年 8 月 15 日，日本天皇宣布无条件投降。21 日，日本乞降使节、侵华日军总司令官冈村宁次大将的代表今井武夫少将一行 8 人飞抵湖南芷江。晚 8 时 30 分，具体商谈开始。今井武夫指出："（日军）在徐州、蚌埠、芜湖附近，尚受到延安军的攻击，另有一个师进入浦口，其中一部分要求占领南京。对于此种'不法'行为，应当如何处理？希望贵方明确指示。"

今井向国民党政府的告急和诉苦符合事实。猛攻蚌埠和津浦铁路南端，向浦口及沿长江一带进击，并已渡江攻克龙潭和栖霞山的延安军，是罗炳辉率领的新四军第二师和淮南军区各部。兵临城下，困守南京的日本中国派遣军总司令和伪国民政府一片惊惶！此时的罗炳辉部已拥有 33706 人的正规军和 14125 人的地方武装。浩浩荡荡的近 5 万人大军和 300 万皖东抗日根据地（淮南抗日根据地）人民雄踞长江北岸，怎不令龟缩在南京城内的冈村宁次和远在重庆、鞭长莫及的蒋介石心颤胆寒！

这是罗炳辉率领的新四军二师和淮南军区各部的干部、战士与广大的淮南群众共同创建的威武雄壮、流光溢彩的皖东抗日根据地史上极富戏剧意味的一幕。

罗炳辉（1897～1946），原名罗德富，出身于云南省彝良县一个汉族贫苦农民家庭。1915 年入滇军当兵，作战勇敢，从士兵升至营长，参加了讨袁护国战争和北伐战争。1929 年 7 月秘密加入中国共产党，同年 11 月率部起义，参加中国工农红军，历任团长、旅长、纵队长、军长等职。第五次反“围剿”开始不久，任红九军团军团长。率部参加广昌保卫战，并护送北上抗日先遣队出征。1934 年 10 月率部参加长征，途中屡担重任，掩护中央机关和红军主力北上，表现出高超的指挥艺术。中央军委赞誉红九军团为“战略轻骑”。抗日战争初期，曾以八路军副参谋长的名义，在八路军武汉办事处从事统一战线工作。1939 年任新四军第一支队副司令员、第五支队司令员，率部开辟皖东抗日根据地。1940 年后任江北指挥部副指挥兼第五支队司令员、第二师师长兼淮南军区司令员等职，为巩固和扩大淮南抗日根据地做出了重要贡献。解放战争时期，任新四军第二副军长兼山东军区副司令员。虽身患重病，仍亲临前线部署作战。1946 年 6 月 21 日在兰陵时突然病情恶化，不治逝世。

1937 年，海伦·斯诺（斯诺夫人）在笔下是这样描写罗炳辉的，“他可真称得上是中国的一条响当当的硬汉子，为人们所热爱。中国人所热爱的那种关帝型民族英雄，一个智勇双全的人物。他往往以智取胜，敢于给敌人以重创。他所谈的智诱敌军的故事简直就像从《三国》里摘出来的一样——总有一天这些故事本身会成为民间英雄故事的”。

历史证明，罗炳辉就是一位像海伦·斯诺描写的传奇人物。七十年过去了，但是，关于他的故事仍然流传在他战斗过的地方，成为了民间英雄故事。

在罗炳辉同志 110 周年诞辰到来之际，在中共上海市委领导和市委宣传部的直接关心下，我们编辑出版了《罗炳辉百年经纬》一书，回顾、研究他传奇的一生。

上海市新四军历史研究会军直分会、二师分会

2007 年 12 月

目　录

从青少年时代到吉安起义

参与创建中央革命根据地

二万五千里长征

从延安到武汉

抗日名将

将星陨落前后

亲人的怀念

罗炳辉研究

从青少年时代到吉安起义

从青少年时代到吉安起义

◆罗炳辉

编者按:这是罗炳辉同志生前一份没有写完的自传。自传记载了罗炳辉同志从青少年时代到吉安起义的二十多年间的主要经历。自传的语言朴实无华,可读性强、可靠性高。用罗炳辉同志的自传来表现这段鲜为人知的经历是最合适不过的了。

祖父时代是富裕的家庭,迭遭变乱和当地恶势力的敲诈剥削,到父亲成年时,便一贫如洗。祖父去世后,父亲一面帮人做零工,一面向地主租地耕种,日夜辛劳,入冬又肩担背磨做些山货生意,衣食勉强能自给,即娶母成家。自我出世后,父母更加勤苦劳动,省吃俭用兼做小生意,家境日渐富裕。我十岁后,在地主、豪绅和官吏的敲诈剥削下,家境又沦为赤贫,我仅在私塾里胡乱念过三年书。

社会环境极端恶劣,封建剥削手段异常苛刻,逢年过节、红白喜事、送财神等,佃户不仅要送礼,还要担负繁重的劳动,每年至少要替地主做三十个白工。佃户有漂亮的女儿或老婆,一旦被恶霸地主看中,即遭强抢。交纳地租时,大斗大秤入,小斗小秤出,说不尽的剥削花样。

我十岁时,日渐知道地主、豪绅的横行霸道,母亲常因生活艰难而痛哭。贫苦农民辛劳一年,往往在粮将熟、猪将肥时被地霸抢走。母亲希望儿子长大成人后,杀掉这些恶霸地主,这样她死了才能闭眼。父亲不敢说话,常骂母亲话多惹事。我见父母之痛苦惨状,心如刀刺。

父母本想送儿读书，但因遭受不断地敲诈剥削，生活日艰，只能勉强供我读私塾三年。当时的政治腐败，教法陈旧，更兼年幼，七岁时开始读，仅能照书背诵，不能写用。到十一岁时，即与几个劣绅争论，劣绅异口同声说："这个干娃娃，长大不得了。现在就这样胆大，敢在太岁头上动土，他老子都不敢做声，这孩子真有吃雷的胆子，非弄死他不可！"我母亲听到这话很高兴，认为儿子长大能报仇。父亲却吓着了，认为家里出了败家子，给家里引来祸灾，竟将我捆打一顿。

十二岁时，地主含血喷人，家里遭了一场冤枉，四面八方出钱托人消祸。我气愤地说："有钱塞狗洞，不如去打官司。"土霸听了，和我对骂："老子在这地方比任何人都要高跳三尺！"我说："老子长大要飞起来，把你们这些混蛋杀掉！"土霸的走狗一拥而上，竟要打我。一个土霸说："胎毛未干的干娃娃不知天高地厚，竟敢惹老子！"周围的人都劝说："小娃娃人小不懂事，给他父亲说。"闯了这场祸，不敢回家，生怕挨打即跑入城找亲戚帮忙告了土霸一状。传审时县官特别注意，说小娃娃好胆大，本来是我有理，但因地主有钱运动，判了个平头官司。但这场官司在全乡引起极大震动，都说："这个小娃娃不好惹。"父亲认为得罪了土霸，对我又打又骂。母亲对我竭力保护，她虽怕惹祸，又喜儿子有为。

十三岁时，父亲害怕我惹祸连累家庭，又逢岳父家与土司打官司失败逃避，催父亲提早给我成亲。亲事是在我三岁时由父母订的。我虽然只有十三岁，身材却像十七八岁，因此决定正式成婚。婚期那天，拜了天地祖宗后，亲朋男女都来开玩笑。我年幼知识太差，又羞又怕，躲藏起来，父母派人四处找寻，直到天明才把我找到。头天和我开玩笑的亲朋一接近，我就手抵口咬，当即咬伤了四人。父母请人劝诱，派人监视，三天后才被骗入新房。结婚不久，父亲就决定分家，我想到年幼不能自立门户，又加上得罪了地方土霸，只有向外地逃跑了。

本地城内有一寡妇，带着两个儿子，受尽地主豪绅欺凌，儿子长大后加入反清政府的陆军。民国二年（1913），该连开驻县城，两个儿子同来，将县城最大的土霸头子谢介臣痛打一场，家具什物砸得粉碎。谢介臣是县官见了都要下拜的人物。县官当即乘轿子去见连长，连长不屑接见，显出陆军的威风。我觉得要复仇，能对土霸出点气只有当陆军。于是秘密地约邻居一个长我五岁的朋友刘顺祥，一同逃跑去投奔陆军当兵。跑后五天，方知父母派人到处追赶，我们躲藏着不敢露面。我从儿童时代起，最好刀枪，途中，将偷出父母之洋钱，买一文约尺余的双筒手枪。为买枪药，须先试药之好坏，因将枪药装入过多，击发时枪壳爆炸，将我推倒昏晕过去。醒后发现枪壳破入掌内，拔出后流血不止。经卖药人用草药敷上后，第六天又向省城前进了。半路遇到姐夫来追我回家，因我年幼，不能挣脱，只得横骂一场。他谈起母亲为我出走之事哭得死去活来，无奈我只得回家。回家后，曾几次夜间逃跑都未成功。

回家后，父亲坚持要分家，母亲认为儿子年幼，分开不能独立操持家务，亲朋也劝告，但无效果。最后请亲朋作证，正式分家。俗话说，“好儿不受爷田地，好女不受娘嫁衣”。今父母养我成人，就是讨饭度日，也要供养父母，从不依赖父母，要自立。分家后，我开始独立劳动，妻子年龄比我大四岁，劳力也强。当年的收成较好，都说我走了好运，加上我也做点山货药材的小生意，生活是比较好的。十六岁时得一子，取名代勋。孩子周岁后，我又偷偷离家，向省城出走。当时只想到离家可以替父母和地方弱小出气，决心去投陆军。

离家时是民国四年(1915)冬天，时十七岁。走到昭通城，遇到一个姓王的亲戚，将我带的路费骗吃骗光后，就不理我了。弄得没法，只得卖衣服吃饭。回到距家六十里的亲戚处，将受骗情况诉说后，向亲戚借了十五元硬洋又走。将近昭通城的路上，忽然碰到年近七十的岳父，他说：“二姑爷，还不回去照顾孩子呀?”我见岳父头发全白，流泪而言，心中很难过。但想到为乡邻报仇，只得硬着心肠离开岳父。一路风霜，终于到了省城。找陆军报名时，说我没有铺保，又不能另补。这时，无钱又无熟人，还饿了一顿饭。想起母亲有一侄儿在省城当神甫，走到教堂去探听，说距城还有三十里。立即向该教堂去寻亲求救。赶到教堂，经过门房传达，见到表兄，心里好高兴。吃了饭才问我跑出来的原因。听后，他觉得我还是个孩子，竟有这么胆大。因省城离家有十七天的大站，的确不容易走到，本县没有几个人到过。他说我跑出来，会把大姑妈（指我的母亲）气坏，叫我在他那里住下，不要乱走，过两天把我送回去。我听了他的话，好像掉了魂，没有当上陆军，哪有面目回去。趁他叫人带我去吃饭找地点的时候，我又溜出门外，向省城方向拼命地跑，生怕被送回家。到城内天已晚了，突然碰到在昭通城住旅馆遇到的一个熟人，这人姓尤，他带我到饭馆即叫弄菜、打酒、吃面，饥饿之下得吃一饱，倒是料不到的事。我把经过和他一说，他对我非常关心，并说吃饭的问题由他负责。他也赞成我当兵，说我定有高升之日，劝我不必着急难过。过了十天后，还是补不上名。姓尤的生病，钱已用完了，叫我去帮人做小工，每天找一角钱吃饭，待征兵时，再找铺保补入军队。开初，帮泥水匠做小工。抬土基时，人家抬八块，我抬四块还抬不动。第一天就把肩膀皮磨破了，第二天老板不要我做工了，我提出不要工钱，许多工人见我离乡背井，年纪幼小，都帮我说情，才准我继续做工。吃饭时，老板又说我吃得多，盛饭的时候，老板的儿子打了我两棍，不准再盛。我当即夺过棍子，正欲还手，又被大家劝阻，这时泪如雨下，决心离开这个老板，宁死不愿受这种侮辱打骂。一个五十多岁的老工人同情我，把我介绍到别处去做工。

做了半个月工后，我由每天一角工钱增加到二角，肩背疼痛渐减，力气渐增。老板和老板娘见我做事勤劳，老实忠厚，要我做儿子。老板有十余万财产，但无儿继承，仅有一个女儿。我自幼不贪便宜，母亲带我去亲朋家，如果稍有招待不周，我往往吃不下饭，宁肯一餐两餐挨饿。七八岁时，常去参加亲戚的红白喜事，数十儿童聚在一起，要向老年亲戚作揖磕头，然后给钱买东西吃或给衣服穿。小孩子没有不爱钱的，所有小孩子都得了钱，我弟弟五岁亦得了钱。亲戚见我不作揖磕头，许以更多的钱并答应给花布做衣服穿，要我称呼长辈和磕头，不料更惹起我的气了，又打又骂，还用口咬人。有些人受了伤才说：“不要惹了，这是‘恶虎’，是‘散财星’。”母亲为此气得半死，她说：“再不带这个‘报应’作客了。”这种自幼养成的倔强性格支配着我，怎肯做人家的儿子。我做工的目的是暂时维持生活，等待时机补名当陆军。

做了一个月小工后，四处托人补名当陆军，无法补入。两个月后，有人介绍叫我先去帮伙夫做事，接近军官，弄熟了才好补名。为了要补当一个陆军的士兵，只得去帮伙夫做事。苦闷地做了一个多月的活，还未补上。又有人说，要去帮助马夫做事，因长官喜欢马，随时可遇见长官。为了实现自己当兵的愿望，我又去帮助炮队的马夫做事。十多天后，遇到了警卫炮兵的大队长来查马。大队长有八字胡，见我笑着说：“这个小孩子是几时来的？”并叫我过去，问我有多大年岁，哪里人，跑出来干什么？我答：“是来当兵的。”他问我：“能否吃苦？”我答：“当兵的都是人，他们苦得，我也苦得。”队长点头笑了笑走了，以后见着我就要谈几句话。一个多月后，新兵名额来了，我才当上被补兵，每月三元银洋，伙食二元八九角，但心里很高兴。三个月后，即考取二等兵，每月五元九薪饷。继续当了三个月，薪饷又升了一些。我当兵的六个月中，各级长官都喜欢，又未犯一点纪律。学习操练中，能吃苦耐劳，数学成绩还比别人优异。三个月二等兵满，又考上一等兵。再三个月满考升上等兵(即副班长职务)，考试制度很严格，从上等兵考取三等下士、二等下士、一等下士直到三等中士，从未脱考过。有的老兵看我接连不断地提升，虽心里有些不满，但我是过硬考来的。

民国七年(1918)，正在炮兵学习操练时，突然接到家信，母亲认为我当兵几年仍无报仇希望，还认为我是有死无生。加之豪绅逼我妻子改嫁，母亲制止而被打伤，终于气绝。看完信，我十分难过，当即晕倒。昏迷了半天一夜，经过同事和排连长的劝导，渐觉清醒。有的同事主张拖枪随我前往家乡报仇，我想到私自拖枪犯法，既报不了仇又会牵连他们，故决定请假，带着上级公文前往。排连长都是保定生，劝我继续发愤，他们说今后定能报仇雪恨。

民国八年（1919）冬，姐夫和二弟同来找我，亲人相见，欢喜极了。问及父亲时，他二人含泪说："父亲已被县长抓去关起，生死不明。"他二人是夜间逃出来的，谈及我的营长发了公文给县长，并追问打死我母亲的凶手。因县长得了地主王海云的钱，给王通风。王约我父亲去吃酒，席间，王到后园自己用小刀在腿上戳了三刀，血流倒地，大吼大叫说我父亲杀他。县里差来的人是王的姐夫，当即将我父亲毒打，并伙同王一起，把我父亲抓到县署。县长亲问禁闭，又差人捉拿我姐夫和二弟，家里被搞得天翻地覆，财产被抢劫一空。因此，他二人星夜逃往省城找我。我将此事报告营长，得营长劝导，叫我不必回家。他一面做公文去叫县长放我父亲，一面勉励我上进，今后图报。姐夫和二弟也说县里已有准备，要在路上阻杀我。于是，只好听他们的劝告，由上级去公文，又借了二十元洋钱叫姐夫和二弟持公文回家。

自辛亥革命后，云南滇军首由蔡松坡主持练兵，后唐继尧主持训练。军官中之一部是日本陆军大学生，多数是保定生。云南讲武学堂办得特别好，有人说比保定办得还好。军队三操两讲，纪律极严。征兵条件严格，装备完整，四季服装完善。讲武学堂三年毕业才当见习军官，半年后才任排长。教授方法有如学校上课，三年教程结束后，数学水平相当高。对士兵进行为保卫国家、民族牺牲光荣的教育。要求作战顽强坚决，与武器共存亡，服从命令听指挥，不准赌嫖、吸烟、喝酒，以尚武精神为军人高尚品德，部队出征秋毫无犯。倒袁时深得人心。以后，由于上层军官贪污腐化，部队素质、纪律渐坏。我因从小受地主、豪绅的压迫，当兵后又目睹官场黑暗，常想到父母之仇未报，深感天下受痛苦的人很多，总想改革恶习，自己不能忍受的，决不给下级气受，吃喝嫖赌至今未沾染，自己本分应得的钱不乱用，并经常周济困难的人，对不公平的人和事，敢打抱不平。所以平时不畏强势力，不捧红踏黑，自己做的自己当，不移祸他人。正派的上级喜欢我，不正派的上级打击我。不管平时和战时，我都能不顾一切地完成任务。四年期间，当兵和当班长我始终如一。

民国九年（1920），本想送我入讲武学堂，营长说我已受了将近五年的训练，校内课程要求，我已能达到，有的课程，如数学，校内讲授的还不如我所掌握的深，所以决定不送我进讲武学堂。他为了帮我报仇，就介绍我去唐继虞（唐继尧之弟）处选随行军士，唐的参谋长是营长的姐夫，经两个月后，乘机报告家事，唐说："听你们营长讲过，并已去过公文，再要参谋严令去公文，定能得到完满解决。"

不到半年，顾品珍、叶相石等反唐，军队逼近省城。两唐将我当成亲信，选作随从副官一同赴港。到港后，专司采办一切用物。出入有汽车，各公司敬奉如上宾。唐在香港有大批财物，并有人认为他是民族英雄，故在香港显赫一时。虽然我过着优裕的生活，但精神总不痛快，此刻才感到军阀救国救民之说全是骗人的。他们的奢侈豪华全是吃民血兵血，唐继尧在香港的存款甚巨，中法银行一次就倒掉唐继尧四十万。唐继尧听后当场气绝，约半小时才苏醒。而唐在日本还有几千万存款。又看到帝国主义在中国的土地上对中国人横行霸道，心里更觉气愤。如云南到河口，过桥便是安南，法国人统治。中国人带一盒火柴过桥，要交法洋十元，带一枚针也要交法洋十元，带把小刀更是违法。但过桥后，买枪买刀均可到中国来。我在海防关看见一个云南人由广东回滇，带一支包好的水烟袋，要上税六元。那人说，烟袋才四元六角，要上六元宁愿不要烟袋。法国人不问青红皂白，打了他两耳光，把烟袋抛入水中，还把人带走。

在香港期间，一个师长的小老婆同唐住在一起，集聚了大量钱财，她很喜欢我，要我和她一同到上海，但我坚决拒绝，其他军官都骂我蠢。

我决心离港回国，愿过军队的苦生活，以期能有推翻黑暗社会的机会。多次向唐请假不准，只得私自买船票，留一信便离开香港。离港时未带一钱一物，连我应得的两个月薪饷也未领。

离港后经安南到河口，入云南境时，被边防督办拦住检查。该督办担负两项任务，一是防守边界，二是防唐继尧派人入滇活动。督办对我的检查甚严，我火气很大，骂他们对中国人凶，对外国人怕。我干脆把被盖拉开，随他们检查。他们在一本书上看到写有“继尧”两字，于是把我关押起来，又打电话去省城。第二天，把我押上车，解到省城，送总司令部军法处。和我同室的犯人均称重犯，每日都要捉杀几人。有的卫兵还说快要杀我了，我却莫名其妙。关了半月，未提问，钱和行李都被没收。我是随唐继尧、唐继虞去港的，所以很快就轰动了省城，我的两个老长官也听说了。我原来的营长已任炮兵团长，当兵时的炮兵大队长已任少将参军，都与顾品珍和军法处长同过学，两个老长官都很器重我。他们托人到处为我说话，刘大队长还亲往军法处长处保释，这些都是我事后知道的。

一天，一排武装来提我。同室的人都认为轮到我被杀了。我深知，在这黑暗社会里冤死的人不知有多少，故毫无惧色。押送的武装都端着上了刺刀的步枪，一边一个，扭着我的左右手。到了军法处长的会客室，处长出来，要我坐，问：“随唐公出去的吗？”我答：“是的。”问：“为什么要回来？”“我是中国人，香港是外国租地。送他出去是服从命令，回来是我的权利。”“回来负有唐公使命否？”“我一再请假不准，私自回来的。”军法处长又说：“你这青年血气太躁，态度强蛮，照此下去实在可惜了。你应直说，我想救你。”我说：“冤死在你们手上的人不知有多少，我的生死亦在你们手中。”军法处长动怒了：“你这样不识趣，敢同我胡闹，有你的罪受。”“我不是胡闹，是说直话，你不用生气。”军法处长对我说：“唐公与顾公是政见不同，并不是对唐公有恶意。只要能共同商议谋滇、谋国大计，是可以欢迎唐公回滇的，顾公也是能原谅的。”“我对军阀之间的争权夺利一无所知，他们争夺，小兵小民该死。”军法处长又发火了，说：“你这个青年如此胆大，连唐、顾两公你都要反对，真是自找死路。”我说：“我只是照直说，这样也犯罪，那样也犯罪，我有什么办法呢？”接着，我便不再说什么了，他以为我态度有好转，就问我：“你认识刘安华吗？他现在在哪里？”“他是我当炮兵的大队长，对我很器重。自到广东后，不知去向。”“我问你对他的看法怎样？”“我们大队长公正廉洁，爱兵如爱子，不贪钱财，我对他有好感。”“你对唐公的看法怎样？”“唐弄钱几千万，兵血民血被喝尽，这是令人痛心的，是云南的不幸、国家的不幸。”军法处长点头说：“刘安华是我的同学，他今早来我这里，他要保释你。要是你脾气不改，将来还是危险的，如果改正过来，前程一定远大。”他又说了一番如何为国家、社会作贡献的道理后，就说他已经请示顾公释放我，并派人带我去找刘安华。我虽然脱离了危险，可是衣物钱财都丢光了。

在昆明脱离危险后，到老队长刘安华处住下，刘是一个具有仁义之风的人。他的老同学鲁子材旅长在出兵讨袁中阵亡于重庆，刘费尽千辛万苦把鲁的尸体运回滇公葬，并要我主持追悼事宜。追悼会结束后，刘逢人便讲，说我做事认真，精细周到，有才干、有办法，经济上分文不苟，吃苦耐劳。又说，如有好的训练和教导，将是一个大有作为的军官。刘的赞誉，在军界引起很大的震动，有的说我品行优良，不可多得，有的更夸大地说，将来是我滇的人才等等。

留省几个月后，事已办毕，一些人要留我在滇。但我看到滇军政治腐败，不愿留下。正在这时，听到孙中山在粤推行进步政治，准备北伐，滇军朱培德部也在那里，因此决心赴粤。同乡中有三个中学毕业生也愿同去，于是约同他们从昆明出发，准备经贵州直达广东。途中听说孙中山已在广西桂林誓师，我们又往桂林前进。道经贵阳，他们三人认为到了贵州省城，应留玩几天。他们三人都是土司和大地主的儿子，从小过的是纨绔生活。刚住下，就叫旅馆老妇为他们找女人。那老妇去找了一个女人来，长得很漂亮，十八九岁，是个资本家的女儿，能做诗词，还能写文章。女人的丈夫原在重庆当营长，结婚后，丈夫接到贵州当师长的同学的信，叫他到贵州去，给他留有一个团长的位置。该营长即携眷前去上任，因带有上万盘费，结果路遇土匪，几次暴雨，夫妻失散，到贵阳时，只有女子到达，找到旅馆。旅馆人员听说是来找师长的，便借钱给她付轿夫费用。过了几天，才打听出那师长已调往四川，旅馆主人着了急，怕日久拖欠更多，竟将这女人赶出店门，送入妓院。老妇将这女人带来后，同行三人都很高兴，听了她的身世，我觉得应该帮助这个女人逃出虎口，让他们夫妻团聚，就给她五十元大洋，叫她离开妓院去找丈夫。和我同行的三人都说我是傻瓜，但旅馆中的客人都说我是个有为的正直青年。

由贵阳出发，经古州入桂，沿途土匪横行，危险重重。到了桂林，直找朱培德，他是滇军北伐军总司令，把我们送赴军官特校队。民国十一年(1922)，孙中山在桂林誓师北伐。特校队分为交通、设营、侦察、给养、运输、作战等组，每组百余人。我被分到交通组，组长是少校参谋李蠢许，我任副组长。由桂林乘船，经梧州、三水、广州、韶关、南雄、大皮、赣州。出发时，组长就病了，全由我负责。组员中许多人资格比我老，任过连营长的不少，最难指挥。但我靠着自己的体魄强健，吃苦耐劳，经济上清白，他们也没有太多的刁难。沿途找的民夫，我都给他们解决吃饭、住宿等问题，甚至连吃烟和茶水等具体问题都解决得较好，故没有开小差逃跑的，他们对我也十分亲热。到赣州后，我本准备发给民夫的部分工资和盘费每人百余元，同组的军官却去恐吓民夫说，罗组长补发欠数是收买你们，要骗你们去南昌。待我去付款时，民夫已全数跑光。我想到这些人出了二十多天的苦力，在这炎热的夏天回去，路费一文没得，心里分外难过。可是那些军官却很高兴，叫我拿出三分之一平分，其余三分之二归我，我坚持上交军需处。他们见我态度坚决，就对我进行威胁、恐吓：“你要不要命？”我觉得没有必要和这些人争执，就把钱全部交给他们去分，我分文不要。

北伐军到达赣州后，先头部队已占领万安县。此时，广州陈炯明叛变，孙中山逃上军舰。已入赣之北伐军回师讨逆，粤军许崇智、李福林两军经南雄沿大道向韶关前进，至周田即与陈军对战，滇军朱培德与赣军迎回韶州之帽子峰与陈军对战。陈军坚守阵地，讨逆军进攻困难，苦战十余日只攻占次要阵地，主要阵地则无法突破。朱培德唯恐广东许、李两军与陈军相互勾结，就派我前往两军任参军官，主要是去了解两军有无变化企图。我们一行五人，均系单独交代任务，由少校参谋翟向允（云南讲武生）负责。到许、李部后，待如上宾，发给特种通行证。我们可以随意到任何部队和前线去参观，借以了解双方战况。

在前线，我观察了一段时间，那时战斗已持续了二十八天，双方极度疲困。叛军陈炯明有火车来往运送物资，还有广州作为大后方。讨逆军则因缺乏运输而弹药缺乏，给养困难，战地附近连笋根都已吃光，遍地浊臭，加之体力消耗太大，如无援军和弹药给养补充，将无法抵抗叛军之进攻，且有失败之危险。我对许崇智提了上述看法，并请假回部队见朱培德，许亦望我回去说明困难。当时没有无线电、有线电，就连传骑也没有，我徒步走了七十多里地，见到朱培德，将所见情况一一汇报，朱认为我的见解很对。他说，湘军陈喜佑部两日内即可赶赴增援。一旦总攻，便会拿下韶关、英德，攻取广州甚易。因陈部有内应，加上我们外合，即可全胜。并鼓励我，要我回去慰问许、李，带去总攻密信，因朱培德是前敌总指挥。第二天，我就赶回许处，两天后湘军已到，守军心情喜悦，巴望迅速换防，精力已集中在后撤上。我很担心在换防时，没有准备而遭到敌军攻击。

湘军到后的第三天，即分到前线各阵地去接防，接防军队尚差百余米才到达防地时，许军忙于撤出，部队大乱。敌军已将火力对准许、李阵地，乘混乱之际，开始猛攻。许、李军如潮水般涌退，尽管许崇智等亲自指挥重机枪督战，败军又向两翼溃逃，指挥全部失灵，连高级军官也只好随兵退走，船上载的弹药无法卸下，军官太太们有的投河，有的逃跑，哭声遍野。

我见大势已去，许、李部和湘军都已溃不成军，而滇军也有遭敌歼灭的危险，我应不惜任何牺牲，奔回滇军阵地。时间已是下午四时之后，但无一人前往。临时找到一个随军做生意的云南人，只好约他一起走。当夜，我们渡河绕道经仁化向韶关前进，三次经过匪区。第二天早上八时，和我同行的人已经疲乏倒了，我也难以支撑，草鞋已破，只好赤脚向滇军总司令部帽子峰前进。下午三时半，到了总部，共徒步走完一百九十里路。见到朱培德时，已不能讲话而晕倒。朱叫医生打针治疗，两个小时后，方渐苏醒，但脚已不能动弹。我将许、李两军与陈军交战的情况报告后，朱培德面色大变，流下眼泪说："败向哪里为止呢?"我说："很难收拾。"

朱叫我暂时休息，他立即召集各混成旅长开会，要我去报告战斗经过。最后决定撤兵向湖南，当夜全部后撤。到第二天早上，退路已被陈军截断，幸而陈军只有一个先头团，很快被滇军击溃，大部队迅速通过。

我因星夜长途快速行军，劳累过度生了病，又经星夜撤退转移，途中数次和阻击之敌战斗，病况越发严重，幸朱培德随时关心，并乘他的马，又得李鑫许参谋真诚照顾，方能随军到湖南益州。休息了十余天后，病已好。朱为了培养我，要我任连长。但到团时，改为中尉排长，因为他们都是逐级提升的，认为我提拔太快。部队向广西桂林进发，进攻桂林城。广西守敌梁华堂率十余个"司令"守城，兵卒万余人。我们从东迫近城门，用火将城门烧着，烟雾一起，从城门两面搭梯爬城。城门烧倒，我率众越烟火冲入，衣服和眉毛都被烧去。东门被突破，战果迅速扩大，当夜占领全城，我立功受奖，并在桂林休息月余。

进攻韶关之讨逆军失败后，粤军许崇智向福建退却，滇军经湖南向桂林。在桂林与滇军杨希闵联合，又攻占广东，请孙中山回粤主持大元帅府。朱培德部改编为"拱卫军"，作为孙大元帅的卫队，我任连长。后接命令，要我连开往兵工厂，我任护厂队长，扩大为四个连。当时靠收地方各种税收作兵工厂的开销，私人收入约有七千余元。我总想把金钱用来扩大军队，不想发财和挥霍。我虽年轻，但未沾染赌嫖等恶习，且反对此等作风。

北洋军阀吴佩孚令方本仁部攻粤，方部进攻英德后，我军因兵力不够，将我由兵工厂调出代理营长，率部开到英德加入战斗。在一星期的战斗中，我部伤亡过半，自已轻伤两处未下火线，更受长官器重，叫我指挥另一个营。此时，敌人同样伤亡重大，我方增援部队赶到，敌人无援兵，并被我三面包围。我只身入敌营说服敌人投诚，不料被扣，差点送了性命。

我对敌方晓以国家民族之大义，指出中国人不应互相残杀，应把枪口一致对付帝国主义。我劝说无效，反被敌方押解走了。方军败退后，将我带到赣州禁闭，时值民国十二年(1923)5月底。禁闭九月，苦不堪言。民国十三年(1924)2月，杨如轩投降吴佩孚，到赣运动滇军，我在狱中给杨一信，杨电方本仁将我放出。与杨会面时，杨待如上宾。当即委我任营副兼连长。部队到吉安，又遇朱培德部北伐失败退走的部分队伍，我到官兵处慰问，分别给以川资。因许多都是我过去的同事和部下，我用了二千余元，设法送回广东。我回赣州后，杨部发生兵变，将我弄走。我从乱兵中逃回见杨如轩，杨对我非常信任，因其他贪污腐化之军官仇恨我，秘密暗示我离开。我随即化装成小商逃难，离赣入粤。

民国十四年(1925)夏到粤，见了朱培德，朱对我依然器重，委任少校副官职务。不到两个月，委以征兵主任，不久又委任警卫营营长。

民国十五年(1926)夏，我又出师北伐，由广州出发，任营长。经醴陵、萍乡，在新余两天与邓如琢主力决战，双方伤亡均大。击溃邓部后，进到高安、草山、万寿宫一带，又与孙传芳决战，击溃孙部后，进入牛行车站，取胜，进入南昌时已是9月以后了，我营仅剩八十余人，还是打得好的。我受了点轻伤，但因身体好，在南昌休息，部队作了补充后，继续向安徽、南京前进。我们过芜湖，到达采石矶。至南京后，部队即开回安庆。

民国十六年(1927),宁汉分裂,我军即回南昌。朱培德原依靠武汉方面,后又倒向南京方面。大革命失败,国共分家。贺(龙)、叶(挺)部队在南昌举行起义,解决了朱培德在南昌的部队。

朱培德倒向南京后,积极推行"剿共"的反动政策,在江西的部队都转入"剿共"。我在自己的驻防区域内,反对贪污腐化,主持正义公道,虽得到广大人民的同情,但贪官污吏、土豪劣绅却仇恨我。同事中的中级军官也仇恨我。我身无半文,只赢得各县送来的一些德政匾和对联等纪念物。

到民国十七年(1928)冬,朱培德的部队搞编遣,李文彬等中级军官捏造我的十大"罪状",主要说我是共产党。我借此机会离开了朱培德的军队。到上海时,差一点坐"华兴轮"坠海,因乘船前遇一友人拼命留我,才免遭不幸。当我看到《申报》报道"华兴轮"触礁沉没的消息后,才觉得自己是"拣得活的"。在广州住了一段时间,直到民国十八年(1929)春,据说第三军已离开江西,我才怀着对江西人民的深情回赣。许多被遣散的人员听说我回来,都纷纷来找我,希望谋条生路。想管吧,经济上无法维持;不管吧,又不忍心。只好将女人的首饰等物去换钱,并借了几百元银洋去办硝磺矿;除税收外,可有几千元银洋的好处。不料又因官僚豪绅轻视离职军人,我气愤之下打了劣绅,引起县长及地方绅商的反对,为此损失了一千六百元银洋。县长是原从粤出发时的一个连指导员,我见他官架子摆得很大,当众骂道:"你是什么东西?"光棍碰权势的结果,只好是逃之大吉,伺机再作打算。

自从脱离队伍起,在南昌、上海、广州遇到许多旧朋友,他们都说我坦白直率,敢说敢为,有骨气,爱名誉,不爱钱,可能会导致将来讨饭过日子。并对我说,如果照此下去,于我害多利少。我觉得他们出自好意,但我回答他们:一个人不一定要军刀大马成为资本家;只要人格在,担葱卖菜都是人干的。他们中间,不少人用钱如流水,个别的混得个地方官,就不认我这穷光蛋了。他们弄钱的手段是肮脏的,没有谋到官以前，把自己的老婆、女儿推出来应酬，一旦事情如意又洋洋得意不认人。我当面骂这种人是无耻之徒，引起了他们对我的仇恨。一个县长公然对我谈他当县长的诀窍，他说："做县长要会做公婆，又要能做阎王和老虎，还要能做小媳妇才行。"他还给我解释说："对豪绅地主要做公婆，对工农劳动者要做阎王和老虎，对上司和军队要做小媳妇。"我对他说："你不如死了还好一点，何必过这种无耻的生活呢？"

我带兵的时候，常给士兵讲："当兵的薪饷，只有父母、兄弟、妻子可以吃。因为当兵的人，在烈日炙烤下或冰天雪地里，尤其是在枪林弹雨中，出生入死。军饷如果被长官吃了，买房子要遭火烧，买田要遭水冲，讨老婆生儿子没有屁眼。"士兵听了高兴得鼓掌，营团以上的军官听了恨不得吃我的肉，说我是共产党。事实上我那时根本不知道共产党的主张。他们这一说，倒使我逐渐倾向共产党了。大革命时代，军队里的政治人员是共产党员，国共分裂后，工会、农会、士兵委员会均受摧残，证明这些组织是共产党领导的。这些使我渐渐认识到共产党才是彻底革命的组织。

离开硝磺矿以后，日夜苦闷。一些编遣人员因生活无着，又混到民团中去了，吉安的县大队中就有许多过去的旧部人员。吉安的绅商派代表到省城，请我去维持地方安宁。很客气地说，委屈我前往吉安任靖卫大队长。同时又接到金汉鼎电报，请我即刻回吉安，有要事相商。金是赣、粤、闽边区"剿共"总指挥，在吉安召开绥靖委员会，改组地方团队。金之所以要我去吉安，一是金喜欢沽名钓誉，想讨好地方；二是金的周围有许多人知道我在第三军的历史，在金的面前提到我，所以金做了个顺水人情，请我到吉安。到了吉安，委我任八乡联防改编的靖卫大队长，下属四个中队（即四个连），共六百余人、四百多支枪。

就任以后，我即对靖卫大队进行整训。经两个多月的整训，这支队伍很像一支精干的正规军了，金汉鼎和地方绅商都很称赞。在整训过程中，淘汰了一些不够格的人，安插了许多被编遣的官兵，这些人都是大革命中从广东出发经过许多战争锻炼的，战斗力很快增强了，但地方绅商却反对我安插这些人。我告诉他们，要安定地方，就要这些亡命徒去卖命。他们说，虽是我的苦心，但不宜过多。

靖卫大队经过整训后，奉命往北，执行所谓“剿共”任务，所到之处，人皆逃避一空。而回忆北伐时我带兵经过的情形，那时人民对我的队伍是很亲密的，我想，这是为什么呢？再看四处环境，到处是共产党的标语，这些标语很合人民的要求，我开始明白其中的道理了。有一次捉到一些农民，地方绅商认为是“万恶的共匪祸首”，非杀不可。我问一个农民：“为什么要追随‘共匪’？”他答：“饿死、受剥削死，反正总是死，不如随共产党为穷人的利益去拼死！”他的话引起我对幼年生活的痛苦回忆，于是给这些被捉的农民每人一元银洋，放他们走了。地主绅商认为放了“祸首”，对我产生了怀疑，派人监视我。凡是捉到人就在报纸上登载，给我施加压力，但我仍然将捉到的农民放掉。

地主绅商找县长与我谈话，还召开了有各团体负责人参加的县务会议，要我报告放人的道理。我说：“我的行动是为地方安宁计，你们知道，所有的人都逃跑了，这些人都是‘匪’，全数杀完，田地由谁来耕种？诸位要不要吃饭？何况这些人是杀不完的，只有越杀越多，恐怕‘剿’不着他们，诸位就要被‘剿’着了。我既然不行，请另选人接替。”当即有一部分人称赞我说得对。

一部分人始终在暗暗反对我，我仍然坚持自己的主张，但我当时对共产党的主张根本不懂。在此期间，忽然接到一封从上海寄来的信。寄信人是赵醒吾，云南人，北大学生，原与我同过事。我当时认为他为人公正，头脑清楚，很看得起他，与他的交情甚厚。他在信中说，办民团要为国家民族谋利益，弄得不好，就可能像曾国藩办民团，成为封建地主的帮凶。信中还谈了一些国际国内的政治形势。

我接到此信时，心绪烦乱，又遇值夏、富田等区的绅商地主数百人，向吉安驻军旅长成光耀请愿，说：“罗大队长按兵不动，任意纵‘匪’。”

成光耀的参谋长召我去，责怪于我，我当时气冲斗牛，愤怒地对他说："请你派兵去'剿共'！"想到自己在国民革命中九死一生，到今日还要受各种各样的气，说完就走了。找到成光耀，他说，逃难到吉安来的人，内中有不少共产党分子，要格外注意。又安慰我一番，并说了他的参谋长不对等。这时，又接到赵醒吾从南昌来的信，除了谈及前信的内容，还特别强调国内政治和经济状况，指出工人失业、农村经济破产等，但我始终未弄清他属哪一个党派。

那时农村到处在闹革命，我又被派到乡下去"剿共"，在实际中看到军阀官僚的腐败，劳苦大众的痛苦，我开始倾向于重新革命了。

在乡下又接到赵醒吾从吉安寄来的信，说要和我面谈。我因公务在身，只好给他回信，由队副带上回信并送上一百元银洋零用，还说明自己初上任，如有需要，以后还可资助。赵收到信后，仍然不断地来信，均称要等我面谈，并说这次不谈，以后会面就困难了。于是，我抽身到了吉安。

和赵醒吾面谈了三天，心里猜想他可能是共产党员。到第三天晚上，他突然对我说："我是冒着杀头的危险来找你的。"我说："你是共产党员？"他说："是的，生死均在今天。"他又接着说："我是党中央派来找你的，中央认为你有条件参加革命。"我说："共产党主张工农劳动大众的真正解放，我是同意的。"赵问："国共两党哪一边的势力大？"我答："当然是国民党大了，党、政、军、经济等一切大权均在国民党的手里。但广大的工农拥护共产党，共产党的潜力是大的。国民党像一座大洋房子，工农大众和共产党是墙脚，只要墙脚一动，大洋房子就会倒下来。"这天晚上谈得很兴奋，临别时，赵醒吾对我说："过两天另有人来找你谈话。"我表示愿意接谈。第三天来了一个学生模样的人，谈了约三个小时。我谈得多，他谈得较少。这个人刚走，赵又折回来对我说："这个姓刘的说，你懂得很多道理，还说你很勇敢。"我问姓刘的是什么人，赵支吾不答。

第二天，刘又来找我，还带来一个姓蔡的。又就昨天谈的问题谈了三四个小时，大家谈得很投机。第三天，赵醒吾对我谈了入党的手续和条件，我请求加入共产党。赵又和我谈了两次话，以后就由姓刘的秘密给我送来一张表，我到屋里一看，才知是入党申请表，上面还附有注意事项等。我秘密填写后，交给姓刘的。直到这时，我才知道他叫刘士奇，姓蔡的叫蔡申熙，赵醒吾的化名叫达生。经他们三人介绍，一星期后，我得到通知：省委已批准我为正式党员。从这时起，我才知道刘士奇的党内职务是赣西南特委书记，蔡申熙的党内职务是省军委书记。入党这一天是民国十八年(1929年)7月9日。

入党后，党给我的任务是：(一)绝对灰色。(二)利用我在旧军队中的关系，多派同情或支持我的旧部打入靖卫大队去。(三)我的部队里，由组织另派人去工作，我不直接与派入的人员发生关系，如果发生了问题，我照一般情况处理。从此，我就完全接受党的指示，忠实地进行工作。

自入党起，对士兵的讲话加强了，有意识地启发他们的觉悟。我还把自己的全部积蓄一千多元银洋，给士兵每人买一件毛衣，又买了三十多支长枪、四支驳壳枪充实队伍。由于我以靖卫大队为掩护，党的工作得到顺利发展，尤其是城市党组织的建立，吉安的成绩很大。各县及四乡组织均有很大发展，凡地方报告共产党的活动情形，均通过我，一方面通知党，另一方面向当地机关解释，麻痹敌人。由于个别同志对秘密工作的原则不够注意，致使地方官僚对我产生了怀疑，幸而大部分人不相信我与共产党有关系。直到南昌党的省委被破获，文件内发现“罗、杨两部”等提法，才对我的怀疑加剧。

形势在逐渐恶化：一是我们组织内个别人的警觉不够；二是反动派加紧残酷“剿共”。

突然接到湘军成旅长召我开会的通知，到会者有伪县长、公安局长、旅参谋长，驻吉安的黄团长、旅副官主任。会议由成光耀主持，关闭楼门，一切马骑副官均令远离。成光耀在会上讲了几点：（一）今天这个会，关系到吉安的安危，到会人员要负责保密；（二）赣西，尤其吉安一带，共产党活动最烈，奉上级密令严格“剿”办；（三）“剿”的办法，首先在吉安清查户口，凡有可疑人员都要捉起来，有可靠绅商具保方能释放。捉来的人，找几个庙宇和祠堂禁闭；（四）使用队伍的时间，到十二时（即零时）才给营长知道，准备队伍。两时开始运动部队，才让连长知道。部队警戒好之时，四时后才让班排长和士兵知道，全部断绝交通；（五）组织检查队，分五个组作为总的领导，分别由参谋长、团长、县长、靖卫大队长和公安局长担任领导工作，以下再分小组。

会议开到晚八时，离开旅部，我急匆匆去找特委书记。找到十时还没有找到人，弄得我大汗淋漓。正着急时，特委书记刘士奇来了。他开口就问：“有什么紧要事，找得这样急？”我说：“真把人急死了！”找到秘密地点，我把会议情况给他谈了以后，他离开时已是十一时了。由于提前作了准备，特委和区委无恙。到拂晓后，捉获所谓“嫌疑犯”八九百人。到十二时后，刘士奇跑来说，我们的同志被捉了两个，并要我营救。我即刻写了一个字条，说明这两人是误捉的，看管的人见了我的条子即将两个共产党员释放了。有些民团头子对我监督严密，我借故他们带错了路，向成光耀请示，以他们“通共”为由，杀了两个罪大恶极的民团头子。

从7月入党，逐渐有风声传闻我是共产党员，连老婆也说我是共产党员。朱培德仍有信来，要我回队，说将另有重用。而这时，朱、毛红军已由井冈山退出开往福建，力量不过两千余人。彭、黄红军又远在湖南，不过千余人。二、四两个红军独立团在赣西南，新近失败了几次，力量也只有几百人。各部之间的消息又不通，红军当时处于极度困难中。到了10月底，形势更加险恶，各方面都谣传“靖卫大队赤化了”。地方绅商怕我的部队真正赤化，故提出要我把部队开到城里整顿。我当时在吉安城内，部队在下面，于是我提出要他们发点款才能去带部队，他们马上拨了三千元银洋。我乘机离吉安去值夏驻地，集合可靠分子，又请刘士奇同志来讲话。成光耀派来监视我的一个黄埔生，是副官，在我这里住了一个星期，被我打发走了。但此后两个星期竟找不到特委的下落，因吉安曾破获了一个党的组织。又过了两天，忽然曾三同志来见，方知特委向北路转移。曾三同志还转给我一封特委的密信，用药水冲洗后方见其内容：（一）目前敌人已实行更残酷的进攻，并破获了几十个重要机关，被捕去的同志都知炳辉同志，一旦个别人招供，会造成危险和损失；（二）反动势力正走向崩溃的边缘，革命在向前发展，党的任务非常艰巨。赣西南党的任务是要发展和巩固革命根据地；（三）党希望炳辉同志高举义旗，准备起义。党正号召广大群众热烈欢迎。署名是特委。

接到特委密信后，我即开始集中部队，并秘密把城内的武器弹药和款项等运出。各队人员中都加入可靠的骨干，对来往书信也严加检查。还对驻军进行侦察，随时注意敌军的变化情况。在靖卫大队中天天讲革命问题，讲工农的痛苦，讲军阀官僚和地主资本家的剥削等等问题，逐渐启发了士兵的觉悟。

11 月 11 日，我检查到一封地方绅商署名给第二队的秘密信。内容是：罗大队长已赤化，望注意并顾及地方，请救民于水火等语。查出此信后，我日夜防备不测。14 日夜四时许，二队中士来报告：队长带着两个人一时就走了。形势的发展，迫使我采取紧急的措施：把可靠的队伍全部武装集合，对全系地方反动力量组成的第三队则实行徒手集合，当即把枪缴了。集合后，我将二队长昨夜逃跑和地方绅商对靖卫大队不相信等情况向大家讲了，并鼓励大家走革命起义的道路。绝大多数人都表态，愿跟大队长生死在一起。

条件已成熟，我即提出与东固红军联合的意见，征得大家同意后，部队立即出发。途中又侦察到敌人已派一个团追击我们的情况，我率部急行，当晚即到达新圩。

到达新圩后，特委刘士奇、蔡申熙、曾炳春、江汉波和曾三等同志均热烈欢迎。当晚即召开大会，宣布成立红军独立第五团，下属六个连，两个连为一个营。我任团长，金万邦任政治部主任。第二天，由地方群众团体对起义部队进行欢迎慰劳。16日，我集合部队，带头取下青天白日的帽徽，大家也纷纷扯了帽徽。从此，我和靖卫大队得救了，我们真正走上了革命的道路，彻底与腐朽的旧世界决裂了。

北伐革命的优秀健儿

◆胡　彦

20 世纪 20 年代初，孙中山领导的资产阶级民主革命几经周折，他所领导的两次北伐也都未成功。危难关头，中国共产党向孙中山伸出了友谊之手。孙中山接受中共主张，实行“联俄、联共、扶助农工”的三大政策，创办黄埔军校，准备新的北伐。

滇军朱培德部是拥护孙中山的。早在讨袁护国战争时期，该军已属护国第二军进攻广东。北伐时，朱培德部编为国民革命军第三军，罗炳辉任第三军第九师二十五团二营营长，我任副营长。

1926 年 5 月，广州革命政府派遣叶挺独立团为先遣队向湖南进军，支援唐生智平定湖南，继续进攻湖北，揭开北伐序幕。叶挺独立团打得英勇顽强，所战皆捷，一路凯歌。7 月 1 日，广州革命政府举行誓师大会，发表北伐宣言，十万革命军分路北上，声势浩大，甚为壮观。

第三军从韶关出发，经乐昌、九蜂山、郴州、衡阳、株洲等地，进到湖南醴陵。罗炳辉原是军部少校候差，到衡阳时宣布为二营营长。当时第三军是战略预备队，在醴陵休整待命。

此间，叶挺独立团在汀泗桥、贺胜桥一带与军阀吴佩孚主力决战，获全胜。随即攻占武昌城。第三军休整一个月左右，得到打孙传芳的作战命令，开始从醴陵进攻江西。二十五团二营随军经萍乡向南昌进发，在新余打垮了据守仰天岗的敌军邓如琢部。以后在牛行、蚊桥和万寿宫一带与孙传芳主力卢香亭、郑俊彦等部血战数日，战果辉煌。二营是由朱培德的警卫营改编的，战斗力强，很受朱重视。当时九师没有师长，二十五团(缺第一营)团长由中校团副代理，直接由朱培德指挥。那时罗营长和我都是二十多岁的年轻人，体魄健壮，每次战斗都在前面带头冲锋，无所畏惧。

在北伐进军中，罗营长常常走在队伍前头。战时，他英勇无畏，在第一线指挥战斗，威严难犯；平时，他平易近人，非常乐观。蚊桥战斗后的一天，我们在一个小山脚吃午饭，一颗子弹不知从何处飞来，把我们饭桌上的菜碗打烂了，有的人惊得目瞪口呆，罗营长则不以为然，风趣地说："这子弹真长眼睛，看来是存心不让我们吃饭了，快搬地方，不然我们饭吃不成，不把肚皮吃饱，我们咋个与军阀打仗呀!"说得大家哈哈大笑。在打万寿宫期间，罗营长脖子红肿，吃饭、行动十分艰难，我说："罗营长，你去医治吧，这样拖下去多难受，你走后队伍由我来指挥。"罗营长说："战斗这样激烈，我怎能轻易下火线？轻易离开战士们?"我知道他的脾气，这种情况下，他是不会甩手就走的，但想到他的健康直接关系着全营官兵的情绪，我将情况报告副团长李文彬(当时没有团长)，李文彬强命罗营长去治病。我指挥二营在第二天攻下万寿宫。这次战斗异常激烈，我方伤亡很大，二十五团奉命撤到草山休整。其间，罗营长病好回队。

在新余与邓如琢主力决战期间，第六军程潜打南昌，攻入南昌三天又被打出来(时旧历八月十五日)。随后，第三军变为总攻南昌的主力，作为军预备队的二十五团增援牛行方面作战。牛行车站位于赣江北岸，是当时南昌的终点火车站，也是进入南昌的重要门户。敌人派重兵把守，挖了纵横交错的战壕，构筑了不少明碉暗堡，配置了许多轻重机枪。这是一场啃骨头的恶战。二营担任主攻，敌人枪弹像雨点般飞来，每前进一步都要付出很大代价，在如此艰苦困难的条件下，罗营长率领全营官兵奋勇冲杀，一举攻下了牛行车站，为北伐军打通了攻下南昌的道路。北伐军占领南昌，二营立了头功。

进驻南昌后，朱培德升任江西省主席兼第五路军总指挥。第五路军辖第三军和第九军。第九军是通过整编后成立的。部队整编后，二十五团原缺的第一营成立了。罗炳辉调任一营营长，我接任二营营长。

我与罗营长相处虽只数月，但他留给我的印象是很深刻的。罗营长是一个出身贫苦而富有正义感的军官。他为人正派、耿直、豪爽，厌恶那种捧上压下、欺软怕硬的行为，对那些欺压人民，骑在人民头上作威作福的家伙，尤为痛恨。他见难相助，喜欢打抱不平。他公正无私，对那些克扣兵饷、喝兵血的家伙，更是切齿痛恨。二十五团进驻南昌后，时值春节，士兵却还未领饷。罗营长非常同情士兵，义正词严地向上级提出意见，给士兵们发饷，由于他的坚决要求，当局不得不给士兵发了饷。

罗营长出身行伍，从二等兵到营长，是硬打硬拼上来的，最了解士兵的心理和他们的苦楚，爱兵如子。他没有官架子，常与士兵谈心交心，打成一片，行军时常常把马让给伤病员和落伍的士兵骑。他的所作所为，深受士兵的爱戴，在士兵中享有崇高的威望。

罗营长生活艰苦朴素，最厌恶吃喝玩乐。那时，他不抽烟，不喝酒，不打牌，纯正无邪。当时这种品质在军队里是难能可贵的。他是北伐革命军中的优秀健儿。

1927 年 4 月 12 日，蒋介石在上海发动反革命政变，大肆屠杀共产党员、工人和革命志士，并在南京宣布成立国民政府。那时朱培德的思想还是倾向孙中山的，而第三军里有不少优秀共产党员和进步官兵，反蒋情绪激烈。朱培德把已到安庆的第三军九师调回南昌。此后，罗营长调到第九军二十七师六十九团任营长。该师师长是杨如轩，七十九团团长是刘安华，罗营长是刘安华的老部下，他们感情很好。朱培德后来看到蒋介石的反革命势力大，经不住蒋介石的压力，终于倒向了反动的南京政府一边。蒋介石叛变，朱培德倒戈，罗营长思想苦闷至极，变得沉默寡言。罗营长曾在南昌多次聆听过朱德讲课。当时，朱德是第五路军军官教育团团长，二十五团团长李文彬曾在泸州讲武分校当学员，是朱德的学生，对朱德十分仰慕，常请他给准尉以上的军官讲话。讲课后，留朱德吃饭，照例由营长作陪。朱德讲课通俗生动，实实在在，着重讲中国人民遭受国内外反动派侵略、压迫的惨痛历史和国民革命一定成功的道理，强调“革命向左走”，指出工农兵要联合起来，打倒军阀，打倒帝国主义和贪官污吏、土豪劣绅，革命成功了，大家都有工做，有田种，有饭吃，安居乐业。这些革命道理，对罗营长的启发是很大的。“八一”南昌起义的实践，有力地说明了朱德的道理是千真万确的。之后，朱德常常写信或以其他方式动员我们参加红军。罗营长对朱德的教诲则铭记在心，乃至后来在吉安率部起义，参加了红军。

1928 年，第五路军奉命在江西“剿匪”，与红军对抗，常吃败仗。夏季的永新战役（又称龙源口战役），就失败得很惨。杨如轩曾给我讲过这次战斗的情况。1928 年 5 月，朱德率领红军进占永新，杨如轩奉命带五个团收复。在进攻七圾岭时，七十九团刘安华从右翼由西乡走小路上山进攻，刘带着罗营长的第一营通过搭好的浮桥过了河，王培根的第二营还未过河，就突然遭到伏击，刘安华阵亡，罗营长负伤，杨如轩逃走了。这次战役，七十九团损失最大，除去伤亡外，缴去步枪三百多支、子弹四五箱、银洋两万元。这次惨败无疑对罗营长是个打击，也引起了他的思考：北伐战争中，我没有打过败仗，可是与红军交战，却连连失败，这是为什么？只有一个解释：北伐战争是符合人民利益的，得到人民群众的热烈拥护和支持；红军是为劳苦大众翻身求解放的，得道多助，因此战必胜，攻必克。而蒋介石反动军队背弃人民，失道寡助，失败是理所当然的了。此后二十七师缩编，罗营长被裁减了。他带着满腔愤怒，离开旧军队，重找新的出路。经朋友介绍任吉安靖卫大队队长。在那里，他常接触苏区的人，直接受到红军革命的影响，加入伟大的中国共产党，终于率部起义，参加红军，实现了他的宏愿。这是他革命生涯的重大转折。

罗炳辉同志在吉安起义前后

◆曹鸿胜

1929年农历九月十二日晚，罗炳辉率领吉安靖卫大队起义，投奔红军。这在罗炳辉的一生中是一个重大的转折，对我们参加起义的人来说，也是一生的重大转折。想起这一振奋人心的时刻，就想起罗炳辉在这一壮举中的功绩和他的许多往事。

罗炳辉早年参加滇军。1926年参加国共合作后的北伐战争，曾在朱培德部任营长。后被编遣，到吉安任靖卫大队队长，靖卫大队亦叫“八乡联防”。我与河南老乡王麟章也分别在朱培德部下参加北伐革命。我任班长，王麟章任特务营长。

1927年，“四一二”事变后，蒋介石实行“宁肯错杀一千，不肯漏网一人”的反动政策，在军队中凡被认为有“通共”嫌疑或不满言论的，重则被关押或杀头，轻则遣散。王麟章被遣散后，到吉安找到了罗炳辉，他俩是拜把兄弟，便住在罗炳辉那里。我被派出差，也被五花大绑送进江西清江县监牢。坐了牢我还不明白是怎样一回事。在牢里，每天都看见一些人被拉出去枪毙，我们囚牢的一些人便想：与其让他们轻轻易易拿去枪毙，不如拼死，于是决定越狱逃跑。一天，我们做好准备，我一铁棒将前来关大门的狱卒打倒，我们趁势冲出了牢门。经过许多困难和曲折，来到吉安，碰到了王麟章，他把我介绍到罗炳辉那里，我们三人在一起交谈后，知道是怎样的命运。罗、王留我在那里，我先不干，说：“当兵得到的就是这个下场，我死也不当这倒霉兵了。”那时罗炳辉已经有了起义的打算，王麟章也是赞成的。罗炳辉见我诚实，苦劝我说："兄弟，你不当兵有其他生路吗？像我们这些光棍汉，在哪里都是受欺压，前两年闹北伐，以为革命会成功，劳苦大众有出头之日了，哪知蒋介石翻脸，杀共产党，欺压人民。就是在他的军队里，也容不得我们，才落得这样下场。我们都是异乡人，为何聚在一起受这苦！还不都是这不平的社会造成的嘛？现在看得清楚了，只有共产党领导的红军才是为穷人撑腰说话，替穷人打天下的。我在靖卫大队不过暂且安身，蒋介石反动派逼我们上梁山，我们不如合计合计，痛痛快快干它一场，为我们受苦人争口气，也不枉做个硬邦邦的男子汉。"王麟章也在一旁劝说我。我见他们说得有理，软下心来，留在罗炳辉身边了。

平时，罗炳辉处理军务。一有空，我们就在一起聊天。从接触中，我发现罗炳辉虽任国民党靖卫大队队长，但他对敲诈、勒索、欺压老百姓的行为看不惯。上面命令他带靖卫大队打红军，他嘴里不说什么，行动上消极应付，有时捉到红军，他给放了。那时，我不知道罗炳辉与共产党有无联系，从他个人品质上讲，我觉得他正直公道，铁面无私，肝胆照人，见义勇为。我们之间的关系越来越密切，互相都很信任。后来，才知道他在起义前几个月，就已经秘密加入了伟大的中国共产党。

罗炳辉了解到附近县的民团和红枪会中，有不少河南人，于是派我去做兵运工作，以同乡关系动员更多的人响应或参加起义。同时他还计划把吉安附近二十多个县的靖卫大队串通起来，争取更多的人起义参加红军。

我首先到离吉安几十里路的吉水，这里有一个靖卫大队住在城里，四百来人。除此之外，城里还有靖卫一队，加上住丁岗、吾江的靖卫二队、五队，又有三百来人。在吉安、吉水、永丰、夏江交界处的吉水县三曲滩，还住着国民党的游击大队，大队长叫杨必恭，云南人。我分别找到他们的领头，说明罗炳辉的意图后，他们都纷纷表示支持。住在丁岗、吾江、水南、白沙一带的红枪会，工作较为难做，其中多数人是从河南逃荒到那里安家落户的，他们为了保住自己，组织了红枪会，受国民党利用，与红军作对。我分析了红枪会的组织状况，决定还是大胆去做工作。通过做工作，红枪会表示，靖卫大队起义，他们不干涉，保持中立。我把情况报告罗炳辉，他充分肯定了我的成绩，给予表扬和鼓励。

那时，江西省主席鲁涤平是蒋介石的嫡系部下。蒋介石派出前敌总指挥张辉瓒到江西打红军，派敌旅长成光耀到吉安。罗炳辉有“通共”嫌疑，在起义前几个小时，一个队长又逃跑告密，在万分危急的情况下，罗炳辉毅然提前起义。

那天夜里，天黑沉沉的，罗炳辉命令紧急集合。全大队五百来人集中后，他说：“今夜有紧急任务，全队出发，快速前进。”起义队伍开始了急行军，一路经值夏、被头天到新坪，赣西南特委书记刘士奇和李文林等负责同志已等候在那里，他们热情地欢迎我们。刘士奇说：“同志们，你们辛苦了，你们冒着生命危险起义参加红军，我代表赣西南特委对大家表示热烈的欢迎和亲切的慰问。从今天起，你们就是中国工农红军的战士了，在共产党领导下，为穷人闹翻身求解放英勇作战！”刘士奇和其他同志讲完后，罗炳辉热泪盈眶，代表大家表示了决心。

会后，战士们把国民党的帽徽撕掉，换上了红军的领章、帽徽。起义部队编为江西工农红军独立第五团，罗炳辉任团长，王麟章任副团长。苏区人民热烈欢迎我们参加红军，召开了欢迎晚会，演剧唱歌，唱《送郎当红军》和《十骂蒋介石》。晚会上群情激奋，气氛十分热烈。

起义不久，罗团长率部在赣江边打第一仗。南昌派出一个警察大队到吉安，住在水东防守和监视红军的行动。那时红五团活动在陂头一带。罗团长说：“这是国民党安在我们身边的一颗钉子，要坚决拔掉它。”一天上午，罗团长率红五团悄悄地包围了警察大队，他大喊一声“杀”就带头冲向敌阵，战士们都跟着他冲杀过去。敌人被杀得鬼哭狼嚎，只顾逃命。可前面是滚滚奔流的赣江，后面是红军，敌人走投无路，除击毙的以外，全部当了俘虏，四百余名警察无一逃脱。这一仗打得很出色，震动了南昌，老百姓争相歌颂。苏区群众纷纷慰劳，他们把好吃的东西送给罗团长和部队，领导机关也给予他们表扬和奖励，罗团长说："我们才当红军，没有做出啥子贡献，领导就给我们表扬奖励，今后要多打几次胜仗，感谢领导对我们的表扬和奖励。"

接着，罗团长率红五团三次攻打万安。万安在赣州方向，离吉安二百四十里，属吉安府管，有城墙保护，难以攻入。第一次攻打前工作不够深入，群众受反动派欺骗宣传，说红军红眉绿眼、吃小孩，受骗的群众很害怕我们。因未得到群众支持，第一次打万安进展不大。

总结第一次的经验教训后，罗团长派人事先侦察敌情，深入群众做宣传发动工作，让群众了解我们，帮助我们。一切准备工作就绪，红五团又攻打万安。我军英勇顽强，攻进城里，百来人的警卫团招架不住，只好逃跑，罗团长一面命令追击，一面安抚群众，令我带部分战士砸开监狱，放出无辜被害的乡亲。被害乡亲哭诉反动派残害他们的罪行，当他们知道我们是红军时，万分感激地说："红军真好啊，是我们的救命恩人！"一些年轻人当即报名参加了红军。

红五团打下万安后即撤出，敌人又占领了万安，于是第三次攻打万安。那时已经是寒冬腊月，大雪纷飞，返回陂头经东固九寸岭时，面临悬崖峭壁，已无去路，罗团长带头滚雪坡而下。

一天，罗团长对我们说："毛委员从福建来了，大家集队请毛委员讲话。"我问，"哪个毛委员呀？"罗团长说："毛泽东呀！"这个响亮的名字我已经听到很久了，都说朱、毛红军了不起，早就想见到毛委员了。听说毛委员要讲话，我又惊又喜，迫切地等待着。我心里想，毛委员是个大人物，大概是坐轿子来的吧！穿的也一定很好。我站在排头第一，正想着，突然罗团长喊："立正！现在请毛委员给我们讲话。"原来毛委员站在我背后，他高大魁梧，走到队列前，我才看见他穿的黄棉衣背后有两个洞，还未来得及补好，裤子也补了疤，穿的一双胶鞋也快烂了，梳着一个大背头，显得很清瘦，全然是一副文弱书生的模样，但他那双炯炯有神的眼睛特别明亮。一看到这情景，我惊奇得伸舌头，瞪眼睛。我万万没想到这样一个大人物穿的竟跟普通战士一个样。这时我才深切感到：共产党、红军上下一致，官兵一致，长官与士卒同甘苦、共患难，真是名不虚传。

毛委员的声音清晰而明亮，他说："同志们，知道你们起义，到红军来了，我们很欢迎，很欢迎呀！你们辛苦了，据说最近还打了不少胜仗，你们不错，是值得称贺的。"他接着又说："我们红军很苦，每天吃五分钱的伙食，穿的也很差，大家是见到的了，反动派卡我们的脖子，人民群众也很苦，我们只有到敌人手中去拿。"毛委员问："大家怕不怕苦？"一片响亮的回答："不怕苦！""能不能战胜困难？"毛委员又问。又是响亮的回答："能！"

气氛很活跃。毛委员面带笑容继续说："同志们，蒋介石反动派同帝国主义串通一气，不消灭红军他们不解恨，蒋介石要置我们于死地，我们就偏要生存，偏要发展壮大。我们还要打仗。现在，有个国民党的唐云山独立旅跟在我们屁股后头追，我们走他们也走，我们停他们也停。这个'祸根'迟早要给打掉。这个旅原属冯玉祥部下，北方人，个子大，能打能拼，吃面粉，吃不惯苞谷大米，爬山不行，地形又不熟，我们有许多有利条件足以消灭他们。"继而毛委员转为用辛辣的讽刺口吻说："他们在我们后面跟了这样长一段时间，也很辛苦了，叫他们休息、休息，快过年了嘛，让他们也好好过一个年，然后再去迎接他们。"战士们在队列里不敢放声大笑，却有不少人悄悄地笑了。下来后纷纷议论毛委员的话讲得好，句句讲在战士心坎上。

不久，红五团与江西工农红军独立第四团合并为红四团，罗炳辉仍任团长。短短的时间内，罗炳辉连任旅长、纵队司令等职，直至 1930 年伍仲豪同志牺牲后，他继任红十二军军长。

自毛委员那次讲话后，我被调进办在上福田陂下的中国工农红军第三分校。先当助教，后当教员，教军事常识，练瞄准、刺杀。毛委员兼任校长。李天柱同志任教育长，后由陈奇涵同志继任教育长。

1930年春，毛委员、朱总司令亲率红军攻打唐云山，罗炳辉部从一个方向进攻，打得英勇顽强，将唐旅包围在值夏附近的一个山头上，除击毙的以外，一千多人当了俘虏，缴获许多武器弹药。唐云山化装逃跑了。红军全歼唐旅，军威大振。这是吉安起义后罗炳辉率部打的第一个大胜仗。

罗炳辉任红十二军军长后，在毛委员、朱总司令统一指挥下，几次率部参加了攻打吉安的战役，击溃成光耀、邓英等部，战功卓著。

那时，红军中的游击习气还较严重。罗炳辉任红五团团长后，曾集队讲话，要求战士集合迅速，持枪立正，头不偏斜，帽不歪戴，扣好纽扣，不敞胸露怀；蚊虫叮咬，身不动摇，目视前方，洗耳听好。待罗团长讲完后，一个来自红军游击队、学生出身的参谋长接着讲话。他针锋相对地说，难道打仗时要先立正站好，作了这些要求才开始打吗？我们红军不需要这样多的约束。罗团长好气又好笑，同志们听了也觉得好笑，这哪里像指挥打仗的样子。在这位参谋长看来，罗团长要求的似乎仍是“白军”的一套。罗团长说：“军队不要纪律能行吗？毛委员、朱总司令还为红军制定了个三大纪律六项注意！没有纪律，就是乌合之众，古今中外战争史上，没听说不要纪律的军队能打胜仗。”后来，罗团长找朱总司令谈了想法，朱总司令肯定了罗团长的做法是正确的，批评教育了这位参谋长。

几次反“围剿”期间，我因在红军学校和工作调动频繁，在罗团长身边的时间少了。只知道红十二军在几次反“围剿”期间打了不少漂亮仗。

长征前夕，罗团长已经是红九军团的军团长了。我因负伤住院，罗军团长来看望我、安慰我，对我说：“我们最近要出发了，去开辟新的地区，你安心养伤，听从组织安排。”我流着眼泪说：“军团长，你不能丢下我呀！我要与你们一道去。”

罗军团长说:“你的伤还未好,咋个走得动呢! 如果抬着你走,连累战士,你也不忍心呀! 同志,就安下心来吧!”罗军团长说得那样亲切,那样诚恳。从称“兄弟”到称“同志”,他把我领上革命道路,我同首长熬过了多少日日夜夜,有多少难忘的往事啊! 现在要分手了,我怎能不难过呢? 我真想放声痛哭,我强忍着泪,目送军团长走出病房。此后在陈毅的领导下,我参加了华南一带的三年游击战争。

抗日战争时期,我又有幸到新四军,在罗炳辉师长领导下工作。日寇投降后,罗师长北上山东,我们又分手了。

参与创建中央革命根据地

罗炳辉参与创建
中央革命根据地征战史略

◆宋　霖

作者简介:宋霖(1946~),安徽天长人。研究员,享受省政府特殊津贴专家。1968年毕业于安徽师范大学中文系。1970年分配到天长县工作,开始潜心研究新四军抗日战争史。因天长县曾改名"炳辉县",1978年起承担研究罗炳辉的任务,根据当时已有资料编年谱,发现罗炳辉49年的一生无法逐月排出,其中十三年的资料全部空白,于是列出一百三十多个要解决的问题,到十几个省区作调查,以红军长征路为主干线连续奔波十一个月,每到一地都钻"三馆"(档案馆、图书馆、革命纪念馆)、访"三老"(老干部、老红军、当地老年居民),特别注重到历史事件发生地作实地考察与调查,以核对鉴别文字资料的正误和真伪。1982年出席全国中共党史人物研究学术讨论会。发言论文《由罗炳辉研究想到党史人物研究的几个问题》在全国产生反响。已主编、出版《罗炳辉将军在淮南抗日根据地》(与罗新安合作)等书十本;参与《罗炳辉传》、《罗炳辉画册》等书的编著工作;著有《李大钊家族史研究》等。发表论文五十余篇,其中论文《对长征中红九军团黔滇川省单独行军的考辨》获安徽省党史研究优秀成果一等奖、中共党史学会党史科学研究论文二等奖。从1985年起任《中共党史人物传》(一百卷丛书)编委,1997年起任副主编。《由罗炳辉研究想到党史人物研究的几个问题》等成果获安徽省社会科学优秀成果奖。现为中共党史人物研究会理事、中国国史学会理事、安徽省政协文史委员、安徽省社科联委员、安徽省中共党史学会副会长。

罗炳辉是中央革命根据地的重要创建者之一。

一

1929年10月15日吉安起义的爆发，振奋了在白色恐怖下坚持斗争的江西人民，发展了红军，扩大了赣西南革命根据地，给国民党新军阀以沉重的打击。

11月，国民党军成光耀部渡赣江进犯。罗炳辉指挥反击，经三日激战，迫使敌人向白沙、吉安收缩。

12月15日，罗炳辉率部冒着漫天大雪，以奇兵奔袭与吉安城隔江相望的水东，重创从南昌来援的江西省保安第三团第一中队，缴枪百余支，震慑了吉安守敌。

在短短2个月的时间里，罗炳辉部就由四百余人猛增到近两千人。

12月，罗炳辉与彭德怀、黄公略会师于遂川。年底，以东固、延福为中心的赣西红色区域和以兴国、宁都、雩都为中心的赣南红色区域连成了一片，赣西南革命根据地初步形成。

1930年1月，红六军组建，黄公略任军长，罗炳辉任第二旅（后改第二纵队）旅长（司令员）。

2月初，罗炳辉与朱德、毛泽东率领的红四军会合于东固山区。

2月7日至9日，罗炳辉出席了在陂头召开的红四军前委，红五、六军军委与中共赣西特委联席会议（史称“二七会议”）。在毛泽东主持下，会议研究了武装群众、扩大红军、建立红色政权、分配土地等重大问题，使罗炳辉深受教育，极为振奋。这是罗炳辉与毛泽东的首次见面，他们彻夜畅谈，相见恨晚。罗炳辉看见毛泽东、朱德身上的棉衣又薄又破，就设法买了几匹斜纹布，送给他们缝制新衣，毛泽东说：“战士们衣裳更单，先给战士们做吧。”

2月中旬，在朱德、毛泽东的指挥下，红军摆开阵势，围困吉安。2月23日，号称“铁军”的敌唐云山独立第十五旅汹涌来犯。毛泽东和朱德倾听了罗炳辉对敌情、地形的详细分析，决定兵分两路，一路由毛泽东和朱德率领，由水南向施家边、古卢进击；另一路由陈毅、罗炳辉率领，自三星桥向茶家山、值夏进击。经24日战水南、26日战施家边，大败唐云山旅，俘敌一千六百余人，缴枪两千余支，其中机枪十八挺，迫击炮十余门，子弹五六十担，获得了空前大捷。

2月底，罗炳辉率部配合彭德怀部攻吉水，未能成功。红四军和红六军移师南下，攻赣州未克，遂分兵开展游击战争。

3月至5月，罗炳辉率部征战于赣江以东、武夷山以西的广大区域，在万安、赣县、雩都、兴国、宁都、广昌、石城等县开展游击战争，打土豪，分田地，建立党的组织和各级政权，与兄弟部队一起为创建中央革命根据地奠定基础。

1930年6月，朱、毛红军“汀州整编”，成立中国工农红军第一路军。朱德任总指挥，毛泽东任政治委员，下辖红三、四、十二、二十军。罗炳辉任红十二军副军长，代军长职。7月，第一路军改红一军团，下辖红三、四、十二军，黄公略、林彪、罗炳辉分任军长。

6月11日，在李立三主持下，中共中央在上海召开政治局会议，通过了《新的革命高潮与一省或数省的首先胜利》决议案，命令红一军团攻取南昌。6月23日，红一军团从长汀出发，经兴国，7月24日克樟树，并西渡赣江，27日克高安。

为纪念南昌起义三周年，罗炳辉奉毛泽东之命，率部于8月1日进抵南昌城对岸的牛行车站，向南昌鸣枪佯攻示威，赣敌一片惊慌。

8月23日，红一、三军团会合于湖南浏阳永和市，成立红一方面军，攻长沙不克，回师江西，10月4日攻占吉安。罗炳辉部进至峡江、新喻、崇仁、南城一带开展土地革命的各项工作。

二

1930年11月，蒋介石纠集十万兵力，采取“并进长追”、“分进合击”的战略，西自吉安，东至建宁，向红一方面军发动第一次“围剿”。红军按照毛泽东提出的“诱敌深入”方针，放弃东固，将主力退至宁都县黄陂、小布地区隐蔽集结，仅留罗炳辉率红十二军第三十五师担负诱敌任务。

在从12月16日起的十多天里，罗炳辉率部且战且走，故意丢下一些军需品，佯作溃退，成功地把公秉藩部、张辉瓒部诱向富田、东固、龙冈。12月28日，敌前线总指挥兼第十八师师长张辉瓒进入龙冈地区。29日夜，红军分两路秘密西进，包围龙冈之敌。30日，红军发动猛攻。罗炳辉率红十二军任左翼，占领万公山，以主力切断通南龙之大道。龙冈一战，全歼敌十八师师部和两个整旅，俘张辉瓒以下九千余人。红军龙冈大捷，蒋军全线动摇。敌十八师残部和敌二十四师、二十八师、五十师分向富田、头陂、东固、东韶逃跑。

1931年1月2日，毛泽东、朱德在宁都小布发布《进攻东韶之敌的命令》，命令罗炳辉率红十二军担任正面攻击任务，经南田、林池，直抵东韶。1月3日上午七时，红十二军乘着晨雾迷蒙，从西面直扑东韶。彭德怀率红三军团亦发起强攻。激战至中午，敌据黄泥寨高地顽抗，红军受阻。罗炳辉奉总部命令，以一部抢占比黄泥寨高的雪崖垴，居高临下，猛烈射击；以另一部配以梭镖队连续发起仰攻。经激战全歼守敌，红军各部冲进东韶。东韶一战，歼敌第五十师一半，毙、俘敌六千余名。还缴获了一架无线电台，以此为基础，创建了红一方面军的第一个无线电大队。

红军在五天里打了两个大胜仗，粉碎了国民党发动的第一次“围剿”。战后，毛泽东高度评价了红十二军成功诱敌的功绩，称赞罗炳辉是“牵牛鼻子的能手”。

第一次反“围剿”胜利后，红军转入训练，原地分散筹款，发动农民分田。罗炳辉率红十二军南北转战，2 月 27 日克石城，3 月 26 日解放瑞金。

三

1931 年 4 月，国民党调集二十万兵力，以何应钦为总司令，发动了第二次“围剿”，西自赣江，东至建宁，构成七百华里弧形阵线，采用“稳扎稳打、步步为营”的战法，分四路向红军进攻。

4 月 19 日，毛泽东、朱德在宁都青塘下达了《战前部队集中的命令》，红军向东固山区隐蔽集结。5 月 14 日，红军总部电台截获敌王金钰部将于 15 日沿观音崖、九寸岭犯东固，敌公秉藩部亦经中洞犯东固的电报。

16 日，罗炳辉部红十二军第六十四师会同林彪部红四军，与王金钰部激战观音崖、九寸岭，取得了第二次反“围剿”的第一个胜利。红十二军余部 15 日占领大山垴，牵制了上坊、罗坊、潭头三个方向之敌，保证了 18 日至 19 日水南、白沙战斗胜利的取得，歼敌郭宗华部第四十三师大部和上官云相第四十七师一部，还缴获了两门七五山炮和一百六十多发炮弹。22 日，罗炳辉率红十二军为总预备队，支援主力在中村歼灭敌高树勋部第二十七师近一个旅，取得第二次反“围剿”的第三个胜利。

敌朱绍良部第六路军各师于 23 日向广昌、南丰逃窜。26 日晚，毛泽东、朱德、彭德怀、黄公略、罗炳辉在苦竹召开总前委第二次会议，决定攻取广昌。27 日，红军三路进攻广昌，罗炳辉率红十二军为右路，经头陂、新安，从城南攻城，反复冲锋，牺牲甚重，被迫停止进攻。27 日晚，朱绍良带毛炳文师和许克祥师潜逃南丰，敌军心浮动。晚九时，红军发动猛攻，终克广昌。

28日，总前委决定以一部佯攻南丰，麻痹敌人；以彭德怀率红三军团和罗炳辉率红十二军（欠三十四师），突袭福建建宁。建宁三面环濉溪河，一面依龙堡山，地势雄险，城高壕阔，易守难攻。敌刘和鼎部第五十六师以全副德国装备的七千人守城，气焰十分嚣张。红军以惊人的速度飞越武夷山，29日拂晓，彭德怀部为左翼，取溪口街，占青云岭，直扑建宁北门；罗炳辉部为右翼，过沙板桥，越雷钵岭，直迫建宁南门。敌顽强抵抗，红军伤亡甚重。罗炳辉综观全局，当机立断，命令不惜任何牺牲，强渡濉溪河，占领与南门隔河对峙的水南高地，俯射南门之敌；并分兵绕马房村北取东山，控制万安桥，攻击东门。此时，彭德怀率红三军团击溃龙堡山守敌，完成了对建宁的四面合围，城中守敌大乱。毛泽东、朱德登上龙堡山指挥，红军更加英勇。罗炳辉部攻击东门，占领敌东山炮台，以猛烈火力扫射敌军。红三军团也突破北门城墙。罗炳辉呐喊着率部攻入南门，穿南门广场，直捣刘和鼎师部。南门广场上停着许多马匹，马背上都驮着麻袋，战士用刺刀一捅，哗哗流出的全是洋钱。当罗炳辉冲入敌师部时，敌刚刚逃遁，连桌上的电报、公文也没来得及收，敌残部挂白旗投诚。此役歼刘和鼎师三个多团，刘和鼎穿便服乘打谷桶渡河逃命。

红军"七百里驱十五日"，五战五捷，歼敌三万余人，缴枪两万余支，取得了第二次反"围剿"的胜利。罗炳辉以行军神速，被闽赣一带的人民群众呼为"罗炳飞"。

建宁大捷后，红军转入战略进攻。罗炳辉率领红十二军一部和红三军团第八军第六师彭雪枫部，向泰宁、将乐追击残敌，连克泰宁、将乐、顺昌，直迫邵武、光泽，开辟了广大地区。

6月2日，总前委决定红十二军在建宁、宁化、汀州、瑞金、石城、广昌等县开展土地革命，筹集款项，扩大红军，加紧部队训练。6月28日至7月1日，毛泽东连续给红十二军军委写了三封信，进行具体指导。

四

第二次“围剿”刚刚结束，7 月，蒋介石自任总司令，随带德、日、英国军事顾问，统兵三十万，采取“长驱直入、三路合击”的战略，发动了第三次“围剿”。分散在闽西各地的红军，未及休整，冒着酷暑炎热，匆匆千里回师赣南。

7 月 31 日，当红军由兴国向富田开进时，被敌发觉。敌陈诚率第二路进击军两个师直赴富田。红军不得不变更计划，转进兴国县高兴圩，然后从中间突破。8 月 7 日，红军战莲塘，歼敌上官云相部第四十七师一个多旅；8 日战良村，歼敌郝梦龄部第五十四师两个团；11 日战黄陂，歼敌毛炳文部第八师四个多团。红军三战三胜，缴枪万余支，移君埠休整。

蒋介石虽遇挫败，但仍然实现了他的战略意图，自 8 月 9 日起，以密集包围压缩红军于君埠以东的狭小地区。战争形势十分危急。

11 日半夜，毛泽东派人急召罗炳辉，向罗交代任务，要他率领红十二军伪装主力，向东北突围，引走敌军主力，掩护红军主力南移兴国。这是关系着全军安危的一着棋。罗炳辉向毛泽东保证，坚决完成牵敌任务。

12 日晨，罗炳辉率部扬旗鸣号，大张声势，伪装主力突围。蒋介石举棋不定，派飞机侦察。罗炳辉命令拉长队形，排拉成连的架势，连拉成营的架势，在干燥的大路上拖着树枝，扬起漫天灰尘，浩浩荡荡向北挺进。敌机从空中看下去，只见红旗无数、烟尘滚滚，足有三万红军全数北上的气势！蒋介石上当了，全力挥师汹涌追来，企图全歼红军。

为了使蒋介石把钩子咬得更紧，罗炳辉发动全军，大摆迷魂阵：在岔路口，写“三军团由此向北”、“四军向东前进”等；宿营时，多设土灶，多搭房子，在门板上大写留言：“某某同志速到前面找我”，署名都是红军高级将领的名字。待到敌人把钩咬紧之后，罗炳辉命令：不怕艰险，哪座山高爬哪座山，哪条路险走哪条路。这对于装备笨重、缺乏素养的蒋军来说，无疑是一种酷刑。

罗炳辉牵着蒋军，经白沙、藤田，到乐安的大、小金竹，在崎岖山道上“游行”了半个月之久，蒋军苦不堪言，肥的拖瘦的，瘦的拖死的，劳师辗转，处处扑空。等到蒋介石发现上当，红军主力已经休整了半个月，而蒋军已被拖得疲惫不堪、丧失进攻能力了。

9月初，蒋军开始总退却。红军乘势反击，9月7日战老营盘，歼敌蒋鼎文部第九师一个旅。15日战方石岭、张家背，歼敌韩德勤部第五十二师及蒋鼎文部第九师一部，韩德勤被俘后谎称自己是伙夫侥幸逃脱。至此，红军在七十五天中，歼敌三万余人，缴枪两万余支，取得了第三次反“围剿”的胜利。罗炳辉获得了“神行太保”的美誉，罗部则被称为“双脚骑兵”。

第三次反“围剿”胜利后，苏区和红军有了很大发展，苏区发展到二十一个县，人口达二百五十万，红一方面军也增至四万余人。

通过三次反“围剿”战争，如同毛泽东后来所总结的那样，“全部红军作战的原则就形成了”——依靠群众进行人民战争；把游击战和带游击性的运动战作为主要作战形式；实行战略的持久和战斗战役的速决，战略上的内线作战和战役战术上的外线作战，战略上的以少胜多和战役战术上的以多胜少，诱敌深入，集中兵力在运动中歼敌等等。这些战略战术原则，丰富了有中国特色的无产阶级军事学说。在此期间，罗炳辉为之作出了重大、卓越的历史贡献。

五

1931年11月7日至20日，中华苏维埃共和国第一次全国代表大会在瑞金召开。宣告中华苏维埃共和国临时中央政府成立。罗炳辉当选为中央执行委员会委员。

1932 年 2 月 1 日，江西军区、福建军区同时成立，陈毅、罗炳辉分任（罗炳辉是兼任）司令员。

10 月，罗炳辉任红二十二军军长。他率部纵横驰骋于赣南、闽西、粤北，4 月克永定、漳平，7 月战水口，8 月战乐安、宜黄，11 月战龙岩、南城，12 月战连城，攻必克，守必坚，雄姿英发，战功卓著，成为闻名遐迩的红军高级将领之一。

在第四次反“围剿”中，蒋介石采用“分进合击”战术，1933 年 2 月犯广昌、南丰。红军在周恩来、朱德的指挥下，灵活运用前三次反“围剿”经验，采用大兵团伏击战法，一战黄陂，歼敌两个师；二战草台冈，歼敌一个多师，粉碎了敌人的“围剿”。周恩来赞誉行军神速、高度机动的罗炳辉部为“战略骑兵”。

1933 年 9 月，蒋介石自任总司令，以一百万军队、两百架飞机，向各革命根据地发动第五次“围剿”，其中，直接进攻中央革命根据地的兵力达五十万人。10 月 28 日，中央革命军事委员会命令成立红九军团，罗炳辉任军团长，蔡树藩任政委。

在王明“左”倾机会主义路线的错误领导下，红军奋勇搏杀，虽然在硝石战役、高虎垴战役、广昌战役中取得一些局部胜利，但从整体上看，却扭转不了全局的被动和节节败退。中央革命根据地面临危机，罗炳辉等红军高级将领忧愤难平。

1934 年 1 月 24 日至 2 月 1 日，中华苏维埃共和国第二次全国代表大会在江西瑞金召开，罗炳辉继续当选为中央执行委员会委员。

7 月 8 日，罗炳辉在石城接到中央军委电令，要红九军团护送由红七军团改组的中国工农红军北上抗日先遣队东进。罗炳辉率红九军团经禾口、宁化、清流、嵩口，7 月 19 日强渡九龙溪，22 日包围永安城，27 日到尤溪掩护先遣队渡过奔腾的闽江，并袭占樟湖板，有力地牵制了敌军，保证了先遣队安全北进。

完成护送任务后，红九军团将缴获的大批苏区奇缺的火药、食盐、药品，运回中央苏区，受到了中共中央的表扬。在数百里艰苦行军中，罗炳辉带头挑着重担，冒着酷暑，挥汗如雨，翻山越岭，使战士们受到了极大鼓舞。

10 月 7 日上午十时，中央军委主席朱德电令罗炳辉率部于 9 日晨到达古城、瑞金间。21 日，红一方面军（亦称中央红军）所属一、三、五、八、九共五个军团，护卫中央机关，开始了长征。

中央红军五个军团的军团长分别是：林彪、彭德怀、董振堂、周昆、罗炳辉。长征开始时，红九军团政委为何长工，驻红九军团的中央代表为刘少奇。

二万五千里长征

忆长征中的炳辉同志

◆何长工

作者简介:何长工(1900~1987),湖南华容人。1918年毕业于湖南省立长沙甲种工业学校。1919年在北京参加五四运动。同年赴法国勤工俭学。1922年加入中国社会主义青年团。1923年转入中国共产党。1924年回国,曾任中共华容区党委书记兼军事部长。1927年参加秋收起义,曾任红二十八团党代表、红八军军长、红十三军政委、红军大学校长、红九军团政委、抗日军政大学副校长、东北军政大学代校长。中华人民共和国成立后,历任重工业部副部长、代部长,地质部副部长、党组书记,中国人民解放军军政大学副校长,军事学院副院长,是第三、四届全国政协常委,第五届全国政协副主席,中共中央顾问委员会委员。著有《何长工回忆录》。

1935年1月,中央政治局召开了著名的遵义会议。遵义会议后,我被调到红一方面军第九军团。在去红九军团之前,毛主席找我谈话。毛主席说:"长工同志,中央决定派你到第九军团当政委。"并告诉我说:"罗炳辉同志报告过,想辞掉军团长职务,要求分配其他工作。看来罗是有想法的。"毛主席接着指出:"王明的'左'倾路线给我党、我军造成的损失不小呀!有的同志受影响较深,对起义参加红军的同志不信任,甚至把罗炳辉同志当作'白军军官'看待,实际上他已变成红色将军了,另眼看待,这怎么能行呢?是孤家寡人的政策。自已毫无军事常识,又不听取人家的意见，主观片面，自以为是，这样是不能团结好同志的。指挥员步调不一，怎能带好千军万马？”

毛主席还分析说：“罗炳辉同志正派耿直，不会搞阴谋诡计，原在滇军中是革命的。滇军里有许多先进分子，如朱德同志等。由于罗炳辉同志出身贫苦，在旧军队也受人欺凌。对共产党领导的革命，他是忠诚的，他是在革命处于低潮时到共产党和红军里来的嘛！做到这一点是不容易的，罗炳辉同志身体好，有军事才能，会打仗，只是文化低一点。”

毛主席说：“长工，你在井冈山的时候搞过王佐部队的复杂政治工作，在红十三军与董振堂等起义将领是团结得好的，这方面你是有经验和体会的，想必你与耿直的罗炳辉同志一定会处得很好，罗炳辉同志系云南讲武学堂毕业的，战争经验也比较丰富，军事指挥上要尊重他。要顾全大局，搞好团结。”

刘伯承同志插话说：“事实已证明，罗炳辉同志是好团结的。”

我受党的派遣，遵照毛主席的指示，到红九军团来了，与罗炳辉同志谈心交心，对部队的事认真商量分析，诚恳而坦率地交换意见。我们逐步了解了相互的性格与各自的长短。炳辉同志确实耿直、豪爽、正大光明，有勇有谋，是一位好的红色指挥员。我们无话不说，思想上很合得拢。重大军情党委研究，不需党委统一的由他当机立断布置、安排。他有高超的指挥才能。我们既能打大仗，又能打小仗，“赚钱”就来，“蚀本”不干。长征中我们打了不少胜仗，都与炳辉同志的指挥才能分不开。

红九军团在后面肩负掩护中央和主力前进的任务。在贵州老木孔的一仗使我军团转危为安，保存了有生力量。我们在沙土镇拖住了敌人，掩护了主力南渡乌江，佯攻贵阳，向云南转移。

我们赶到乌江北岸，采取疑兵计，用红布制成了不少旗帜，插上各个山头，配上号兵，旗舞号鸣，敌以为是我主力，咬住不放，就这样迷惑、拖住周浑元、薛岳六个主力师于乌江以北。我主力部队乘虚而入，安全渡过了乌江。之后，军委电令我们迅速渡过乌江，赶上主力。于是我们以十小时的急行军赶到江边，因敌情吃紧，桥已被我先头部队破坏了。同志们十分焦急，我们面临着一场新的严峻考验。正在这时炳辉同志说："何政委，怎么办呢？眼下滚滚乌江水，西侧有周、薛两个纵队向我猛进，后面又有十多个团的地方敌军穷追，又与中央失去联系，我们得认真研究对付办法。"我说："我们是红军，反正不能当俘虏，是要认真研究。"这时我们疾速赶到老木孔附近的山岳把部队隐蔽起来，待机袭敌。同时，军团党委召开了一个紧急会议，分析敌我情况：认为有利方面是我军南方兵多，但是追兵甚急，即使一部分同志能渡过，也要付出相当大的代价。于是决定与敌人兜圈子，另寻路线追赶主力。

原来炳辉同志指挥的这支部队，在中央苏区的反"围剿"中担任外围作战，打游击，"牵牛鼻子"是很出名的。周恩来副主席称红九军团为"战略骑兵"，经常钻在敌人几个师中间，像伞似的，要散开马上散开，要集中马上集中。一天一夜强行一二百里是常事。面对目前的情况，我们需要发挥游击战的特长了。遇强敌我们能甩就甩，不能甩就打，不好打就散开。

我军离开乌江，往西北方向前进，敌几个师紧追不放。是绕圈子甩掉敌人呢，还是寻求战机，挫敌锐气？军团指挥部有一番争论。炳辉同志主张：要教训敌人，抓住有利战机，打他个措手不及，歼敌有生力量，伤敌士气，鼓舞我军斗志，壮大我们的武装，这样更有利于甩掉追敌。他主张坚决打一场漂亮的伏击战。多数人支持炳辉同志的意见，决定在老木孔附近的有利地形里伏击敌人。炳辉同志和我分别带一个梯队埋伏在三个地方候敌。敌人追来了，把前面几个团放过去，截住它的指挥机关，见坐轿的、骑马的就打。命令一下，枪声四起，敌人不知所措。我军猛烈冲锋，敌仓皇逃窜。一下打垮五个团，缴枪千余支，好的带走，差的毁掉。我们抓住良机，立即过了安定河，将桥拆了，把残敌甩在河对岸，叫他们望而生叹。老木孔战斗是个胜利，是个巧妙的伏击仗，使我军士气大振。将战况报告中央，受到中央军委的嘉奖。

老木孔战斗后，我们又抓住战机打了周浑元部的尾巴。我们尽量避开强敌，不跟国民党中央军硬打，但是天天咬住他们不放，迫使他们进退维谷，行止难舍。我们专门选杂牌军、指挥机关打。这些部队是吸食大烟的“双枪”兵，战斗力不强，我们每战必胜。以后红军总部在总结的时候，认为这是一条好经验。总部表扬红九军团在远离中央的情况下，运用游击战争，独立作战，阻止、骚扰、疲劳敌人，掩护我军，拖住、歼灭敌人，壮大自己，是很有魄力的。在远离主力、孤立无援的险恶情况下，如果不是一支极为坚强的共产党部队是难以胜任的。

我军当时以极巧妙的行动，争取一位叫王三爷的老农协助，偷渡北盘江。占领宣威后，我们开仓济贫，没收地主老财的火腿、钱币，除分给群众外，剩下的利用百多匹骡马驮走。夜间，侦察连化装分成几路混进敌人住的村子，摸了哨，了解到敌人的情况、口令和番号，挑起敌人内部打斗。侦察兵像一把尖刀插进敌人心脏。一路上都用一些巧妙办法收拾敌人。炳辉同志这方面的点子最多。

占东川（会泽）主要是谈判解决。国民党县府听说红军来了，强迫许多老百姓参加守城。我们一方面动员守城人员的家属亲友去喊话，一面作攻城准备，又以炳辉同志与民团团长有旧相识的关系，送信给国民党县府，讲明红军的政策，提出谈判意见。

老百姓喊话说：“老二，你们不要打，红军住在我们家里，他们是保护穷人的。没有拿我们一针一线，还帮我们做事，红军是好人，你们要打开城门迎接红军。”“如果不开城门要作对，红军就要攻城了，你们想一想，如果有个三长两短，家里咋个办？你们忍心丢下父母和妻子儿女吗？”喊话很起作用，许多守城的官兵和被欺骗的群众都动摇了。

不久，城里派了十一个代表打着白旗出来与我们谈判。我方参加谈判的有：军团长罗炳辉、政治部主任黄火青、参谋长郭天民和我。名为谈判，实际是对他们进行教育。我们讲明红军的宗旨，讲明政策，说明守城的多是老百姓、受苦人，把他们打死、打伤不好。如要硬攻，不难攻下。但那时，你们当官的更没有好结果。只要你们让红军进城，提供粮饷，我们保证你们的安全。我们不动小商小贩，只打开积谷仓救济贫苦人。你们要好好安定老百姓，不得向老百姓派粮派款。对方看到不是红军的对手，不敢强硬，表示愿意投降，开城门迎接红军。油盐柴米、瓜果蔬菜由他们代办，我军一律付现款，并为红军筹粮筹款。

谈判后，由他们把老百姓喊下城来，我们派人跟着他们的谈判代表进去，民团一百多人交了枪。四个城门开了三个，红军浩浩荡荡地开进会泽县城。在城里住了三天，把积谷、盐巴、布匹等物分给老百姓，遂扩大红军一千五百人左右，这是红九军团长征中扩军最多的一次。因敌主力向我猛追，总部电令尽快渡金沙江，当时如果多住几天，扩大三五千人是有希望的。

县长（杨茂章）和所谓的"刘二老爷"（刘善初），一贯作恶多端，血债累累，还杀了我们一些地下党员。对他们不杀不足以平民愤。在我们离开会泽的那天早上，由罗炳辉同志和黄火青同志主持召开了万人大会，宣判了杨茂章和刘善初的罪行，当场枪毙，贴了布告。群众笑逐颜开，奔走相告，说红军为他们除了大害。

为渡金沙江，我们利用国民党县政府和民团的关系在东川就做了充分准备，把附近金沙江两岸的水手集中起来开会，商量渡江办法。派先头部队化装民团前往江边搜集船只，迅速把弄沉的船只修好，同时带去一些民团、士兵，遇敌阻碍就喊话，迅速到达江边。给船工们一天一个光洋，由于准备工作充分，整个红九军团一夜之间就全部渡过了金沙江。江对面有个盐行，打开盐行，将盐分给老百姓。这样我军与群众就一条心了。附近有刘文辉部两个营阻击我们，经过两次战斗，把这两个营消灭了。

可是我们渡江以后，主力还未渡完。我们过江后报告总部，总部电报嘉奖我们行动迅速，并令我们在江边继续拖住敌人。我们把购买的船只沉到江底，带着船工们往巧家方向走，终于拖住敌人，掩护中央顺利地召开了会理会议。

遵义会议后，由毛主席、周副主席和王稼祥同志组成中央三人指挥小组。主力过了泸定桥后，指挥小组指示我们迅速过桥，攻打天全。边过桥，边将木板隔一块拆一块，使桥面只能通过一人，让追敌难以通过。但是，这样必然大大耽误我们攻天全的时间。那时天全由川军两个旅镇守，“一夫当关，万夫莫开”，情况危急，我们临时开了党委会，留在勉宁地区的游击队王首道部已带着在宣威缴获的马和物资先到总部，只有李井泉同志管的游击队参加了党委会。会后，我们赶赴总部。大家分析：如果拖了时间，天全打不下来，而国民党中央军先头部队在下游汉源又过了大渡河，我们就被夹在天全和大渡河之间，前进不行，后退也很难，弄不好将全军覆没。我们感到担子很重。会上作了决定：我带一营守泸定桥，处理善后；炳辉同志带大部队扑天全河上游，趁夜猛袭天全。行动时，老百姓见我军背洋油桶到天全河里架桥很不理解，直到部队过了河，迅速突袭攻破了天全，他们才知道油桶的妙用。

周副主席来电指示，破桥前四个小时电告中央。可是，我带的这个营刚过完桥，敌人一个先头团已到了，来不及电告中央，就将桥底的铁索炸了。从天全到雅安的路上，有个飞仙关，在那里消灭敌人一个营，赶走一个旅。后来中央表扬说，你们为中央军委下了破天全的决心，干得好。从此打开了向夹金山、达维前进的道路。

掩护中央和主力北上的进程中，红九军团多次受到中央的表扬、嘉奖。在胜利突破天全河以后，朱总司令、周副主席曾杀了鸡，派骑兵接我们去吃饭。刘参谋长说：“机智灵活地破天全这一步很厉害。天全拿不下来，全军就很危险。你们红九军团与主力分离后的行动真不错。”

红四方面军会师后，朱德为总司令，刘伯承任参谋长，为团结张国焘，周恩来同志把总政委的职位让给他。毛儿盖会议上，决定分左、右两路军北上。红九军团分到左路军归张国焘指挥。进入草地后，张国焘叫右路军向他靠拢，强令左路军南下。罗炳辉同志很有意见，他同我议论过：草地都快走完了，为什么又要向后转？这意味着什么？想不通。但军人要服从命令呀，朱总司令、刘参谋长和整个左路军都被迫南下了，红九军团还能例外吗？直到与红二方面军会合后，红九军团才得到了挽救。张国焘反党反中央，给红军造成了惨重损失。

在延安，毛主席曾找我谈过两个下午的话。毛主席给我指出三点：一、你们是全军的总后卫，张国焘一再命令你们筹粮待命，不准前进是错误的，但责任不在你们。后来回来了，红九军团保存下来了，结果还是好的；二、你们组织了秘密收容队，收容和保护了一些同志，这是一功；三、你任粮食总局局长，设法解决了部队的给养，解决红二、四方面军会师后的粮食及代用品等问题，也是一功嘛！毛主席反复强调："有关南下问题不怪你，也不怪罗炳辉同志，你们算老几？这是张国焘搞的鬼嘛！不要背包袱。"

周副主席也找我谈过话，他指出了我们的不足，也充分肯定了红九军团的成绩。周副主席说："跟着张国焘南下，这不能怪你和罗炳辉同志。张国焘要另立中央，分裂党、分裂红军，实现他篡党篡军的个人野心，你们有什么办法？张国焘是总政委，你们不跟他走是要被杀头的呀！"

"七大"时，毛主席又对我说："你和罗炳辉同志在张国焘路线上不负责任，应由张国焘本人负责。"毛主席、周副主席亲切的教诲，无微不至的关怀，体现了他们的英明伟大，我们深受教育和鼓舞。

这就是历史了，我们回顾历史是为了从中吸取经验教训，看问题不能离开当时的实际情况。与张国焘虽有斗争，但要顾及全军，要保存红九军团的实力，朱总司令教导我们要团结红四方面军的同志，争取回到陕北党中央的身边。

无论怎样艰难曲折，罗炳辉同志都经受住了考验。他是很有才干的红色指挥员，对于红九军团的存在、发展和掩护主力北上等方面，罗炳辉同志是有卓越贡献的。我从罗炳辉同志身上学到了很多东西，他后来在新四军中功勋卓著，虽在战斗环境中牺牲了，但我对他的智慧和品德、对革命的贡献永铭在心，激励我在有生之年，为社会主义“四化”贡献力量。

罗炳辉同志在红九军团

◆黄火青

作者简介:黄火青(1901～1999),湖北枣阳人。1926年加入中国共产主义青年团,同年8月转为中国共产党党员。1931年5月经湘鄂赣赴中央革命根据地,9月到达瑞金,任中国工农红军学校总支书记、国家保卫局特派员。同年底任红五军团十四军政委兼政治部主任。1932年5月调回红军学校,任政治营政委,后任红军第一步兵学校政委。1934年调红一方面军,任红九军团政治部主任,参加长征。1978年3月当选为最高人民检察院检察长。1980年特任审判林彪、江青反革命集团案特别检察厅厅长。是中共第八届候补中央委员、中共第十一届中央委员。1982年9月在中共第十二次全国代表大会上当选为中央顾问委员会常务委员。

中国工农红军在赣南、闽西开辟以瑞金为中心的中央苏区后,队伍越来越壮大。在毛主席的英明领导下,胜利地粉碎了蒋介石反动派发动的第一、二、三次“围剿”,有力地歼灭了蒋军的有生力量,巩固和扩大了中央革命根据地。在这几次反“围剿”斗争中,罗炳辉同志任红十二军军长。红十二军主要承担外围作战和牵敌的任务,在罗炳辉同志的指挥下以游击战方式歼灭敌人,配合主力打了许多漂亮仗。罗炳辉的名字响遍苏区,威震敌胆,反动派对他咬牙切齿,恶意中伤,制造了许多谣言。红军战士和苏区人民都十分爱戴和尊敬他。

1933年底，以三师（瑞金模范师）为基础，加上十四师，成立了红一方面军第九军团。罗炳辉同志任军团长，蔡树藩同志任政委，我调任政治部主任。从此，我和罗炳辉同志便直接工作和战斗在一起，直到举世闻名的二万五千里长征时期。如今罗炳辉同志离开我们已经多年了，但他艰苦奋斗、英勇作战、胸襟坦荡、光明磊落的高大形象依然留在我们心中。罗炳辉同志是中央红军中的著名将领之一。他能谋善断，指挥有方，尤其是机动灵活的游击战术运用得最好，使敌人闻风丧胆。

还在第二次反"围剿"期间，一次，我军主力被敌人重兵包围，情况万分危急。这时，罗炳辉同志镇定自若。他带了一支小部队，机智神速地在敌人几个纵队之间四处穿插，吹号鸣枪，虚张声势，迷惑敌人。随即将部队带至山上，敌人被搞得昏头懵脑，以为我主力在山上，便集中兵力向山顶猛扑。这个调虎离山之计，使我主力安然脱险。罗部则被层层围困，情况危急，可罗炳辉同志不慌不忙，叫大家休息好。到夜里，他率部从敌人的空隙中从容地走出了包围圈。天亮后，敌人逐渐缩小包围圈，妄图将我军一口吞下，结果没发现一个人影，知道上了当，敌人气急败坏。正待调头撤退，却又被我主力反包围，敌人被杀得鬼哭狼嚎，伤亡很大。这次战斗，罗炳辉同志立了一大功劳。

在中华苏维埃共和国第一次全国代表大会上，罗炳辉同志荣获了二级红星奖章，这在当时是最高的奖赏。

罗炳辉同志作为一个军团指挥员，他不在指挥所里指挥战斗，而是到第一线指挥战斗。行军打仗，他带上号兵和警卫员，走在前边，及时发现情况，摸清敌人虚实，当机立断，从容指挥。战斗中，罗炳辉同志处处争取主动，能把敌人吃掉就吃个干净，吃不掉就甩掉，决不与敌人拼消耗，打则必胜，挨打的仗，他绝不干。用他的话来说，就是不干"蚀本生意"。由于亲临前线，情况明，决心大，常打胜仗，所以大家称他"常胜将军"。

闽西的高东战斗也打得好。这是红九军团与闽西二十四师配合打的。敌方天上是飞机，地上是大炮，我们则是少量的土枪土炮，筑了一点土工事。战斗开始时，敌人一个纵队从朋口猛扑过来，企图一举消灭我们。敌人用飞机、大炮向我军阵地狂轰滥炸，我大部队化整为零，灵活隐蔽，使敌人摸不清底细。敌军轮番轰炸，只将泥土掀起滚滚尘烟，却怎么也炸不着我军。一阵轰炸后，步兵蜂拥而上，气势汹汹。罗炳辉同志见反击的时机已到，速下命令，战士们插上刺刀，出掩体，势如猛虎下山，锐不可当，杀得敌人血肉横飞，大败而逃。那时不宜打阵地战，机动灵活的游击战术对打击敌人、消灭敌人最为有利。罗炳辉同志身体虽然高大壮硕，但在追击中，却总是跑在前面，动作迅速敏捷，不管石头、树枝、山沟，一跨就过。他步伐之快，很少有人跟得上。美国朋友斯诺夫人在《续西行漫记》中给罗炳辉同志以“神行太保”的美称，就包含着他所率领的部队善于跑路、打游击的意思。这个美称是很有道理的。

由于王明排挤毛主席在红军中的领导地位，实行“御敌于国门之外”，搞“以堡垒对堡垒”的错误战法，招致第五次反“围剿”失败，红军不得不进行战略转移。1934 年 10 月，红军开始了举世闻名的二万五千里长征。

长征中，红九军团担负着牵制敌人，掩护主力红军前进的艰巨任务。遵义会议确立了毛主席在全军的领导地位后，革命不断走向胜利。党中央、毛主席率领红军四渡赤水，南渡乌江，佯攻贵阳，然后速进云南，甩掉敌人。中央把掩护主力红军渡乌江的任务交给红九军团。为了引诱和迷惑随之而来的大量敌人，使主力迅速过江，罗炳辉同志即率部北进，派出不少同志到各村庄联系，请老百姓给部队做多少多少人的饭，到处炊烟缭绕，敌误认我是主力，便死死咬住不放，从而使主力红军顺利渡过了乌江。

军委电令红九军团星夜渡乌江跟上主力。我们急行军赶到江边时，桥已被毁了。在此关键时刻，炳辉同志与政委何长工同志召开军团党委会议,研究在与中央失去联系的情况下怎么办。决定另寻路线,往乌江西北方向前进。途经沙土镇,与追敌四五个团遭遇,想甩掉敌人已不可能,罗炳辉同志当机立断,决心消灭敌人有生力量。他大智大勇、临危不惧,立即组织力量向敌反击。战斗从早上一直打到下午五点,有些新兵虽从未打过仗,但上了前线都很勇敢。敌人声嘶力竭地号叫着,黑压压一片,直向指挥所扑来,罗炳辉同志镇定指挥反击,带头冲锋,终于把敌人打退了。这次战斗缴获了不少枪支弹药,抓了不少俘虏,极大地鼓舞了广大干部、战士的斗志,又一次打出了红九军团的威风。

在一些战斗中,罗炳辉同志用小计策瓦解敌人,以少胜多,以巧取胜。我们有一个侦察连,连长曹达兴同志是个很有本事的人,可惜牺牲得太早了。罗炳辉同志常给曹达兴同志布置任务,侦察连常伪装中央军,那些民团、土豪弄不清虚实,侦察连相机行事,常在敌人措手不及时就缴了他们的械。

在猫场宿营,由于岗哨疏忽,突遭敌人夜袭,我们无准备,仓促应战。罗炳辉同志看硬拼不行,迅速指挥转移,敌人紧追不放,我们急行军千方百计甩掉敌人。在去纳雍的路上,碰到一个邮差,我们向他交代政策,经过做工作后,让他给我们带路。到了纳雍民团住地,邮差即去喊门,民团一听是邮差的声音,便马上开了门。部队立即冲进去,敌人还没有清醒过来,我们一枪未放,就缴了一二百人的械。罗炳辉同志常说,人民是军队的父母。在任何时候,罗炳辉同志都十分注意红军与人民群众的关系,教育干部、战士坚决执行革命纪律,忠实地维护人民群众的利益,认真执行党的民族政策、统战政策和对待俘虏的政策。红九军团所到之处,纪律严明,秋毫无犯,得到了人民群众真心实意地拥护和爱戴,队伍不断发展壮大。

红九军团进驻贵州湄潭,保卫遵义会议顺利召开。在此期间,干部、战士坚决执行革命纪律,帮助群众做好事,向广大群众宣传我党、我军的宗旨和政策,群众看到红军纪律严明,不拿群众一针一线,处处为穷人做好事，都说红军是我们穷人的队伍，在物质上给我们许多支援。青年纷纷报名参军，一下就吸收了三百多名新战士。当时人多枪少，罗炳辉同志就鼓励新战士说，现在没枪发给你们，要枪只有到战场上去拿，同志们只要打仗勇敢，多消灭敌人，武器就有了。打仗时，罗炳辉同志叫老战士持枪打，新战士吆喝，一道前进，一道冲锋。还把从敌人手中缴获的武器发给新战士，新战士很高兴，背上枪就更神气、更威风了。

在瓢儿井，我们停留了几天。这是个苗、汉杂居的地区，环境艰苦，群众缺吃少穿，生活十分困难。我军决定发一批盐巴给当地群众。发盐那天，来了个妇女穿得花花绿绿的，一问是苗族群众，罗炳辉同志一见，就亲切地与她谈话，说："我们是红军，是穷人的队伍，是各民族人民的子弟兵。"罗炳辉同志告诉她："今天发盐巴，一般的发两斤，照顾一下苗族兄弟姐妹，人多的一家发六斤，人少的一家发四斤。"那苗族妇女领了盐巴，感激不尽，高高兴兴回去了，经她一宣传，又来了不少苗族群众，头人也来了。军团长盛情接待，问长问短，与他们的头人一起吃饭。

苗族群众很感动，都说，与这样的大官在一起摆谈，我们还是第一次，要是国民党的那些大官，我们看都不敢看。苗族群众跳起芦笙舞，唱起苗家山歌，军民尽情联欢。临走时我们又送了苗族群众许多东西，彼此依依不舍。

进驻云南东川（会泽城），我军一枪未发。这是罗炳辉同志坚决执行党的统战政策的结果。部队进到会泽城时，罗炳辉同志用他在过滇军的特殊关系，与当地民团头目通话。围住会泽城后，城里打电话问："是彭德怀的队伍，还是罗炳辉的队伍？"我们说："是罗炳辉的队伍。"并说罗炳辉有信给你们。民团头目知道罗炳辉的声誉，也知道他的厉害，回话第二天谈判。我们提出当天谈判，敌人却有意拖延时间。我们一面准备谈判，一面搭梯子准备攻城。敌人在我军的武装声威和政治攻势下，终于派出代表接受谈判。当天经过谈判，开了城门。红军开进城里，安抚百姓，开仓济贫，抓紧一切时间宣传党的政策和抗日主张。人民群众热烈拥护我党、我军的政策和主张，青年纷纷要求参加红军，父母送子，妻子送夫，弟妹送哥的热烈场面十分感人，仅三天时间，我军就吸收新兵一千五百人左右。那几天，会泽城拥挤不通，热闹非常，广大人民群众脸上挂着笑容，他们与红军拉家常，亲如一家，比过年过节还要高兴。离开会泽城那天，新兵集中在一起，送行的人很多，罗炳辉同志讲了话。他是云南人，讲话大家听得懂，加之语言朴素生动，新兵和老百姓听起来特别亲切。看着军团长破旧的军衣，又见他和蔼可亲的态度，老百姓都鼓励自己的子女说，这样的军队才真是我们穷人的军队，这样的官带着你们去打天下，我们是放心的。

在战斗中，我军常抓到不少俘虏，为使俘虏弃暗投明，给俘虏出路，罗炳辉同志十分注意党的政策，教育战士抓到俘虏不能侮辱、打骂。他常对俘虏讲话，说俘虏中多数都是穷人出身，不要替反动派卖命，还对俘虏宣传党的政策，启发俘虏的觉悟，教育他们做好人。俘虏一看，军团长和战士穿的一样，讲话和和气气，与国民党军官完全两个样。因此，许多俘虏都参加了红军。在延安时，我问过一个团长是何时参军的，他耿直憨厚地对我说：我是红军过金沙江后打东瓜坪时当了俘虏，坚决要求参加红军的。说完，我们都笑了。

我们通过凉山彝族地区时，遇到不少困难。由于反动军队残酷压榨和杀害彝民，彝民一看见军队就仇视。由于民族隔阂，红军过彝族地区就遭到阻拦袭击。经过反复宣传党的民族政策，揭露反动派残杀民族兄弟的罪恶，特别是通过红军直接打败反动军队的事实，使彝民看到红军是为穷人革命的，这才慢慢接近了红军。在西昌北面的泸沽，我们跟川军刘湘部打了一仗。敌军紧追不放，到泸沽时，罗炳辉同志指挥部队埋伏在河边的山头上。那地方是两汊河，大河水深，小河上面有座桥。追敌必须过桥，我军就埋伏在桥边，待敌过桥后我们就打，敌军前进不得,后退了,被我军打死打伤许多,敌团长也丧了命,还抓了俘虏一百多人。彝民见抓到的人是欺压残害他们的反动军队,欢喜极了,认定了红军是自己的队伍,不少彝族青年参加了红军。

在行军作战中,罗炳辉同志很注重向导的作用,每到一地都要请情况熟悉的人做向导。红军所到之处,都为人民做好事,群众也十分乐意做向导,或积极帮助红军找向导。原来的向导还未走,新的向导又选上了。老向导给新向导介绍红军官兵如何如何好,并介绍:“这是我们罗军团长。”罗炳辉同志就满脸堆笑地与向导拉话,问这问那,把情况了解得清清楚楚。然后请向导跟他一道吃饭。临走时把新老向导找在一起谈话,给他们钱和东西。新向导一看这情况,思想轻松愉快,乐意带路。罗炳辉同志认为,没有向导,我军就会变成瞎子,就要走些弯路,遭受不应有的损失。由于他对向导的重视和亲近,所以向导都很敬重他。

自在乌江与主力分手后,红九军团单独行军几千里,到西昌与主力会师。在主力侧翼牵制追敌,掩护中央和主力红军北上,红九军团作出了较大的贡献,受到了中央嘉奖。

到了西昌,红九军团接替主力防守,并向中央上交了几十匹骡马、几千块银元、几千两烟土。兵员不但没有减少,还增加千来人。在礼州,张闻天总书记给我们传达中央会理会议精神。红九军团攻下了天全后,周副主席亲自来天全慰问我军团干部、战士,表扬和鼓励说:“你们红九军团单独行军这么长,在后面掩护中央、掩护主力顺利北上,不但没有受挫折,还扩充了队伍,增加了钱粮。中央正缺马匹、钱粮时,你们就送来了,真是雪里送炭,你们干得好,有功劳。要继续保持和发扬艰苦奋斗的革命精神。”周副主席的勉励给红九军团全体指战员以巨大的鼓舞。

战利品除了上交中央,战士们也都发了一些。到安顺场时,又分了一部分钱财给萧华同志的部队。萧华同志对罗炳辉同志说:“老九,你们抖得很呀!”兄弟部队也赞扬说:“老九,阔起来了!”红九军团能取得这些成绩，与中央和军团党委的领导分不开，但作为军事指挥的罗炳辉同志是起了很大作用的。

1935 年 6 月中旬，我们翻越了夹金山。夹金山坡陡弯大，云雾迷漫，山脚气候炎热，山顶寒冷难耐，我军以坚韧不拔的顽强精神克服困难，终于翻越了大雪山。进入松岗后，我们在那里住了三个来月。此间，中央召开了两河口会议、毛儿盖会议，决定红一、四方面军分左、右两路军北上。我们红九军团改为第三十二军归左路军张国焘指挥，仍负责后卫掩护。进入草地到包座，张国焘野心已露，强令部队南下。此间，罗炳辉同志和红九军团指战员经受了一场复杂、曲折和严峻的考验。最后，罗炳辉同志率第三十二军与红二、四方面军广大指战员终于到达了陕北。

人们都说，罗炳辉同志是“福将”，在艰苦困难的时刻他总是充满革命乐观主义精神，红九军团领导班子比较团结，罗炳辉同志在军事指挥上起着主导的作用，他是一个很有军事才能的指挥员。长征途中，罗炳辉同志常常遇到一些意想不到的危险。在松岗过去的一个地方，行军途中，一冷枪打来，罗炳辉同志骑的骡子的嘴被打穿了，真险呀！再上去一点他就中弹了。可他若无其事，镇定异常。

部队打了胜仗他很高兴，我们也高兴。大伙聚餐庆贺，畅谈取胜的经验以及战斗中必须引起注意的教训。在贵州，我得到一只猴子，带它随我们长征。一路上大家逗着玩，解解疲劳，增添一点乐趣，大家都很喜欢它。到一个地方，不知什么时候罗炳辉同志叫人把猴子杀了，叫我去吃肉。先不告诉我，大家一边吃，一边谈笑风生，快吃完了，罗炳辉同志才笑呵呵地问我：“黄主任，今天我们吃的是什么肉？”我说品不出味，他说：“你看你那心爱的小伙伴还在不在？”我恍然大悟：那只可爱的猴子被杀了。弄得好气又好笑，回敬了他：“军团长同志，你当了‘刽子手’了。”惹得同志们哈哈大笑，罗炳辉同志笑得比别人更响。

那时，我们亲密无间，无话不谈。干部、战士情绪低落时，罗炳辉同志摆个龙门阵，或说点什么笑话，惹大家笑，提精神。在那远离中央、随时都有可能全军覆没的极端困难和危险的环境里，罗炳辉同志以自己对党、对人民的赤胆忠心，对革命事业的必胜信念、乐观情绪和大智大勇，团结和鼓舞着红九军团指战员们克服了一个又一个的困难，取得了一个又一个的胜利，把部队带到了延安。

跟随罗军团长

◆黄锡满

我出身在江西省宁都县长胜乡的一个贫苦农民家庭。父亲给地主当长工，母亲当奶娘，一家人过着饥寒交迫的生活。1930 年参加红军。

参加红军后，我接受了党的教育，懂得了当红军就是要为天底下的劳苦大众得解放而打天下的道理，因此作战非常勇敢，参军四个月便提升为副排长，一年后升至排长，1933 年入党。当时参加革命非常艰苦，几乎每天都在行军作战，风餐露宿，随时都有生命危险。国民党反动派调集了大量军队与红军作战。

长征前夕，组织上选派我到国家安全保卫局，培训后担任红九军团罗炳辉军团长的警卫员。

长征路上，我不离身的有三件宝：一支驳壳枪、一个望远镜和一本地图。望远镜和地图罗军团长再三交代一定要爱护好，比脑袋还重要。

苏区中央红军长征队伍红一、三军团在前面开路，红五军团和中央机关居中，罗炳辉领导的红九军团压阵掩护大部队前进，阻击尾追的敌人。经过多次战斗，红九军团因善打阻击战而闻名全军。突破敌人四道封锁线后，红九军团兵力由长汀出发时的几万人锐减到几千人。由此可见长征中阻击战的惨烈。在湘江战役中，红九军团负责堵截右翼的敌军，掩护部队过江，战斗整整打了两天两夜，硬是没让敌军越雷池一步。这一仗，部队损失兵力过半。

红军过了娄山关受阻返回，红九军团依然奉命阻击敌兵。追军是贵州军阀王家烈的部队，追来了好几个军，同时四川方面的敌人也闻风追来，敌军十几倍于我军的力量。从桐锌县城外开始，我军边战边退，一直退到娄山关，凭借娄山关的天然有利地势，堵截敌军。娄山关双峰对峙，只有中间一条大路可容通过，是易守难攻的好地形。我军刚刚在山头构筑好简易工事，敌军就赶到攻了上来。敌军人数多，只见满山遍野都是敌军涌来。我军子弹不多，战斗刚打响，我负责用望远镜搜寻敌军官，定好距离，指示罗军团长调整重机枪标尺，罗军团长亲自打重机枪，他瞄准敌军官点射，击毙了不少敌军官，引起了敌军的混乱。敌人实在太多了，他们冲上山头到阵地前，红军战士就和他们拼刺刀，用马刀砍，把敌人赶下山头。经过多次反复，敌军在红军大无畏的拼杀面前害怕了、退缩了。在拉锯式的战斗中，我身体多处负伤。坚持到第三天，中央来电指示已完成阻击任务，可以撤了。当时敌人围困了我军坚守的山头，将我军包围在阵地内，想顺当地撤退已很困难。吹响撤退号后，我和军团部的六七名警卫员一起顶住敌人的进攻，掩护军团长罗炳辉、政治委员何长工、政治部主任黄火青、参谋长郭天民等军团首长从后山撤退。首长们撤出后，敌人又将我们包围在阵地内。我身旁的两名警卫员被敌军击中壮烈牺牲。这时，一颗子弹击穿了我的右腿，情况十分危急。我自认为难脱险境，正准备和敌人拼个鱼死网破。在这紧要关头，罗军团长撤下去后召集部队，发现还有许多战士没能撤出来，乘敌人没有站稳脚跟，立即组织打了一个反扑，撕开一个口子，将困在阵地内的战士救了出来。当时我的右腿负伤，无法行走，罗军团长让我骑着他的马突围。

红军长征中不仅要突破敌人飞机加大炮的围追堵截，还要和恶劣的自然条件搏斗，爬雪山、过草地，一次比一次更艰难。第一次爬雪山是为了红一、四方面军的会合而翻越夹金山。夹金山终年积雪、空气稀薄、寒气逼人，一般积雪都深达数尺，红军战士大部分是南方人，身着单衣单裤。一上山许多同志就冻伤了，呼吸困难。有的同志实在走不动了坐下休息，很快就冻僵了，再也爬不起来。有的同志踩到雪窟窿，陷了下去。一路上，罗军团长不停地鼓励、叮嘱我和身边的同志要坚持，不能停下来，边走边用双手摩擦身体各部位发热，我原先受伤的胸、腰、腿这时都疼痛难忍，实在支持不住了，罗军团长便让我拉着他的马的尾巴往上爬。我硬是凭着坚强的革命毅力挺了过来。

翻越夹金山后，红一、四方面军胜利会师。我所在的部队在少数民族生活的地带艰苦辗转将近一年。

在甘孜县向东行走两天后部队进入草地。

茫茫草地，无边无际，连飞鸟都见不到。时值初夏，草地气候变化无常，时而烈日暴晒，时而倾盆大雨，夜晚气温急速下降，大家冻得发抖，无法入眠，挤坐在一起互相用体温取暖。有的同志风趣地说：天当被，地当床，暴风雨当蚊帐。下过雨的草地许多地方成了沼泽地，特别是前面的部队过去后，草地变成了烂泥地，哪里能走哪里不能走谁也不知道，一不留神便陷下去。我们许多优秀的同志便这样献出了宝贵的生命。

进入草地腹地后，红军面临更大的困难。原本就不多的粮食、盐巴都已经吃光，恶劣的环境使大批战士病倒了，但是也没有药用。随军的马匹都杀光吃完了，皮带、草根等所有能吃的都煮熟吃了，大家又饿又累又病，特别是我所在的后卫部队更是艰难。前面的部队将能吃的草都找来吃了，我们要找能吃的草都很艰难。前面走过部队吃过未消化的半成熟的青稞麦子给雨水冲出来了，我们也捡起来重新洗干净煮熟再吃！这是多么艰难的跋涉，需要的是钢铁般的意志。

（原载 2007 年 9 月 11 日《中国老年报》）

罗军团长的脚步

◆涂通今

作者简介:涂通今(1914～),福建长汀人。1929年参加当地的少先队,1932年参加中国工农红军,1934年9月随红九军团从福建长汀钟屋村出发,开始长征。长征中,作为八团的医生,他不仅自己要过雪山、草地,经历各种险恶环境,还要用学到的医学知识为红军服务,使许多红军战士得到了救治。是我国既参加过长征,又获得博士学位的三位老将军中的一位。

长征中最难忘的是什么?

患难见真情。长征中的战友情、同志情弥足珍贵,终生难忘。

长征中,我印象最深的是军团长罗炳辉。他是《从奴隶到将军》这部电影主人公的原型,他的行为和作风影响了我的一生。1935年4月,红九军团到达滇、川、黔三省交界的织金县东南的猫场,遭到敌军袭击,罗炳辉临危不乱,迅速组织各团分头出击,白刃交锋,边打边转移,终于摆脱险境,但部队伤亡三百余人,团长刘华香、团政委姜启化都负了重伤,这是罗炳辉从未遇到过的惨重伤亡。他心情沉重,举足不前。红军中传说罗军团长的脚步是部队胜败的寒暑表,今天果真显现了。警卫员搀扶着罗军团长,已从他沉重的脚步中感到这位身经百战的将军对革命、对同志无限的革命感情。这情景深深地感染着我。

1935年8月，毛泽东为了阻止张国焘阴谋搞分裂，率右路军过草地，向甘南进军，而左路军南返，并提出“赤化川西北”的口号，令我感到不解。大约一个月后，已是深秋季节，朱德总司令和康克清同志来到红三十二军，大家高兴地把他们围了起来，问这问那。

“有人说毛泽东是右倾机会主义，我们真不明白。”

“不明白才对呢。这是他们反对毛泽东，搞分裂，我们红军现在这样分成两下子，是历史上没有的，是很不幸的事呀！”

“那我们该怎么办呀？”

“我们要等一等，不管怎么样，张国焘还打着红旗嘛，还须再看他革命不革命，不革命我们再说也不晚。”

不久，朱总司令又来红三十二军讲了一次话，他要求大家搞好团结，并公开表明他是毛泽东的亲密战友，永远站在毛泽东一方，他幽默地说：“我是老朱呀，朱毛，朱毛，我们是在一起的呀！把毛去了，我不成了‘光朱’了吗？”

我从朱总司令的谈话中感受到了毛泽东、朱德坚定的革命信念和领袖间珍贵的革命情谊，更加坚定了革命斗志，在以后的革命生涯中，信念坚定，矢志不移。

长征中最危险的是什么？

掉队。谁都知道掉队十分危险，十有八九会遭殃。长征中，我两次掉队，可谓险象环生。

1934年10月16日，我随红九军团由会昌向南进发，10月18日进入敌占区，经安远、信丰，于10月26日在赣、粤两省交界的乌径圩打了第一仗。接着强行军，于10月28日在赣(州)韶(关)公路的青龙圩打了第二仗，终于突破了第一道封锁线。在这两仗中，我每天平均救治一百多名伤员，生龙活虎地忙碌在战场上、行军中及宿营地。11月6日红九军团突破了敌人的第二道封锁线，占领了广东仁化以北的城口镇，随后转向西北直指湖南。11月9日，在湖南汝城西南的延寿圩遇到了长征中的第一场恶战。部队拥挤在一个谷道里，前有湘军堵截，后有粤军追击，部队且战且走，突出重围。在这场恶战中，主力部队为迅速甩掉敌人向前急行军，于是有的伤员就落在战场上。我遵照“不丢掉一个伤员”的宗旨全力救治，可当我处理停当后已不知主力去向了。我和十多个伤病员成了一支孤军，前赶不上部队，后有追兵，又无通讯工具联络，急得我不知如何是好？我同伤病员一起讨论，一致主张只有前进找到部队才有生路。我们沿着红九军团前进的路线追赶，离我们后面不远能听到尾追敌人的枪声。我们忘记了饥饿，忘记了疲劳，拼命向前！我时而搀扶着伤员，时而背着伤员，伤员们也互相帮助。到了第三天清晨阳光辉映山头时，在一岔道上发现一支队伍过来，他们立即隐蔽，待队伍渐渐走近时才看出原来是红一军团的同志。我不禁暗自庆幸：“真是天助我也！”我纵身从隐蔽处跑出来，飞扑向红一军团的同志。

在四渡赤水中，尤其使我难忘的是第一次抢渡赤水河时，从习水南下土城参战翻过一座山峰的夜晚。那夜天色昏暗，伸手不见五指，北风凛冽，雨点飒飒，部队行进在长满荆棘的山道隘路上，我没有看清前方引路的白毛巾标记而一脚踩空，滑到黑咕隆咚的悬崖下，当时，刹那间闪出一个念头“我死于此吗？”接着就昏了过去，什么都不知道了。当我醒来时才知道自己正被一株从峭壁伸出的老松所挡，就急忙呼救，幸亏后卫收容队赶到，才用接在一起的绑腿把我吊了上来，我的脸和手都被划破，雨水和鲜血混在一起，成了一个血人。

长征中最艰苦的是什么？

长征中最艰苦的莫过于爬雪山、过草地。参加长征的红一、四方面军，有的同志只爬了一次雪山、过了一次草地。由于张国焘阴谋搞分裂，我所在的部队三过雪山、草地，经历了最艰苦的岁月。

长征途经的雪山是位于西藏边界地区的夹金山和党岭山，海拔都在五千米上下，终年积雪，经常刮七八级甚至十级以上大风，山上除有少数民族走过的羊肠小道外，别无他路可行。草地是川西大草地，海拔在四千米以上，空气稀薄，气候多变，时云时雨时冰雹，遍地有草无木，除小山坡地的小路略干燥外，大都是沼泽地，行走时只能踏在草丛墩子上走，不能踏偏，否则有陷入泥坑的危险。

1935 年 6 月我随红九军团翻越夹金山，到达懋功与红四方面军胜利会师。7 月，红九军团改为第三十二军，混合编入左路军，由张国焘指挥。8 月中旬，我随第三十二军从马尔康出发，沿松潘方向过草地，在草地上走了两天，突然接左路军令，掉头返回马尔康。10 月下旬，张国焘率左路军南下，我随第三十二军又由北向南第二次翻越夹金山，随即在天令、芦山一带与国民党军连续激战，伤亡较大，不得不于 1936 年 2 月由南向北翻越党岭山。1936 年 7 月红二、四方面军胜利会师，从甘孜出发，经阿坝到腊子口，经过四十多天非常艰苦的草地生活，到达甘肃哈达铺。1936 年 10 月 10 日三大红军主力在甘肃会宁会师，结束了长征。

红军长征走过了艰难的路程，红军卫生工作也遇到了前所未有的困难。我于 1984 年 3 月 31 日与美国《纽约时报》前副总编、著名作家哈里森·索尔兹伯里谈红军长征中的卫生工作时说："雪山、草地行军，因空气稀薄缺氧，人人面如土色，行军速度不能太快，尤其是上坡，即使缓慢行走，也感到十分吃力，呼吸急促，甚至有跌倒之势，实为高山反应。在这种情况下，大家要发扬友爱精神，互相帮助渡过难关。我们每日到达指定的宿营地后，首先选择一个比较干燥的山坡，然后搭起帐篷并搭灶，拾干牛粪作燃料，煮沸消毒器材，进行外科换药，同时医生给病人看病发药，进行治疗。有一次，我们卫生所刚到营地，按分工正准备搭帐篷和拾干牛粪时，天气骤变，雨水冰雹齐下，把我们十几位同志的全身淋得透湿，人人呆若木鸡。不一会儿，风云一过，阳光露脸，我们的工作又照样进行，还是同往常一样，先是搭好帐篷，接着进行治疗，然后用脸盆烧开水，吃糌粑面或面糊，再去连队检查卫生，开工作会议，准备次日继续行军，最后休息。过草地之苦，使人难忘。"

罗军团长要我们把牛肉切成小块

◆刘洪辉

1934 年,国民党军队开始全力对中央苏区进行第五次“围剿”。

在保卫建宁的战斗中,我们红九军团和敌人进行反复地争夺,可是红军的武器哪能和国民党正规军硬拼。中央苏区的形势非常糟糕,我们吃了很多败仗。

为了及时救助伤员,军团卫生部在紧靠阵地的一个小树林里设立了医疗站,救治伤员。战斗从天亮打到天快黑,红九军团抵挡不住,决定全线撤退。

没想到在撤退的时候,司令部忘了通知卫生部,部队已经全线后撤了,卫生部的同志们仍然在树林里抢救伤员。

等到红九军团战斗部队撤退到二线阵地进行防御,清点部队时才想起来卫生部还在前边,赶快派出通信员骑马飞奔前来通知。

这时候摸上来的敌人离卫生部所在地只有两三百米的距离了。骑马的通信员也不怕死,一边向卫生部飞跑,一边大声地喊:“快跑啊,敌人上来了啊。”

我们一听,抬的抬,背的背,拖的拖,急忙往后方跑。我抓起身边的一个伤员背着就跑,累得我差点岔了气。

后来我才知道,我背出来的伤员是一个指导员,叫刘孝德,刘孝德后来改名叫刘昂,新中国成立后当了南京军区空军司令员。

红九军团一直担负后卫,在草地里总共走了七十多天,是最后走出草地的红军。部队行进到一个叫上堡卓的地方，突然接到了一个情报，说身后有三四万骑兵追了上来，而前面，胡宗南的一个骑兵团也围了过来。

情况非常危急。当天夜里一点多，军团长罗炳辉突然命令部队成四路纵队突围，要求我们把可能响的东西全扔掉，不能有半点的声音和光亮。

红九军团有三千多人，就在敌人眼皮底下悄然前进。一直走到早上七点，我们听到后面传来非常大的声音，敌人的骑兵向我们冲了过来。我们感觉到地都在发抖。

军团长罗炳辉马上命令部队向附近的一个小高地靠拢，用一个团对付后面，一个连对付前面，并且特别要求，没有他的命令，任何人都不能开枪。

敌人骑马冲到离我们阵地只剩下不到五十米的地方时，罗炳辉一声令下，三颗信号弹上天。所有的军号都吹起来，所有的轻重武器全部开火，还用迫击炮连续向敌人纵深打了六颗炮弹。乘敌人晕头转向之时，红军发起冲锋，三千人的红军迎着敌人三四万人的骑兵勇猛地冲了上去。这一仗打下来，红军未伤亡一人，缴获颇丰。

军团长罗炳辉看到我在前线，很不高兴地警告我不许往前靠。他对红小鬼非常好，不让我们到火线上去。

军团长罗炳辉是个非常优秀的红军将领。他治军有方，打仗勇敢，管理部队的时候又很细致。在长征中，红九军团在罗炳辉的带领下，不但没有减员，反而因为不断收容还增员，被中央军委赞誉为“战略轻骑”。

罗炳辉让部队把牛肉全切成拇指大的小块，规定每个人每天吃两碗糌粑、五至十块牛肉。吃饭的时候要互相数。

一位优秀的军事指挥员

◆刘　昂

作者简介：刘昂(1916～2002)，江西吉安人。1931年参加红军，土地革命战争时期，任红九军团第三师九团连政治指导员，红三十二军政治部敌工科科长、团政治委员。参加了长征。抗日战争时期，任八路军一二〇师三五九旅七一八团营长、八路军留守兵团警备第五团副团长、八路军南下支队分队长、湘鄂赣军区东分区参谋长、军政干部学校副校长。解放战争时期，任中原军区干部教导团团长，晋冀鲁豫军区第一军分区参谋长，冀鲁豫军区第一军分区副司令员，军区司令部参谋处处长，华北军政大学高级干部队队长、副总队长。中华人民共和国成立后，任第三十二步兵学校校长、南京步兵学校校长、南京军区炮兵副司令员、浙江省军区副司令员、空军军政委、南京军区空军顾问。1955年被授予少将军衔。

1972年，周总理陪同尼克松到杭州期间，在接见浙江省委和驻军负责同志时，亲切地问坐在他身旁的我："你是什么地方人？什么时候参加红军？现在多大年岁？"我一一回答了周总理的问话。周总理又问："长征时期你在哪个部队？"我说："在红九军团。"周总理说："哦，是罗炳辉同志领导的那个军团哪！"总理继续说："罗炳辉同志不错呀，对游击战术有研究，运用得很好。他指挥打仗很有办法，是一位优秀的军事指挥员。遵义会议后，红九军团在担负掩护中央和主力红军的任务中，一度单独作战，打了不少胜仗，战胜了各种艰难险阻，一路上扩军，队伍壮大了，钱粮也多了，上交中央不少银元、物资和骡马，真是雪中送炭哪！红九军团在翼侧牵制、阻击敌人，掩护中央和主力红军胜利渡过金沙江，继续北上，是很有功的。”

时隔多年，周总理对罗炳辉同志和红九军团还记忆犹新，感情还这样深厚，感动得我几乎流下泪来。周总理的教诲，引起了我对往事的许多回忆。

1930年10月，毛主席、朱总司令率领红军打下吉安城，我就和家乡的很多青少年参加了红军，我当时只有十四岁，被分配在红十二军三十五师一〇三团。那时红十二军军部在吉安府衙门，临行前我们一百多名新战士在军部门前集合，说是首长要讲话。不一会，军部出来一些同志，其中一个背着左轮手枪、衣着朴素、个子高大、威武雄壮的人出来对新战士讲话。他说：“同志们，我们热烈欢迎你们参加红军。红军是工农子弟兵，是为人民闹翻身求解放的军队。红军要打土豪分田地，要打倒欺负中国人民的帝国主义走狗蒋介石反动派。同志们参加红军很光荣，红军里上下一致、官兵一致、亲密团结。但是，红军有铁的纪律，要坚决服从命令听指挥，这是军人的天职。我们要加强军事训练，努力学习，英勇作战，不怕流血，不怕牺牲……”他声若洪钟，越讲越起劲。我边听边好奇地打听讲话的是谁，一位带新兵的同志告诉我说：“这就是我们红十二军的军长罗炳辉！”听他这么一说，我惊喜地睁大眼睛看着罗军团长，越看越觉得他朴实亲切，不像当官的，我的敬意油然而生。从此，罗炳辉同志的高大形象就镌刻在我的脑海里。

1933年初我进红军学校学习八个月后分配到红一军团三师九团。以三师为基础成立红九军团时，又直接受罗炳辉同志的指挥。

1934年四五月间，罗军团长亲临前线指挥江西广昌的鸡公山战斗。一天上午，罗军团长带着一个参谋、一个警卫、一个通讯员隐蔽在山头上，用望远镜观察敌情。罗军团长叫通讯员喊我去，我当时在红九军团任连指导员，他用手指着敌人所在的位置对我说：“你们九连顺着那条小河隐蔽接近敌人，插到敌人背后，截断它，吃掉一部分。”他接着强调说，要注意：一、你们不能与敌人正面相碰，避免打遭遇战；二、发现敌人乱打枪不要还击，按我们指定的方向前进；三、放过前卫，卡断后路，包围敌人，隐蔽到敌人接近百来公尺再打。你们连就认真去执行这一任务，其他敌人如何消灭我另有安排。

我连按罗军团长命令，迅速插到敌人背后，包围了国民党陈诚十三军五十余人的侦察队，一阵猛打。敌人不知所措，抱头鼠窜，多数当场击毙，剩下的全当了俘虏。从敌分队长身上还搜出一把刻有蒋介石名字的庐山军官训练团军刀，又缴获十多支德造二十响驳壳枪、两支半自动步枪、三十多支步枪。战士们带着胜利的微笑，雄赳赳气昂昂地押着俘虏、扛着战利品回到驻地。

当我们满载而归时，一直在山头上指挥战斗的罗军团长，满面笑容地急忙走下山来，对我们连声说：“你们打得好，就是要这样打。”我笑着说：“军团长指挥有方啊！这完全是按军团长的布置打的。”接着罗军团长表扬全体战士攻如猛虎，英勇杀敌，立了大功，勉励大家今后要打更多的漂亮仗。

罗军团长亲临第一线指挥，具体布置战斗任务的例子是多的。他不但给你指出如何取胜，也指出战斗失利时又应该怎样对付。我们一些老同志在一起时都说：“罗军团长作为高级指挥员能经常深入下层，亲临战斗第一线是非常可贵的。他不但是一个掌握全面的战役指挥员，而且是一个多谋善断的战术指挥员，还是一个机动灵活的战斗指挥员。他又是一个宣传鼓动员，常给战士鼓劲。”当时有几句口号，叫“勇敢冲锋，拼命杀敌，多缴枪炮，扩大红军”。罗军团长身体力行，行军中走在前头，战斗时到第一线；平时，与各级干部和战士没有界线，亲密无间。

1935 年春末，在举世闻名的二万五千里长征中，红九军团进入云南。一天，我和团政委姜启化同志与罗军团长开玩笑说：“军团长，快打到你老家了，到了老家要请我们作客吧！”罗军团长诙谐地操着当地口音说：“是呵，我老家就在彝良，离这儿不远了。可是，同志哥，现在可不行，我们红军到哪里哪里就是我们的家啊！等到革命胜利了，我请你们到老家去，拿你们当上宾，请你们吃家乡最好吃的东西。”逗得我们几人哈哈大笑。

从宣威到会泽途中，罗军团长叫通讯员把电话线搭在敌人电话线上，自己拿着电话机与会泽的国民党地方民团讲起话来。他通了姓名后说：“我们是中国工农红军第九军团，要经过会泽，你们不要阻挡。我们红军是爱护人民的，只要你们不与我军为敌，我们决不会伤害你们。”侦察科科长曹达兴同志叫我们先赶到会泽，走到会泽附近，罗军团长来了，他把三营的营、连干部召集在一起，布置攻打会泽的战斗任务，要我们快速前进，用政治攻势去瓦解敌人，争取不放一枪解决问题，如果顽抗就坚决消灭。

根据罗军团长的命令，我们研究了地形、敌情和打法，决定九连攻西门。敌人以为我们会强攻城门，不料我们搭梯子爬上城墙，迅即冲进县衙门。县长逃跑，二三百人的保安团溃不成军，集队缴械。保安团团长赶紧申明：“我认识你们军团长，他和我同在过滇军，有事好商量，希望不要打。”我们说：“只要你们放下武器，不与人民为敌，我们绝不伤你们一个人，如果阳奉阴违，不良后果自负。”那人说：“不敢，不敢。”我们集中武器，带走俘虏，将情况迅速报告罗军团长。后来才知道军团领导机关事先已做了许多瓦解敌人的政治工作。罗军团长说：“你们这一仗打得好，未放一枪，解决得干净利落。”

红九军团离开会泽，向金沙江边前进。渡江前罗军团长召开了干部会，他动员说：“渡乌江以来，红九军团在翼侧牵制、阻击敌人，掩护中央和主力红军顺利前进，全体指战员一致努力，成绩显著。现在，主力红军正在金沙江上游渡江，遵照中央军委命令，我们要迅速抢渡金沙江，继续阻击追敌，跟上主力。要做好充分准备，必须一夜之间将部队全部渡完。”罗军团长命令三营（前卫营）：夜间偷渡，只能前进，不能后退；抢占渡口，不管付出多大代价都要占领；消灭对岸守敌，扫除前进障碍。

我们到江边时，侦察连与当地群众已经把船准备好了。老百姓对红军渡江给予大力支持。当我们向船工们打听附近敌人活动以及江水深浅、有无暗礁等情况时，他们热情地回答了我们提出的问题，并坚决地说：“红军同志放心，不管有多大困难，我们都要把你们渡过去。”每条船上两名船工，还配备几支桨。当晚，九连划三条船首先渡江。在伸手不见五指的黑夜里，谁也没吭声，只听哗哗的桨击水声。战士们除帮助划桨外，其余的默默地倾听着动静，做着战斗准备，应付着随时可能发生的意外。掌舵的艄公也拼命地划桨，他们渡江的心情比我们还迫切，恨不得一下飞过江去。船快靠岸时，突然被敌人发觉了，敌人大声地喊：“你们是哪个部分的？”一时沉闷的气氛紧张起来，为迷惑敌人，我们一个同志沉着地回答：“会泽保安团。”敌人又问：“干啥子？”回答：“运盐巴。”敌人把我们当成“自己人”，放松了警戒。船靠岸，我们迅速下船冲上岸，抓了几个哨兵问了情况，哨兵说：“今天又调来一个营防守金沙江，住在离这里不远的东北方向。他们还没站住脚，想不到红军会到得这样快，当官的在屋里抽大烟，当兵的还在睡觉。”我们急行军冲到敌人驻地，一场激战，敌人除死伤外，其余全部逃跑了。此时是次日凌晨四时左右。整个部队天亮前全部渡过了金沙江，到西昌与主力会师。与红四方面军会师后，中央分左右两路军北上，红九军团分到左路军，归红四方面军指挥，改番号为红三十二军，住在松岗。一天，张国焘派人到红三十二军，在一个喇嘛庙里召集连以上干部传达张国焘的所谓“指示”，说什么毛主席、周副主席带红军“逃跑了”。同志们听了非常反感。政治部主任黄火青、宣传部部长王透、三营教导员姜启化等同志更为愤慨，当场站起来批驳这个谣言，说：“分左、右两路军北上是党中央、中央军委决定的，张国焘难道没有参加会议吗？毛主席、周副主席根据会议决定率领右路军北上抗日，是正大光明的，怎么叫做‘逃跑’？这究竟要干什么？”此后，黄火青、姜启化等同志被张国焘调走了，王透同志未听到下落。那时，张国焘心毒手狠，暗害了一些优秀同志。在这艰难曲折的时刻，罗军团长同大家一样，心情沉重，紧紧地把指战员们团结在一起。大家都很想念已到陕北的党中央及军委首长，想念陕北的红军战士。多么盼望尽快与陕北红军会师啊！张国焘强迫南下，我们又翻夹金山、党岭山，返回天全、芦山、荥经一带。此间，在小河子打了一仗。记得那天，罗军团长带着参谋和警卫员在山头上侦察，发现国民党的一支侦察部队，即召集曹达兴、刘华香、吴荣峰、严林雄等同志和我去领受战斗任务。罗军团长分析敌人的目的时说："敌人可能侦察我部队行踪，或寻找从荥经通往雅安的路线，或抢老百姓东西。但无论哪种目的，我们都要消灭它。"按部署，部队隐蔽在山上，三营的任务是截断一部，给敌以歼灭性打击。果然敌人进了埋伏圈，机枪、步枪、手榴弹在敌群中开了火，打得敌人晕头转向。敌伤亡很大，我军缴获了不少武器。

1936 年 6 月，我军与红六军团在理塘会师后，红三十二军编入红二方面军。不久，红二、四方面军继续北上，红三十二军仍负责后卫掩护。从理塘出发，爬雪山、过草地，走了三十三天。在那渺无人烟的草地里，有的干部、战士病倒了，有的壮烈牺牲了。

在这极端困苦的时刻，罗军团长乐观地鼓励大家要克服眼下暂时的艰难困苦。他说："能苦必胜。共产党员入党时就立志要为共产主义事业奋斗终生，共产党员就要有钢铁般的意志。我们是工农红军，红军是钢铁队伍，打不烂，拖不垮。我们经受了艰难曲折的考验，现在更要鼓足勇气，渡过难关，要发扬阶级友爱精神，不能丢下一个战士，能走的坚持走，走不动的背着走，再不行爬也要爬出草地。"本来劳累成疾的罗军团长，这时身体更加虚弱，但他经常把骑的牲口用来驮东西，或让给伤病员骑，自己走路，甚至帮战士扛枪。一路上，罗军团长给战士们讲故事，做宣传，有说有笑，充满乐观主义精神。一次，他风趣地说：“这草地好啊，是个天然牧场，又是我们的粮仓，这‘粮食’不用我们种，举手便是。饿了，把野菜、草根往肚里一塞，不就解决问题了吗？将来我们有意找还找不着呢！”引得大家一阵笑声。在罗军团长的带领下，我们终于走出了草地。

过彝民区时，罗军团长了解彝民善枪法，力气大，他就当众表演百发百中的枪法，又把磨盘抓起来。彝民很佩服，与我们结成友好关系。在西俄洛、理塘等藏民区，罗军团长教育大家要尊重藏民的风俗习惯和宗教信仰，救助穷苦藏民。同时，罗军团长还做民族上层工作，宣传我党的民族政策。一个藏族上层人士还送给他一串佛珠（后听说他送了一颗给国际友人斯诺夫人，斯诺夫人回国做成戒指戴着，近年又捐赠给了中国历史博物馆）。在两个藏民通司引导下，我们走出了草地。

行至甘肃成县地区的小川镇，与敌遭遇。敌人从天水过来，气势汹汹，大有吞掉我军之势。罗军团长下令，无论付出多大代价都要挡住敌人，不能影响主力的行动计划。敌人多次进攻，均被我击退。在这次阻击战中，侦察科科长曹达兴和三营营长谢六礼等同志英勇牺牲。

1936 年 10 月，我们经固原、海原、豫旺堡一带与红一方面军会合。红三十二军住洪德城，进行了整编，两个师缩编为二八〇、二八二、二八六三个团。整编后参加了第二次国内革命战争时期的最后一战——山城堡战斗。

一天，彭德怀同志来到红三十二军，罗军团长把团以上干部一一介绍给彭总。彭总爽快地说：“罗胖子有办法呀，很能打仗，既懂战术，又懂技术，举枪就能打鸟，技术还不高吗？他对部队要求很严，积极寻找战机，主动灵活，力求每战必胜。红九军团在长征中担负了掩护红军主力北上的繁重任务，这个任务完成得很好。特别是红九军团独立行动那一段，对指战员更是一场严峻考验，这与罗胖子的直接指挥是分不开的！望大家再接再厉，迎接新的战斗任务。”

接着,彭总又讲了形势,讲了打山城堡战斗的意图和意义。他说:“蒋介石要东北军打红军,而东北军仇恨日寇,不想内战,但蒋介石有令,不得不打。我军必须打胜这一仗,显示军威,再争取团结抗日力量。”随后向红三十二军交代了打敌人侧冀的战斗任务。战前,罗军团长强调:“既要英勇作战,又要注意政策,因为东北军与蒋系军有矛盾,在战场上要多争取东北军官兵。”战斗打响后,敌军节节败退,敌八十二师师长丁德龙被活捉。我们也抓到不少俘虏,对他们进行政策和前途教育后,他们多数参加了红军。后来罗军团长还安排了一些参加红军的东北军基层军官当军事教员。

1937 年夏初,红二方面军到陕西富平县庄里镇一带集中,红三十二军住十八坊。一次,贺龙同志来红三十二军,他带一个警卫员先到我团,我们一起到军部,边走边谈。贺总问我:“你们团有多少人?”我说:“三个建制连,四百五十多人。”贺总意味深长地说:“不容易呀,经过二万五千里长征,剩下这点人都是红军战士啊,这是党的宝贵财富,是革命的种子,要播到全国去。”到军部与罗军团长见面后,贺总笑着问我:“你看,我与你们罗军团长哪个年岁大?”我说:“差不多。”贺总说:“我比罗胖子大一岁。”在一片活跃的气氛中,贺总讲了形势。他说:“由于广大东北军和西北军官兵不愿打内战,要抗日,爆发了西安事变,把蒋介石扣留了,中共派出代表团与蒋介石谈判,要搞国共统一战线,共同抗日。你们现在要搞好军民关系。”罗军团长也讲:“我党、我军以国家、民族利益为重,以大局为重,与国民党搞统一战线,团结一切爱国力量共同抗日,这是形势发展的必然趋势。现在,新的任务摆到了我们面前,我们要随时准备着开赴抗日前线。”

不久,红军改编为国民革命军第十八集团军。红三十二军编到一二零师三五九旅为七一八团。罗军团长调走了。抗战期间,七一八团留在延安,担负起保卫党中央、保卫毛主席的光荣任务。

英勇无畏的红军将领

◆肖华友

1933年，我由红五军团调红九军团，先任军团的特派员，负责军团的警卫工作。罗炳辉军团长曾给我们讲述他在少年时不堪忍受压迫欺凌，愤然投滇军，参加北伐以及吉安起义的情况。罗军团长的感人事迹很多，他英勇无畏的高大形象至今还活现在我的脑海里。

挑　盐

“九一八”事变后，红军宣言北上抗日。蒋介石对抗日进行百般阻扰和破坏，但我军抗日决心始终不变。军委确定红七军团先行北上，红九军团奉命护送红七军团过江。到樟湖坂镇，护送任务就完成了，休息一天。就在这时，战士们见江中来了汽艇，便问：“军团长，江里来的什么船？”罗军团长用望远镜一看，说：“这是国民党的洋船。”并命令做好战斗准备，以武力胁迫洋船开过来。洋船靠岸后，发现装有不少布匹、食盐、衣服和武器等军用物资。罗军团长下令没收，以装备部队。

罗军团长见到食盐后特别高兴。他立即对部队进行动员说：“同志们，蒋介石反动派卡我们的脖子，红军和苏区人民已经好几个月没有吃上盐了。今天，每个干部和战士都要担一担盐回去。我们要想到中央，想到红军总部，想到毛委员、朱总司令，想到广大红军战士和苏区人民。

因此，这盐巴比金银珠宝还要贵重，希望每个同志尽最大努力挑盐，力大的自觉拣重的挑。途中还要准备与敌人战斗，只要没牺牲，我们就要把盐巴挑到中央苏区。”

听着罗军团长的动员，红军战士心里都热辣辣的，大家争先恐后抢挑重担。我带着收容队，也担了七八十斤。罗军团长以身作则，拣一担重的挑着，与同志们一道走。大家见首长都吃得了苦，劲头就更大了。樟湖坂离福州不远，可离中央苏区则有千里之遥，道路崎岖难行，又常常与敌人遭遇。敌人袭击，我们放下担子就跟他们拼，打跑了敌人又挑着担子赶路。在这种困难条件下，同志们累得大口大口喘粗气，汗水湿透了衣服，脚跑肿了，肩磨破了，但仍振作精神，忍着疼痛和饥饿，挑着担子赶路。罗军团长身体很胖，但挑上八九十斤的担子健步如飞。累得汗流满面了，他还开几句玩笑，逗大家乐。同志们心里只有一个信念，不论有多大的艰难困苦，一定要把盐挑到中央苏区，一定要让中央和总部首长，让广大红军战士和苏区人民尽快吃到盐。经过同志们的艰苦努力，终于到达了目的地。

军委和总部首长看到盐十分高兴，表扬红九军团有全局观点，机动灵活，能吃大苦、耐大劳。我们罗军团长为了革命利益、人民利益，是不惜一切代价的，他胸怀坦荡，无私无畏。

保卫党中央、毛主席的安全

举世闻名的二万五千里长征开始后，红九军团负责断后，与红五军团交替掩护主力前进。渡湘江时，蒋介石派重兵前堵后截，天上飞机轰炸，十万部队过浮桥，处境十分困难。红三、五、八、九军团先打开一条通道，让中央纵队和红一军团过去，又在两侧作通道式的掩护，与各方面来的敌人展开激烈的战斗。罗军团长坚定地说：“同志们，我们一定要把敌人顶住，无论付出多大代价都要保护先头部队渡过湘江。”罗军团长带着部队左冲右杀，突破了敌人的几道封锁线，但部队损失很大。

红军进入贵州后打下了遵义。红九军团占领湄潭，并奉命驻湄潭，堵击追敌，保卫中央开好遵义会议。遵义会议批判了王明的“左”倾机会主义路线，确立了毛主席在全党、全军的领导地位。遵义会议的光芒照亮了指战员们的心。给指战员们传达会议精神时，罗军团长和蔡树藩政委都讲了话，干部、战士无不欢欣鼓舞，表示要坚决拥护遵义会议所作出的一切决定，坚决拥护毛主席的正确领导。

会议结束后，军委电令红九军团撤出湄潭，到娄山关接替红一军团防线。敌人几次猛攻娄山关，我军都坚决顶住。不管敌人加派多少军队，增加多少武器，我们都不退缩。罗军团长打电话问总部：“毛主席离开遵义没有？”回答说：“毛主席还未定。”罗军团长便急忙赶到第一线，鼓励大家：“现在毛主席未离开遵义，党中央、军委和总部也还在遵义，我们要顽强战斗，拼死顶住敌人。哪怕战斗到最后一个人，也要保住阵地，保卫党中央和毛主席的安全。”敌人的多次冲锋都在罗军团长的亲自指挥下击退了。中央转移后，电令红九军团不要再进遵义城，抄小路跟上主力。

红九军团渡过金沙江跟上主力后，迅即强渡大渡河，飞夺泸定桥，行进在荥经、天全和雅安间的狭小山地内，往西北行进。天全城驻着川军刘文辉的教导师，东西也有川军重兵堵截，南面是大渡河，西面是大渡河上的泸定桥，为阻挡追兵，主力部队过桥后就炸毁了。这样，红九军团东、西、南都无法前进，只有绕道北进。这一块狭小山地，人烟稀少，供给存在严重困难，部队处于饥寒交迫的境地，只有突破天全往北才有生路。军委命令红九军团星夜夺取天全。

罗军团长在执行任务的路途中突然病了，这里道路崎岖，不能骑马，战士们要抬他，他坚决拒绝，以坚强的毅力坚持和先头部队一起前进。这无声的命令，给战士们很大鼓励。他还给干部、战士作紧急动员："总部命令我们星夜夺取天全，这是一个事关重大的战斗任务。成败与否，关系到党中央、军委和毛主席的安全，关系到全军的安危。我们每个共产党员，每个革命战士都要不怕流血牺牲，不惜任何代价去占领天全。"罗军团长带病指挥，一举打败刘文辉的教导师，夺取了天全，红军又浩浩荡荡前进了。

远离主力　单独作战

中央原想留下红九军团在云、贵、川建立革命根据地，但看到蒋介石重兵追击，恐我军立足难稳，便仍令红九军团渡乌江随主力前进。部队日夜兼程，到达乌江，桥被炸毁，部队过不去，又与中央失去联系，红九军团面临着一场严峻的考验。我见罗军团长心事重重，常常紧皱眉头考虑问题，好像有些不舒服的样子。一天，我问他："军团长，你病了吗？"他说："我没有病。"过两天，我见罗军团长高兴了，正要问他，他就对我说："已经与中央取得联系了。前几天你问我，我咋个好给你说呢？要是下面知道我们与中央失去联系，情绪就要波动啦！"

从乌江撤回黔北的途中，我军打了一个漂亮的伏击战。罗军团长与政委何长工等同志研究后，决定由何政委带着军部机关隐蔽，罗军团长带部队埋伏待敌，等敌人进入埋伏圈后，给予猛烈回击。战斗打响后，何政委命令军部机关参加冲锋。我带着教导队、新兵营、特务连向敌冲锋。我军奋勇杀敌，敌人败退。有一个排三十多人直杀到敌人指挥部，和敌人肉搏。罗军团长从望远镜中看到，只剩三人与敌拼，又倒下两人，剩下一人还在拼，最后全部壮烈牺牲。罗军团长流着热泪，十分沉痛。

红九军团远离中央，单独行军，指战员中有一些悲观情绪，但在罗军团长坚定不移的信念的感召下和对党、对人民赤胆忠心精神的鼓舞下，提高了革命斗志。在军团党委统一领导下，指战员们捏成一个拳头，跟敌人展开顽强的战斗。

长征经过东川、宣威等地，罗军团长通过他在滇军时期的一些特殊关系，大力宣传我党、我军的政策，稳住民团，民团未与我发生大的冲突。我们没收土豪的食盐、火腿等物，除武装自己外，大量散发给老百姓。开仓济贫后，穷苦人民十分拥护红军。许多青年积极参加红军，东川等地就吸收了一千多人参加。在欢迎新兵的大会上，罗军团长用他的云南口音说："我们是中国工农红军，是在共产党、毛主席领导下为穷人解放的革命队伍，我们这几天的行动，大家看得很清楚。"接着他又说："青年们踊跃参加红军，我们表示热烈欢迎。但是，参加红军是要吃苦的，要流血流汗的。既然到了革命队伍，就要有吃苦耐劳、流血流汗的思想准备。同志们，为了让天下穷人过上好日子，我们要英勇奋斗。"

到金沙江边，有的新兵动摇了，个别的还开了小差。对此，罗军团长没有简单地处罚了事，而是进行思想教育。罗军团长对新兵们说："你们参加红军时就说过，要做好吃苦耐劳、流血流汗的思想准备。红军不同于蒋介石的军队，不拉丁，不派款，不强迫。不愿跟红军走的，可以公开提出，让你们回去。云南也有党的组织，你们还可在云南搞革命。愿跟我们走的，就要树立信心。无论留与走，都取其自愿。不过大家得想想，如果都考虑自己，而不考虑中华民族和人民大众的利益，还能够有中国共产党领导红军闹革命吗？不赶走帝国主义，不打倒地主资本家，我们穷人就永远受剥削、受压迫、受欺负，永远被人踩在脚下。我们的父老兄妹、妻子儿女还在受着苦难，我们能忘记吗？我们中华儿女，要有骨气，不能在反动派胯下过日子。当逃兵是可耻的。"罗军团长的讲话具有震撼人心的力量，大家深受教育。一些动摇的新兵，下决心北上，再没有人提出要离开红军了。军心稳定，大家一鼓作气，渡过了金沙江，赶上了红军主力。红九军团上交不少军饷，又扩大了队伍，受到中央军委的表扬。

严峻的考验

与红四方面军会合后，红军分为左、右两路军北上。红九军团分在左路军，归张国焘指挥。毛主席率领右路军按中央决定翻雪山、过草地北上了。左路军进草地不久，张国焘就停止前进，强迫部队南下。朱德和刘伯承等同志也被强令返回。张国焘公然另立中央，公开分裂党、分裂红军，反对党中央，到处进行反动宣传，造谣说："毛主席带部队'逃跑'。"张国焘的所作所为遭到广大干部战士的反对。红五、九军团跟随毛主席时间长，最了解毛主席，所以反对张国焘分裂的罪行尤为激烈。张国焘要朱德同志表态，朱德同志说："我是共产党员，在北上抗日这个问题上，我只能表一次态，举一次手。我在毛儿盖会议上已经举手赞成党中央北上抗日的主张，这个主张是中央全会一致同意的，包括你张国焘在内，现在你要叫部队南下，我不赞成，你要另立你的中央，我更不能举手。"

由于朱德同志反对张国焘的阴谋活动，张视之为眼中钉、肉中刺，竟然解除了朱德同志的警卫、马匹等。那段时间，罗军团长心情也很沉重，对张国焘的分裂行为很反感。一天，朱德同志怀着沉痛的心情到红九军团看望指战员，罗军团长请朱德同志讲话。

罗军团长说："总司令，你给大家讲讲形势嘛！"朱德同志说："现在不是讲形势的时候了，我的警卫、马匹都没有了。目前情况很坏，有人要另立中央，把红军带向邪路。但红四方面军广大指战员是好的，都是在中国共产党领导下，是忠于革命的。"朱德同志接着说："搞阴谋诡计的人迟早要暴露，乌云遮不住太阳。你们要忍辱负重，顾全大局，千万不要与红四方面军的同志发生冲突，一定要搞好团结。"

朱德同志谈到他自己时说："我的军权被剥夺了，可是革命信念和革命意志夺不去。我们总归要到陕北，大家一定要有信心。"有人提出把红五、九军团打乱重编，变番号。朱德同志说："我的意思是不能打乱编制。红五军团是宁都暴动的有功部队，红九军团是土生土长、硬拼硬打练出来的，已经是很好的战斗集体，不能变。"但是张国焘不顾朱德同志和广大指战员的反对，还是从红五军团里调走了几个团，把红九军团的番号改为红三十二军，只是主要领导人没有变。罗军团长含着激动的热泪，要大家好好记住朱德同志的话，他对大家说："大家一定要顾全大局，增强团结，受委屈也不要紧，我们终归要回到毛主席身边，跟着毛主席走正确道路。"

张国焘把红九军团放在后面，他命令红九军团在一个要道上守三天，让主力前进。罗军团长虽然也执行命令，但深知张国焘的险恶用心。他对大家说："上级命令我们在此守三天，我们一定守住。我军在江西和长征以来从没有拉过稀，要发扬我们百折不挠的精神，万众一心，消灭敌人，守住阵地，保存自己。"我们坚守了三天，打退了敌人的多次进攻，表现了我们顽强的战斗精神。

不久，贺龙同志率领红二方面军与左路军会合。经过朱德、贺龙、任弼时、刘伯承等同志的坚决斗争，张国焘不得不同意继续北上。红三十二军归红二方面军，仍在后面。大家听说要到陕北，情绪十分高涨。第二次过草地，历尽千辛万苦。前面的部队把树皮、草根吃光了，我们连树皮、草根都没得吃。罗军团长始终鼓励大家，走出草地就是胜利。终于，过完了草地，到达陕北。红一方面军来接我们。紧接着，我们又参加了第二次国内革命战争的最后一战——山城堡战斗。红三十二军终于回到了党中央、毛主席的怀抱，经受住了严峻的考验。

罗军团长为人忠厚，光明正大，拥护党的领导，拥护毛主席，对党、对人民的事业无比忠诚。红九军团常打游击战，单独活动多，多次遇到危险，都因他的坚定沉着，指挥有方，转危为安。当有人对革命表现出悲观情绪，纪律涣散，士气不振时，他像巨人一样站在大家面前，既做说服教育工作，又以钢铁般的纪律严格要求，更重要的是他身先士卒，言传身教，与大家同生死、共命运。同志们都有一个信念：只要罗军团长在，就有部队在。

罗军团长无私无畏，对重大原则问题不马虎，对党中央、军委和毛主席的正确决定，坚决贯彻执行，不打折扣，对错误的东西坚决抵制。张国焘分裂中央，分裂红军，对他软硬兼施，他顶住了，然而后来还要受到某种误解。罗军团长始终顾全大局，从不因受到挫折或委屈动摇对共产主义事业的信念，他的功劳是不可磨灭的。

罗炳辉军长筹粮

◆刘良栋

作者简介:刘良栋(1946~),江西瑞金人。1933年参加中国工农红军,1935年入党。二万五千里长征中任中央警卫营卫生员、红九军团卫生员、红三十二军卫生员,后任八路军三五九旅军医、东北野战军八纵队卫生部部长、解放军第二一〇医院院长。1955年被授予中校军衔,1960年晋升为上校。1964年离职休养,享副军级待遇。

长征开始后,我在红三十二军卫生部工作,对罗军长比较熟悉,这里说一件使我永远难忘的事。

1936年7月,我们从甘孜向阿坝进发。当时带的粮食不多,每人每天只能吃五两炒面。五两炒面分三顿吃,每顿只能喝一碗很稀的面糊糊,肚里经常饿得咕噜咕噜地叫,很难受。从甘孜到阿坝,多是旱草地,可是有时也遇上水草地,一落脚就两腿泥,每动一步都要耗费很大气力,饿肚子走路就更困难了。我有好几个熟悉的同乡战友,都是膀大腰粗的壮汉子,更是饥饿难忍,走着走着,头一歪就晕倒在地上了。大家是多么盼着筹点粮食啊。

一天清晨,部队行军走到一条河滩上停下,有人通知说要开全体军人大会,罗军长为筹粮的事要亲自动员讲话。消息传开,大家都很高兴。队伍刚集合好,罗军长就来到了队伍前面。他穿着草鞋,一身破旧的灰布军衣,腰里插着左轮手枪,宽大的肩膀上挂着个褐色的布斗笠。

威武还是那么威武，就是人瘦多了，颧骨突了出来，眼窝陷了下去，看他那个瘦骨嶙峋的样儿，大家都挺难受，觉得粮非筹不可了，不然照这样下去，罗军长的身体也会拖垮的。

“同志们！”罗军长把手一挥，“我想为筹粮的事和大家讲几句话”。

队伍里发出一阵欢声笑语。

罗军长摆了摆手，让大家静下来。他接下去讲了敌我斗争的形势，讲了红军面临的困难，讲了红军战士在困难面前应该抱有的态度。讲到末尾，大家听明白了，原来筹集粮食，是为贺龙同志率领的红二方面军准备的，当时红二方面军走在我们后面，几天后就要赶上来了。

会场一时鸦雀无声。

罗军长放开嗓子，充满激情地说：“同志们，红军是一个整体，我们每个干部、战士都要有一个整体观念。现在红二方面军也遇到严重缺粮的问题，我们要为他们着想。我们走在他们的前头，情况比他们熟，对付饿肚子也比他们有经验。更主要的，我们是党领导的红军队伍，要讲团结友爱精神，宁肯我们自己挨饿，也要让兄弟部队吃饱肚子，大家说，这样做对不对？”

“对！”同志们赞同地大声回答。

看到指战员们情绪饱满，罗军长满怀信心地说：“只要我们大家有这种团结友爱的精神，什么样的困难都可以克服，什么样的敌人都能打垮！”

罗军长讲完了话，部队就出发去筹粮，没走多远，遇到一条大河，河面二三十米宽，浪大水急，没有桥。罗军长命令部队下河走过去，他自己也骑着一头大青骡子下了水。走到河当中时，骡子失了蹄，把他一下子掀进湍急的水流，在他右面二十米远的地方，有一队臂挽臂的战士正在齐腰深的河水里往前走，看到这情景，都急得要命，可是这些人谁也不会游泳，一撒手，就会让水浪冲走，这可怎么办？就在大家急得火烧眉毛的时候，我的老乡、当时在军部当文书的钟林标，飞快地跑过来甩掉背包，一下子跳进齐腰深的河水里，拼命向罗军长游去。他水性好，打仗也挺勇猛。紧跟着，又有几个同志跳进去，大家一齐动手，把罗军长从水里救到岸上。罗军长呛了几口水，脸色苍白，大家围住他，你一句我一句，劝他别去筹粮了，回宿营地休息去，几位领导同志也表示一定能想办法把粮筹回来，让他安心休息。他睁开眼睛，微笑着看着大家，没吭声。休息了一会，他猛地跃身站起，从警卫员手里夺过缰绳，挣扎着骑上骡子，赶到了队伍的前面。

到了第六天的傍晚，太阳西落的时候，罗军长带着筹粮的队伍回来了，每人都背着五六十斤的粮食，有说有笑，十分精神。这些粮食是从几十里外的大土司家里弄来的。那个土司很反动，听说红军要来，就把粮食埋起来，还欺骗藏民，说红军来了要杀人放火、强奸妇女。我们部队到达后，没有住民房，把被单撑起来当帐篷，露宿在树底下或屋檐下。经过我们宣传红军的政策，藏民见我们不惊扰百姓，又知道我们是穷人的队伍后，便纷纷来向我们报告情况。在藏民的帮助下，我们挖出了土司埋的三万多斤粮食。临走时，罗军长指示把部队带的茶砖、大洋、红布分送一些给藏民，算做酬谢。

筹来粮食的第二天，是个阴雨天，一大早起来，我们按照罗军长的指示，用布袋、破裤子、床单等，把筹来的三万多斤粮食装好，扎紧，整整齐齐地放在路边的干土坡上，堆得像小山似的，而我们自己的米袋子还是吃剩下的那点炒面。我们就这样饿着肚子出发了。

不久，我们到了阿坝，每人补发了二十多斤麦子，去老乡家用手摇磨磨成炒面，装进米袋子，接着就开进了松潘草地，向巴西进发。从阿坝到巴西，有三百来里路，中间是一片茫茫的水草地。草棵这一簇那一簇，淤积的水都是铁绿色的，水下便是烂泥地，陷进去就很难拔出来。我们在草地行军几天后，脚磨破了，又受污水的腐蚀，开始发炎、溃烂，一天赶不了多少路。时间拖长了，粮食又紧张起来。当时我们红三十二军还担负收容任务，一路上陆续收容了很多病号，粮食要给他们吃，我们每人每天只能吃五两炒面，早晚两顿吃面糊糊，中午把炒面做成糌粑，抓着吃。就在这种情况下，罗军长又把部队召集起来讲了一次话，摆出了红二方面军缺粮的困难，要求我们每人每天吃二两半炒面，把省下的粮食留给红二方面军的同志们。当时粮食就是生命，在饥寒交迫的情况下，把粮食分给别人意味着什么，大家心里都很明白。可是想到革命，想到罗军长和同志们一起背粮食、嚼炒面、吃野菜，谁也说不出什么，都非常自觉地把炒面拿出一部分。部队行军了，几块被单摊在必须经过的路旁，每个同志经过被单面前，就倒上碗炒面，成千人的队伍，就像玩龙灯一样，一个接一个，做着倒炒面的动作。当时我想，红二方面军的同志们看到这些粮食，该是多么高兴啊！

后来红二方面军的同志们知道是罗军长教育大家发扬团结友爱的精神，带领指战员们忍饥挨饿，为他们留下了粮食，不少人都感动得流下了眼泪，大家团结向前，胜利地走出了草地。

（选自《星火燎原（未刊稿）》）

与红二方面军会师前后

◆龙将元

作者简介：龙将元(1907～1991)，湖南祁阳人。1930年参加红军，大校军衔，曾任嫩江军分区司令员。

1934年10月，我是从江西瑞金出发，跟随中国工农红军红一方面军红三军团进行伟大的长征的。1935年在攻打四川会理城的激战中头部负伤。翻越夹金山以后，因伤势恶化，身体十分虚弱，不能继续跟随部队前进。同年四五月，在四川松潘一地被罗军团长所领导的红九军团(以后的红三十二军)收容。从此直到1936年年底，在罗军团长领导下进行战斗和工作。在这段时间内对罗军团长有所接触和了解，现将所能回忆起有关罗军团长的事迹写出，以表达我对罗军团长的怀念。

“把粮食留给兄弟部队”

1936年，罗军团长率部南下回到雅江，按中央军委命令在此地与贺老总指挥的红二方面军团结会师，共同继续北上抗日，迎接革命的新高潮。罗军团长为贯彻执行中央军委命令，做了大量的团结会师准备工作，指示我们首要的任务就是筹集粮食。当时雅江一带，属于少数民族居住地区，人烟稀少，土地贫瘠，各种剥削、税收较重，当地群众生活十分困难。加之前面已有几支兄弟部队经过此地，连野菜也很难挖到。

另外由于国民党反动军队的围追堵截、经济封锁，粮食很难筹集。我们经过几天的努力，也没有筹集到多少粮食。我们部队的粮食供应相当紧张，每人只有原来仅存的四斤炒面，还需要坚持十几天。饥饿随时都在威胁着同志们的生命。在这极其艰难困苦的条件下，为了迎接团结会师，罗军团长顾全大局，发出了“为了抗日，拯救中华，把粮食留给兄弟部队”的号召。记得一天清早，罗军团长召集了全军大会。在大会上，我看到罗军团长比以前消瘦了，而且面色蜡黄，有些浮肿，身体显得十分虚弱。但是讲话时，仍像以前那样精神抖擞，声音十分洪亮。他在大会上首先传达了中央军委关于与红二方面军团结会师的指示。在讲解了中国工农红军的历史使命，以及中国革命的前景和未来，分析了当前的形势后指出，会师就是胜利。最后着重谈到目前粮食供应十分困难，红二方面军还在我们的后面，粮食供应比我们更困难，号召全军指战员发扬共产主义的阶级友爱精神，从大局出发，多吃野菜和树根，拿出自己仅有的粮食中的一部分支援红二方面军。会后，全军指战员都从自己粮袋里的四斤粮食中拿出两斤来支援红二方面军。罗军团长看到支援的粮食激动地说：“这不只是两斤粮食，而是共产主义精神的体现，它价值千斤。有了这种精神武装的战士，世界上任何敌人和困难都压不倒我们，而只能被我们所征服。”团结会师会上，当红二方面军的同志拿到我们支援的粮食时，个个热泪盈眶，激动不已。

会师以后，红军各兄弟部队之间更加团结，战斗意志更加高昂。经过几天休整，各路大军继续朝着延安方向进军。

过藏民区

1936 年，我们红三十二军驻扎在雅江一带，这里是藏民居住区。由于国民党反动派的长期欺骗宣传，藏民深受蒙蔽，对我党、我军的性质、任务和政策不了解，错误地认为我们工农红军与国民党反动军队一样会侵犯他们的利益，欺侮少数民族，强占他们的地方。由于这种偏见，这一带经常发生一些不利于我军的行动。这对我军驻扎和过路都带来不便。为了扭转局面，罗军团长指示我们深入到藏民中去，广泛宣传我党的政策，尊重当地少数民族的风俗习惯，严格执行三大纪律六项注意，用实际行动教育藏民，争取土司，粉碎敌人的阴谋。为了更好地使广大干部、战士掌握党的民族政策，罗军团长决定成立军教导队，认真训练班、排干部，并委派我担任军教导队负责人。我当时认为，自己文化水平低，不能很好地完成任务，有点不愿意接受这一任务。为此，罗军团长亲自找我谈话，热情地帮助我提高认识。他详细地分析了当地的实际情况，指出训练好基层干部，使大家都能正确地宣传和执行党的民族政策，有利于我党、我军的工作，有利于革命事业，并语重心长地说："这是一副重担子，党的民族政策执行得好坏，直接关系到红军的生命。我们都是中央苏区来的老同志，党教育多年，更应该把这副担子担负起来，并要下决心把工作做好。"罗军团长的话使我开了窍，愉快地接受了军教导队的工作，并下决心去把这一工作做好。

在军教导队开学大会上，罗军团长亲自到会讲话，勉励大家好好学习，并且经常地到军教导队给干部、战士上课，讲授党的民族政策，了解执行情况。每次上完课后，罗军团长总要找我们详细询问学员的学习、生活和训练情况，对于存在的困难和问题，则给予具体的帮助和指导。因当时是战争环境，只举办了一期军教导队，训练了一百多名基层干部，但这批骨干在以后的工作中发挥了巨大的作用。与此同时，罗军团长还教育部队，严格执行三大纪律六项注意，不准侵犯藏民利益，不准进入喇嘛寺庙，尊重藏民的生活习惯。记得当时我们吃饭都是按照藏民的生活习惯，用手抓糌粑(炒面)，边吃边喝茶。语言不通，罗军团长指示我们找通司(翻译)与藏民交谈，宣传我党、我军的政策，并检查我军执行民族政策的情况。罗军团长还亲自找当地土司交谈，促进他们对我军的了解。通过这一系列的工作和我军的实际行动，党的民族政策深入人心，广大藏民逐步明确了我党、我军的性质、任务以及政策，改变了过去那种偏见，和红军关系十分融洽。当我军离开藏民区时，藏民还送来青稞和小麦，依依不舍，送了一程又一程，有的藏民自愿充当向导。这些成绩的取得，都凝聚着罗军团长的心血。

在罗军团长的领导下，我们终于在 1936 年 10 月胜利地到达了延安，到达了党中央、毛主席的身边，胜利地结束了举世闻名的伟大长征。

在险恶环境中尽力保全部队保护同志

◆罗新安

关于罗炳辉在长征中随左路军南下的这一段历史，长期以来扑朔迷离。其实，只要弄清楚准确的历史背景，一切均可真相大白。

据中共中央文献研究室编《毛泽东年谱》（人民出版社、中央文献出版社 1993 年 12 月第一版）记载：在红一方面军与红四方面军会师后，1935 年 7 月 18 日，毛泽东在芦花出席了中共中央政治局常委会议，会议讨论组织问题。经讨论，会议决定"由张国焘任红军总政治委员，并为中革军委的总负责者"，会议还决定"中革军委常委由四人增为五人，增补陈昌浩"。（上卷，第 463 至 465 页）另，据中共中央文献研究室编《周恩来年谱（修订本）》（中央文献出版社 1998 年 2 月第一版）记载："会议决定由张国焘任总政治委员并为中央军委的总负责者。""会议决定陈昌浩参加中央军委常委。"（第 290 页）同一天，中革军委发出通知："奉苏维埃中央政府命令：一、四方面军会合后，一切军队均由中国工农红军总司令、总政委直接统率指挥。仍以中革军委主席朱德同志兼总司令，并任张国焘同志为总政治委员。"三天后，中革军委于 7 月 21 日发出《关于一、四方面军组织番号及干部任免的决定》：组织前敌总指挥部，以四方面军首长徐向前兼总指挥，陈昌浩兼政治委员，叶剑英兼参谋长。红一方面军原第一、三、五、九军团番号依次改为第一、三、五、三十二军。十四天后，红军总部于 8 月 4 日拟定《夏洮战役计划》，随后决定将红一、红四方面军混合编组为左、右两路北上，红三十二军被编入左路军，由朱德、张国焘率领，经阿坝北进。

显然，罗炳辉部红九军团被改换番号、被编入左路军，都是中共中央和红军总部的命令，作为一名共产党员、一个革命军人和红军的高级将领，他必须无条件地服从命令。

张国焘事件发生时，罗炳辉是九军团（三十二军）军团长，黄火青是政治部主任，赵镕是供给部部长，他们都是亲历者。

黄火青在回忆录《一个平凡共产党员的经历》里说："罗炳辉将军英勇善战，指挥有方，尤其是机动灵活的游击战术运用得很好，是我军优秀的指挥员，在民主革命战争中立下了不朽功勋。但在对待张国焘反党问题上是犯了错误的。"但是，对于罗炳辉犯了什么错误，却没有明确记载。

1937 年春，罗炳辉在抗大二期学习时，正值批判张国焘，罗炳辉也受牵连，被批判，但罗炳辉坚决不肯认错。为此，"他发非常大的脾气"（见 1959 年 9 月 11 日毛泽东在中共中央军委扩大会议上和外事会议上的讲话），还给毛主席写了一封信，主席马上回复并委托刘少奇到抗大，抗大停止了对他的批判。不久，罗炳辉接受美国记者海伦·斯诺（斯诺夫人）采访时，当海伦·斯诺"问他一个政治问题，他一般总是笑笑，回答说：'我的脑子是有点笨。我不知道。'"海伦·斯诺还评论说："罗炳辉是一个真正的军人，一个天生的指挥员，而不是搞政治工作的，他秉性开朗、天真、诚实。"

赵镕与罗炳辉不仅是云南同乡，而且在 1929 年罗炳辉领导吉安起义时，赵镕受组织派遣，帮助赵醒吾同志去做争取罗炳辉起义的工作。罗炳辉起义不久，赵镕即在罗炳辉的直接领导下工作，关系一直很密切。赵镕同志留有一本《长征日记》，里面对罗炳辉在张国焘事件里的表现有较详细的记载。现摘录赵镕日记，看看罗炳辉在张国焘事件中的表现。

1935 年 10 月 2 日　星期三　晴　松岗

今天,总司令(朱德)来到了松岗。听说张国焘对总司令折磨得很厉害,并把总司令和张国焘的警卫班编在一个党小组,在张国焘的授意下,一群警卫员天真幼稚,经常斗争朱总司令!我对总司令的处境非常担心,便一口气跑到军部去看总司令。总司令正与罗军长(罗炳辉)、何政委(何长工)谈话,我不顾一切,匆匆喊声“报告”就闯了进去。

当时,屋里的气氛相当沉闷,总司令一见我进来,马上微笑地说:“我在南昌教育团有一千多个学生,时隔九年,今天就只见到你一人了!好吗?听说你干得不错,今后革命无论遇到什么困难和挫折,都不要悲观。”

过了一会儿,总司令便把话题转到正题上来。他看了我一眼,又正视罗军长、何政委,带着严肃的口吻说:“你们九军团,包括你们这些人在内,平时说话都要克制,不要乱发议论,有些话由我来说。我讲了,他们不敢把我怎么样!”罗军长说:“我们知道识时务,不用你担心,倒是你自己要注意好了!”

1935 年 10 月 3 日　星期四　晴　松岗

下午,召开了军团直属队党团员及干部大会,总司令在大会上的讲话中教导大家必须以大局为重,要珍惜一、四方面军的团结,要能很好地观察形势,分析局势并有策略地应付局势,要切忌一时的脑子发热,不要轻易冲动而发些过火的言论。总司令以洪亮的声音强调说:“过激的言论不仅对事态无益,相反会引出不可想象的后果。”会场中一片寂静,鸦雀无声,总司令似乎看出了大家的压抑情绪,便又提高了声音说:“同志们的心情我是理解的,请大家放心,有事我去顶,有话我去说,他们是不会把我这个朱总司令怎么样的,你们安心工作好了。”

1935 年 10 月 4 日　星期五　晴　松岗

朱总司令来到松岗的消息对部队是一个很大的鼓舞，各团知道后，都想来找朱总司令谈一谈。今天，七团政委周生珍、八团政委辛世修、九团政委姜启化等同志都来到了松岗，当面向总司令汇报情况。

我很想找总司令谈一谈，看到总司令太忙，只好到总司令的随员那里去打听点情况。

我和朱总司令身边的同志很熟悉，尤其是朱总司令的马夫，是个很好的同志，可谓老相识。我走进马棚，朱总司令的警卫员在喂马，我问饲养员为何没有跟来。小警卫员一看是我，似乎有一肚子委屈，气呼呼地说："朱总司令没有饲养员，这匹马还是康克清同志的呢。"我不禁吃了一惊，细问才知道，朱总司令的饲养员在一次行军中走丢了，从此再没有跟上来，不久马也被人偷走了。朱总司令没有马骑，警卫员几次到保卫处和总务处去要，他们都说没有。一个四方面军总部没有马，这不明明是刁难朱总司令吗？

这位小警卫员越说越有气，他接着说："张国焘的骑兵警卫人员，足有一个排，一上路，前呼后拥，威风得很。而朱总司令落得连个饲养员也没有了。我实在气愤不过，几次向他们保卫处、总务处反映，他们都说，没有张政委的指示，谁也无权解决。你看，这不明明是张国焘捣鬼吗？"

我气得脱口而出："他张国焘也太岂有此理了！"

"岂有此理的事还多着呢！"小警卫员接着说："在阿坝时，他们竟派兵把总司令和总参谋长软禁起来，深更半夜还派人来捣乱，以后还不知要搞什么名堂呢？"

1935年10月5日　星期六　晴　松岗

听说张国焘写信来叫朱总司令回去。我急忙带着自己的饲养员和座骑到军团部送给总司令。总司令问我是不是还有马骑，我说供给部有的是，总司令很高兴，并勉励了一番。

我的这匹骑骡的力量很大，不论是爬山或是走平地，需要它走多快，它就能走多快。若饲养员有需要离开时，只要将手往下一按，它就立即原地停下，双眼盯着饲养员的方向；若再要走时，饲养员只要远远地叫一声“小青”，它就马上走到饲养员眼前。

这个饲养员的技术很好，若在行军路上，遇到蹄掌脱掉时，他只要将身体紧紧贴在牲口一边，将牲口撑着点，一个人即可顺利地将掌钉上。我对饲养员和骑骡很有感情，今天把它送给总司令，我心里感到特别痛快。

1935 年 10 月 6 日　星期日　晴　松岗

总司令匆匆离开松岗……

1935 年 10 月 7 日　星期一　晴　松岗

听说张国焘在离松岗不远，大金川西岸的绰斯甲召开一个什么会议，要罗军团长去参加，罗军团长于昨日清晨去开会，今日傍晚才回来……

1935 年 10 月 8 日　星期二　晴　松岗

今天中午，四方面军政委陈昌浩突然带政治部主任周纯全及组织部长、锄奸部长、国家保卫局长等三十多人，来到松岗，在明岗暗哨严密警戒的气氛中，找军团部的一些负责同志谈话。

1935 年 10 月 9 日　星期三　雨　松岗

今天上午，陈昌浩带来的人仍在三十二军（九军团）司令部、政治部紧张活动。

下午，他们召开了一个党团员扩大会。会场设在松岗高塔前面的广场上，军直属队党团员、活动分子和排以上干部参加。

会议破例由郭天民参谋长主持。陈昌浩在大会讲话中说:“党中央主张北上抗日的路线是错误的,毛泽东、周恩来、张闻天、博古等人坚持这一错误路线,是地地道道的右倾机会主义,是被蒋介石的强大兵力所吓倒。他们北上抗日是假,逃跑是真,他们是在用北上抗日的美好言词,来掩盖逃向苏联的真实目的。……为了纯洁我们党的组织,我提议开除毛、周、张、博的党籍,请同志们举手通过!”

陈昌浩的胡言乱语,引起会场一阵骚乱。陈昌浩怕节外生枝,不可收拾,就赶快高声叫道:“大家不用讨论了,只要举起手来就行了!”

会场沉默下来,陈昌浩又催促说:“大家不要顾虑,举手吧！这是考验我们每个人对党忠不忠的时候,对不忠于党的,要绳之以党纪处理!”

迫于形势,不少人只得敷衍一下,零零落落地举了手,但最多也不过三分之二。

政委何长工因病没有到会,政治部主任黄火青下连队未回(故意不通知他参加),司令部各科科长、政治部各部部长多数推说有事没有参加,唯宣传部长王透、宣传科长张扬都来了,但他们根本不理睬陈昌浩的叫喊,始终不举手。

我坐在罗军团长对面,他几次向我使眼色让我举手,我只好低下头装着没看见,这个手我不能举。

今天的大会实在是不知如何收场了,我估计陈昌浩不会善罢甘休！陈昌浩还在用党员的立场一类的话在叫喊,岂料,“魔鬼无情,老天有义”,本来就阴着的天气突然下起了大雨,大家乘陈昌浩去躲雨的机会,一哄而散,算是给我们这些不举手的人解了围。

散会后,我心急火燎地奔到宣传部,只见张科长等几个未举手的同志都聚在这里,王透部长正在大发雷霆,骂张国焘是反革命,是野心家、阴谋家;大骂陈昌浩是最大的帮凶,说他既缺少共产党人的气味,手中又没有真理,只能凭着人多枪多瞎咋唬。

1935 年 10 月 10 日　星期四　晴　松岗

今晨，天刚亮，罗军团长就找到供给部来了。

我猜想他八成是为昨天举手的事而来，便默默地坐在了他的对面。我脑子里正酝酿向他“开火”的提纲，他倒先开口了。他问我：“昨天大会上，你为什么不举手？”他见我没回答，又缓和了一下口气说：“在人屋檐下，怎能不低头！我们家乡有句俗话，腿肚子（小腿）扭不过大腿。识时务者为俊杰，古人的经验我们应当吸取。”

罗军团长的话，犹如火上浇油，一下把我激怒了，我也顾不得方才心中酝酿的措辞了，便直截了当地说：“军团长，我对你有意见！”军团长见我的火气很大，便心平气和地说：“那好啊，先听听你的吧！”

我看军团长很诚恳，便压抑了一下自己的激动情绪，尽量用缓和的口吻说：“你对我一向关怀备至、体贴入微，这些深情厚意，我是永远感激的。但对张国焘的问题，我不同意你的看法，请让我陈述一下，不是之处，请军团长指正。第一，关于举手的问题，关系到我党领袖们的党籍问题，陈昌浩突然提出，开除毛周张博等党籍问题使我大为震惊，当时好像千钧重力压在我的身上，使我的手抬不起来！第二，你说在人屋檐下，怎能不低头，这要看在什么人的屋檐下。若在劳苦大众的屋檐下，当然应该低头，如果在地主、国民党反动派的屋檐下，那就不应该低头。我们干革命，不正是为了非但不低头，还要昂首挺胸地同他们斗争吗？今天，我们党内发生了如此严重的大是大非问题，还是不要轻易低头为好。第三，你说腿肚子扭不过大腿。的确，大腿是比小腿粗大，但大腿的力量再大，也得靠小腿支撑。论理说，它俩无论在什么情况下，都应该是一致的。如果发生矛盾，大腿要向里扭，小腿要向外扭，这肯定是一种病态。此时若不求医速治，任其病态发展，其结果是锯掉那个腿终生残废。第四，所谓识时务者为俊杰，这句话，在旧社会往往成为投机者的标签，我们共产党人应该批判地来认识，不能从历史垃圾堆里找宝贝！”

我说到这里，自己也感到过于激烈，很可能引得军团长暴跳如雷、拍案大骂。但基于我一向对他的信赖，倒不在乎他骂几句。实际上他一直也没有骂过我，只是觉得这样刺激他不太合适，想用一些缓和的字眼同他谈下去。谁料也不知是由于情绪激动，还是因为缺乏素养，当时我简直成了笨口拙舌，合适的词语怎么也想不起来了。罗军团长却出乎意料地那样平静，他把我从头到脚看了一遍，又转向墙壁，等我都说完了，他才轻言细语地说："赵镕同志，我的一番心思，完全是为了你的安全。现在你头脑很热，再谈下去也是针锋相对。我看三五天内也不致出什么问题，待你冷静下来以后，咱们再谈吧！不过，近段时间你说话办事要注意些。"说完，便起身走了。

1935 年 10 月 11 日　星期五　晴　松岗

罗军团长送走陈昌浩以后，又到供给部来了。我看他面带喜色，心情似乎轻松了许多，便邀他在供给部吃晚饭，并说，我准备了洋芋炖羊肉，还有一碗牛肉干。

罗军团长见我今天的情绪不错，而且想谈一谈，便非常真挚地说："赵镕同志，你可曾想到，那天会上，哪些人到了，哪些人没到，表决时谁举手了，谁没有举手，他们都有登记，现在进一步核实，以后他们究竟要采取什么措施，实难预料。你想，大会之上，众目睽睽，想避过他们的眼睛是很难的。……那天你没有举手，假使他们要追究，你就说举了，他们不相信，你就说我是见证！"

我说："军团长的一片好意我是感激的，但我认为共产党人做事应该光明磊落，应该是个人做、个人当，不应该牵涉别人。表决时我没有举手，事后又何必承认举了呢？我没有举手就是没有举，我早有思想准备，豁着部长不当了，豁着军法处置甚至掉脑袋！要杀要剐随他们去吧，我无论如何不能让你受累。"

性情急躁的军团长，这次可真的咆哮起来了，他说："赵镕同志！你怎么这样不识好歹，这样不讲斗争策略……”说着说着，罗军团长就气呼呼地扭身走了。

我把他送出供给部后，他也没有理我，弄得我更生气，我真不知道，罗炳辉同志——我一向很敬重的人，现在是怎么搞的！我当时活像一尊泥菩萨，呆呆地站在门口一动不动，心里想，他是真的变了呢？还是有更深的用意呢？……想来想去，百思不得其解，还是“你走你的阳关道，我走我的独木桥”吧！

1935年10月14日　星期一　晴　松岗

……

王透同志说，九军团出现了“大叛徒”！近来罗军团长言行异常，他有时说：“目前九军团处境孤立，搞不好会流血，指战员会被枪杀，全军团会遭覆没，九军团的编制番号也有被抹掉的危险，我们要灵活应付，要避免指战员流血牺牲，要把九军团的光荣番号保留下去……”对此，大家还是理解罗军团长的苦衷。

……我想，估计他是为了保护九军团而委曲求全，灵活应付。我询问何长工政委，政委也是同我这样解释的……

1936年1月9日　星期四　雨　天全

突然接到军团部通知，要我立即办理移交手续，限明晚移交完毕，后天即动身到四方面军总供给部报到。据说是要我去办供给学校。

我被调动，这是意料中的事。自去年10月9日松岗会议以来，我即作好了准备，不知为什么，三个月过去了，一直没动静，我也逐渐平静下来，现在来个突然袭击，只好听其自然吧！

我抽暇到宣传部去了一趟，把这个消息告诉王透同志。他安慰我说：“我们这些人被调动是必然的，只是时间问题，更坏的事情也可能会出现，不管怎么样，都要站稳脚跟。坚持原则。”

1936 年 1 月 11 日　星期六　晴　宝兴

……

沿途，见四方面军的队伍在宝兴、天全、芦山间来回开动。其中个别人见我们是一方面军的装束，说了一些不客气的语言，我们无暇同他们计较，只是埋头赶路……

1936 年 9 月 6 日　星期日　雨　三十里铺

今天下午，我正在准备复课时，警卫员阎春友告诉我："总司令有命令，要你到二方面军去工作，此命令被郑部长扣下了，准备去请总司令收回成命，叫我对你保密。"

听到这个消息，我马上去找郑部长询问，郑部长只好将总司令的介绍信交给我说："本打算明天通知你，既然来了，就交给你吧！"

我返回"供给学校"，赶紧和大队长王济功等同志交待了一下工作，准备很快启程。学员吴祖能、陈斗西等人纷纷来找我，要跟我走。吴祖能、陈斗西本是我从九军团带来的，刚才我和郑部长说过，想带他们走，郑部长不同意。

我告别了学员们，带着警卫员阎春友、公务员何玉明和马夫老陈，离开了岷州，渡过岷江，赶到九军团司令部时，已是晚 7 点 45 分。安置下住处，我就去见罗军团长。罗军团长问过我离开后的工作、身体情况后，亲切地告诉我朱总司令和刘总参谋长的住处，让我明天先去那里看看。

1936 年 9 月 7 日　星期一　阴　阿坞

我一夜难眠，胡思乱想，一会儿庆幸自己脱离了险境，一会儿又留恋起"供给学校"的学员们，惋惜簿记学尚未教完。恍惚入睡不大工夫，天就亮了。我知道总司令有早起的习惯，便赶紧起床、洗漱，想到总司令那里去，可出门一看，太阳还没有出来，恰在这时，刘总参谋长迎面过来，热情地招呼我，并嘱咐我说："总司令对你很关心，担心你的处境，决定调你回二方面军工作，你赶紧去看看他。"

我走到总司令的住处，康克清同志先接待了我，我们好长时间没见面了，好像有说不完的话。正说着，总司令向我们打招呼，我给他敬了一个军礼，他问这问那，说了不少安慰我的话，叫我好好干。

我的警卫员来叫我回去吃早饭，总司令要我和他一起吃，我考虑到早饭后还要同罗军团长、贺总他们一起走，便执意告辞了。

我回到住处饭堂，贺总他们已就坐，罗军团长招呼我坐下，并将贺龙总指挥、肖克副总指挥、任弼时总政委及其夫人陈琮英同志等一一给我介绍。我们吃完早饭，一同上路，前行五十多里，到了阿坞宿营。此时只下午 2 点多钟，离天黑尚早，我抓紧时间拜会了各位首长。

首先在贺总那里坐了一会儿。贺总还是留着那美丽的小胡子，虽已年近四十岁了，同九年前指挥南昌起义时一样威风。贺总说："你跟总司令多年，擅长簿记，你的情况总司令已同我讲过，现三十二军需要你，你先回那里工作一时，将来准备调你到二方面军供给部当副部长。"

我从贺总那里出来，去看肖副总指挥。这位赫赫有名的指挥员，年龄不过二十六岁。他举止潇洒，谈笑风生，反应敏锐。我真羡慕他。

我同肖副总指挥略谈了一会，就又来到任总政委的住处。

任总政委比我大几岁，风度温文尔雅，柔中有刚，从谈话中可以看出他凡事胸有成竹，虚怀若谷。他过去担任团中央书记时，就与陈独秀作过多次斗争，怪不得此次二、四方面军会师，张国焘拿他和贺龙同志等毫无办法。

然后我去罗军团长处，见一二十多岁的年轻人正和罗军团长谈话，方知是新到九军团任卫生部长的张汝光同志，他是今天才赶上来的。

1936 年 9 月 8 日　星期二　晴　哈达铺

……

接着，我到政治部拜会了张平化后，急忙到宣传部探听好友们的情况，宣传科徐文烈科长告诉我，王透同志被调走后，美其名曰是重用，到某军任参谋长，百丈场一战，部队损失很大，张国焘以“贻误军机”的罪名把王透同志送交军事法庭，受尽了种种法西斯刑罚，被打得遍体鳞伤，含冤而死！张杨同志至今不知下落，估计也九死一生了！至此，我算是得到了确切的消息，眼泪禁不住夺眶而出。王透同志为捍卫党的正确路线鞠躬尽瘁，是一个令人敬佩的革命的好同志。

据时任九军团政委何长工的回忆，“进入草地后，张国焘叫右路军向他靠拢，强令左路军南下。罗炳辉同志很有意见，他同我议论过：草地都快走完了，为什么又要向后转？这意味着什么？想不通。但军人要服从命令呀，朱总司令、刘参谋长和整个左路军都被迫南下了，红九军团还能例外吗？直到与红二方面军会合后，红九军团才得到了挽救。”

何长工还说：“在延安，毛主席曾找我谈过两个下午的话。……毛主席反复强调：‘有关南下问题不怪你，也不怪罗炳辉同志，你们算老几？这是张国焘搞的鬼嘛！不要背包袱。’”

“周副主席也找我谈过话，他指出了我们的不足，也充分肯定了红九军团的成绩。周副主席说：‘跟着张国焘南下，这不能怪你和罗炳辉同志。张国焘要另立中央，分裂党、分裂红军，实现他篡党篡军的个人野心，你们有什么办法？张国焘是总政委，你们不跟他走是要被杀头的呀！’”

“‘七大’”时，毛主席又对我说：‘你和罗炳辉同志在张国焘路线上不负责任，应由张国焘本人负责。’毛主席、周副主席亲切的教诲，无微不至的关怀，体现了他们的英明伟大，我们深受教育和鼓舞。”

“这就是历史了，我们回顾历史是为了从中吸取经验教训，看问题不能离开当时的实际情况。与张国焘虽有斗争，但要顾及全军，要保存红九军团的实力，朱总司令教导我们要团结红四方面军的同志，争取回到陕北党中央的身边。”

“无论怎样艰难曲折，罗炳辉同志都经受住了考验。他是很有才干的红色指挥员，对于红九军团的存在、发展和掩护主力北上等方面，罗炳辉同志是有卓越贡献的。我从罗炳辉同志身上学到了很多东西，他后来在新四军中功勋卓著，虽在战斗环境中牺牲了，但我对他的智慧和品德、对革命的贡献永铭在心，激励我在有生之年，为社会主义‘四化’贡献力量。”

罗炳辉以在张国焘事件中的忍辱负重，尽全力保全九军团和保护同志，完成了朱总司令交给的任务。在三十多年的戎马生涯中，罗炳辉也用他自己对党、对革命事业的绝对忠诚证明了自己的一片赤诚。正如他在日记中所说，“辉为自己被压迫阶级革命……加入无产阶级的政党共产党，从我对马列主义科学的阶级斗争理论的了解，更应进步，更彻底为共产主义实现而牺牲奋斗流尽最后一滴血”。

长征中红九军团单独行军研究

◆宋　霖

中国工农红军的长征，是一部壮丽的史诗。红一方面军（中央红军）第九军团自1935年3月31日至5月21日在贵州、云南、四川三省的三千多华里的单独行军，则是史诗中具有独特光辉的灿烂篇章。一个军团的行动应该不是无足轻重的，它有时能直接关系着全军的成败存亡。

对这段光辉战史，曾经长期缺乏系统研究。近年有关史著和回忆录渐次多起来，同时，粗放、因袭之作也层出不穷。1986年，为纪念红军长征胜利50周年，笔者曾撰专文加以梳理和匡正[1]。尽管拙文观点不断得到印证和证实，但是，部分讹误却也不断被转抄和宣扬。为求实存真，严谨学风，特撰此文，以期得到研究界同行和读者的批评指正。

一、红九军团单独行军前的战争态势

研究红九军团的单独行军，必先研究在此之前的战争态势。

红一方面军长征进入贵州北部后，中央政治局于1935年1月中旬在遵义召开了扩大会议，会议决议中作出了“中央红军在云贵川三省广大地区中创造出新的苏区根据地”的决定[2]。

此时，蒋介石调集了一百五十个团，以四十余万重兵从四面八方向黔北压来；中央军薛岳部周浑元、吴奇伟两纵队紧紧尾追；湘敌何键部已进至乌江一线；川敌刘湘部集重兵于川黔边防堵；桂敌进至黔南重镇都匀；滇敌由滇东北向黔西进逼；黔军王家烈部向遵义迫近。蒋介石企图围歼红一方面军于黔北狭小区域中。以红军三万饥疲之师，而当四十万凶暴之敌，战争局势十分严峻。

面对严峻态势，中共中央果断放弃在云贵川一带创建新苏区的计划，于1月20日制定了《渡江的作战计划》，决定渡过赤水河进入川南，继而北渡长江，进入川北，与红四方面军会合[3]。1月22日，中央政治局和中革军委将这一决定电告时在川北的红四方面军，令其向嘉陵江西侧进攻作为配合[4]。1月29日，红一方面军在土城、猿猴等处一渡赤水，进入川南，准备抢渡长江。

蒋介石察觉了红军的战略意图，急令川敌刘湘部十二个旅三十六个团严密封锁长江，并电令其余各部向川南合围。蒋介石为鼓舞士气，2月9日重新悬示“匪军各匪首擒斩赏格”[5]。蒋军骄狂，不可一世。

红军北渡长江已不可能。川南一隅亦不可守。中共中央和中革军委乃被迫放弃渡江计划，于2月16日发布《告全体红色战士书》，宣布：“决计停止向川北发展，而最后决定在云贵川三省地区集中建立根据地。”[6]于是，2月18日至20日，红军在太平渡、二郎滩二渡赤水，返回黔北，25日克桐梓，27日再占遵义。

蒋介石力图围歼红军于遵义地区，3月7日电令：“川滇黔剿匪各军，概由委员长统一指挥，如无命令，不得擅自进退。”[7]3月23日，蒋介石亲飞贵阳指挥作战。

红军方面，中革军委为统一指挥，3月4日成立了前敌司令部，以朱德为司令员、毛泽东为政治委员。在朱德、毛泽东指挥下，红军故意在遵义地区徘徊，以吸引更多的敌军。当敌军蜂拥而上时，红军出其不意，直插西北，于3月16、17两日在茅台三渡赤水，再度进入川南，摆出仍要北渡长江的姿态。

蒋介石欲与红军在川南决战，令将兵站、医院、建碉堡用的建筑材料源源不断地运往川南。红军却向北虚晃一枪，于3月21、22两日由太平渡、淋滩、九溪口、二郎滩等地四渡赤水，向南疾进。在红九军团的掩护下，红一、三、五军团护卫中央纵队于3月29日至31日抢渡乌江，冲出敌军合围，把敌人抛在川南、黔北。

接下来就是兵临贵阳，“调”出滇敌，西进云南，直逼昆明，北渡金沙江，就此跳出了几十万敌军的围追堵截，取得了长征中具有决定意义的伟大胜利。而此时的红九军团，却被阻困于乌江北岸，脱离了主力，陷入了重围，开始了艰苦卓绝的单独行军。

二、单独行军不是中央的命令或部署，而是客观形势使然

最早说红九军团在乌江北岸单独行军是奉了中央命令的，是王首道的《长征中九军团支队的断片》一文，他写道：“军委电令，留九军团在乌江北岸牵制敌人，起特别游击支队的作用；后来又奉军委命令，日夜急行军，赶到乌江边上的沙土，掩护野战军渡河。我们因有特殊任务，没有渡过河去，当时有个同志说：‘九军团掉大队了。’……我们是担任了特别支队的作用，不是掉队了。”[8]事实上，王首道的这段回忆讹误甚多。倒是红九军团“掉大队了”的说法是符合历史真实的。此后的有关著述，大多沿用王首道的说法，或者语未至而意已至地含混带过。现将1979年至1986年以及1987年以来的有关表述，按时序胪列如下：

1.《辞海》：红军四渡赤水后，“以一部分兵力牵制敌人，主力急速南进，于3月底南渡乌江，将敌主力全部抛在乌江以北”。[9]

2. 南开大学等五所高校合著《中国现代史稿（上）》：“除红九军团在乌江北岸牵制敌人外，其余主力则南渡乌江，直逼贵阳。”[10]

3. 四川省博物馆著《红军长征在四川的战斗历程》：“除留红九军团

于乌江北岸牵制敌军外，主力部队南渡乌江。……4 月下旬，红一方面军分三路大踏步地向云南挺进。第一路是红九军团，他们原在乌江北岸牵制敌人，掩护主力部队西进，在完成任务后于 4 月底从贵州盘县进入云南。”[11]

4. 马玉卿著《红军长征中的七次会师》：四渡赤水后，“除罗炳辉、何长工同志领导的红九军团作为别动队留在乌江以北迷惑和牵制敌人外，主力部队于 3 月 31 日南渡乌江，直逼贵阳”。[12]

5. 杨成武著《忆长征》：“当蒋介石到达贵阳，正绞尽脑汁部署他的部队时，毛泽东同志再次‘调动’敌人的兵力，给敌人摆了三个阵势：一部分队伍（包括我二师四团）佯攻贵阳；一部分部队以最快速度向瓮安、贵定挺进；一部分部队（红九军团）在桐梓一带牵制住敌人，摆出决战姿态。蒋介石疑团莫释，不知红军何处是虚，何处是实。正在这时，他又忽闻侍从长官告急，说：共军已到贵阳近郊。……后来听说，这是由于蒋介石原先错误判断，孤注一掷，把能打仗的部队都集中在桐梓一线，贵阳城里只剩下不多的兵力了。”[13]这段回忆错误颇多。首先，红军佯攻贵阳并进击瓮安、贵定是在 4 月上旬，斯时，红九军团不在桐梓牵敌，而在三百华里外的今金沙县境内。其次，蒋军“能打仗”的中央军薛岳部周浑元、吴奇伟纵队，亦非在桐梓对付红九军团，而是进至乌江一线，防红军北渡乌江和东进入湘。

6. 军事学院《战史简编》编写组著《中国人民解放军战史简编》：四渡赤水后，红军“进至遵（义）仁（怀）大道北侧地区，以红九军团暂留该地，牵制迷惑敌人，主力穿过鸭溪、枫香坝之间的敌人封锁线，南渡乌江，巧妙地跳出了敌人的合击圈”。[14]后文又有“原留乌江以北的红九军团”[15]之说。

7.《红军长征过云南》：“中央红军在毛主席的指挥下，四渡赤水，再渡乌江时，中央军委电令：留红九军团在乌江北岸牵制敌军，起特别游击支队的作用。”[16]

8. 李安葆著《长征史》:“当主力红军渡江南进时,中革军委曾指示红九军团,尾随主力,抢渡过江。但因他们离乌江较远,赶到江边时,浮桥已被拆除,无法过江与主力联系。”[17]这是笔者所见到的最早的符合历史真实的准确叙述。

9. 军事科学院军事历史研究部编著《中国人民解放军战史》在叙述红九军团掩护主力“南渡乌江,把敌人几十万大军甩在乌江以北”之后,未记述掉队真相,仍用旧说,“原留乌江以北牵制敌人的红九军团,也胜利完成任务,……经毛坝场、瓢儿井和猫厂等地,进至黔西的水城地区,同主力南北呼应”。[18]这段表述不够准确,毛坝场应为毛基场,猫厂应为猫场,而且,这三个地名的排列顺序应为“经瓢儿井、毛基场、猫场”。

10. 中国人民解放军历史资料丛书编审委员会著《红军长征·综述》对红九军团单独行军的原因作了准确的记述:“当红九军团转移到沙土附近,准备南渡乌江时,敌人已控制了渡口,被阻于乌江北岸。”[19]但后文记述4月24日中央红军进入云南时,说“红九军团正在黔西水城地区活动”[20]。其实,此时红九军团不但早已离开了水城地区,而且已经渡过了北盘江。红九军团4月25日进入云南,26日克板桥,27日占领宣威。

11. 金紫光、靳思彤主编《伟大的长征》绘声绘色地说接到中央命令后,“军团党委立即开会,研究单独行动方针及今后和主力会合的办法”。这个会议其实是不存在的。此书接下来的叙述,时间空间均甚错乱。一面说红九军团进入云南后“大约4月28日”夺取宣威县城,一面又说“直到4月29日,才奉命南渡北盘江西进”云南,时序应当是先南渡北盘江,出贵州入云南,接下来才是占宣威县城。一面说5月6日午后政委何长工动员撤离东川、抢渡金沙江,而且参谋长郭天民已率队占领了渡江点,一面又说“4月底,红九军团……经滇东进至金沙江边”。[21]

12. 中共中央党史研究室著《中国共产党历史(上卷)》记述了一渡赤水后的扎西整编:“中央红军进行了整编,全军缩为16个团,分属红军第一、三、五、九军团。”[22] 但其后未述及一个军团的三千华里单独行军。

总之，众说纷纭，并且有些说法是错的。

那么，在红九军团出色地完成了中革军委3月27日、28日电达的诱敌、掩护主力南渡乌江的战略任务之后，中革军委在29、30、31日有没有电令该军团“留在乌江北岸、担负特殊任务”呢？答案是：肯定没有。第一，这个电令根本不存在。孤证尚且不能立说，何况是无证？第二，除军团长罗炳辉英年早逝外，军团政委何长工、政治部主任黄火青、供给部部长赵镕、军团部参谋彭寿生等红九军团的领导者们都留下了历史证词，他们的叙述才真正具有权威性：

1. 何长工著《难忘的岁月》：“牵制任务一经完成，军委急令我军团昼夜兼程前进……尾随主力过江。”“我们冒雨向敌人空隙穿插，赶到沙土时，按规定时间已晚到六小时。红军守桥部队在主力过后，已将浮桥破坏了。红九军团处在进退两难的境地。”[23] 军委没有把红九军团留在乌江北岸的意图，而且恰恰相反，“红九军团掉大队了”是事实。

2. 黄火青著《罗炳辉同志在红九军团》：主力南渡乌江后，“军委电令红九军团星夜渡乌江跟上主力。我们急行军赶到江边时，桥已被毁了。在此关键时刻，炳辉同志与政委何长工同志召开军团党委会议，研究在与中央失去联系的情况下怎么办。决定另寻路线，往乌江西北方向前进”。[24]

3. 赵镕说：“主力渡江后，中革军委电令我们星夜兼程，尾随渡江。天下着雨，路滑，等我们赶到江边时，浮桥已被守桥部队砍断。后有追兵，前横天险，红九军团陷入了险境。连个别军团领导同志也悲观绝望起来，受到罗炳辉同志的严厉批评。”[25]

4. 彭寿生历史证词的刊布过程，颇发人深省。在《红九军团在长征中》一书中载彭寿生《在乌江北岸》一文，文中写道：“3月31日下午，在距乌江十二里的一个村庄，我们收到中央军委的电报，罗军团长立即集中队伍，说‘主力部队五六天前就渡过了乌江，中央军委指示我们甩开敌人，活动于贵州、云南一带’。”[26]这段叙述有明显讹误。笔者于1980年2月10日在江西省赣州市访问了彭寿生将军，他说：“中央根本没有电令红九军团留在乌江北岸单独行军！《在乌江北岸》那一段是他们编的。好像不这样编，就不能证明中央英明似的。战争嘛，什么意外情况都可能发生。中革军委给红九军团的命令是‘星夜兼程，渡过乌江’。我当时是军团部参谋，亲眼见到的。”[27]

笔者在1987年发表的论文《对长征中红九军团黔滇川省单独行军的考辨》中引征了以上直接历史当事人的证词，并且至今认为：凭此已经足可定论。拙文发表五年后，拆乌江浮桥的当事人宋任穷的历史证词，又提供了一个铁证。

中共中央文献研究室著《朱德传》：“在南渡乌江时，发生了这样一件事。由陈赓和宋任穷率领的红军干部团奉命担任守护乌江浮桥的任务。后来，他们得知殿后的红五军团已从另一渡口过渡，又得到中央军委一位参谋的口头命令，就把浮桥拆了。宋任穷回忆说，我们拆完桥回到宿营地时，‘朱总司令、周副主席、刘伯承总参谋长都在场。他们听说拆了浮桥，十分焦急，当场对我们进行了严厉的批评。朱总司令发了脾气，很恼火地说，岂有此理！为什么下这样的命令？红五军团过江了，可罗炳辉同志率领的红九军团还在后面，没有过江呀！怎么能拆桥呢？朱总司令指示我们，马上返回江边，重新架桥。朱总司令说，浮桥架好后，交给红九军团，如果等到明天早晨七时红九军团还不来，你们再拆桥’。宋任穷立即带领三营和工兵连急行军四十里返回乌江边，连夜突击把浮桥重又架起，等候红九军团的到来。但红九军团奉命在乌江北岸伪装主力诱敌北进，以掩护主力南渡乌江，未能赶来渡江，一度失去了同中央军委的联系，后来在云南会泽、巧家一带渡过金沙江，才同大部队会合。对这件事，宋任穷感慨地说，‘我从来没有见过总司令发脾气，这次发怒是我见到的唯一的一次’。”[28]

结论：第一，红九军团单独行军，不是中央或中革军委的命令或部署，而且与中央和中革军委的战略意图相悖。“留在乌江北岸牵制敌军”、“担任特殊任务”、“不是掉队了”的说法，应予推倒。第二，红九军团“掉大队”不是主观努力不够，而是所担负的诱敌向北、掩护红军主力南渡乌江的战略任务异常艰巨，摆脱敌人不易，离江边太远，加上天雨、路滑，根本无法按规定时间赶到渡口所致。第三，记述革命战争，应严格遵循实事求是的原则，不能加以理想化的涂饰和编造，更不能把艰苦卓绝的革命战争渲染成“胜券稳操”的大智者与愚不可及的蠢笨敌人的轻松对垒。中国革命的胜利来之不易。

三、红九军团单独行军的经过和国民党军有关记述

红九军团掉大队后，与中央的电讯联系亦中断。南横乌江天险，浮桥已断，北、西、东三面之敌快速压来，形势十分险恶。罗炳辉、何长工严肃批评了领导层中个别同志的悲观绝望情绪，稳住了军心，于 4 月 1 日毅然折向西北前进。早在中央苏区，罗炳辉就以行军快速，善用奇兵、疑兵著称，毛泽东称他是“牵牛鼻子的能手”，周恩来赞誉罗炳辉部是“战略骑兵”。在其后红九军团的单独行军中，罗炳辉显示了卓越的军事才能。何长工政委和黄火青主任为稳固部队和沿途政治动员及宣传提供了坚强的政治保障。他们创造了部队不但不减员、反而增员壮大的奇迹。

4 月 1 日，红九军团从沙土西进狗场（今为金沙县中心乡）。3 日，在老木孔（《红九军团在长征中》误作“老母坑”）以东二十余华里的菜子坳，痛击黔敌魏金镛部五个团，并猛追残敌，切断了“尾巴”。5 日，翻越倒压大山，经泮水（属遵义县）、石桥、里毛（今名农里）、石僓佬（今名石场），于 7 日伪装蒋军，不费一枪一弹，袭占大定县的长石（王首道记为长岩，何长工、赵镕记为长岩圩）。8 日，仍伪装蒋军，奇袭瓢儿井

(《伟大的长征》误作“飘儿井”,《红九军团在长征中》误作“漂儿井”),在此休整三天,扩大红军三百多人,筹了款,制作服装八百套,绑腿每人一副,同时将官绅盐仓的食盐分给穷人。16 日,进抵毕节城郊海子街、毛基场一带[29]。再以每天一百多华里的速度南下。在大定县猫场(赵镕误记为织金县猫场,两者相距两百多华里。贵州地名以动物命名者极多,易混淆)遭敌偷袭,复经大兔场(今纳雍)渡三岔河上游的纳雍河,进至水城县境内的茨冲。接着,在以宗(今名野宗)与法磗(今名法德)间秘密渡过北盘江。再经普古(属盘县)、苏座、鸡场坪、断江,于 4 月 25 日进入云南省平彝县(今名富源县)境内。在黔西行军期间,红九军团与中央恢复了电讯联系。

进入云南,红九军团奉中革军委命令继续单独行军,佯设红军番号,伪装主力北上,经霑益境,4 月 26 日克板桥,27 日占领滇东北重镇宣威,查抄县政府,把官绅财产分给穷人,缴获大批宣威火腿,扩红两百多人。蒋介石恐红九军团复又北上入黔,乃急调兵往威宁防堵。罗炳辉却率部转向西进,5 月 2 日克会泽,公审并枪决了县长杨茂章和豪绅刘善初,缴获大批枪支弹药、六万多银元和几十匹骡马。5 月 5 日,红九军团直插金沙江边,在树桔渡(一作树节渡)渡江,入四川省会东县境。

进入四川后,红九军团沿金沙江北上,进至云南省巧家县城对岸,与敌隔江相峙,牵制敌军,以配合红军主力自 5 月 8 日至 16 日对四川会理的 7 日围攻。5 月 16 日,奉命北上。经宁南县、今普格县、今布拖县、昭觉县诸县境,穿过彝族区,于 5 月 21 日在西昌城北的礼州与彭德怀的红三军团会师。结束了历时 52 天,穿越黔、滇、川三省十七县、行程三千多华里的单独行军。

在此期间,蒋介石对罗炳辉部特别关注,因为在红一方面军的四个军团长中,唯独罗炳辉是云南人,而且他的故乡彝良县正处滇、黔、川三省交界处。在红军一渡赤水、图渡长江未果、转进云南扎西(今威信县城,该县与彝良县接壤)时,《云南民国日报》就坦陈了蒋军的担心和忧虑:原指望红军“人情、地形均属隔膜,不难一网打尽”,但是,“适匪内有滇人罗炳辉,因熟悉本省地情,乃献计趁我军未到达前,拟由威信小道偷过盐津,再窜绥江,图渡江入川。朱毛各匪首乃亲率匪万余人,依计而行”。[30]

此后,蒋军函电交驰中涉及红九军团者不下四十件,具有重要的参考价值和史料价值。战史研究理当研究敌我两方的资料,相互参照,方可全面。

红九军团单独行军开始后,由于隐蔽得好,直到走出数百华里,蒋介石还以为“罗炳辉股则隐匿沙土、安底一带待机”。[31] 直到 4 月 18 日,蒋介石才知道又上了大当,“罗匪已由水城、羊场间地区,窜至盘县西北,有窜滇会合朱毛之企图”。[32]23 日,蒋介石依据空军侦察电告龙云:“今午飞侦残匪约三四千,已在威舍楣河,其先头已到小羊场、蔑果树附近;我第二纵队正在跟踪紧追,离匪止十余里云。据此,匪必谋向平彝经会泽偷渡金沙江。”[33]当日,龙云复电蒋介石,也认为可能“由霑益渡得泽河至会泽、巧家,再渡大江”,并报告已通知巧家方面藏匿金沙江一线的船只[34]。发完电报,龙云觉得不妥,又电令巧家县汤县长:“仅予收藏,难免不被其搜获,如匪窜至会泽时,应即将船只全部设法销毁,以免资敌,至要勿忽!”[35]应该说,蒋介石和龙云的判断完全正确,但是,在其后的战局推演中,他们还是被罗炳辉搅乱了方寸。

红九军团 4 月 27 日占领宣威,复西进会泽,却示敌以南下板桥,给蒋介石摆下了一个迷魂阵。蒋介石再次作出错误判断:“罗匪感日(27 日)窜宣威,当晚仍回窜板桥。俭日(28 日)窜向不明。”[36]于是,蒋介石 29 日电令李韫珩师:“限艳日(即 29 日当天)到松韶关,30 日以一旅守备威宁,以一旅守备宣威,并搜剿罗匪。”[37]松韶关在宣威之南近两百华里处,当蒋军向该地猛扑之时,红九军团却在两百余里外大踏步西进,这不能不说是一出极富喜剧意味的活剧。

5 月 1 日,红九军团已经迫近会泽。蒋介石下达的命令却是一团迷茫的"详侦罗匪行踪,痛剿并电告"。[38]5 月 2 日,红九军团占领会泽。当天,龙云接到景士奎和龙绳武电报两通,一称:"本日午后一时会泽电线连叫不通,是否共匪进犯,俟探确再报。"[39]一称:"昭(通)会(泽)电线,业今晚破坏。"[40]直到 5 月 4 日,龙云才接到李韫珩的电报:"罗匪于冬日(2 日)夜攻陷会泽县城,杨县长被害,现城内仍为匪盘踞。"[41]

5 月 6 日,红九军团已经胜利地渡过金沙江,进入了四川。蒋介石还在电令李韫珩部:"第五十三师限删日(15 日)在会(泽)巧(家)间地区歼灭罗匪。"[42]7 日,李韫珩电告龙云:"罗匪已于微日(5 日)午后在会泽西方之树节(距会泽约百十里)附近,利用多数盐船,渡过长江。珩部李旅黄团昨已追到树节江边。"[43]蒋军此刻的"追至",已与"送至"无异了。9 日,龙云致电蒋介石:"请钧座将职严行议处,以谢党国。"[44]

5 月 17 日,李韫珩电称:"罗匪炳辉全部,元日(13 日)占据巧家对岸,利用川军日前所构工事阻我渡江。铣日(16 日)晨业将该匪击溃,向披沙、会理两方逃窜。"[45]至于李某连江都过不了,如何能隔着滔滔大江"击溃"红军,也只有天知道了。但是,他后来的一份电报,却生动地反映出红九军团巧家阻敌、配合红军主力围攻会理城的完全成功:"奉委员长铣日(16 日)来电,饬珩限号日(20 日)赶到会理解围,业已于号限赶到。"[46]红军 16 日已撤会理之围,蒋军 20 日赶到会理已无"围"可"解",又晚了四天。这四天,正是红九军团巧家阻敌的成果。

四、对红九军团单独行军的重大战略意义,应予以高度评价

(一)红九军团单独行军的战略意义

红九军团的不意掉队,在客观上,却形成了红一方面军夹江而陈的阵势。蒋介石便作如是观。这就造成了蒋介石在战略上的重大错误,使他不能作出红军已经放弃由黔北渡长江的判断,直到其后,仍不敢在黔境北线防堵上稍有懈怠,徒耗了大量兵力。再加上红军主力南渡乌

江后，分兵东击瓮安、黄平，作出要进入湖南会合贺龙、肖克红二、六军团的模样，又牵制了中央军周浑元、吴奇伟纵队和湘、桂之敌。在此情势下，当红军呐喊着"活捉蒋介石"、佯攻贵阳时，蒋介石不能从北线、东线调兵救驾，唯一可行的就是从西面调云南军队驰援贵阳了。——而调出滇敌，正是红军所急切期望的。毛泽东当时就说："只要能将滇军调出来，就是胜利。"[47]调出滇敌，滇境空虚，红军主力才能得以大踏步西进，巧渡金沙江。长期以来的史著和论述，对红九军团掉队后在北线牵制敌军的战略意义的叙述和评价，都是不充分的。

红九军团在黔西地区与中央恢复电讯联系后，才真正成了担负特殊任务的特别支队。红九军团牵制敌军之多，以及在战略上制造敌人判断错误之巨，在红军长征战史上，是罕见的。直到 4 月 24 日，红军主力已经进入云南，红九军团亦于次日进入云南，蒋介石致电龙云时仍然不敢对黔西罗炳辉部稍有松懈："据弟判断，匪必由平彝经宣威、威宁再向西渡江，或转赴毕节入川渡江。"[48]（着重号系笔者所加）

红九军团在云南境内牵敌，策应主力渡江，复在渡江后阻敌入川，其战略意义之重大，是应予以高度评价的。

（二）红九军团单独行军的其他卓著功绩

1. 在孤军作战的五十二天中，不但完整地保存了军队，而且扩大红军两千多人，还改善了装备，这在中央红军的四个军团中，是仅有的。

2. 会师主力后，向中央上缴了两百多匹骡马[49]、几千块银元和几千两烟土[50]，大大解决了中央的困难。周恩来对罗炳辉、何长工等军团负责人说："你们红九军团单独行军这么长，在后面掩护中央、掩护主力顺利北上，不但没有受挫折，还扩充了队伍，增加了钱粮。中央正缺马匹、钱粮时，你们就送来了，真是雪里送炭！"[51]在安顺场，红九军团资助了红一军团第十五师，师政委萧华对罗炳辉说："老九，你们抖得很呀！"[52]

3. 红九军团在单独行军过程中，军纪严明，秋毫无犯，沿途打官绅、帮穷人，宣传中国共产党的政治主张，在黔、滇、川省广大地区播下了革命火种。在穿过黔西、滇东北、川南少数民族区域时，正确执行了党的民族政策，扩大了党和红军的政治影响。

五、对《辞海》、军博所绘红军长征路线图中近三千华里绘制错误的考订

现刊行于世的长征路线图，不下四五十种，散见于各书。考其所本，不外两个来源：一是《辞海》（1979 年版）上册后附的《中国工农红军长征图》，在纪念红军长征胜利 50 周年之际，1986 年 9 月 5 日《解放军报》再次发表了这幅图；二是中国人民革命军事博物馆（以下简称军博）编辑、地图出版社编绘、1977 年 2 月出版的《中国工农红军长征路线图》，该图后收入 1981 年 7 月出版的《中国人民革命战争地图选》中。这两种图，都由最具权威性的部门绘制出版，在国内、国外学术界都有很大影响。

奇怪的是，两种图对红九军团单独行军的路线，各有各的绘法，彼此相异约一千五百华里，差异最大时相距三四百华里之遥。这是奇特的现象，因为红九军团单独行军并未分路，其长征路线只有一条。

笔者认为：这两种图基本上都是不正确的。人们习称“红军长征二万五千里”，近三千华里不是个小问题，是应该予以改正的。

笔者曾于 1979 年秋到 1980 年夏，部分实地考察过长征路并作访问调查（因经费困难和身体累垮，终未克全程），发现军博所绘的长征路线图失误甚多。1981 年 4 月，在出席全国中共党史人物研究会第二次学术讨论会（重庆会议）并作大会发言时，笔者报告了这一发现[53]。

现将两图主要失误，陈述于下：

（一）《辞海》附长征路线图的主要失误

1. 红九军团离沙土后，是经狗场、老木孔地区，北渡偏岩河，再经遵义县泮水、金沙县石场，西取大定县长石，复取瓢儿井，南下大定县猫场的。而该图却由打鼓新场（今金沙县城）发轫，向西偏南直趋大定县城，

再向南偏东直下织金县猫场。这一段路线图，丢失了沙土到老木孔地区、取长石、占领瓢儿井等战斗历程，也丢失了遵义、毕节二县。

2. 红九军团离开大定县猫场后，是南去大兔场，转西南进入水城地区，向西南渡过北盘江，至普古西转，进入云南平彝，再北上板桥，北进宣威的。而该图却由织金县猫场，径直向西稍偏南，经宝山附近，直达宣威。这一段路线图，丢失了纳雍、盘县、平彝、霑益四县。

3. 红九军团离宣威后，是向西北经者海，西进会泽，再向西偏南从树桔渡渡过金沙江，北上到巧家县城对岸，复北上布拖，西进礼州与主力会师的。该图则出宣威，经会泽，向西北渡江，再向北稍偏西到西昌终止。这就将渡江点北移了一百多华里，将会师处误作川敌刘元璋盘踞的西昌。其实中央红军未克西昌城，是绕过西昌北上的[54]。这一段路线图，丢失了会东、布拖、昭觉三县。

（二）军博编辑长征路线图的主要失误

1. 开始时，从打鼓新场之南画一锅底状大弧，丢掉了遵义县。

2. 该图接着向西偏南从瓢儿井之南再向西南，擦过大定县猫场和大兔场，向南复转向西，在水城之北再转向西偏南，从宝山之北直奔宣威。从大兔场到宣威段，将行军路线大距离地北移，最远点从水城之北到盘县普古达三百华里以上。丢失了南渡北盘江和板桥之战。丢失了盘县、平彝、霑益三县。

3. 该图从宣威到西昌一段，大致与《辞海》同。将渡金沙江渡口北移一百多华里。丢失了会东、布拖、昭觉三县。

总之，红九军团单独行军，凡历（概用现地名）：贵州省金沙、遵义、大方、毕节、纳雍、水城、盘县，云南省富源、沾益、宣威、会泽，四川省会东、宁南、普格、布拖、昭觉、西昌共三省十七县境[55]。《辞海》图丢掉了九个县，军博图丢掉了七个县。作为权威性工具书，失误之多已经到了非改不可的程度了。

（本文在《对长征中红九军团黔滇川省单独行军的考辨》基础上重写）

［1］ 宋霖:《对长征中红九军团黔滇川省单独行军的考辨》,《安徽史学》1987年第1期。

［2］［3］［4］［6］ 中国人民解放军政治学院党史教研室编:《中共党史参考资料》第7册,第160～174页。

［5］［7］《云南民国日报》1935年2月15日、3月11日。

［8］《中国工农红军第一方面军长征记》,人民出版社1955年版,第215页。

［9］《辞海》,上海辞书出版社1979年版,第1742页。

［10］《中国现代史稿(上)》,黑龙江人民出版社1980年版,第463页。

［11］［54］《红军长征在四川的战斗历程》,四川人民出版社1981年版,第39、59页。

［12］《红军长征中的七次会师》,甘肃人民出版社1982年版,第37页。

［13］《忆长征》,解放军文艺出版社1982年版,第96～97页。

［14］［15］《中国人民解放军战史简编》,解放军出版社1983年版,第158页。

［16］《红军长征过云南》,云南人民出版社1985年版,第111页。

［17］《长征史》,中国青年出版社1986年版,第140页。

［18］《中国人民解放军战史》,军事科学出版社1987年版,第1卷,第257～258页。

［19］［20］《红军长征》,解放军出版社1990年版,第36、37页。

［21］《伟大的长征》,陕西人民出版社1991年版,第230～232页、249～264页。

［22］《中国共产党历史(上卷)》,人民出版社1991年版,第388页。

［23］［49］《难忘的岁月》,人民出版社1982年版,第136、140页。

［24］［50］［51］［52］《怀念罗炳辉同志》,云南人民出版社1981年版,第75～80页。

［25］ 笔者于1981年12月23日在北京访问赵镕同志的笔录。

［26］《红九军团在长征中》,江西人民出版社1979年版,第37页。

[27] 笔者于1980年2月10日在赣州访问彭寿生同志的笔录。

[28]《朱德传》,人民出版社、中央文献出版社1993年版,第340~341页。

[29][30]《云南民国日报》1935年4月19日、2月13日。

[31][32][36][37][38][42]《黔滇川南追剿》。

[33][34][35][39][40][41][43][44][45][46][48]《国民党军追堵红军长征档案史料选编》,档案出版社1987年版,第209~310页。

[47]《回顾长征》,解放军文艺出版社1975年版,第7页。

[53] 全国中共党史人物研究会《内部通讯》1981年,民政部《革命史工作参考》第13期(1981年)转载。

[55] 除了参见公开出版的全国及相关省地图外,还参见内部印行的《贵州省地图》、《毕节地区地图》、《金沙县地图》、《大方县地图》、《织金县地图》、《云南省地图》、《曲靖地区地图》、《昭通地区地图》、《东川市地图》和相关公社(乡)手绘或油印地图。

从延安到武汉

“神行太保”罗炳辉

◆海伦·斯诺

罗炳辉，一看就像个中国将军，怪不得十八岁的时候人们就称他为云南省的模范军人。他是我所见到的最魁梧的中国人，高个子，巨人般的腰围，浑身筋骨是铁打的。因此，他总像个得胜的摔跤力士，带着刚刚把对方摔倒在垫子上呻吟时那种得意洋洋的神气。

当冯玉祥转变为基督教徒时，他用灭火的水龙头给他的全体官兵洗了圣礼。当罗炳辉转变为共产党时，他将吉安所有的反赤民团都带走了——只有十个人例外。地主民团是共产党的死敌。在共产党历史中，罗的这次功劳只有陕北的刘志丹可以和他相比。

在和这位快活的老罗谈话时，我所感到的愉快，简直是像他的身体一般地巨大。他那滚圆的脸儿使我们想到弥勒佛——或是，再明确点说——使我想到北平紫禁城里那座从印度支那来的玉佛，这座玉佛有着同样地富于魔力的眼睛，不是弧形的而是顶上平的。事实上，罗炳辉生于云南省，云南省正是和印度支那接壤的。再则，云南省是中国风景最美的省份，有森林茂密的高山。罗炳辉在西北的荒凉不毛之地逗留了一些时间之后，对于他故乡的山林是不禁有点怀念的了。当他谈到云南省的花草和晶莹的河流时，他颇有向往之色，便像冯玉祥在那首咏东北的心爱诗里的作风一样，对我说道“还我山河”。

罗炳辉喜欢当兵，喜欢谈他打仗的情形，谈他本人，兴之所至，无所不谈。三十八年来，他可活得真够本儿，在中国走南闯北，到处打仗。

他可真称得上是中国的一条响当当的硬汉子，为人们所热爱。他是中国人所热爱的那种关帝型民族英雄，一个智勇双全的人物。他往往以智取胜，敢于给敌人以重创。他所谈的智诱敌军的故事简直就像从《三国》里摘出来的一样——总有一天这些故事本身会成为民间英雄故事的（一次他来看我时，他手臂下甚至夹着一部诗集——这正是中国人所引以自豪的传统）。

罗炳辉像朱德、贺龙以及冯玉祥一样，喜欢朴素的衣着、朴素的生活——罗炳辉是中国某些潜在的、健康民主传统的产物，认为能保持当一个人民的儿子是值得骄傲的事。他蔑视奢侈和金钱，喜欢过艰苦的生活，愿意和他的弟兄们吃同样的饭，半赤着脚走路。这样的生活反而使他的身体日益健康，证明他有一种领导者的天赋才能。

这位山也似的巨人作战的次数要比其他红军司令员多，据他说："这是因为我的任务就是要出去挑衅，借以分散敌军的注意，以免他们攻击我们的主力部队。三年战斗中，敌人的兵力往往超过我军十至二十倍——我的部队总是一支小小的流动单位。"罗一直在前线指挥——我深信他以能成为地面上最大的靶子为乐事。当我问他受伤过几次时，他不得不停止说话，想了一会儿。

他皱起眉头说："让我想想看。以前我从来没有计算过受伤的次数。我想我一共受过六次轻伤、一次重伤。有好几次衣服被子弹打穿过，因为我距敌军阵地往往不过二十米远。有一次，我刚刚离开壕沟，一枚炸弹就落在我离开的地点。还有一次，我躲在一个岩洞里，一枚空投的炸弹正落在这个岩洞里，可是没爆炸。有好多次炸弹溅得我满身泥土，但从来没被炸伤过。"

"敌人对红军的最大威胁是什么呢？"我问。

"敌人不管使用什么手段都没有给我们造成很多麻烦"，他回答说，"飞机轰炸固然会造成部队的恐惧心理，但是我们很快地跟敌军接触，他们就不敢轰炸自己的军队了。例如，就在去年，在甘肃南部的漳县，敌军用飞机轰炸以掩护部队退却。红军追了过去，结果飞机反而炸了他们自己的部队”。

和罗炳辉谈话是很有趣的。因为红军对于他来说也是新鲜事，他不以官僚主义一成不变的眼光看待事物，但对事物的各种现象仍然非常感兴趣，而且能从过去的经验中看出未来的前途。我简直无法阻止他在家具上画地图。有一次他差一点给我上起运动战的大课来，我赶快让他停止了。他说话时，往往用手指表示追踪敌军，然后一下子跳到桌子的另一边，象征又把敌军追了回来，最后获得胜利时，就把桌子重重一拍，用手抹抹他的眉毛。他很健谈，细枝末节都不放过，很容易激动，当他用沙哑的声音谈话时，老是用孩子般诚恳的眼光看着我。要是我问他一个政治问题，他一般总是笑笑，回答说："我的脑子是有点笨。我不知道。"我会见他时，他正在延安"军政大学"里学习。

我问罗："红军为什么比国民党军优越？你在两种军队中都有很多经验，你应该知道的。"

"首先，我想这是因为红军有共产党的坚强领导；其次，红军士兵有阶级觉悟；第三，红军的政治工作做得好，教育做得好；第四，党员干部是全军的模范战士，军中有完全的民主——军官和战士过同样的生活；第五，我们的战术比对方高明，因为它是从我们的复杂处境、迫切需要中产生出来的。"

"我从来没看见过像你这样快活的人。你从来没有疲倦过吗？"我问。

"红军中所有的人都快活，精力饱满"，他毫不犹豫地回答说，"因为我们有坚定的目标，而且每个人都知道最后的胜利属于我们。我们是衣衫褴褛的，有时吃的是猪和马都不肯吃的食物——有时也许只有草鞋穿——但是一年一年地过去，我们从不丧气"。

罗喜欢孩子，在他拿给我看的那张照片上，他像个海岛似的，完全被"小鬼"包围了。有一个长得很漂亮的男孩是苗族人。他的"小鬼"

都穿着很好的鞋,可是罗却得意地穿着一双大草鞋。

“现在这些‘小鬼’在哪儿?”我一边看照片一边问。

“我带了五个到延安”,他指着有口袋大小的一张照片里的一个人回答说,“那是我的警卫员唐子沛——一个很聪明的江西孩子,只有十八岁,跟了我五年了。长征时期,我有两三百个‘小鬼’,参加了每次的行军,许多人甚至跟着我参加了乌江的战斗。他们大多数都能跟得上队伍,也有一些落在后面,失踪了。他们是从来不当逃兵的。有许多还参加作战,都非常勇敢坚决。我有一个营长,也是小鬼出身,十八岁就阵亡了——他是个非常勇敢的孩子”。

“我自己有三个孩子在江西”,罗继续说,流露出怀念之情,“但我不知道现在他们怎么样了——此外还有一个男孩在云南……”

罗炳辉待人谦恭有礼,颇有古风(我无法知道他究竟有多少个妻子——他在十二岁的时候就已经是个独立已婚的户主了)。他总是骑士般地礼貌鞠躬。分别时他送我一个非常好的礼物。这是一颗圆的玛瑙珠——一颗来自西藏的喇嘛佩珠,佩在身上可以交好运。珠子上面有一道白圈把珠子分成两部分,就好像是土星的星晕。

“蓝的顶就是天,黑的底就是地,白的环就是人”,他解释道,“我是从一个西藏喇嘛那里得到这东西的。他因为感激我对于那里喇嘛寺的保护,就送了这东西给我。这是在拉萨正式受过佛保佑的,那喇嘛告诉我,说它是很古老、很古老的了。每逢那些藏民看见这个东西时,他们都甘心拿他们所有的尘世财物,来换取这样一个神奇的佛玉——总之,他们喜欢珠宝,更胜过喜欢金子。事实上是,我简直可以用这东西来买尽那个区域里所有的牛油。那喇嘛告诉我,说是假如你身上佩着这东西,你就永不会从马上摔下来的。无论如何,我的身体是太大了,随便什么马也摔不下来,——因此我要你受了这东西,算是红军送给你的一件友谊纪念品”。

“还有许多其他的国民党军官逃到红军里来吗?”我问。罗炳辉在

1929 年领导吉安暴动加入红军以前，曾是国民党军朱培德部最优秀的军官之一。

“是的，特别是许多下级军官都带着武器投奔到红军里来。宁都暴动规模最大。这次暴动是由董振堂和赵博生领导的，暴动之后他们带来了两万人和一万支步枪。另一次是陈子华领导的，他现在是徐海东部的政委。他原是鄂豫皖区的一个排长，他率领了自己的部队和别的几排弟兄起来暴动，参加红军。不过，1932 年以后，就不大有国民党军官叛逃来我军了，因为受新法西斯运动的影响，他们反对我们。

“国民党总是想让红军的将领背离，但是这事情是从来没有发生过的。当我在 1929 年实行暴动以后，白军愿给五万元和一个旅长的职位，假使我肯回到白军那里去的话。我问我的兄弟们，他们愿不愿意收下这笔钱来，大家再回到国民党中去——可是自然，他们都拒绝了。我在一座庙里面见国民党的代表，就正式拒绝了他。于是我在国民党里的许多的朋友，就想来劝我回到国民党里。他们对我提出了种种的引诱。我对他们说：‘我们是为了中国的农民和工人而战的。我们深信必能得到最后胜利。我们不久就要做主人翁了，而地主和士绅们却不会的。你们是没有东西能给我的。’

“我的朋友们便说：‘你们的原则都是对的，但是现在并非实行它们的时候。在中国实行共产主义还太早哩。’

‘那么’，我回答说，‘无论如何，我们现在是可以用我们的时间来为这主义而战的’。

于是他们辩道：‘假使你现在回到国民党来，你就可以稳稳当当地得到金钱和高位了。’

我说：‘等到我死了之后，金钱是没有用处的，只好做一口金棺材，可是我却不巴望金棺材。并且，假如一个士兵是在为农民及工人而战斗的话，他便是置身于最高的位置了，因为他是在制造着历史。你们只

是在自找埋没而已。'

"这样算解决了这个问题。但是到了 1933 年,我在国民党里的几个朋友,又写信给我了,说是假如我肯回到他们(那里)去的话,他们可以给我十万元,并任(命)我做师长。——但是我把原先谢过的话,重复对他们说了一遍。"

好多年来,罗炳辉一直是十个最著名的红军司令员之一。当我问他,他认为哪几个人是最能干的红军司令员时,他回答说:"彭德怀和 1932 年在江西东固牺牲的黄公略。"罗和他的"神行军"已经成为最有名的红军部队之一。这位身材高大的司令员,竟然能在这样一个行动神速、专门流动的部队中打头阵,真是不可思议的事。他的双腿显然和他的个性一样活跃。我费了好几天的工夫才弄清楚他到底属于哪一个方面军。他似乎到过许多地区,各方面军都说他是属于他们那儿的。后来,终于搞清楚了:他确是属于各方面军的。从江西出发长征时,他属于红一方面军,担任危险的后卫职务。到达四川时,他又参加了红四方面军,负责后卫工作,和朱德、徐向前一起在西藏。后来,他又同贺龙的红二方面军,穿过大草原。在我会见他时,他是红三十二军军长。

以下就是罗炳辉的个人历史,完全照他在延安对我所说的事实记述。

我的家乡是在云南的彝良县,我 1897 年在那里出生。我父亲属于中农,后来因为经济状况差又变成了贫农。我家里有父母、弟弟、我和我妻子及我的一个孩子。

我很小的时候,就在田里帮助干农活。地主非常苛刻,因而我们的生活很艰苦。我十二岁就逃出去参军。我步行了两天之后,离开大路,躲在一个农民家里休息。我家派人把我找回去。他们找了五天,觉得没有希望了,正准备返回去,没想到在路上又碰到了我。我被迫回到家里，自那之后，我家里的人对我有了看法。最后，他们决定分家，给我讨了个老婆，这样可以跟他们分开过。我虽然只有十二岁，但已独撑门户，在那个年龄，我已经成熟了。我父母以为我总是想离家出走，所以决定给我讨个老婆拴住我。我并不喜欢这场婚姻，但又不知道该如何摆脱它。虽然我是长子，但却是个“坏孩子”。相反，我的弟弟却是个“好孩子”。他好像有点同地主结盟来对付我，我对他磕头虫一样的屈从也痛恨至极。在云南，我们不是以亩，而是以收获庄稼的数量来计量土地。我们的收成不错，我那份地就收了七千多斤，这对我和我妻子来说足够了。

我家里与那个地主的关系从未改善过。我总是渴望离开这儿。十六岁时，我又逃了出去，在云南府当了兵。当时在云南，军队的社会地位很高，已取代了旧式士大夫的地位，并且取消了旧的科举制度，开始实行新的军事考试。考试很严，要求身体、视力等都非常好。我个人参军的原因不过是争取向地主报仇的自由。我是在看到县上的两个士兵打了一个地主却未受任何惩罚之后，才萌生的这个念头。

我离家三年后，听说我们家的财产被那个地主没收了，因为这些东西被指控说是从地主家里偷来的。从此以后，我再没听到过家里的任何消息。最近，我给家人写了封信，询问情况，但没有回音。罗炳辉并不是我的真名，而是我在离开广州参加北伐时取的一个“战斗名字”。

云南府的“模范兵”

我参加了云南府镇守使的炮兵队，我们只有六门大炮，唐继尧是镇守使。这是 1915 年的事。

我从没上过学。我当了炮兵后，学了一点知识，后来在红军里接受了教育。虽然交通不便，而且我们县上的人对外面的事情也不闻不问，但我还是知道了 1911 年爆发的辛亥革命，而且还了解到成立新式现代军队的事。我立志要在这种新式军队里当兵。

当了两年普通士兵后，我成为一名军士。后来，我又负责连队的粮食供应。我得以提升，是因为我学习好，而且很热心。在驻军中，我的绰号是“模范兵”。每天我们都有军事训练科目。所有的考试我都考得不错，而且也没有不良的个人习惯，因而给长官们留下了很好的印象。不久，我成为唐继尧的一名参谋，1920 年他被别的军阀打败后，我跟他一同去了香港。我在唐继尧的寓所住了八个月。唐继尧是个旧式的封建军阀，一点也不革命。他认为我诚实可靠，非常信任我，让我做他的采购代理。不少钱经过我的手，我也可以“榨取”很多钱，不过，我这人并不看重钱财。我的薪水是每月四十八元，我认为这足够用了。同唐继尧在一起的生活是奢侈的，但我并不喜欢这种生活。我憎恶这种安逸的生活，总喜欢过那种艰苦的士兵生活。

唐继尧曾是四五个省的督军，至少有一千万到两千万元的家产。他的主要账户开在云南和上海的中法银行。当这家银行破产时，唐继尧几乎昏厥过去！这使他损失了一千多万元。后来，他又在一家日本银行损失了一笔钱。

由于不喜欢香港的生活和社会环境，我便离开香港，返回云南。香港给我留下了很深的印象。我看到了帝国主义对中国意味着什么，看到军阀们涌向各个通商口岸大肆挥霍他们从劳苦人民那儿榨取的成千上万的钱财，也意识到了中国统治阶级是何等的腐败。我曾看到法帝国主义在云南的霸道行为，但当我经过法属印度支那去香港时，更深刻地理解了它的无理。在云南边界，如果你带一块银子或一根针到印度支那，法国人就会罚你的款，但相反地，他们自己可以免税带任何他们喜欢的东西。我还记得通过印度支那海关时亲眼目睹的一件典型的事：一个中国人花四元买了一支水烟袋，海关却要他交六元的税，他把水烟袋扔到海里去了，拒绝缴钱。为此，他竟然被海关官员打了一记耳光，还被罚了十二元。

第一次北伐

因为和唐继尧有牵连，我一到云南就被捕了，但一个星期后，两名军官就把我放了。看到旧式封建势力仍控制着云南，我就暂时去了贵州。不久，我又听说孙中山的组织在广西。于是，我就去了那儿，加入了朱培德的军队，任参谋。

我虽然没读过孙中山的书，但1920年在香港时，我就听说了所有关于他的事情。我对他关于摧毁反动军阀、向帝国主义开战的主张，印象很深。我一听到他的消息，就想去广州参加他的组织，但当时，我没办法跟他的任何组织取得联系。

孙中山的组织当时正在广西筹划第一次北伐。1922年，朱培德的军队进攻广东并占领了它，接着又继续进攻江西。当我们到达万安县时，得知陈炯明已经叛变，孙中山被他所困。朱培德只得回师广州去营救孙中山。他派我去李福林、许崇智领导的粤军，以控制这些部队，因为朱培德怀疑他们与陈炯明的叛变有牵连。我被委任为朱培德的情报员，去监视他们的行动。

粤军战败，撤退到了福建。当时，没有电报和无线电，我就日夜兼程走了一百九十里路，把粤军战败的消息告诉朱培德，我的这一举止挽救了他，使他免于被敌人包围。我汇报后，朱培德就带兵撤退了，因为一个侧翼已经暴露，敌人已经从后面发动了进攻。我们从湖南撤退到广西。路上，我生了病，朱培德把他的坐骑给我，还总邀请我一同喝茶、进餐。他很器重我,我康复后,他还委任我做连长。同当时其他人相比,朱培德是个好的指挥官。他信奉中庸之道,不想恶化同任何人的关系,还试图取悦于民,但他不是个好的革命者。

我们从广西再次向广东的叛军陈炯明发动进攻,并成功占领了广东。朱培德的部队成了孙中山的特别卫队。朱培德当时只有一个两千人兵力的卫兵旅,其他两个旅已经叛变。顺便提一下,这个卫兵旅最近(大约是1936年)被派往西北,由王椿(音译)指挥同红军作战。当有报道说王椿不久前在甘肃的一次飞机事故中身亡时,蒋介石发布命令逮捕朱培德,认为他已加入红军。

我被任命为广州兵工厂守卫部队的指挥官。以我的连队为核心,我又组建了另外两个连守卫兵工厂。不久,北方军阀方本仁(吴佩孚的一个部将)进攻广州。因为广州部队很弱,于是我被任命为代理营长,同我的连队一起被从兵工厂调到前线作战。我在这次战斗中受了伤,但并没有回到后方疗养。过了一会儿,敌人举起白旗,想向我们投降。我命令部队停止战斗,带着另一个人到他们的营地就有关投降事宜进行谈判。当我到敌人的营地后,他们又接到命令,不能投降,只能撤退。于是,他们就胁迫我做人质,开始撤退,后来又把我投到江西赣州的监狱里,关了九个月,这是1923年的事。

起先,敌人的营长想枪毙我,但其他人反对。最后,决定把我暂时关在监狱里。因为我脖子和手上两处严重受伤,所以,对我而言,想逃走很困难。我被关在监狱的九个月里,一些叛投北方的粤军驻在赣州。一个姓杨的指挥官认识我,当听说我被关在那儿的监狱时,就把我放了,因为他很钦佩我作战的勇气。

我们过去常常认为在北伐期间进行了大规模的战斗,但是,若同国民党与红军之间的战斗比起来,它们就显得微不足道了。那些是军阀战争，士兵不知道他们为什么而战。即便如此，在我自己连队的一百三十多人中除二十人外其余全部牺牲了，这是比较少见的。我因带领连队进攻而出名，我总是同下属保持友好、亲密的关系，仔细地把自己的观点表达清楚，并给予适当的奖惩，因而我的部队总能保持良好的秩序和纪律。

北伐期间，北方士兵中发生了多次兵变，而南方士兵中则没有。这些兵变部分是由于乡土观念，部分是因为官兵之间的不和。在赣州，北方士兵向他们的南方军官造反，杀死了许多来自广东的师长。第二次暴动大约有一千人参加。兵变的主要起因是士兵痛恨他们的南方军官（军官大多数来自云南和广东），因为他们腐败，从士兵的衣食供给中榨取钱财。经过几次战斗后，兵变被镇压下去。

我更改了姓名，又把自己打扮成一个农民，从赣州逃了出来。到达广州后的当天，我甚至连买晚饭的钱都没有。我去找我的老上级朱培德，但那天下午却没找到他的住所。次日早晨，我遇到一些广东军官，以前我曾对他们有恩，请他们带我去见朱培德。他们拒绝了，看到我穿得破破烂烂，很看不起我——他们都穿得像阔绅士。最后，一个警察告诉了我朱培德的地址。我到了他的住所，但却不准进去。卫兵试图把我关在门外，这时我就以命令的口吻对他说：

"我有特别的口信给朱将军。他派我去江西执行任务，如果我现在不能见他，我必须给他留言。如果耽误了，你要负全部责任！"

于是，卫兵把我带到会客室，给我一张纸写信。就在这时，一辆摩托车开进来，带来了黔军的一个指挥官同朱培德见面。卫兵试图把我赶出院子，但朱培德已走下楼梯来招呼这位指挥官，他看见我后很是惊讶，也十分亲热。"我们都还以为你已经死了呢！"他大声说道。不用说，在这之后，卫兵也对我非常客气了。

朱培德会完客后,就来同我交谈,并告诉我去找个旅馆住下,把地址告诉他。我说这不可能,因为我没有行李,没行李和钱是不能登记住宿的。朱培德就给了我一百元,叫我去找个旅馆。我在旅馆住了几天后,有一天晚上,我听到外面街上发生了战斗。我不晓得为什么会发生战斗,但听说是蒋介石在驱逐当地军阀许崇智。因为我是陌生人,就犹豫不决,不敢走到街上去。战斗一开始,这些广州人就彼此传言:“我们为什么要这些陌生人来控制?”所以,他们都非常敌视外地人。第二天早晨,我就到了朱培德的总部,因为住在旅馆里太不安全。调查很严,我又没有保人。

我正在同朱培德谈话,这时,他接到报告说廖仲恺被暗杀了,这是 1925 年的事。朱培德任命我在他的总部当参谋。

接着,在粤军和四川的熊克武将军之间爆发了战争。参加了这次战争后,我回到广州。北伐开始了,我被任命为营长。

北伐时,我们从广东一路作战到湖南,又从湖南到江西南昌,其间经历了多次重大的战斗。我两次受伤,到南昌时,我营里的四百多人只剩下八十人。

我们离开南昌去进攻南京。在那儿的一次会议上,我的部队又被命令返回江西,因为我们是朱培德军的一部分。这是武汉和南京开始分裂的时候。

1927 年 8 月 1 日,发生起义时,我们驻在南昌。我的部队被叶挺、贺龙、朱德解除了武装。当时,所有朱培德的部队都被解除了武装。起义后,我见到了朱德,他要我参加共产党,但我拒绝了,因为我对当时的政治形势还不十分清楚。

南昌起义前,我就认识朱德,当时他担任朱培德属下的南昌公安局局长。我们在一起吃过几次饭。从前,朱德在云南是个旅长。我一看到他就认出来了,但在云南时他并不认识我。尽管他是四川人,但他因勇敢和带兵能力强在滇军中很有名气,而且也因为他的特殊战术而被众人皆知。在四川同袁世凯军作战时，朱德的精锐旅以其出色的战斗力而闻名。后来，他做了云南的宪兵司令，因为不为督军赏识而被迫离开云南。他去了上海，后来又去了德国，他在那儿参加了共产党。南昌起义时，我没有什么共产党员朋友，但我听说过红军领导人——毛泽东、周恩来、贺龙。我认识郭沫若，在两次纪念会上见过他。

我暂时留在南昌，直到朱培德来到这儿，任命我为他的留守部队的营长，命我去福州"剿匪"。在福州，我同红军作战时，打了胜仗，接着又行军到江西的吉安、永新、宁冈与泰和地区，这期间，我同朱德本人打过仗。当时，我信奉三民主义，还不知道国民党已背叛了它，我置身于政治运动之外，不太了解国民党的内部争斗及其黑暗的一面。

在这个地方我得到了民众的支持，因为尽管我是同共产党作战，但我反对地主，并按原国民党纲领惩罚他们。而且，在部队中，我执行严明的纪律。当另一支部队的两名军官到我管辖的地盘奸淫、掠夺时，我就枪毙了他们。这两个人的营长来问我要人时，他们已经被处死。因为我的这个举动，许多高级军官签名向朱培德请愿，请求他惩罚我。接着，他们又设法算计我。一天，我约好在常熟乘小船去拜访一位朋友。我一上船，船就离岸了，我知道不对劲。我被带到南昌，那些军官再次请求朱培德惩罚我。为了让人民群众知道真相，我写了一个声明，在我曾驻扎过的江西各县城散发。我的部队被改编、解散了，只剩下文职人员，但是这几个县的县长却请求放我。

我在南昌期间，我家乡县上的学生及镇里的群众寄钱支援我，但我拒绝了。甚至一些过去的反动分子也来看我，对国民党军队的行为表示厌恶，还说，革命时期，国民党曾经不错，现在中国需进行另一场革命。人人都看得出，国民党已变成了一个自私自利的组织。

在南昌,我去见朱培德。我告诉他:“我不想从你这儿要任何东西,既不要工作,也不要钱。我只是作为一个老朋友来向你问候,我打算回老家去。”

朱培德对我说:“你并未做错什么,但这么多人反对你,不管怎么样,我还是要为你做些安排。”

朱培德给了我一封介绍信。我去了上海,又到了广州,见到了陈铭枢。我同陈铭枢住在一起,直到他在香港的旅馆失火中受伤。之后,我又返回了上海,后到江西。

到这时,国民党反革命的本质,对我来说已清清楚楚。我返回高安同家人住了段时间,在那儿我又同当地士绅发生了摩擦。高安县的县长从前在国民党北伐期间曾是我属下的一个政治指导员,我友好地去拜访他,但是,当这位新上任的县长看到我既没有部队又没有钱时,就公开地蔑视我。我很气愤,离开了他的住宅。

之后,我想在那儿做硫磺生意,我的钱不多,但十多年来,也积蓄了两千元。但是一个地方乡绅已经垄断了当地的硫磺生意,对我进行威胁。我很气愤,就狠狠地打了这个人。乡绅的手下捣毁了我的办公室,还威胁要杀死我。我只得再回到南昌去。这之后,我恨死了那位乡绅,希望自己手上有部队去摧毁他。

同时,许多过去的官兵也来向我求助,我们二三十人在一起,对国民党的叛变感到愤慨,因为他们同腐败乡绅联合起来而不是反对他们。这也是我同高安乡绅发生冲突的一部分原因。

在江西同红军作战

我返回南昌时,遇到一些像王椿(音译)这样的军官老朋友。但我不想参加部队,因为我的许多老朋友都得以高升,如果参加部队，我将会成为他们的下属，这会很没面子。不过，不久以后，就召开了一次会议，拟组织一支靖卫队，我被任命为江西吉安地区靖卫队的队长，同红军作战。

我一到吉安，就着手改编那里的靖卫队。这个靖卫队原来有一千多人，性质同民团一样。我把靖卫队缩编到五百人，因为人多只会浪费金钱。士绅们反对这种做法，因为我去掉了他们阶级的多数代表。他们对我说："你当指挥官时，这种改编也许是对的，但如果换了另一个新的长官不中用，那该怎么办？"中国的这些民团是在他们对特定士绅忠心的基础上组织起来的，他们的纪律依赖于他们的忠心。

这时，共产党管辖的区域非常靠近吉安。每天，都有我的士兵向他们投诚。我知道当地贫苦百姓都拥护红军。不久，我便意识到，共产党写在墙上的口号，不是用炮火能洗刷掉的。我也能够看到，乡绅的苛捐杂税和残酷统治使人民加入了共产党，而且，对于人民群众与国民党士绅对抗的原因，我思想上也清楚了许多。

在同红军作战时，我俘虏了许多红军战士。这些红军战士对我说："在国民党统治下，我们不管怎么样都会被判处死刑。我们没法生存下去。正是为了解决生计问题，我们才加入了红军。"

我对他们的话深表同情，因为我知道这都是实话。农民们除了和红军一起参加战斗外，别无生路。

因为我同情这些红军，所以每次把他们俘虏后，又都放了。这激怒了士绅们。于是，他们就组织起来，跟着我的部队进行检查。每当我俘虏一些"土匪"，士绅们就立即公开消息，试图迫使我执行死刑，但我不理会他们。

当他们向我抗议时，我就说："在吉安县，有三十多万农民，你们乡绅只有两万人。你们说除你们外都是土匪，如果我把这三十万人都杀了，你们怎能像现在这样依靠他们的劳动生活下去？这些红军只是为解决生计问题的农民。”

而且，当他们谈及“人民”反对红军时，我就反问道：“如果‘人民’受红军威胁恐吓，为什么他们还都想加入红军，而不是同国民党联合呢？显然，没人愿同自己的敌人联合。如果你们士绅能够解决农民的生计问题，那不就没人再同红军联合了吗？”

在南昌，我遇到一位北京师范大学的学生。他在吉安写信给我，解释中国半封建社会的特点。他还告诉我曾国藩的例子，说他在清朝组建民团，破坏人民运动。这个学生名叫赵醒吾，他给我写了好几封信，我不知道他想对我怎么样。接着，他还亲自跑来见我。当赵醒吾到吉安后，我起初还不想见他，但最后还是见了。我们就国际形势、江西的军阀冲突以及国民党的反动进行了交谈。渐渐地，赵醒吾又问我共产党和国民党的力量相比哪个更强？我说：“当然是国民党强大。它控制的地盘大，且掌管着财政，还拥有一支庞大的军队，而共产党是没有政权的。”

但是，赵醒吾说：“不是这样，因为中国人民大多数都很贫穷，而不富裕。中国共产党是穷人的代表，主张解放人民群众和解决他们的生计问题。而国民党则仅是由人民支撑的扶手椅，一旦人民要扔掉它，国民党就什么也做不了，只能是坐在烂泥里。这好比垒一堵墙。国民党是墙顶端的装饰物，人民则是墙基。如果底下的人民不想支撑，那么上层就会塌下来，对不对？”

在我们谈话的第三天下午，赵醒吾对我说：“我是冒着生命危险来这儿的。如果你愿意，你会因为我得到一大笔钱。”

“我从不出卖朋友，否则，我早就可以富了。”我回答道，“我猜你是个共产党员，是不是？”

赵醒吾脸色变得苍白，他说：“是的，这是生死问题，你准备拿我怎么样？”

“当然，我要履行职责，把你杀了。”我同他开玩笑说。

接着，我们又讨论了共产党的理论及一般政策。

赵醒吾告诉我共产党已对我的过去进行了调查，中共江西省委派他来见我，以建立私人联系。

我说："我以为共产党恨我比其他任何人都更厉害，我同他们打仗打了这么长时间，而且还多次打败他们。"

但赵醒吾回答说，共产党知道我过去的历史是清白的，而且还敬重我的勇敢、真诚和直爽。他还告诉我，不久，他们会派另一个人来拜访我。

赵醒吾又停留了几天。接着，中共江西省委的一名成员来见我，同我继续进行讨论。他询问我对国民党、共产党、帝国主义以及其他类似事情的看法。后来，他又列出一些问题让我回答。我是由赵醒吾、一个姓刘的同志和蔡申熙（后来，他当了红四军军长）三位介绍入党的。后来，他们三人都遇害了。那个叫赵醒吾的学生在吉安暴动后不久，被捕处死。蔡申熙是在湖南、安徽地区的战斗中牺牲的。我不晓得姓刘的同志是如何遇害的。

我一直保存着赵醒吾的一张照片。他很勇敢，个子高高的，相貌也不错，牺牲时年仅二十八岁。

吉安暴动（1929 年）

我凭借靖卫队队长的职位，在吉安开始从事党的工作，同志们告诉我要保持"灰色"，要机智，不要公开谈论或显示我自己是"红色"。因为吉安在我的管辖下，党组织迅速发展起来，但党的工作人员很粗心大意，把文件放在桌子下面、床铺下面、屋顶上等等，到处都是。1929 年 7 月，我成为一名党员。

一天下午，驻扎在吉安的国民党正规军的旅长同县长一起召集开会。会议是秘密进行的，会议室的门都上了锁。我也参加了这次会议。旅长在会上说:“吉安的共产党活动很猖獗,我们必须把他们都清除掉。”接着,他就宣布了行动计划:搜查城里的每一个房间,包括靖卫队所有的营房。他还要求我们大家发誓不泄露会议的内容。

晚上8点会议才结束。两个团(两三千人的兵力)已经出动,在搜查中监视每一个房子。我非常着急,到10点才找到党的书记。“清剿”行动在半夜时分开始进行,于是,这位书记急忙离去,进行防备。

在会上,这位旅长还说过:“我们宁可误抓十个无辜,也不能让一个共产党逃脱。”那天晚上抓了一千多人,拘留在当地一个寺庙里。接着,又接到命令说,凡是有士绅担保不是共产党员的,可以释放。

我们的一个同志走向我说:“我们只有两名同志被抓,但他们都知道你,如果他们供出你来,那将十分危险。”

我就努力使他们获释。

在被抓的一千人当中,只有一百人得以保释。其他人被关了很长时间。我起义后,很多人后来可能被处死了。我不知道他们状况如何。只有士绅可以做担保,自然穷苦百姓是得不到这种担保的。

这时,附近几个县的民团,包括吉安、吉水、泰和、永新和安福等县的民团,鼓动着要成立一支联合靖卫队,推举我当指挥,因为我是个出了名的战士。我派了一些老部下和一些共产党员到这些县做民团的工作,以争取他们的信任。

有一次,我派一支三个营的部队去同红军作战,一些熟悉当地地形的士绅给部队带路。这些士绅带着部队离开我指定的路线,为的是在部队保护下回他们自己的家——因为这是红军游击区,他们自己不敢单独回家。我查明真相,觉得这是除掉这些反动分子的好机会，于是，就以“与土匪有牵连”的名义处死了他们。其他士绅起来叫嚣，说我是在“剿绅”，不是“剿匪”。当地地主还向那个旅长请愿，攻击我，说我与红军有染。我去见了那位旅长，我说：“一个忠心为国民党战斗了十年的人怎么可能与‘赤匪’有牵连？这些向你请愿的人显然是想除掉我，好让他们把共产党员送到城里去进行暴动。除此之外，他们还有什么理由要赶走民团司令呢？你不要被他们的谎言所蒙蔽！”

这一指控吓坏了那些士绅，他们立即停止了给我找麻烦。

由于我过去在部队的经历，当地群众很信任我。士绅中间传言我和共产党有联系，因为当时一个党组织被破获，有关我的活动的一些情况也被察觉。也有一部分士绅不相信有关我的传言，但要我对下属军官多加小心。

当时，如果把所有重要的士绅集中起来开会，就可以一举把他们干掉，并解除其他部队的武装，同时把附近的红军集中到一起，不会有多少麻烦就可占领吉安城，这些都是可能的。这是我的计划，但党不赞成这么做，还称这是个“军事阴谋”。于是，我便放弃了这个计划。

后来，我妻子发现了我同共产党的联系。我同她吵了一架，并把她送回娘家，也没引起什么麻烦。但是，有一次，一个地方党组织被发现，我同党的联系也越来越明显，我觉得有必要采取行动了。

我把民团拉到城外的值夏，在那儿驻扎下来。这是因为我担心会发生对抗我的兵变，而且如果留在城内，我将被困在里面，难以逃脱。那个旅长和士绅写信给我，说：“你必须回到城里来，我们保证给你很多机关枪，并给你增加薪水，再给你组建一个新的连队。”我知道这都是骗局，因为我收到的不只这一封信，还有其他几封不同的信，都是不必要的加急信。

我控制着交通要道、邮局及信件运输渠道。我命令调查所有的信件，对于私自携带信件的人一律军法处置。一天晚上，我们发现了一个地主写给我下属军官的一封信。他在信中说我已经有了共产党的“思想”，如有必要，可在任何方便的时候“收拾”我——也就是说，要逮捕我并解除我的武装。

于是，我就制定了一个计划。大多数官兵都受我个人的影响。当晚，那名地主给他写信的军官失踪了，我没来得及阻止他。我估计不过三个小时，国民党的军队就会来解除我们的武装。第二天一早，我命令手下人集中起来，不准携带武器，因为其中有一个分队不可靠，受士绅影响颇深。在这次会上，我告诉弟兄们：

“我们同红军打仗已经打了很久了。我们生活得很苦，又没有饷钱。眼下，这里的士绅又指责我们是共产党！为了消除这种怀疑，拿回我们的报酬，我想带你们回吉安城去。”

正如我所料，士兵们开始争论起来。很多人说他们想加入红军，不想回到城里去。于是，我们进行了表决。凡是想加入红军的人，就出来列队，并发给他们武器；不想去投靠红军的人，就不发给武器。在那次会上，有四百多人参加了暴动，选择继续留在国民党一边的只有十个人！后来，又有二十人放弃了武器。总共只有三十人重新回到国民党一边。此后，留下来参加暴动的人中，再没有人离开我。

我们离开营地，开始行军准备同红军会合。不久，在我这个民团队伍中又发生了新的骚动，一些人开始动摇。他们派密探回去，却发现国民党部队为了解除我们的武装已经开到我们当初的营地。接着，又有其他人说：“我们不敢加入共产党，因为我们同红军打了这么长时间的仗，他们肯定会报复，杀掉我们。”我对他们说，我跟红军打仗的时间比任何人都长，不过，我知道共产党人是真诚的，他们并不恨白军士兵，而只是恨士绅和国民党，我完全相信他们。我们派一个信使去给红军送了信。

这里是白区,离红军很远。但我带领部下来到一个共产党有强有力的秘密组织的地方。我们到后,和当地的党组织聚在一起,党代表和我都讲了话。

弟兄们都撕掉了国民党的徽章,说:“让这些东西见鬼去吧!我们要戴红五星了!”人人都兴高采烈,充满激情。

三天后,我们高举红旗回到原来的营地值夏。

吉安城一片混乱。城门紧闭,人人都在怀疑别人策划起义。人们说:“如果连靖卫队的队长都是共产党员,那么其他人不知还有多少是共产党员呢!”该地的整个民团被改编,由士绅直接控制,国民党的军队早已逃到城墙里头去了。

在党代表指导下,我们召开了一次大会,有三千名农民到会。党代表讲了话。接着,我也讲了话。我对群众说:“三天前,我还是反对红军的靖卫队的队长。如今,我是举着红旗回来的。我真感到后悔,过去被国民党利用,同你们穷人作对。我很高兴地宣布,如今我站到你们这一边,为你们而战。”

听讲话的农民很高兴,他们大声喊着:“现在你是红军了!是我们自己的部队了!过去的事就别提它了!”

我听到这些,泣不成声。我觉得,应该用我的一生来偿还因过去的错误而欠人民群众的债。

后来,有两三百名其他民团及正规军的士兵离开国民党加入到我的部队里来。民团是地主雇佣的穷人士兵,但红军一般不要民团,因为民团为地主服务,已丧失了阶级觉悟,而且他们愿意加入红军的人也不多。另外,如果你参加了民团,那就要有很多人为你的行动负责,不仅是你的家人和亲戚,而且还要有另外三家来给你担保,所以地主通常有完整的制度来调查民团。

如今,参加吉安暴动的民团成员活着的已经不多了。后来,有二十多人在红军中当了团长、营长或连长，而且他们在最严酷的战斗中都勇敢地冲在最前线。

在这之后，我们打了一段时间的游击战。我的队伍迅速壮大到一千多人。当时，我们与红军正规军没有联系(因为离得很远)，但我们都佩戴红五星，举着画有锤子和镰刀的红旗。曾有一个阶段，民团有些成员开始动摇，还造谣说我们中有反革命分子，以及我从红军和莫斯科那儿收受了钱财。我就让人搜查了我的房间。最后，大家都相信我了，因为我没有一个铜板，和他们一样穷。他们也恢复了信心。

附近有国民党两个营的兵力，但他们不敢靠近我们的地方。这时，我们没收了地主的财产，并把他们抓了起来，但被杀的不多。只有那些在群众大会上经过当地群众正式表决要求处死的才执行了死刑。

1930 年 1 月，我们独立进行了几个月的游击战后，彭德怀和黄公略来与我们会合。一个月后，朱德的部队也来到吉安的泰和地区。我的部队当时已扩大到两千人。我们三支部队会合后，开了个会，决定进攻驻值夏的警卫旅。在这次战斗中，我们击溃了两个团，第三个团逃脱了。接着，我们又向江西西南部进军，后来又到了福建的汀州。

在汀州，我们又进行了新的入党宣誓。这就是“李立三誓言”，誓词是“为了同全中国的共产主义革命进行合作，我们必须争取湖南群众的支持，夺取长沙和南昌，然后占领汉口和武昌，最后沿长江而下，夺取上海!”宣誓之后，我们接着向南昌进军。

我还不十分清楚当时的政治形势，但我发觉李立三太乐观了。李立三说:“不管怎样，白军不久就会垮掉。如果我们努力战斗，这一天将会来得更早，赶快行动起来吧!”

在南昌作战时，我担任红二十军的军长。因为这次战斗未取得成功，我们就离开南昌，进军长沙，并打败了湘军的一个师。我们打算在8月1日占领长沙，以纪念南昌起义。我当时同毛泽东、朱德和彭德怀在一起，毛泽东当时任政治委员。这次进攻长沙，我们还是第一次经历空袭。一个由六架飞机组成的飞行中队飞来。一开始，红军战士还不知道飞机是什么，当有东西从空中落下时，战士们都怀着极大的兴趣抬头向上看。当时，我们几乎是没有防空能力的！所有的士兵都天真地跑出去看热闹。幸好，飞机飞得很高，伤害不大。

有五艘炮舰向我们开火。我们只有一门大炮进行还击。我们当时还以为这些炮舰是英国的，因为我们早就料到英国人会开火。不过，也许有些炮舰是美国的——我不太清楚。我记得当时长沙共有十艘炮舰。

在朱德和毛泽东的指挥下，我们撤离了长沙。后来，占领了吉安，但遇到了顽强抵抗。我原先的民团部下在进攻他们的家乡根据地时，表现得非常积极。吉安是江西的经济中心，它的主要商业街有二十多里长，那里有许多富商和资本家。因此，占领吉安在整个江西引起了震动，群众运动迅速发展起来。红军又扩充了两三万人的新兵。这是1930年9月底的事情。

五次“围剿”与“两脚骑兵”

接着，南京方面就警觉起来，派遣很多部队来进攻红军，开始了第一次“围剿”。我们在1930年12月30日俘虏了张辉瓒及其全师的部队。张辉瓒是江西“剿匪军”的总指挥，在同他作战时，我在左翼。战斗非常激烈，右翼一部分开始动摇。因此，我带兵绕到白军后方，击败了他们。因为在白军后部，我们得以缴获了一千支步枪来武装我自己的部队。我们还从他那儿缴获了无线电台和电话——这还是第一次。于是，我便开始培训我们的人使用它们。在同谭道源作战时，我担任先锋部队指挥，彭德怀在我们后面。谭道源是个师长，有两个旅（六个团）的兵力。我们歼灭了他两个团，俘虏了一个团。仅仅我自己的部队就从谭军那里缴获了一千支步枪。第一次"围剿"就这样结束了。

这次胜利使整个红军队伍欢欣鼓舞。士兵的决心和战斗力迅猛增长。从那时到1934年，人人都以为红军是不可战胜的，部队士气一直很高涨。我们越来越多的人为成功所陶醉，我是最高兴的一个。人人都愿意同反动军队作战。我从未计算过那些年我参加了多少次战斗，有时，一天就进行三次战斗。我觉得，我至少参加过两百多次重要的战斗。

在1931年的第二次"围剿"中，我同许多国民党将领打过仗，像郝梦龄、上官云相、刘和鼎与傅作义等。敌军战线长达八百多里，从吉安一直延伸到福建的建宁。我们在敌军背后运动，进行两个星期的急行军，走遍整个战线并突破了它。红军在一个被突破的防线上向前推进，马不停蹄，横扫整个地区。我的部队缴获了一万支步枪，还缴获了无线电台、自动步枪、机关枪、弹药以及许多上等的军服。

在第三次"围剿"期间，苏区的重要城市都落在了敌人手里。我们在苏区不能轻易调动部队，所以，我就奉命向东行进，引开敌人的注意力，诱使敌人追赶我的部队。这样，主力部队就可离开苏区，向西行进并从背部攻打敌人。晚上，我把部队分成几列，率兵向东行进，举着很多火把，给敌人一种错觉，以为我们是支大部队。国民党四个师的部队追赶我，包括陈诚和卫立煌的部队。于是，我就包围并占领了一个叫六安的村庄，敌军到达附近的南团。我被敌人四个师包围在一个方圆仅十里的地方，因为周围有高山、森林，而且我们一声不发，所以敌人搞不清我军到底待在什么地方。

当然,我是处在完全被歼灭的极大危险之中。这次行动我只带了两千人,其他人同红军主力在一起。与我们对抗的是国民党一流的师,每个师有九个团,大约有一万五千人的兵力,敌军总兵力大概在四万人以上。

同时,主力部队按计划离开苏区,向相反方向行进到敌人背后,在那里他们打了大胜仗。

一天夜里,我的部队悄悄穿过敌人防线,攻击其背部,打败了一个师并缴获大批武器。此后,我们急行军回到苏区,同取得重大胜利的主力部队会合。敌军在第三次"围剿"中被击败,已经开始从苏区撤退。在这次调遣中,我仅损失了三百人。

1933 年春天,第四次"围剿"开始。我在部队左翼。红军共歼灭敌军两个师,两个师长一个被击毙,一个被俘虏。我们缴获的装备都是新式的,而且很现代,都是敌军为进行这次"围剿"而刚从德国买来的。不过有些自动步枪是从美国买来的。

在第四次"围剿"中,另外几个师被打败或部分被歼灭。我参加了所有的战斗,而且是在当时的主阵线。"围剿"结束时,我们缴获了成千上万支步枪,从此红军开始使用机关枪和自动步枪。

因为敌人常利用外国飞行员,所以在第四次"围剿"中,敌机比前几次战役都发挥了更有效的作用。林彪从一个碉堡里俘虏了一名德国顾问。我不晓得这位德国人后来怎么样了。

我的部队有个绰号叫"两脚骑兵",因为我们擅长快速秘密的徒步行军。当主力部队处于紧要关头时,总是派我的部队快速移动来诱骗敌人。刘伯承是第一个称我们为"两脚骑兵"的,因为有一次,我们在早晨向一个旅的白军发动进攻,占领了一个城市,当天又撤退到一百二十里外的另一个城市,并出其不意地占领了它。他们从未料到我的部队在一天之内可以发动两次进攻。我的部队可轻易地攻占城镇,并因此而出了名。我们的办法是:如果我们想攻占某一个城镇,我们就对它进行佯攻,接着就假装撤退。敌人以为危险已过,几小时后放松警惕。接着,我们就如闪电般地返回,进行突然袭击,于是便轻松地攻取了这个地方。作为指挥官,我总是在前线,因为这样我可以观察地形,对战斗进程做出正确判断,我离敌军战线通常不超过一百到两百米。部队一般在侧翼或后方,他们行进速度很快,因为他们接受过特殊训练,能进行快速秘密地移动,从背部攻击敌人,以使敌人阵线混乱,这些战士都是经过精心挑选的精兵强将。

1934 年第五次"围剿"中,我还是在南团一带作战。我的部队同敌人十多个师的兵力进行战斗。接着,我奉命护送"抗日先遣队"渡过闽江进入福建。回来后,我又被派往东部前线,同闽军的六个师中李严严(音译)的分队作战。飞机每天都对我们进行轰炸。战斗中,每两个小时就有十架飞机组成的飞行队飞来,大批白军伤亡,我们的人也伤亡不少。不过,轰炸并没炸死多少人。我们的损失主要来自火炮——我们虽有良好的防御工事,但敌人有重炮,而我们根本没有,所以我们不能用那种方法来保护自己。最厉害的炮弹能够穿山几英尺,然后才爆炸。

在争夺广昌的大规模战斗中,红军和国民党都集中了各自的兵力。国民党在这个山谷部署了十多万人的兵力,红军也部署了几乎同等数量的兵力。敌人连续发动进攻,像麦田的麦浪一样层层起伏。战斗持续两天后,仍难分胜负。最后,我们撤退了。战斗一开始,我奉命发动第一次冲锋,后来,又被调任,负责掩护右翼部队。

在建宁之战中,敌人出动了二十多架次飞机,编成三个分队来轰炸我指挥的前线阵地。我当时在掩护右翼部队。建宁之战后,我们到了瑞金附近的高虎脑。彭德怀的部队已在那儿进行了七天阵地战。国民党军队有十一个师。红军的防御工事很好,无论敌军的飞机还是大炮都难以摧毁。我们那时的口号是:“与战壕共存亡！决不撤退!”在那七天时间里,敌人在地面战中损失了七千多名士兵。他们不停地向我们发起攻击。红军战士躲在战壕里,敌人一来,我们就开枪射击。敌人采用“人攻”的办法,而我们自己却不能用这种办法,所以,红军便撤退了。此后,我们又进行了温坊之战。在这次战斗中,我们歼灭了李默庵师的一个旅。

这次战斗后,红军主力部队在瑞金集中,准备进行长征。我的部队驻在外边,以迷惑进攻汀州的敌军。当敌人逼近汀州时,我们就悄悄溜掉,走到瑞金,同主力部队一起开始长征。

长征中殿后

我们离开江西开始长征时,我是红九军团的军团长。后来,又到了林彪领导下的红一军团。我总是在侧翼或尾部,掩护长征队伍。这任务很艰巨,有时,我的部队还要留在后方。

在湖南,为了使红军主力通过,我们不得不攻占永明和江华两县。这时,我的部队滞留在后方,还要快速行进赶上行进中的长征队伍。

长征期间,我个人经历的最危险的地方是湖南延寿圩。我们走到一个两座山间的隘口。我同四个团在后面,其余部队已经穿过隘口。但正当我们准备过去时,国民党军队追上了我们,占领了一座山,并发动突然袭击,拦住了去路。我们处境非常危险,我们进行了猛烈回击,最后,终于夺回这座山。我和六名同志不得不用毛瑟枪进行还击。我们差点就被俘了。

长征期间,有好几个团的后卫部队在后面被敌人切断、包围。虽然,我的部队不论是在尾部还是在侧翼,总是处于这种危险境地,但我总能成功地将部队调开。

过了湖南后，我们到达贵州。红军攻占镇远时，我的部队阻截了吴奇伟率领的五个师的敌军部队。在镇远，我们把守了三天。敌人出动大批兵力进行攻击，战斗十分激烈。我在一座圆形山的两侧布置了一个营的兵力。当敌人向一侧推进时，我们佯装撤退，接着，立即从两侧同时进行快速进攻，把敌人击溃，于是，我们便占领了两个县。

长征中一些最困难的战斗是在贵州进行的。有一次，在桐梓，我在后面。当我来到城里时，敌人已从三面逼近。我在阵地上安排了两个营的兵力，命令主力部队撤退。主力部队撤退几分钟后，敌人从西面向城里发动攻击。我们进行了还击，我的一个团被拦截，但后来又逃了出来。我差点被俘，我的警卫连有十人牺牲。后来，在敌人吃晚饭时，我们成功地逃了出来。那时，如果不是善于机动，我的部队早就被拦截了。

红军在战术和战略上的经验在长征中得到最大限度的发挥。尤其在贵州，我们处境危险，不得不做大量的机动调遣。我们的战略一直是诱骗和迷惑敌人。当我们三面被困时，就发动正面进攻，留一小部分英勇部队守住阵地，部队主力快速撤退，包抄到敌人背部。当白军战线收拢时，他们的包围圈里除了那一小部分部队外，再无他物，他们这时才傻了眼。当然，这需要留守阵地的那部分红军战士有很大的牺牲精神。

在贵州鲁班场，红军主力部队计划歼灭那儿的敌人。我奉命带五个连到七十里外的枫香坝。那里敌人三个师的兵力正开过来增援。我的任务是阻止这支敌军。我在两座山上各部署了一个连的兵力，那儿可以很清楚地被敌人看见。我命令他们在山顶上围成圆圈走，这样他们看起来就像支大部队，以迷惑敌人，而我则率另外三个连从后面发动攻击。我们在这个据点守了两天——足以挽救其他地方的主力部队。

愚笨的国民党指挥官报信说，他们已把“红军主力围得像瓮中之鳖”！我们拦截了这份电报。山上树木茂密。因为我们的人都待在空地上，以使敌人看得很清楚，敌人的侦察机还以为我们是支大部队，不能都躲在树下。

长征期间，我最危险的经历是在贵州渡乌江时。那时部队的士气不高——因第五次反“围剿”刚刚结束。一天早上六点，我收到一份电报，说上午九点，江上的桥将被炸毁。那时，我们离乌江还有一百九十里路！我的部队就匆匆向乌江赶去，但在次日中午十二点，我们离乌江还有四十里路远。其他人都认为，即便没有桥，我们也应想办法渡江，不能延迟。但我反对这样做，我认为，这样敌人会立即集中兵力攻打我们。因此，我们便撤退了，并未试图过江，因为军事委员会又发来另一份电报，说是我可以根据当时的情况，自己决定战略。桥已经被炸毁，红军主力也已经过了河。我判定敌人会从一边袭来，他们已封锁了两条线路。我只有一个团八个连共一千五百人的兵力，他们属于红军第九军团。贵州省军在两侧，四川省军和蒋介石的部队则在另外两边。敌人共有四五个师，大约五万人的兵力。我的八个连在乌江一个小支流的岸边。我们渡过这条小河，遇上了敌人。接着，我们向河对岸快速撤退，并且重创敌军。我们又在另外一个地方渡河，因为我以为敌人已经过了河去追赶我们。没想到，敌人并未过河，因此，我们再次同敌人交锋。我们快速行进到一座山边进行隐蔽。敌人的一个师追了过来。为了把敌人分散开，我就命令八个连散开，各自进行游击战。我的部队有一百个人牺牲了——白军伤亡却很多。我们不能继续拼死作战，我就带着部队到另一座山上。但我并不知道山的另一侧还有敌人的另一个师，当然，他们也不知道我们来这儿。我们就对他们进行了突然袭击，并缴获了一百支步枪。这时，约八万名敌军已经集中在小河附近，他们还以为自己马上就能捕获一个大的战利品。我带兵离开这危险境地，但仍不能渡过乌江，于是我们就兜了个圈子，在路上遇到一支三百人的民团，解除了他们的武装。接着我们出发准备过河。就在我们过河之前，敌人的四个团又追赶上来——两个团来自大定，两个团来自毕节。我们战斗了一整天，部队伤亡了三百多人，敌人则损失了八百人。最后，我的余部成功地过了江。当然，江上没有桥，但农民帮我们把木板捆在一起，横在石头上。江面不宽，但大多数红军战士不会游泳，因为他们来自内地。

在这期间，我们团像只试图过河的老鼠，到处奔逃，偷偷溜到周围去察看情形。

敌人正在我们前面追赶红军主力部队，因此，我们过江后便遇到敌军追兵的后卫部队。他们吓坏了，还以为中了我们的计。敌军指挥官就开始捉拿我，并悬赏一万元活捉我，捉到尸体赏八千元。不过，我还是一直跟着追赶红军主力的敌军。

当我在乌江迂回时，我的团只有一千五百人。不久，我的团扩大到三千人，沿路群众纷纷自愿加入——尽管在战斗中部队遭到重大创伤。长征期间，没有白军士兵参加红军——因为生活很艰苦，处境也很危险，他们忍受不了。

在乌江的那些日子，我常对属下讲："我们如同一只猴子，在一条小胡同里同一头牛玩耍，敌人庞大、笨拙，行动不便，我们用巧妙的计谋愚弄它。我们是为自由而进行的光荣战争。我们不能被一头笨牛挡住去路。"

在长征的其余日子里，部队的士气都还好。红军主力部队总是引吭高歌，不过，我们的人因为太忙而且很累，又总是处于机动调遣之中，所以唱得不多。那时，同我搭档的政委是何长工，一个从法国回来的留学生。他身子弱，还有一条腿跛了，但他在我们所遇到的任何险境中，从不畏缩。

长征时，几乎每天我都要打一两仗，而且我们不停地行军——有时整个晚上都在行进。我总是想睡觉，常常吃着饭就睡着了。有时，为了休息，我就骑一头驴，但这头驴子在路上跑丢了。

长征期间，蒋介石用尽一切办法来围堵、歼灭红军。正如你所说，有些外国记者说蒋介石试图把我们引到某些省份，这简直是胡说八道。我们削弱了地方军阀，蒋介石通过尾随我们，而控制这些省份，从而得到好处，这是真的，但他对我们到达西北极为恐慌，因为我们一旦到了西北，就有可能产生抗日的政治影响。

我们的部队稍作休整，便向我的家乡云南进发。我奉命去攻打习水，要快速行进两百七十里，在两天内到达那里。敌人于次日清晨到达。但我们已经占领了战略要地，能够击败敌人，接着，我们就返回与主力部队会合。

土城之战并不成功。之后，我掩护红一、三军团和军委过赤水。我在第一线部署了一个团，我自己在第二线。第一线的指挥官出了差错，我命令他守卫到十二点，但他很早就撤退了。为了不让主力部队遭受损失，我们只得奋力拼战。

4 月，我们到达云南东川府附近时，我奉命率先锋部队去攻占该城。我们一包围该城，我就收到一封当地县长和民团团长写的信。这位团长是我从前在云南时的老朋友。他一得知围城部队是我的，就决定要和我重修旧好。我给他们的答复是：要县长到外面来同我谈。他同意了，我们商谈的结果是：允许红军路过这儿。我们的第一个行动就是没收了县长的官印，用它给金沙江的船主写了封信，告诉他们把所有船只集中在某个地方，以防范红军袭击，因为红军想要利用它们过河。

船主依照指示集中了一百只大船。同时，我们还策划了另一个计谋：我让属下扮成民团，带着他们来到江边，佯装防范红军。我的人上船，过了江，没遇到一点麻烦。接着，我们又用四个连占领了对岸，为红军主力部队守住这地方，并等候他们到来。不过，我们的同志不知道我们乔装打扮，当侦察员报告说“有四个连的敌军已占领了四川地界”，他们就开始在另一处过江。最后，他们还是发现了真正的情况，部分军队开到江边。我的人就保护所有这些部队过江。过江后，我们向船主付了五千元，并捣毁了河上所有的船只，这样，国民党的军队到来后，就根本没办法过江了。

在江对岸的炉口，我再次奉命负责殿后，当时敌人有几个师追上了我们。我想偷袭并摧毁一路敌军，而不让另一路敌军发觉，但敌人先发动了进攻。我们六个连队立即对这两个师进行还击，给敌人以重创。

接着，我们进入彝族人居住的地区，五六千名彝族人聚集起来，试图进行战斗，而且已经从红军手中夺取了六七百支步枪。然而，当他们看到我的部队在附近，非常成功地同国民党军队进行了战斗时，他们就不敢再对我们发动攻击了，尽管我们是支小部队。在路过彝族人居住区时，我的先头部队和殿后部队紧密相连。因此，我们没有进行战斗，也没受任何损失。彝族人痛恨中央政府军。同彝族人和解后，我们给他们步枪，由他们保护我们长征。他们也从白军那儿夺取了很多枪支。一路上，他们同白军作战。苗族人和藏族人也攻击白军先头部队。

过大渡河时，何长工同志负责保卫殿后部队。我患了痢疾，只能由担架抬着走。因为这需要好几个人，于是我就试着骑骡子。河的一边有六个团，另一边有二十个团。敌人对河两岸同时发动进攻，我们的军队处境非常危险，有一部分被孤立在一座山上，没有食物和水。我收到一封朱德和周恩来发来的电报，要我为了挽救主力部队不惜任何牺牲要攻占天全县城，以牵制敌人兵力。我马上把部下召集起来，告诉他们上级对我们的要求。我们渡过河，进攻这座城，虽然城内有杨森的三个团，但我们从背部进行突然袭击，占领了该城,我们只损失了几十人。占领天全县城后,我昏迷了两个多小时。不过,长征期间,我仅患过痢疾。

当红军主力离开四川向西北行进时,我的部队与他们相隔五六天的行程。我同红四方面军相距也有四五天的行程。当时,由于离中央红军主力太远,我就加入了徐向前率领的红四方面军,做他的后卫部队。从1935年10月到1936年8月,我同朱德、徐向前一起在这个地方待了一年的时间。我们在西康住了六个月,同时,我奉命护卫贺龙的红二方面军到达四川,后来,同贺龙一起过草地,到达甘肃南部。在成县,我同王钧的军队进行了激烈的战斗。后来,也同那个地方的骑兵进行了艰苦的战斗。

1936年12月西安事变前,我驻在环县,同胡宗南的部队作战。之后,我到了豫旺坝。西安事变期间,我的部队追击胡宗南。后来,我的部队(红三十二军)同其他两个军一起组建成援西军第一纵队。西征是早就定了下来的。

(选自《西行访问记》,上海译社1939年版)

海伦·斯诺与罗炳辉

◆龙美光

海伦·福斯特·斯诺是美国著名记者埃德加·斯诺的夫人，她用海伦·斯诺的笔名发表作品。海伦·斯诺继承丈夫之事业，于1937年5月至9月，在中国革命圣地延安采访了近30名中共领导人或知名人士。采访成果在不久后集为《续西行漫记》和《西行访问记》两书在中国和国外出版。

红军将领事迹的真实记录

海伦·斯诺曾谈到1937年在延安的那次访问，她说，“当斯诺1936年在苏区时，红军第二、第四方面军还没有到达西北苏区，所以他不曾遇到朱德及罗炳辉”，“一半为了得到其他的这些不可捉摸的将领们的自传，……因此我才于1937年旅行到苏维埃区域去”，“从5月到9月，在几个月里，我在延安的共产党的领袖们那里收集了历史的和传记的资料”，记录了“破天荒第一次的、一些著名将领如朱德、贺龙、徐向前、肖克、罗炳辉等的真实的自传”（引自《西行访问记》）。

海伦·斯诺大概是将所谓的“历史的”和“传记的”资料分别集于两书中的。这些重要的资料，大概又数罗炳辉的资料最令海伦·斯诺欣喜。这以华侃在《西行访问记》的译者前言中的话为证，“以下所译的若干篇，据作者对我表示，认为是她的‘最好的’写作，尤其是关于罗炳辉的那一篇，更觉精彩”。显然，海伦·斯诺是将记述罗炳辉事迹的篇章作为全书的代表作的。海伦·斯诺对自己为罗炳辉作的记录持肯定态度，同时也表明了她对这位“云南府的‘模范军人’的喜爱”。在她的这两本书中，她总是不失时机地尽可能多地记述、介绍罗炳辉。

有“历史的”资料性质的《续西行漫记》在埃德加·斯诺的《西行漫记》出版后，在中国、美国等许多国家出版。解放后，我国多次出版了该书。仅我手中，除了江苏人民出版社 1985 年 5 月出版的《传记文学选(2)》(此书收录《传记文学》1984 年第一期发表的《续西行漫记》)以外，本书即有 3 种版本，分别是生活·读书·新知三联书店于 1991 年初版(以下简称三联版)和解放军文艺出版社于 2002 年 6 月初版(以下简称解放军文艺版)的两本同名书和华文出版社于 1991 年 3 月初版(以下简称华文版)的《红色中国内幕》。华文版书名为英文版原始书名，三联版和解放军文艺版均以《“神行太保”——罗炳辉》为题，华文版则以《“飞将军”的统帅——罗炳辉》为题，翻译了海伦·斯诺为罗炳辉所作的访问记。这里仅以三联版为蓝本(陶宜、徐复译)。海伦·斯诺开篇即言:“罗炳辉，一看就像个‘中国将军’，有最优秀的冯玉祥传说，怪不得十八岁的时候人们就称他作云南省的‘模范军人’。他是我所见到的最魁梧的中国人，高个子，巨人般的腰围，浑身筋骨是铁打的。因此，他总像个得胜的摔跤力士，带着刚刚把对方摔倒在垫子上呻吟时那种得意洋洋的神气。”写罗炳辉，海伦·斯诺是得心应手的，海伦·斯诺从对罗炳辉的生动描写中仿佛着了英雄的“仙气”一般，流露出难以言尽的快感。接着，海伦·斯诺简述了罗炳辉领导吉安起义的情况，她说，“在共产党的历史中，罗的这次功劳只有陕北的刘志丹可以和他相比”。她把罗炳辉、冯玉祥、刘志丹三人置于同样传奇的高度。

海伦·斯诺眼中的大英雄

“罗炳辉总是乐呵呵地,我和他谈话时也感到其乐无穷。他开朗的满月形脸使我想起了‘弥陀佛’——不如说,更像北平城团里那座印度支那玉佛。”罗炳辉的气质,在海伦·斯诺看来,似乎和佛(神)不相上下。而罗炳辉却又如此真实,“谈起云南的花草和清澈的溪流时,他显得有点闷闷不乐,引用了冯玉祥谈起东北时最爱说的一句话‘还我河山’”。“他可真称得上是中国的一条响当当的硬汉子,在中国历史上任何时期都为人们所热爱。他是中国人所热爱的那种‘关帝’型的民族英雄,‘一个智勇双全的人物’。他往往以智胜敌,给敌人以重创。他所谈的智诱敌军的故事简直就像从《三国》里摘出来的一样。”她曾记得,“一次他来看我时,腋下还夹着一本诗集”,儒将风度尽显,这大概能解答后来我对学历不高的罗炳辉将军为什么能留下几首诗的疑问。“罗炳辉像朱德、贺龙及冯玉祥一样,喜欢朴素的衣着、朴素的生活。”这句话已能说明她对罗炳辉的这一习惯是深表赞赏的。在海伦·斯诺眼中,只有像罗炳辉这样的共产党人才算英雄。

“罗一直在前线指挥——我深信他是以能成为地面上最大的靶子为乐事的。”“和罗炳辉谈话是很有趣的,因为红军对他来说不是新鲜事,他……能从过去的经验看出未来的前途。我简直无法让他不在所有的家具上画地图。……他说话时,往往用手指追踪敌军,然后一下子跳到桌面的另一边,又把敌军追了回来,最后获得胜利时,就把桌子重重一拍,抹一抹他的眉毛。他很健谈,细枝末节都不放过,很容易激动,当他用沙哑的声音谈话时,老是用孩子般诚恳的眼光看着我。要是我问他一个政治问题,他一般总是笑笑,回答说:‘我的脑子有点笨。我不知道。’”“罗喜欢孩子,在他拿给我看的那张照片上,他像个海岛似的,完全被‘小鬼’包围了。……他的‘小鬼’们都穿着很好的鞋,可是罗却得意地穿着一双大草鞋。”“罗炳辉对待妇女谦恭有礼，颇有古风。”“这位身材高大的司令员，竟然能在这样一个行动神速、专门流动的部队中打头阵，真是不可思议的事。但是他的双腿显然和他的个性一样活跃。”“研究罗炳辉的个人历史是件很有意思的事，它说明行伍出身的军人是怎样走上革命之路的。”——以上都是海伦·斯诺对罗炳辉的一些印象。在《续西行漫记》中，她一面努力像历史学家一样把罗炳辉详细地如实介绍给她的众多读者，又一面将油然生发的对罗炳辉的钦敬急不可待地流于笔端。这本书有不少对话，这些对话干净、利落、深入实质。纪录片似的对话与海伦·斯诺美丽而激情四溢的语言相配合，将这位可敬又可爱的来自云南彝良农村的将军的英姿展露无遗。她忠实地记录了罗炳辉担任新四军领导职务前的军事活动生涯、个人生活经历和内心独白。罗炳辉的事迹也首次以文字的形式与这本书一起在国外广泛流传。埃德加·斯诺的《西行漫记》中刊发了以《罗炳辉》、《罗炳辉和红小鬼在一起》为题的照片以及置于插页末的一张关于南京代表团访延的与罗炳辉有关的照片，却因为埃德加·斯诺未能有机会及时采写访问记而留下憾事，但《罗炳辉》照片的作者海伦·斯诺却以洋洋万言补了其丈夫的缺憾，也圆了读者的期盼。埃德加·斯诺在《西行漫记》中只能借毛泽东之口，从一个侧面介绍罗炳辉，而在《续西行漫记》中海伦·斯诺则将耳闻目睹的成果，以全景式的描写，生动地展现了罗炳辉的熠熠风采，其中贯穿了海伦·斯诺饱满充沛的感情。

罗炳辉鲜为人知的口述自传

如果把《续西行漫记》看作生动的历史陈述，那么下面这本《西行访问记》，则是海伦·斯诺所说的“传记的”资料，是实实在在的文字的声像纪录片。此书于 1939 年 4 月由上海译社出版，英文版于 1952 年以《红尘》为书名出版，1971 年《红尘》增订版、以《中国老一辈革命家自传》为书名在美国出版，1978 年 2 月，由香港万源图书公司以同书名出版。1994 年 9 月，中国青年出版社以《西行访问记：红都延安秘录》为书名重新出版，但印数极少，只有 2300 册，有机会读到的人肯定不多。

《西行访问记》中，海伦・斯诺以《两脚骑兵的首领——罗炳辉》为题介绍了罗炳辉。这本书中的叙述部分（“解说词”部分）与《续西行漫记》相同。最值得称道的是，在本书中，海伦・斯诺不吝篇幅，全文照录罗炳辉口述的自传。这份自传大约有 2 万字，也应算作罗炳辉较早的自传（罗炳辉的另 2 份自传于 1937 年和 1943 年写于新四军战斗间隙，后者收录于云南人民出版社于 1981 年 6 月出版的《怀念罗炳辉同志》一书中）。这份自传的记传日期自 1897 年起至 1936 年 12 月止，记录了罗炳辉自述的家世、参军历程，直到领导吉安起义至长征胜利之后、西安事变以前的重要活动。这份自传，虽然由于中文到英文的转换，又由英文到中文的转译，无疑已不能说保持了原貌，但基本的意思仍完整无损，其史料价值仍然不减，实为可贵和难得。所以，我说，《西行访问记》对罗炳辉的记录，最大的价值恐怕在这份鲜为人知的自传上。

共产党领袖“三狼”之一

当然，正如我在文章初始时所说，海伦・斯诺在《西行访问记》的别的章节也总是不失时机地介绍罗炳辉。在《续西行漫记》中，海伦・斯诺曾说，“罗炳辉喜欢当兵，喜欢谈他打仗的事，谈他本人，兴之所至，无所不谈”。这样的印象在她心中一直不改，以至于在《西行访问记》这本书中，当她谈及访问领袖们私人生活而面临的尴尬时，也禁不住地说：“我想起来，只有罗炳辉、刘群先女士和丁玲女士等 3 人，是对于详述他们生活的故事，感到兴味的。”这是说罗炳辉身上散发着一种平易近人、健谈乐观、友好淳朴的作风。她将罗炳辉列为共产党领袖参加“大革命”名单上的第一人，列为与徐向前、徐海东一道的“三狼”——她说

“罗炳辉是被称为孤独的狼，而老是在战争中据守那最危险的重要点的”，“罗炳辉在1929年领导了民团的吉安暴动，加入了红军，率领着‘两脚骑兵’，身经南方五次‘围剿’的战役，然后讲了一篇关于长征的异常动人的故事；在长征中他是指挥着危险的掩护部队的”。甚至谈及肖克，她也情难自抑地要提及罗炳辉，“肖克，这出身行伍的28岁的司令，是和那久经战阵的高级指挥罗炳辉一样著名”，“罗炳辉是红军中体格最奇伟的，虽则他所率领的却是红军最富于机动性的‘两脚骑兵’；和他比起来，‘最轻量级的战士肖克，就简直像一只小麻雀了’”。尽管此书中对罗炳辉的介绍不如《续西行漫记》中丰富，却也小中见巧，平中见奇，令人爱不释手。这是一位国际友人对这位农民出身的中国将军的景仰的忠实记载，她从罗炳辉将军身上看到了中国的希望。正如她的丈夫所预言：“红星必将照耀中国！”海伦·斯诺自己十分喜欢这篇写罗炳辉的访问记，她热爱像罗炳辉这样并以他为代表的肩负民族解放独立使命的中国军人。罗炳辉曾说：“人生最快慰的是，真正勇敢地牺牲个人一切利益，最热诚努力拼命地为民族独立、自由、解放而奋斗。尤其是要为劳动大众的解放和利益，以真理、正义、公道，为全人类的幸福而斗争。”她深深地为这样的人格精神所震撼。我想，海伦·斯诺重读自己记录下的罗炳辉的传记的时候，一定是陷入深思中的。也许，那时，她在思索：“为什么像罗炳辉这样，连跳舞也需要她和她的同行者手把手教会的中华儿女，竟能指挥一支艰苦却强劲的部队，战胜一重重巨大的困难？为什么他们拥有如此伟大的人格魅力？”我想，她也早已就找到了答案。

友谊的见证

读海伦·斯诺为罗炳辉写下的文字，我从两本书中获得了种种启示。其中，我一再认为的是，这位美国女记者和她的丈夫埃德加·斯诺先生，以及其他那些白皮肤、蓝眼睛关注中国解放事业的外国朋友，都在和罗炳辉一样，在努力地谋求着幸福。当然，更确切地说，罗炳辉等中国革命先驱者是在努力创造幸福，而这些有良知的外国朋友则是在努力地记录着这一切，为中国的未来摇旗呐喊。海伦·斯诺们坚信罗炳辉们的奋斗会有喜人的丰收。

海伦·斯诺访问延安时，罗炳辉正在抗日军政大学学习，采访间，罗炳辉将一颗藏民赠送给他的玛瑙转赠给她，表示对友谊的一种纪念。这颗玛瑙，解放后，海伦·斯诺又将其作为礼物转赠中国政府，陈列于中国革命军事博物馆，同样表示友好。《续西行漫记》和《西行访问记》出版半个多世纪后，1989 年，罗炳辉作为云南籍的唯一一位将军，和其他军事将领一道，进入了中共中央军委确定的中国人民解放军 33 位军事家（1994 年增为 36 位）的行列，彪炳青史。人们在缅怀罗炳辉将军的同时，也记住了海伦·斯诺，她的两本书为罗炳辉将军及战友们记录了最早的传记。

罗炳辉在武汉

◆钱戈天

“八办”的“统战部长”

1937年，以国共两党合作为基础的抗日民族统一战线形成后，为促进国民党及其军队的抗战，领导和加快国民党统治区人民群众的抗日救亡运动，中共中央决定派出一个代表团到武汉，进一步加强国共两党的合作谈判，广泛开展统一战线工作。

12月，中共代表团在武汉位于旧日租界的大石洋行里，设立了“八路军办事处”，简称“八办”，负责各方面的联络和统战工作。主要负责人有周恩来、董必武、叶剑英等。一个多月后，罗炳辉受命以八路军副参谋长的身份，从延安抵达“八办”任统战组长。后来周恩来和董必武商量：“炳辉同志早年参加滇军，然后参加北伐，率领吉安起义，在五次反‘围剿’中立了战功，长征又走了四万里，是个对党忠心耿耿的好同志。现在日寇暂时还没打到武汉，‘八办’的工作相对战争环境来说，还是平静的。炳辉同志征战十几年，一直没稳定的家庭生活，他去年在延安刚和张明秀同志结婚。张明秀同志也是参加过长征的同志，政治上很可靠。炳辉同志和前妻有个女儿叫镇涛，一直寄养在南昌一个姓俞的老乡家，何不乘这个间隙，安排他们夫妻团圆、父女团聚?”董必武当即赞同道：“好！是该创造点条件给炳辉同志，是该让他感觉到有个家了。再说,孩子和爸爸在一起会感到多么幸福啊。让我们分头来办这件事。”

那天晚上,9 岁的女儿来到“八办”,罗炳辉将她拉到灯下,细细地看:乌黑的头发,乌溜溜的眼,挺直的鼻梁,紧抿的嘴。那模样、那神情真的很像自己。以往忙着打仗,满脑子想的都是如何打胜,怎样减少战士的伤亡。有时也会想到女儿,却不知她长得什么样。现在,一个 9 岁的小姑娘真真实实地站在了他面前,怎能不叫他欣喜?他把女儿揽进怀里,摸摸头,拍拍后背,又搂紧她的小肩膀,轻声说:“小镇涛啊,我的女儿,爸爸好想你!爸爸忙着革命,忙着打仗,只能把你放在俞妈妈家,你不会生爸爸的气吧?等把日本鬼子全部赶出中国,爸爸天天和你在一起,一天也不让你离开。”后来,小镇涛被送到进步人士办的小学里读书,渐渐懂事了。

经中央批准,罗炳辉的爱人张明秀也调来“八办”,做机要秘书和机要收发工作。由于统战工作需要,罗炳辉和张明秀常常出席一些聚会、集会,免不了会碰上一些国民党的上层军官和他们的太太、小姐们,逢到这样的场合,一贯注重军容军貌的罗炳辉,在衣着和精神状态方面更加一丝不苟:穿一身灰布八路军服,军帽压眉,皮带束腰,绑腿打得板板扎扎,白袜黑鞋,炯炯有神的两眼,透着军人特有的英武,加上他身材健壮,腰板挺拔,宽肩厚背,整个给人的感觉是英武俊朗,豪气十足。八路军的光辉形象,从他身上淋漓尽致地体现出来,让所有见到他的人都从心底里佩服:八路军的人才就是出众不凡!

张明秀则穿一身素阴丹士林布做的旗袍,修长身材,齐耳短发,秀美又大方,沉稳又宁静。国民党的官太太和小姐们烫卷着头发,蓬乱如鸡窝般堆在头上,金项链黄灿灿地箍在脖子上,脸上脂粉涂得像白眼狼,怎么看怎么俗不可耐。她们私下里交头接耳:“看人家罗、张两位,那才是抗战新时期的郎才女貌。”也有个别的国民党军官,酸溜溜地凑上来讥讽:“罗将军,你一个堂堂红军的军团长和八路军参谋长,穿得如此寒酸，连太太也跟着贫寒。”罗炳辉坦然笑道：“哦，寒酸吗？贫寒吗？我们的衣着比武汉街头和全国普通百姓穿得要好多了。最起码没有一块补丁，中国军队的所有军饷开支，都是老百姓提供的，作为以抗日为己任的军人，有什么理由讲究穿戴呢？现在是大敌当前，倭寇在横行，到处烧、杀、奸、淫，中国军人理应随时准备赴战场杀敌，像个女人似的互相攀比穿戴，你不觉得是军人的耻辱吗？”那家伙本想让罗炳辉下不来台，没想到事与愿违，被罗炳辉结结实实地教训了一顿。

武汉当时汇集了许多云南籍人士，军界、政界、工商界的都有。罗炳辉就利用老乡的便利身份，动员他们舍一己小利，为民族大计，一切活动为抗战尽力。

武汉的“八办”还负责为延安的陕北公学、抗日军政大学、鲁迅艺术学院招收新学员，罗炳辉担任招生副主任并负责实际工作。每天，“八办”都要接待许多由南方来到武汉的热血青年，他们希望在“八办”的指教下，转赴延安或直接参加八路军、新四军，奔赴抗日前线。罗炳辉不辞辛劳地接待这些青年，给他们宣传中国共产党的情况，介绍国际国内形势，讲解抗战最新动态。同时对这些青年的政治态度进行了解和甄别，严格把好政治审查关，防止敌人奸细混进革命队伍。通过审查后就开具证明，告知具体的行走路线，发给盘缠，送他们走上革命道路。

一天，武汉“八办”的传达室里来了一位小青年，疑惑地问：“请问此处有没有一个叫罗炳辉的人？”当得到肯定的回答后，小青年很高兴，要求立即见到他。

住在二楼的罗炳辉，听说有人找他，来到传达室。他先招呼小青年坐下，又给他倒了杯水，接着询问他的姓名和到“八办”的来意。

小青年先做了自我介绍，他说：“我叫左仲平，17 岁，初中学生，云南省祥云县人。因为看到报纸上的广告，说八路军在招收学生，所以到‘八办’来了解具体的行走路线和方法。”接着，又补充说：“我说一个人的名字，你就知道我是谁了，左又新是我父亲。”

“左又新?”罗炳辉欣喜地问。原来,左又新和罗炳辉曾一同在滇军中共事多年,两人秉性相投,都正派耿直,疾恶如仇,所以交谊甚好。听说是老朋友的儿子,罗炳辉与左仲平的谈话就更直率了。

罗炳辉问:“你真的想当八路军?”

左仲平答:“那还假得了,要不我也不会跑大老远地找来!”

罗炳辉又问:“当八路军很苦,要行军打仗,吃的又差,零用钱又少,可不比当学生。你吃得消吗? 还是再想想吧?”

左仲平坚决地说:“不用想了,别人吃得消,我就吃得消!”

罗炳辉见他态度坚决,就叫他第二天把行李搬来。

第二天,左仲平肩扛行李,一大早就来到“八办”。罗炳辉见了说:“哟,来得真早!”

左仲平答:“参加八路军打鬼子就得赶早!”

罗炳辉把最新的情况告诉了左仲平:“武汉到西安的火车不通了,从西安转赴延安是肯定不行了。但新四军办的干部培训班正在招收知识青年,是不是可以到那里去学习? 新四军和八路军一样,都是共产党领导的队伍,学习的内容基本一致,学习结业后也是参加革命打鬼子。”

左仲平对罗炳辉完全信任,爽快地答应:“行啊,铁路不通,八路军那里不能去,到新四军办的训练班去学习也行,只要能参加革命打鬼子,到哪里都一样。”

左仲平手持罗炳辉亲笔写给新四军四支队教导大队长聂鹤亭的介绍信,去湖北黄安(今称红安)的新四军学习,结业后加入了新四军队伍。在以后的革命征途上锻炼成长,后来成为中国人民解放军的一名军政委。

到四支队八团视察

送走左仲平没几天,罗炳辉受周恩来的委托,代表中共中央长江局，专程从武汉赶到河南信阳的邢集镇去视察，新四军四支队八团在那儿整训。

那天清早罗炳辉穿着灰布八路军装，腰扎宽皮带，佩着左轮手枪，绑腿打紧，脚穿用麻丝和布带混合编成的草鞋，神清气爽地来到八团。

战士们见来了位高个儿、雄健威武、宽额圆脸、浓眉大眼、浑身散发军人英武之气的首长，都窃窃私语："这位首长是谁？""啮，又高又壮，像个铁塔，格斗起来三五个都别想靠近他！""听说他的枪法可好呢！百发百中！""看，这就是八路军的威风！"

"立正！"随着团长周骏鸣的一声口令，战士们整齐地站好队。周团长又说："这位是八路军副参谋长罗炳辉同志，代表周恩来副主席来看望大家，下面请罗副参谋长给大家说几句。"

"稍息。"罗炳辉一开口，那洪亮的嗓音，机敏锐利的目光，就让战士们心头一震：这位首长好有气势！

洪亮的嗓音继续说道："我今天既是来看大家，也是来给大家鼓气的。军人嘛，不离老本行'打仗'！军人决战在哪里呢？"

大家齐声答："战场！"

"对！"罗炳辉接着说，"你们现在整训，就是要吃好、睡好、养壮身体，叫做养精蓄锐；练好枪法、学好战术，叫做养兵千日，用兵一时，只等上级一声令下，就开上前线去，打日本鬼子！日本人占了中国大部分河山，每个爱国的中国人都不能熟视无睹！更何况我们是共产党领导的八路军、新四军！我们这两支队伍就是专门打日本的军队的！"

"对！"战士们的应和之声震天响。

首长和战士们的气氛一下子融洽起来，没有了上下级的界线区分，有的是共同的目标，共同的愿望。

罗炳辉挥挥手："散队，来，我们一起聊聊吧。"战士们围了上来，胆子大的，偷偷踮起脚尖想和罗炳辉比个子，罗炳辉察觉到了，故意将腿一弯："哟，我变矮了，你长高了。"那战士不好意思地笑了："首长，你怎么发现我跟你比个子的？你的眼睛明明看着前面的嘛！”罗炳辉笑了：“我用的是余光！余光，知道吗？军人就要练出机敏、警觉的本事，能眼观六路，耳听八方。”他拍拍这个战士结实的肩膀：“小伙子挺棒的！”

战士挺起胸得意地说：“首长！我枪法也挺棒的！”

罗炳辉用满是欣赏的目光看着他：“我完全相信你！上了战场多杀几个鬼子！”

“首长，请快向党中央请示，我们都等急了！我的妈妈和妹妹，都让日本人的飞机炸死了，家也被烧了……”

“还有我家，日本人一枪托把我爷爷打倒在地爬不起来，爸爸去扶他，可是鬼子端起枪来只一枪，打死了爸爸，可怜的妈妈疯了，满街乱跑哭喊……”

战士们纷纷抢着跟罗炳辉诉说，有的战士说着哭着，说不下去了，请战的呼声越来越高，气氛特别激昂。

罗炳辉拍拍那个流泪战士的肩膀：“你们的心情我完全理解，我们队伍中的每个官兵，或者全国的老百姓，哪一个不是苦大仇深？哪一家没有血泪账？我们不能只顾报个人私仇。我们是革命战士，要服从统一命令，听从统一指挥。我跟你们一样，曾受尽地主恶霸的气，也是家破人亡。”

“你们每天练兵，只等一声令下立即上前线。真羡慕你们啊！我在‘八办’每天接触各方面人士：有国民党政界要员、军界官员和他们的太太、小姐，也有商人、民主人士、进步青年等等，他们的政治态度不太一样，有的想暗中投靠日本人，有的想保存自己的实力，有的想发一笔战争财。但是大部分是拥护我党的抗战政策，积极要求参加八路军抗战的。对那些坏人，我也看不惯，见到好人我也感到特别舒服。但是我必须克制个人情绪，我是共产党员，是八路军的高级指挥员，要坚决地执行党的抗日民族统一战线政策，就是要扩充壮大抗日力量，团结动员那些既有抗日想法，又怕失去自己的既得利益的中间势力，促进他们深明民族的大义，尽量为抗日多做好事；对那些想投靠日本人的坏蛋，就要做有理有利有节的斗争。所以任务也很艰巨，这是没有硝烟的战场，战斗不用真刀枪，却是唇枪舌剑。”

周骏鸣快人快语地说：“首长，假如有可能的话，干脆你到我们部队来吧。我们一起打鬼子。”

“好啊！”罗炳辉痛快地说：“一言为定！”周骏鸣和罗炳辉击掌相约。没想到的是，这两人拍巴掌的约定，在一年后真的成为现实。那是后话。

罗炳辉在周骏鸣等的陪同下，又察看了战士们的宿营处，看看垫的、盖的够不够暖和，2 月份的北方，天气正冷着呢。

说着、看着，一行人来到伙房。周骏鸣轻声吩咐炊事员，给罗副参谋长再加个菜。罗炳辉听见了，忙制止：“不用，不用！战士们吃什么，我就吃什么，我又不比他们特别，为什么要加菜？”

周骏鸣还想解释：“您是首长！”

“什么首长、首长？打起仗来我是指挥员，可平时，我和大家吃一样的饭菜，不要搞特殊。难道我有两张嘴？要多吃一份菜？”

周骏鸣只得作罢。

出征前再次托孤

安庆失守了！日军的进攻方向直指武汉，空气中的硝烟味越来越浓，街市也一天比一天萧条、冷清。

人们拖家带口，带上大包小裹，开始逃难。“八办”根据党中央的指示暂时撤离，所有工作人员集结待命准备上前线。人人心里都很兴奋，人人心里又都有些紧张。兴奋的是终于可以上前线了，紧张的是，战争不知会向何处发展。

罗炳辉虽是久经沙场的战将，可他却遇到了一件悬心的事——9 岁的女儿罗镇涛怎么安排？张明秀和自己都要上前线，带着个小女娃娃有诸多不便；不带吧，又不能像以前那样寄养在老百姓家，现在老百姓人心不定，战火很快要烧到武汉，逃难的人每天都往城外走，各学校又都放了长假。怎么办？

小镇涛倒是欢乐得像只小鸟，在“八办”的办公区内疯跑。晚上，跑累了的小镇涛依偎在爸爸的怀中，要听爸爸讲故事。

这会儿的罗炳辉一改往日洪亮浑厚的嗓音，轻轻柔柔、慢声细语地讲自己长征的故事，讲延安的黄土高坡，讲黄土高坡上开的窑洞，窑洞冬暖夏凉能住人，窑洞前种了枣树，还讲毛泽东、朱德、贺龙……

讲着讲着，小镇涛睡着了。罗炳辉看着怀中可爱的乖乖女在沉思，女儿往哪里送的心思又袭上心头：“延安，延安，女儿那么喜欢延安，对，送女儿去延安！延安是党中央所在地，又有小学，可以让她接受红色教育。”

主意拿定，罗炳辉找来重庆地下党组织的负责人黄洛峰，请他将小镇涛带到重庆暂避，待有机会，就送去延安。

黄洛峰一口答应把她带到延安去。当时武汉往重庆方向的交通工具，基本上是轮船，长江里经常有日本鬼子的汽艇巡逻盘查，甚至有的汽艇故意撞沉民船，淹死中国老百姓，而日寇却以此为乐，哈哈大笑。

船票买好了，小学课本、作业本和几件换洗衣服也准备好，只等日子到了就上船。

那几天，罗炳辉总是把小镇涛的小手握在他厚大的掌心里，不时地交代：“小镇涛啊，和黄叔叔去重庆可得跟紧啰，船上人多，又挤，千万莫走脱了。到了重庆就给爸爸写封信，说平安到达。记住了吗？”“小镇涛啊，跟黄叔叔走可要放机灵点，不要多说话，万一遇上日本人袭击……”罗炳辉说不下去了，他也不知如何教9岁的女儿防止日寇的袭击。

他把小镇涛领到黄洛峰跟前，欲言又止，“黄洛峰同志，小镇涛……”止而又言，“是这样，黄……”黄洛峰见他断断续续地没有说出句完整的话，知他必有难言之隐："罗将军，有什么难处尽管说，我会尽力而为。"罗炳辉沉了沉嗓子，又顿了顿，说："我送你一支枪，假如遇到日本鬼子，您就开枪把她打死，千万不能让她落到日寇手里！千万不要牵连我们的同志！"

周恩来了解了这个情况后，立即批评罗炳辉："炳辉同志，走水路去重庆太危险了，赶紧想别的办法。把小镇涛托给李岳嵩先生怎么样？"罗炳辉一下子被提醒了，"对呀，李岳嵩是我的云南老乡，又是相知相交的好朋友，怎么没想到他？"

李岳嵩政治上倾向中国共产党，支持革命，是坚决抗日的民族资本家，往来于重庆、武汉两地做生意，经常采买药品等军需物资给八路军，与周恩来、董必武、罗炳辉等都很熟。周恩来的提议，李先生非常爽快地答应了，他握着罗炳辉的手："罗将军请放一万个心，既然将军如此信任我，我定不负重托，把小镇涛带好。"

"李先生，你的为人我敬重，我想把小镇涛给你做干女儿，不知你愿不愿意收下？因为我不久就要上前线，此去不知能否回来。"

李岳嵩说："罗将军，我非常愿意有个新女儿。我向你起誓，用身家性命担保，无论有多大风险，也要把小镇涛抚养大。有我吃的，就不会让小镇涛饿着，我还会想办法送小镇涛去上学，等罗将军抗战胜利凯旋，你们父女团聚。明天大家合在一起吃个饭，就算是相认仪式，小镇涛就可以名正言顺地叫我爸爸了。"

第二天，在汉口的松鹤楼饭店，周恩来请了一桌饭菜，邀请楚图南、黄洛峰等人作陪，李岳嵩当众认小镇涛为干女儿。

饭后，罗炳辉没有回"八办"，直接取道去景德镇，在那儿脱下八路军军服，换上新四军军装，一路策马扬鞭，到皖南泾县的新四军军部报到。小镇涛由李先生带着，坐法国航班，顺利到达重庆，以后又被带至香港念书。

抗日名将

罗炳辉的歌曲七首

啊 罗炳辉

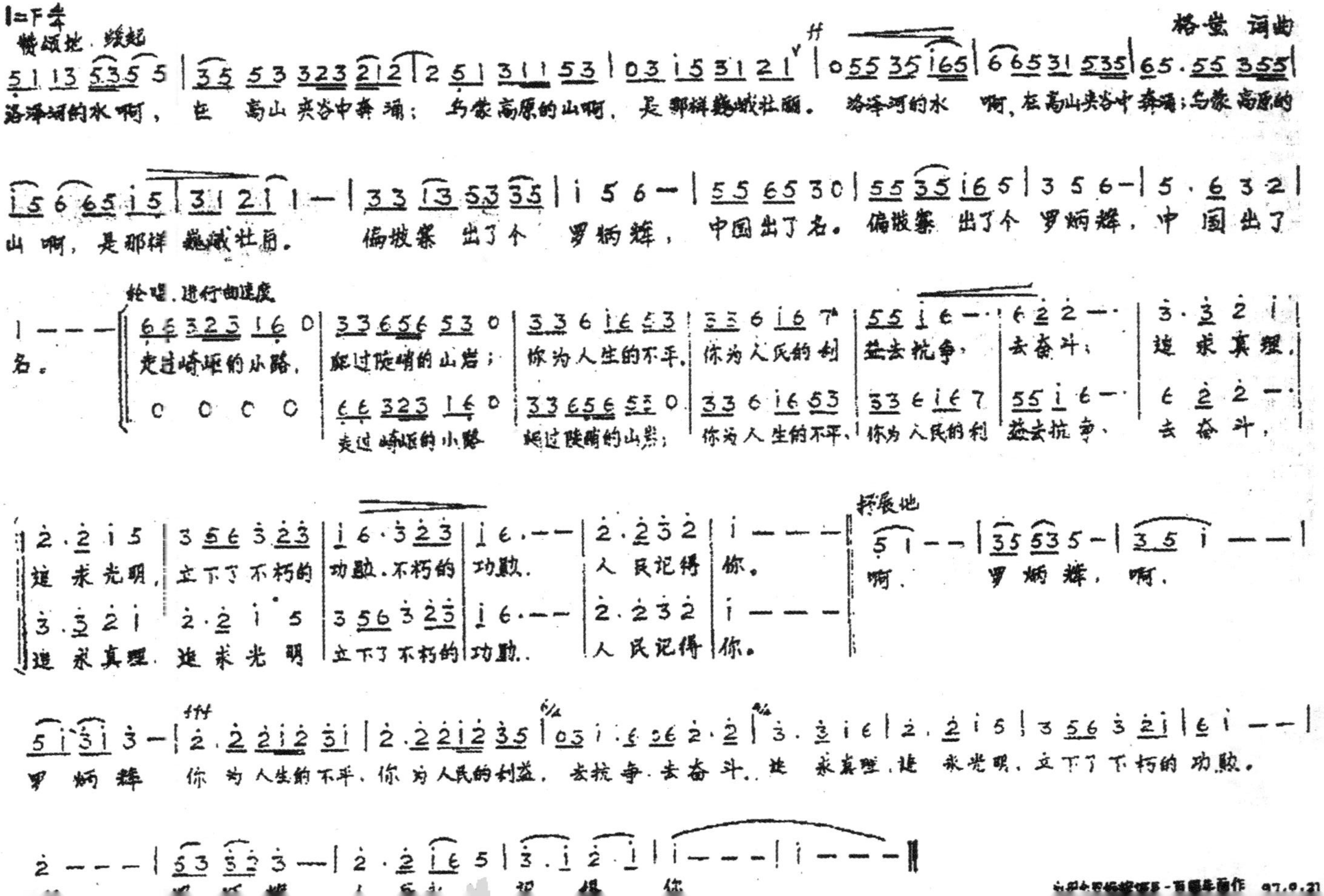
1=F 4/4
赞颂地、缓起
格尝 词曲
洛泽河的水啊，在高山夹谷中奔涌；乌蒙高原的山啊，是那样巍峨壮丽。洛泽河的水啊，在高山夹谷中奔涌；乌蒙高原的山啊，是那样巍峨壮丽。偏拔寨出了个罗炳辉，中国出了名。偏拔寨出了个罗炳辉，中国出了名。
轮唱、进行曲速度
走过崎岖的小路，爬过陡峭的山岩；你为人生的不平，你为人民的利益去抗争，去奋斗，追求真理，追求光明，立下了不朽的功勋，不朽的功勋。人民记得你。
走过崎岖的小路，爬过陡峭的山岩；你为人生的不平，你为人民的利益去抗争，去奋斗，追求真理，追求光明，立下了不朽的功勋。人民记得你。
抒展地
啊，罗炳辉，啊，罗炳辉
你为人生的不平，你为人民的利益，去抗争，去奋斗，追求真理，追求光明，立下了不朽的功勋。

悼罗炳辉副军长

许 平词
晓 河曲

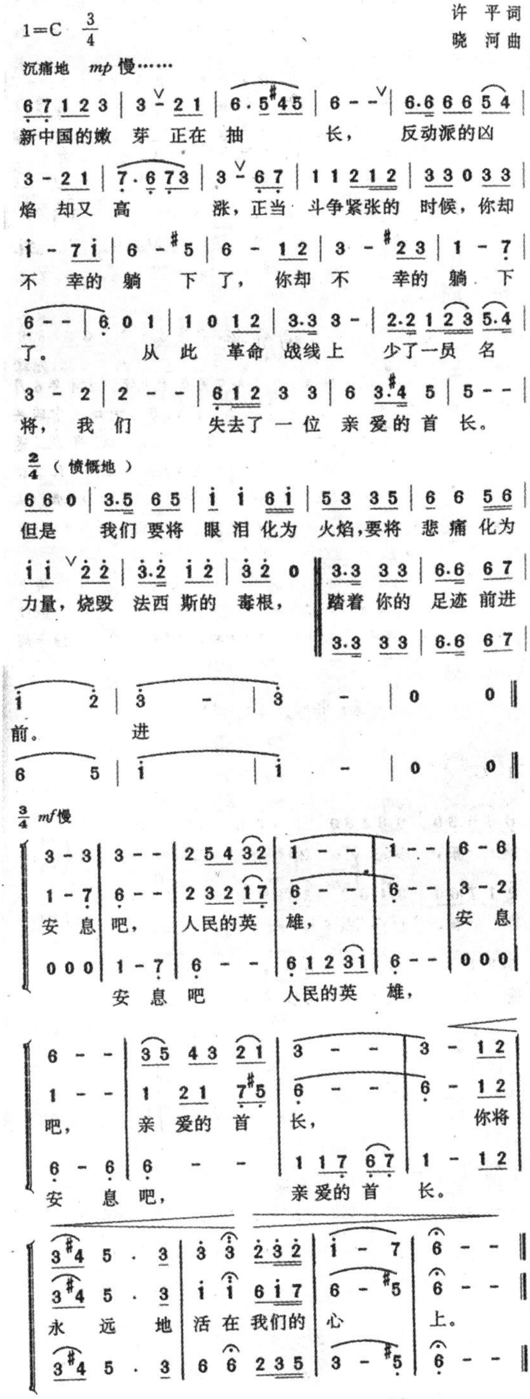

作于1946年6月。

金牛山上打胜仗

C調 4/4

許 平詞
黄 黎曲

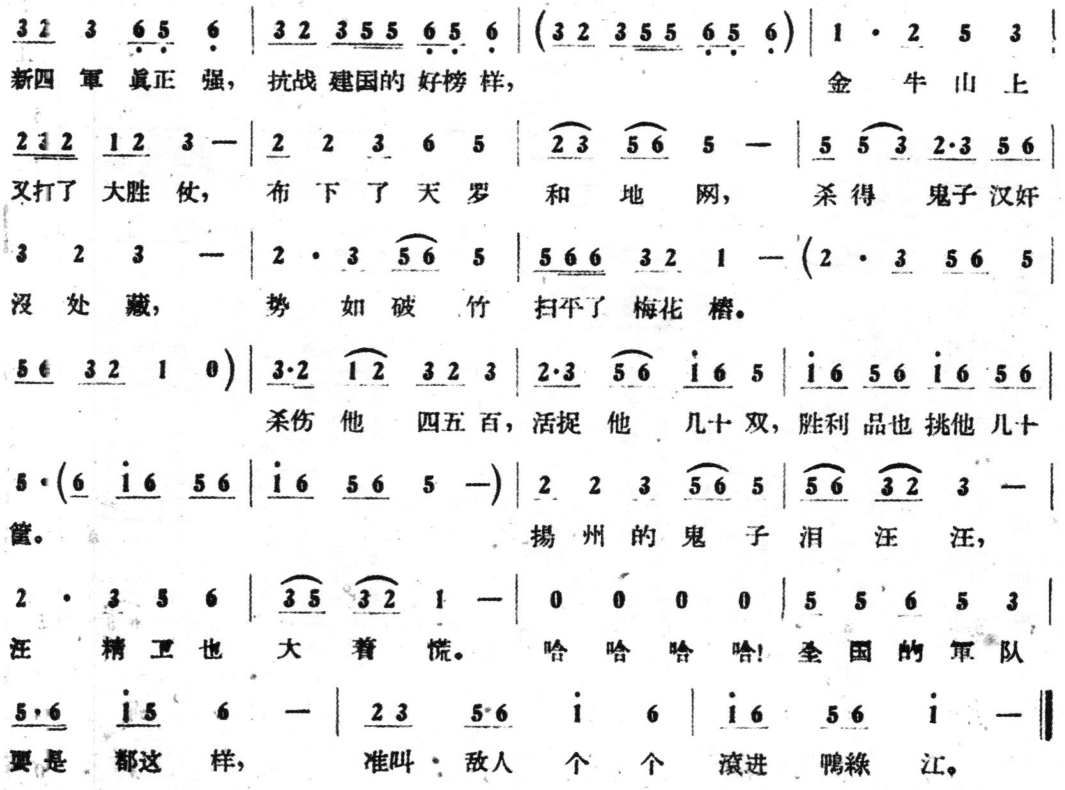

注：1941 年写于淮南，流行于新四軍淮南根据地。

練兵歌

C調 2/4　　　　曉河詞曲

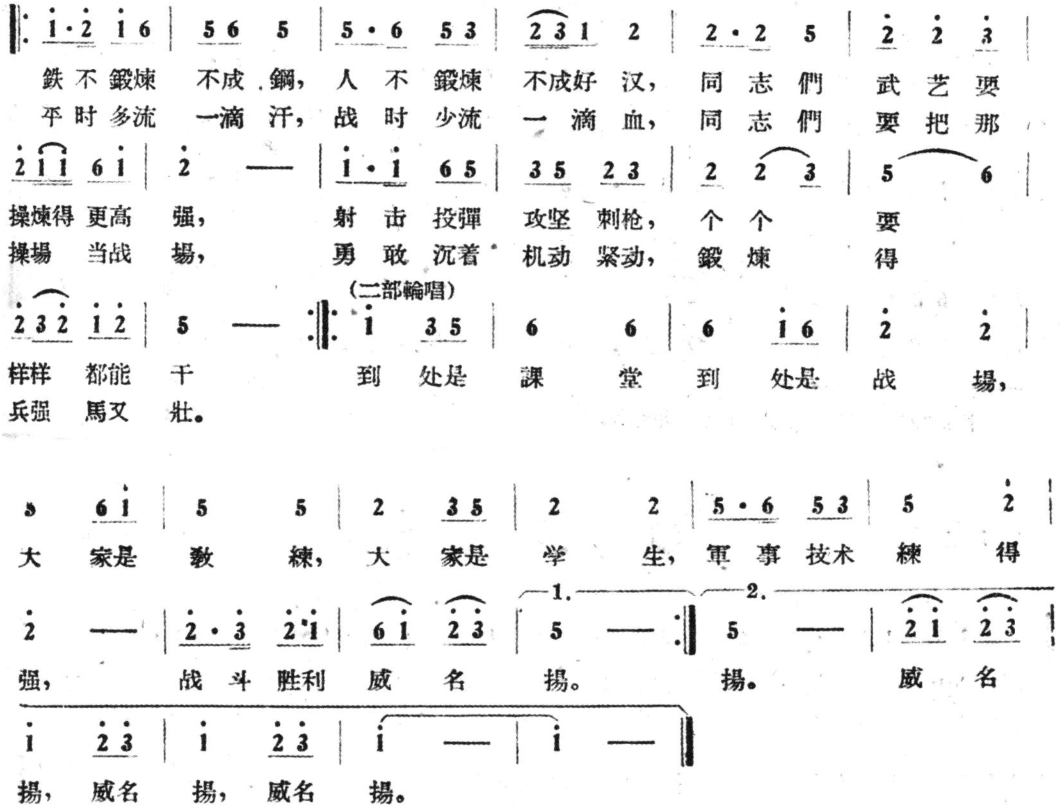

注：写于1943年，流傳于新四軍二师。

罗炳辉[1]射击手

E調 2/4

曉 河詞曲

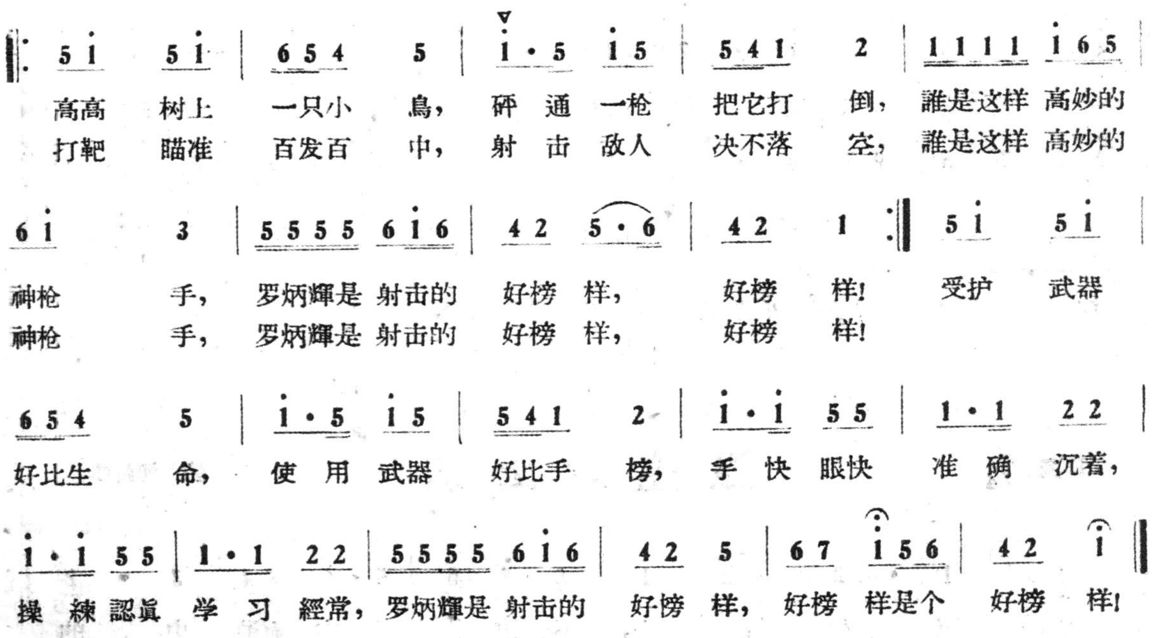

注：作于1944年，流傳于新四軍二师。

① 罗炳輝是有名的紅軍將領之一，抗日战爭时期为新四軍二师师長。

罗　司　令①

瓦　沙词
洛　辛曲

1＝F　$\frac{2}{4}$

稍快、歌颂地

1.罗司　令　罗司　令，为的我们　老百　姓，天生一个
2.天　下　扬　名，神行太保　罗司　令，骑的一匹
3.纵　横　驰　聘，神枪妙手　罗司　令，左轮枪儿
4.吓　坏　敌　人，保卫路东　根据　地，打退路西
5.带　兵　前　进，金牛山上　打胜　仗，三次收复
6.消　灭　伪　军，水深火热　救百　姓，水深火热
7.个　个　高　兴，罗司令爱　老百　姓，老百姓爱
8.围　满　了　人，罗司令是　老红　军，长征两万
9.为　了　革　命，谁人不爱　罗司　令，抗日英雄

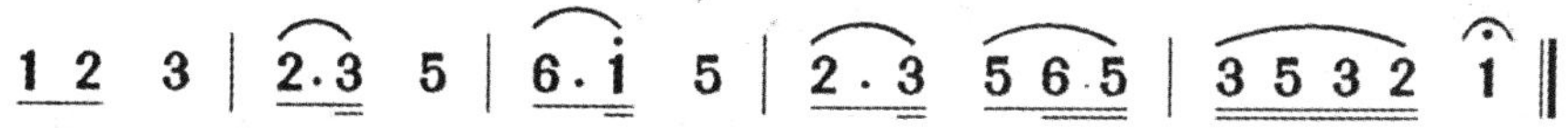

铁罗　汉，淮　南　淮　北，天　下　扬　名。
灰骡　子，路　东　路　西，纵　横　驰　聘。
打飞　鸟，百　发　百　中，吓　坏　敌　人。
反共　军，更　深　夜　半，带　兵　前　进。
来安　城，活　捉　鬼　子，消　灭　伪　军。
救百　姓，淮　南　人　民，个　个　高　兴。
罗司　令，走　到　哪　里，围　满　了　人。
五千　里，走　遍　中　国，为　了　革　命。
罗司　令，盖　世　无　双，百　战　百　胜。

作于1944年5月。

注：①罗司令，即罗炳辉。有名的红军将领之一，抗战时任新四军二师师长，后任副军长。

五打五不打

1=A $\frac{4}{4}$

何 原词
晓 河曲

轻快

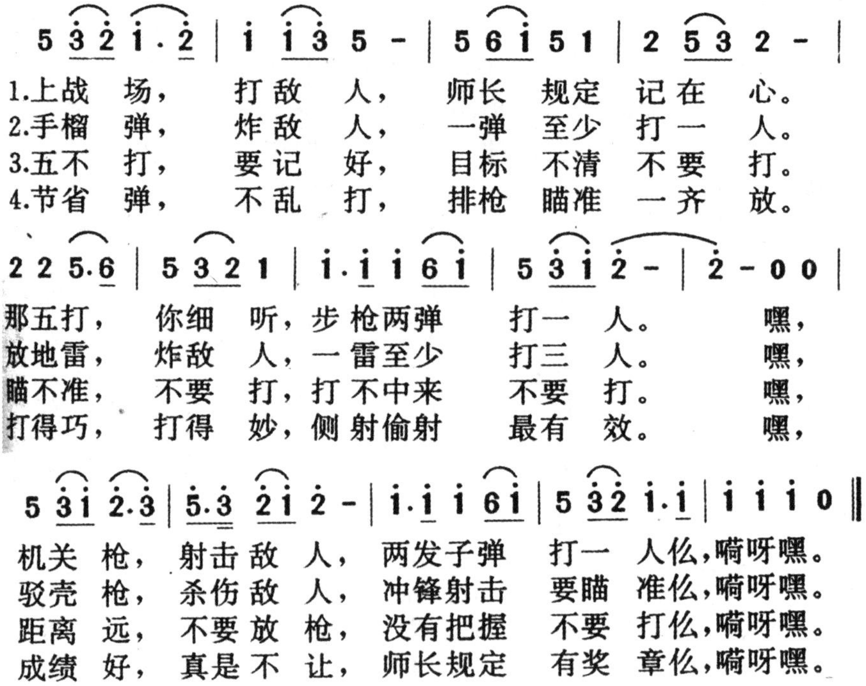

作于1943年。

爸爸创造的几个战术

◆罗新安

作者简介：罗新安(1943～)，云南彝良人。罗炳辉之子。1943年12月出生于安徽省来安县大刘郢新四军二师师部，罗炳辉以新四军在安徽生的意思为其取名新安。1968年毕业于哈尔滨军事工程学院。

2岁半时失去了父亲，所以对父亲没有丝毫印象。60多年来，一直追寻、收集和研究自己的父亲。1990年，与宋霖一起编著了《罗炳辉将军在淮南抗日根据地》一书；2004年，协助龙美光开办了"抗日先锋罗炳辉网站"；2002年，创办"新四军网站"。

1975年开始独立研究心理学，目前已经成为一位教育心理学家。著有《教育其实很容易》、《网瘾怎么办?》和《透视中国人》等书。办有"网瘾克星罗新安"(www.911110.com)、"透视中国人"(www.110009.com)等网站。

美国加州大学历史系罗特曼博士是一位专门研究第二次世界大战中国战区的学者。罗特曼博士对新四军军部能在侵华日军和汪伪政府所在地南京附近的黄花塘长驻，感到十分诧异和不解。

黄花塘位于皖东抗日根据地(淮南抗日根据地)。皖东抗日根据地是爸爸和新四军五支队(后新四军二师)的指战员共同建立的一块抗日根据地。

皖东地区隶属安徽省，四周均被日军包围。皖东地区的南面与南京城隔江相望；东临大运河与日军重镇扬州、天长；西临津浦铁路与日军重镇滁州、蚌埠；北靠淮河与日军重镇盱眙。安徽的国民党桂系军队不敢在此驻军，所以，就把这一地区划分为新四军的活动地区。

皖东地区属于平原与缓丘陵地形，无险可守。

日军从南面攻入南京。国民党军队与大部分难民只能北渡长江经过皖东地区逃难。皖东地区的老百姓亲眼见到过逃难的悲惨场面，亲身经历过日军的飞机轰炸，亲耳听到过日军的罪行，所以，民间的恐日心理特别严重。

当时日军所向披靡，而新四军却能在包括南京市六合县在内的大部分地区建立抗日根据地，当然会令罗特曼博士很难理解。所以，有必要总结一下爸爸的经验。

其实，几十年来我也一直在考虑同样的问题，我以为，皖东抗日根据地之所以能够长驻在日伪的鼻子下面，跟爸爸创造的几个战术有关。下面分别予以说明。

“梅花桩战术”

爸爸接手的新四军五支队，基础是四支队的老八团。其中，打过游击的老战士仅千余名，经过扩充后总兵力仅 3000 余人。装备差，每人仅有 3 发子弹。不仅服装不统一，而且多为破衣烂衫，被战士们戏称为“叫花子”部队，而且没有任何政府补给。10 个战士的火力恐怕都敌不上 1 个日本兵。

面对着这样的局面，爸爸焦急万分。于是爸爸亲自组织大练兵。从军容、队列到军事技术，爸爸的要求十分严格，训练的强度近乎达到极限。许多战士的手臂、腿上都被撞得青一块、紫一块的。不少战士几十年后，仍然有意见。

开始几次对日军的伏击战均取得了胜利。但是，日军第一次扫荡时，我军显得较混乱，不能有效地打击日军、粉碎扫荡。爸爸认真总结，发现了一些问题：一、集中起来的部队由于火力远不及日军，难以与日军正面对抗；二、集中的民兵由于联系不畅，基本没有发挥作用，民兵离开了本村本土，不仅使主力部队的作战缺少了有力的帮手，而且对老百姓的保护减弱，老百姓的损失增加。

针对我军在日军第一次扫荡中出现的问题，爸爸根据自己20多年的战争经验，马上想到既然集中不行，那么就分散的作战思路。这可以说就是“梅花桩战术”的雏形。

1940年9月上旬，日伪军17000余人分7路对路东地区进行大扫荡。爸爸根据分散的原则，特意安排一些主力部队到靠近南京的地区游击，伺机袭击日军。7日，日军指挥机关及其掩护部队60余人，由六合县竹镇向程桥方向运动，被事先安排到该地的四支队14团3营伏击。敌出动24架飞机轮番轰炸3营阵地营救日军。3营与日军激战5个多小时，毙伤日军20余人，3营也伤亡20余人，敌在飞机的掩护下逃亡程桥。由于指挥机关受袭，日军原定1个月的扫荡计划只进行了12天就以失败告终。

这次胜利后，爸爸正式提出了“梅花桩战术”。

所谓“梅花桩战术”是指把部队按三角形独立布阵，各部之间相距5公里左右，由于形如梅花，故名“梅花桩战术”。虽然三角形布阵的各部队独立作战，但是，打起仗来却是一个整体。日军来犯时，一般只能对一个“花瓣”采取进攻。受击的“花瓣”与日军交火后，要么就地阻击，要么边打边退。其他几个“花瓣”既可以迂回到日军侧、后翼的薄弱部分发起突然攻击，也可以待日军暴露侧翼后发动攻击。“梅花桩战术”避开了日军的锋芒，击到了日军的软肋。

1941年4月，爸爸首试“梅花桩战术”就在南京市六合县的金牛山打了一个大胜仗，共击毙日军200多人，伪军300多人，新四军仅牺牲

54 人。

第二天,敌军派人来谈判,要求收尸,爸爸本着人道主义精神,立即指示部队予以同意,并规定地点,要求日军不准越界限,否则将开枪射击。日军按照指定地点和要求,将尸体运走。

"梅花桩战术"得到了新四军刘少奇政委和陈毅代军长的高度评价。从此以后,新四军有了对付日军的好办法,皖东抗日根据地成了日军的"烫手山芋"。

"麻雀战"

几十年来,爸爸的许多战友都对我说过,爸爸发明了"麻雀战"。近 10 篇文章中也提到了相同的结论。我也一直以为"麻雀战"是爸爸发明的。

2005 年,我偶然从百度上搜索"麻雀战"条目,条目中说,"麻雀战"是抗日战争中民兵经验的总结,并没有提到我的爸爸。

所谓"麻雀战",是指民兵常用的游击战法。由民兵组成战斗小组,忽来忽去,忽聚忽散,主动灵活、神出鬼没地打击敌人,就像麻雀啄食那样,东一枪、西一枪,出敌不意,乘隙而入。敌人反击时,就立即撤离,隐蔽得无影无踪,使敌人打又打不着,追又追不上,陷入吃又吃不好、睡又睡不香、心神不宁的境地。

经过两年的研究、思考,我认为"麻雀战"是爸爸发明的,理由如下:

一、爸爸是我军有名的游击专家,曾在延安抗大讲授游击战。

二、1940 年初,淮南抗日根据地第一次反扫荡时,把民兵集中起来待命。结果有以下问题,民兵集中后,由于联系不畅,基本没有发挥作用,而且民兵离开了本村本土,不仅使有些民兵的思想问题增加,而且关于日军的情报也减少了。民兵离开了本村本土,对老百姓的保护减弱,老百姓的损失增加。

针对民兵在第一次反扫荡时出现的问题，爸爸特别为民兵制定了作战指南，供民兵学习、参考。作战指南要求民兵一般不离本村。民兵的主要任务是保护老百姓、救护伤员、担任部队向导、传送情报、纠缠日军。爸爸还制定了民兵作战守则。主要内容有：（1）三五人的民兵小组，纠缠日军的主要方法是在隐蔽处打一排枪（同时开一枪），根据爸爸的经验一声枪响是很难判断方向的；（2）射击目标首选向导；（3）夜间骚扰日军等。不难发现，这个民兵作战守则就是“麻雀战”。

三、在爸爸的战斗详报、总结和著作中没有出现过“麻雀战”的词语。

四、爸爸创造的有名的“梅花桩战术”，原来叫“梅花桩纠缠战术”。我以为“梅花桩纠缠战术”包括“梅花桩战术”和“纠缠战术”两部分，其中“纠缠战术”就是“麻雀战”。

五、爸爸的许多战友都认为“麻雀战”是爸爸发明的。近10篇文章中也有相同的提法。

特等射手战术

1941年11月，路西广西顽军以172师为主，集中了6个团的兵力从西面进袭到路西根据地的中心区，爸爸率领二师主力奋力把广西军赶出路西根据地，但是，敌我双方均损失了千余人。对于这种胜利，爸爸是视之为失败的。

路西根据地区域狭小，172师的防区距路西中心区只有20多公里，可以很容易地侵入中心区。不采取有效措施，路西根据地将十分被动。路东的“梅花桩战术”显然不适合路西，为此，爸爸拿出了新方法。

爸爸的新方法就是在五尖山一带建立1条防线，把广西顽军堵在根据地之外。

防线的核心是在路西根据地西面的五尖山一线的交通要冲的山头

上建立几个防御地堡。每个地堡安排一二十个特等射手，利用精确的远程射击杀伤、阻挠、吸引广西顽军，主力部队伺机从侧、后翼向敌方发起攻击。

爸爸不仅亲自为防御地堡选定位置，还亲自设计地堡，并制定了详尽的作战指南。地堡防线的主要内容有：

一、每个地堡可以容纳四五十人（相当于1个加强排）。地堡内备有充足的弹药、粮食和水，这些补给可以坚持10天左右，地堡甚至还有通风口。地堡外有完备的工事系统。平时战士们住在地堡后下方的房子里，发生战斗以后转入地堡战斗、居住。

二、守地堡的排所在部队（连、营、团）的主力部署在山的后面，伺机从侧、后翼向敌方发起攻击。

三、集中守地堡的排所在部队的特等射手，全部配以三八式步枪。三八式步枪具有射程远（标尺距离达2400米）、精度高、后坐力小的特点，特别是夜间射击的时候，这种枪只有很小的枪口焰，敌人很难找到，非常适合远距离杀伤敌人。

四、在距地堡不同距离处插立标杆，方便战士调节射击准星的高低，以便准确地、远距离地射杀敌人。

五、推倒步枪射程内的破旧建筑物（房屋、土墙），填平凹坑。尽量减少敌人可以躲避的场所。

六、在阵地前沿山坡上，插上很多竹扦。

爸爸要求1个月内完成任务，并亲自指导、监督。直到他认为满意了，才算合格。

几个月后，172师又来侵犯。由于地堡远距离的射击十分准确，敌人又缺少藏身之处，寸步难行，不得不先对地堡发起进攻。

由于地堡位于高处，易守难攻，地堡的射击准确、火力威猛，山坡上还有竹扦，敌人屡攻不下。2天后，正当顽军集中兵力向地堡发起猛攻时，我军的主力部队突然从侧、后翼发起攻击，顽军死伤惨重，大败而逃。遭到此次重创以后,广西顽军再也不敢轻易侵犯路西根据地的中心区了,并称这条防线为“攻不破的罗炳辉防线”。路西的局面变得稳定了。

由于爸爸创造的几个战术有效地遏制了日伪顽军的扫荡和侵蚀,皖东抗日根据地成为华中最稳定的根据地。1943 年 1 月,华中局和新四军军部迁到新四军二师师部所在地盱眙县黄花塘,一直到抗日战争胜利结束,前后共 2 年 8 个月,是新四军军部所在地时间最长的驻地。

如果罗特曼博士知道了爸爸创造的几个战术,就不难理解为什么新四军军部能在侵华日军和汪伪政府所在地南京附近长驻了。

金牛山上打胜仗

◆谭知耕

作者简介：谭知耕(1917～2001)，河南新县人。1930年参加红军，1935年参加长征。抗战爆发后，1937年入延安抗大学习，翌年奔赴华东抗日前线，任新四军司令部政治指导员。1939年担任新四军第四支队江北游击纵队参谋长，同年5月，新四军江北指挥部成立，调任江北指挥部参谋。1940年任新四军第四支队第十四团参谋长。皖南事变后，谭知耕任新四军第二师十二团参谋长。1941年率部于金牛山同日伪军进行激战，战后升任十二团团长。1943年任新四军军部特务团团长、军司令部作战科科长。1949年任第三野战军第二十三军参谋长。1950年任第二十五军副军长。1975年任南海舰队司令员。1978年调任军事科学院副院长。1955年被授予少将军衔。

在将近半个世纪前，在苏皖边区人民群众中传唱过一首家喻户晓、妇孺皆知的歌：

新四军真正强，
抗战建国的好榜样，
金牛山上又打了大胜仗，
布下了天罗和地网，
杀得鬼子汉奸没处藏，

势如破竹扫平了梅花桩。
杀伤他四五百，
活捉他几十双，
胜利品也挑他几十筐。
扬州的鬼子泪汪汪，
汪精卫也大着慌。

……

这首歌就是著名的《金牛山上打胜仗》。

金牛山之战，是抗日战争时期淮南抗日根据地的一次重要战斗，当时的影响非常大。从政治意义上说，这是皖南事变爆发、新四军军部在江北重建、第二师组建以后与日本侵略者打的第一场硬仗。从军事意义上说，这是罗炳辉将军亲自谋划和指挥的反“点”、“线”作战中的一战，初试了他创造的“梅花桩战术”，并取得了辉煌战果。

在金牛山战斗中，我所在的四旅十二团立功。战后，罗炳辉将军特地来到十二团驻地看望指战员，并在连以上干部大会上亲自宣读了《嘉奖令》，表扬我们在战斗中临危不惧、机智灵活、指挥得当，表扬了三营营长徐万炳同志身先士卒、敢与强敌短兵相接的大无畏革命精神。战前，我任该团参谋长，战后，二师司令部通令嘉奖我“作战勇敢，指挥机动”，升任我为团长。

金牛山地区是路东抗日根据地深入到日伪控制的南京、仪征、扬州地区的一块区域。日伪军早就想侵占这一地区。

1941 年 4 月，日伪军趁皖南事件之机，派兵进攻这一地区。

4 月初，我团奉罗炳辉的命令，开赴天长、仪征、扬州、六合地区，执行打击日伪军、巩团与发展淮南津浦路东抗日根据地、保卫人民生命财产和掩护麦收的任务。

部队经过数日行军，在六合县演东旺庙、四号墩一带稍事停留，我团根据上级指示精神，在听取了团侦察参谋关于敌情的汇报后，即决定选择驻在仪征县城北谢家集的日伪军，作为第一个打击和消灭的对象，以便打开斗争局面，鼓舞士气，振奋民心，震慑敌人。

谢家集位于天长、仪征之间，地属丘陵，北高南低，分南庵和北庵。北庵驻有日军近百人，南庵驻有伪霸谢黑头部自卫团400余人，是日伪军伸进我边区内一个较大的据点。我团决心采取夜袭与强攻相结合的手段，以第一营攻打北庵，第三营攻打南庵，第二营为预备队。各营于4月10日20时，分别从南北两侧向敌人发起进攻，经过持续15个小时的激烈战斗，歼伪军30余人。

由于敌人龟缩北庵据点顽抗，部队被敌人火力压制在通向据点的路口，无法接近，遂主动撤出战斗。战评中，广大指战员认识到，日军火力强，相当狡猾，要消灭它不仅要有勇，而且要有谋，要先拣弱敌打。

部队经过简短整训，于14日夜至16日，在罗炳辉亲自指挥下，协同友邻部队，对天长、仪征、扬州、六合地区敌据点、交通线展开破坏战。我团第一营再次袭击谢家集，第二营在甘泉山附近，破坏大桥1座，切断了天扬公路北段的交通和电话联系，并在陈家集与由甘泉山追来之敌百余人激战2小时，将其全部击溃。第三营夜袭铁牌店、蚂蚁山，并破击大仪集以南、甘泉山以北的天扬公路，伏击由扬州来援的日军车队，击毁军车3辆，毙伤日军10人。同时，我友邻部队亦积极作战，津浦路东联防司令部独立第四团将天长之敌围困在城内，使其无法出援；第五旅第十五团将天长空芦龙镇的公路、桥梁、电话线彻底破坏，并在禹王庙与敌激战，歼其大部；师特务营第一连和四旅侦察连在仪征模范营第一连的配合下，于十二里岔设伏，将仪征出动的日军30余人、伪军60余人全歼，生俘日军2人。日伪军遭我军连续打击后，一面抢修工事，严密警戒；一面调集兵力，伺机分进合击我军，企图报复。

我团经过数日连续6次战斗，完成了袭击日伪军的任务后，即奉命于16日晚撤至金牛山以南地区，盘马弯弓，准备稍事休整，迎击来犯之敌。

金牛山坐落在六合县境东北部，距县城40多里，四面为山河环绕，南侧同北峨眉山遥遥相对，两山之间系丘陵及洼地，村庄稠密，便于隐蔽部署兵力，是一个良好的歼敌战场。我团在夜幕降临之前，即按罗炳辉提出的“梅花桩”（即支撑点式的部署，呈梅花瓣状）式部署宿营：第一营驻车蓬庄、和尚庄一带，向移居集、谢家集方向警戒，并控制樊家集通向大陈庄的道路；第二营主力位于乌山西南一带，向八百桥方向警戒；第三营驻厉马庄等地，向樊家集方向警戒；团部位于金牛山南面的大陈庄、钱洼一带。

大陈庄是一个仅有五六十户人家的村庄，村北有一片树林。团指挥机关设在村南头地主陈氏兄弟的两处宅院内。我和机要员、勤务员3人同住西院的1间瓦房内，在我向团首长汇报了检查部队宿营和警戒情况，并向参谋人员交代完工作后，已近午夜，万籁俱静。我担心可能发生意外，回屋后推醒他们交代说：“要警觉点！听到枪声和其他动静，马上叫醒我！”

是日夜，驻扬州日军独立第十二旅旅团长兼警备司令员南部襄吉纠集仪征等地日伪军700余人，携带火炮数门，轻重机枪30余挺，掷弹筒10余具，从扬州乘汽车至谢家集，而后徒步向樊家集前进，沿途封锁消息，行动诡秘。17日拂晓前，日伪军以汉奸吴益本、杨仁和为向导，从樊家集出发，通过安乐桥后兵分两路，一路直扑我团部驻地大陈庄，一路进逼我三营驻地。狡猾的敌人，沿田沟爬行接近我驻地。我第三营哨兵听到响声并见黑影蠕动，立即鸣枪报警，敌人亦开枪射击。我被枪声惊醒，判断敌人突袭，即令译电员孙贵友急报团首长，随后我又翻身下地，急忙同团首长研究敌情，并建议团长校国平、政委徐海珊分别去一、二营指挥战斗，我负责指挥团直属队转移后，即去三营指挥战斗。

当团长、政委安全离村后，我即令作战参谋周云速带团直属队由钱洼经孙王葛向南突围，同一营会合，并交代通信参谋李超带着电台和译电员迅速撤离，不得有误。当我布置完毕后，天已大亮，大陈庄已被敌人三面包围，警通班长向我报告说："前后门都被敌人封锁了。"

随行战士个个紧握手中枪，有的已打开了手榴弹保险盖，用严肃而期待的目光看着我。此时，可谓千钧一发，绝不能犹豫。我命令说："打开后门，随我冲，去三营，千万不能掉队！"后门一打开，警通班长和年仅15岁的勤务员就抢先冲出。敌人发现我们后，一面从树林内向我们猛烈射击，一面叫喊着向我们冲来。我们边打边冲，勤务员壮烈牺牲，两名通信员负伤。我带领3名通信员到了五里墩以北，同第三营营长徐万炳会合。此时，丁岗、万云、大陈庄、车蓬庄均已失守，敌人正全力向五里墩高地冲来。我同徐万炳商量后，认为五里墩高地的得失是这一仗胜败的关键，待部队集结稍事整理后，即进行反击。敌人来势凶猛，遂与我第三营展开了一场反复争夺6次的火力战、肉搏战。敌人伤亡惨重，伪军大部溃散。我部占领五里墩高地后，已牢牢控制战斗的主动权。接着，我决定：将团直重机枪排配置在高地村庄的屋顶上，用火力掩护第七、第九连歼灭丁岗、万云附近的敌人后，迅猛攻占大陈庄，协同第一营全歼敌人；第八连两个排为预备队，控制五里墩阵地，防敌反扑；第八连一个排控制金牛山制高点，确保侧后地安全，指挥所暂设五里墩，并限令部队于上午7时30分前准备完毕，发起冲锋。

7时30分，金色的太阳驱散了雾霭，反击战开始了。我部架在五里墩、厉马庄屋顶及庄前土墩上的4挺机枪，一齐吐出长长的火舌，向万云、丁岗之敌扫去。敌人被压在火力圈内抬不起头来，不知所措。正在枪声密集、杀声盈野、山鸣谷应之时，徐万炳一跃而起，高喊着："同志们，杀敌立功的时机到了，跟我来，冲啊！"便带领七连一排的勇士们，从正面猛虎扑羊般地首先突入万云高地，二、三排由内侧同时向高地攻击。经过近30分钟的激战，击溃了该地敌人，并以部分兵力控制了东侧桥头，切断了敌人的退路。与此同时，九连的健儿乘势向丁岗之敌发起了猛攻，经过反复冲杀，歼敌一部，在该庄西北侧同敌人形成对峙。

部队稍加调整后，继续向丁岗之敌发起进攻。七连从东侧攻击，九连见援兵到达趁势冲入敌阵，开展一场肉搏战。此时，枪声虽较稀疏，但刀光闪闪，杀声震天。经过1个多小时激烈的肉搏战，我部终于歼灭了该敌大部，占领了丁岗等地。我部攻占丁岗高地后，陆家洼高地的敌人突然用重机枪、掷弹筒向我猛烈射击。占领大陈庄之敌向我实施反冲击，企图夺下丁岗。我立即赶到丁岗，与徐万炳共同分析了情况，为彻底歼灭残敌，遂命令第八连两个排立即投入战斗，打退敌人反扑。八连连长和副指导员立即率领部队迅猛冲击，并组成以长柄大刀手为主的突击班，从敌侧后绕到陆家洼高地上，砍死了敌人的重机枪手和掷弹手数人。敌人失去火力支援，好似泄了气的皮球，攻势顿挫。我部迅速打退敌人反扑，夺回了大陈庄。

我各连凭借夺回万云、丁岗、大陈庄的有利态势，继续猛攻，将残敌全部压在陆家洼一带的坟地。敌人退居洼地，被我严密包围，无险可守，反攻无望，企图向东突围，渡河逃窜。我立即赶到北峨眉山顶，命令第三营第八、第九两连，在第一营第三连的配合下，分三路沿北峨眉山麓扑向敌群。经过一场短兵相接的战斗，杀得敌人东倒西歪，死伤累累，丢盔弃甲，狼狈逃至尹家河。

尹家河水深2米多，宽约十几米，河床淤泥较深，河上有一座简易木桥。急于夺路逃命的敌人纷纷挤上木桥，有的被挤掉到河中溺死。此时，我部立即以机枪火力封锁桥头。接着，我仪征县模范营也从大殷里方向赶来夹击敌人。残敌见进退无路，只得背水一战。此时，我战士的弹药已告罄，就用特制关云长式的长柄大刀，同敌人展开肉搏战。只见大刀挥舞，杀气冲天，杀得日伪军胆战心寒，有的哭爹喊娘，有的举枪跪地求饶。八连一名副排长发现日军一个少佐指挥官，便怒从心头起，挥动大刀向对方猛砍，只听咔嚓一声，这个敌人的臂膀落了地，又连砍数刀，结束了其性命。我副排长在拼杀中受了伤，仍坚持裹创再战。我第三连第九班，也奋勇扑向敌群，与敌人展开了肉搏战，杀伤敌数十人，全班8名战士均壮烈牺牲。我第二营营部2名通信员在执行任务时发现敌人，就隐蔽在树林内，待敌人靠近时，便突然开火，击毙了2个骑马逃跑的敌人。经过1个多小时的合力冲杀，歼敌大部，少数残敌经月塘集逃向仪征。

翌日，仪征日军胁迫伪政权出面同我抗日民主政府谈判，要求我方准其收回遗弃在战场上的尸体。我方从革命人道主义、扩大政治影响、瓦解敌军的原则出发，当即允诺，并指定地点，不准越界，不准携带武器。敌人除答应一切照办外，又提出要求允许派人下河捞遗物。我方为防止敌人借机突然向河西进攻，动员群众将遗弃在郑家槽坊以北的敌人尸体拖过河，并派部队和民兵在河西占领阵地，如果敌人过河，即坚决予以消灭。敌人只好手举白旗，垂头丧气地到指定地点，将数十具尸体及部分武器运走。

但是，残暴的敌人，在撤离途中肆意抢掠民财，并焚毁房屋100间。

金牛山反袭击战，是我十二团成立以来同日伪军所进行的第一个大仗、硬仗。击毙日军200余人（其中尉官、佐官各1名）、伪军300余人，生俘日军2人、伪军30余人；缴获重机枪4挺、轻机枪5挺、步枪40余支、掷弹筒2具、炮弹（含毒气弹）数箱及其他军用物资一批。我团亦付出了较大代价，计牺牲54人（包括连排干部4人）、伤64人。

战斗结束的当日下午，团政治处裴先白主任与仪征县委书记方中立、六合县长李代耕等共同商议，在金牛山南侧选择了墓地。军民怀着十分沉痛的心情，为烈士们举行了庄严的追悼仪式，安葬了烈士们的遗体。这次战斗，不仅在军事上取得了大胜利，而且在政治上也产生了深远影响。它粉碎了日伪军的扫荡、蚕食和伪化天长、仪征、扬州、天合地区的企图，打击了敌人的嚣张气焰，消除了一部分人对日伪的恐惧心理，增强了人民群众敢于同日伪作斗争的胜利信心，也震慑了国民党反共顽固派，打出了我军的威风。

（根据宋霖 1982 年 5 月 10 日在中国军事科学院访问谭知耕同志的记录和谭知耕同志撰《金牛山反袭击战》综合整理）

爸爸的大刀队

◆罗新安

安徽来安县半塔集地处苏皖两省的盱眙、天长、来安、六合、嘉山五县交界处,四周丘陵起伏,战略地位十分重要。半塔古称白塔,历史悠久。据来安县志记载,位于现半塔中学院内,曾建有一座白塔寺,寺内筑有一砖塔,上刻有"赤乌元年"(公元 238 年)字样,后来塔塌倒三层,仅存半个塔,故名半塔,亦称半塔集。

1939 年秋,爸爸罗炳辉率新四军第五支队,开辟了以半塔集为中心的淮南津浦路东抗日游击根据地。历史上著名的半塔保卫战就发生在这里。

半塔保卫战创造了以少胜多、以弱胜强的范例。

以半塔为中心的淮南抗日根据地,是当年新四军五支队(后为新四军二师)开辟的根据地。

每个战士配一把大刀是爸爸的独创,大刀成了爸爸部队的象征。爸爸为什么要给战士配大刀?大刀能对付鬼子吗?

1939 年夏,爸爸担任五支队司令员。当时五支队的枪支弹药不足,不仅缺少枪支,而且缺少弹药,每个战士只有三发子弹,由于五支队是新四军的编外机构,得不到国民党政府的补给。

爸爸心里清楚,光凭这样的装备是很难与日伪军对抗的。面对着被称为"叫花子"的部队,面对着每人三发子弹的现状和处于敌伪中心的困境,爸爸终于开出了三帖药:单兵训练、战术训练和大刀。

因为只有近战可有一拼，而劈刀是近战的有力武器。由于我军枪支杂，在与鬼子拼刺刀的时候常常吃亏。于是，根据地的军民用扒下来的铁轨制作大刀，铁轨坚硬，制造的大刀锋利无比，威震敌胆。曾经有鬼子向我二师阵地扑来，只见前沿阵地上空无一人，唯独数十把大刀齐刷刷地插在地上，刀把上的红布迎风呼呼飘动，敌人胆寒而自退。爸爸还根据实战需要和旧军队的刀法改编了一套四十多个动作的大刀操。起初爸爸亲自教授大刀操，后来，请来了一位冯玉祥部队的教官教授大刀操。

爸爸还组织了大刀队。大刀队的成员是爸爸精心挑选、严格训练的骨干，他们都是些二十岁上下、身强力壮的小伙子，计有一百八十人，名为学兵连。大刀队的成员除一支步枪、四个手榴弹，还多了一把大刀。

大刀刀种很杂，有关云长用的那种青龙偃月长柄大刀，也有单面鬼头刀（又叫一块肉大刀），还有双面阴阳刀。刀柄子上都系有二三尺长的红洋布。当时学兵连的劈刀经常到四、五、六三个旅巡回比武，最激动人心的是爸爸亲自做示范动作，只见爸爸挺立的英姿，犹如一座高塔，粗壮的臂膀，挥刀旋转，如银蛇飞舞，刀光闪闪，真有点滴水不进的功夫。爸爸还将十个铜板摞起，一刀劈下，两瓣纷飞。有时，爸爸用雷鸣般的口令声，和全连战士一起列队布阵，劈刀对刺，那翻腾跳跃、杀声震天的英雄气概，真有点山不可挡、水不能阻的气势。谁看到这惊心动魄的场景，都深信劈刀是近战慑敌的法宝。

不久，在金牛山破袭战中，大刀队毙伤日伪军八百余人，其中用大刀砍死砍伤的近半数。接着又在桂子山肉搏战中，毙伤日伪军三百余人，用大刀砍死砍伤的约占三分之二。后来，大刀队又在龙王山与敌人遭遇，毙伤日伪军二百余人，大部分是用大刀砍死砍伤的。爸爸的大刀队，威震淮南。

以后的战斗也证明，这种训练是很有效果的。有一次，爸爸部队的一个排，在夜间插入敌人的驻地，神出鬼没地接近敌人所驻的小围子。敌人的哨兵来不及叫喊，就被大刀队砍倒了。与此同时，一排人翻进了围子，冲入敌人住房。敌人还在睡觉，有的起来格斗，但枪不能打，结果被大刀队解决了。

还有一次，大刀队一个连守住一个山头。敌人冲锋三次都被大刀队打退了，他们又组织第四次冲锋。连长说："不打枪了，准备大刀！等他来！"这一声令下，从山头到山脚一线，每个战士把亮闪闪的大刀从背上抽出，竖插在战壕前面，刀柄上的红布飘动，大刀被太阳映着，亮得炫目。敌人弄不清我方有多少兵力就掉头溃退了。

后来爸爸发现大刀太短，在白昼战斗时，敌人枪上加刺刀比大刀长，于是又加上梭镖（这是野战中肉搏的利器），成立梭镖突击队。

有一回，卖国贼汪精卫的一个警卫营从江北的程家桥到六合城，受到爸爸部队的伏击。敌伪依靠猛力炮火，占守马鞍山山头待援。我军集中火力掩护梭镖突击队抢上山腰，梭镖突击队冲上去，把敌人完全解决了。

古代的兵器成了爸爸他们战胜日军的"新式武器"！

罗司令老古墩首创日军

◆南京市新四军历史研究会六合小组

1939年4月21日，中共中央作出了关于《建立皖东抗日根据地的指示》。8月刚建立的新四军五支队在司令员罗炳辉的率领下，挺进津浦路东。经过一个时期的连续作战和发动群众，迅速开辟了以半塔为中心的路东抗日根据地。这就为东进皖东敌后，实行战略展开，初步打开了局面。

占领六合城的日军一向横行无忌，经常四处抢掠、扫荡，国民党军队则闻风而逃。穷兵黩武的日本帝国主义之所以胆敢发动侵华战争，就是因为他们自认为“皇军”无敌于天下，根本不把中国军队放在眼里。新四军挺进津浦路东以后，特别是罗司令在两打来安城的战斗中，歼灭日、伪军300余人，使侵略者尝到了另一支中国军队——新四军初露锋芒的苦头，才开始感到中国人民是不好惹的。

六合是南京的屏障，又是我淮南、津浦路东通向南京的门户。罗司令领导下的五支队为了威逼南京，保卫淮南，经常在六合竹镇等北山区一带活动，伺机打击敌人。

12月27日，罗司令得到驻守六合城的日军纠集300余人，将于次日经程桥向竹镇进犯的情报后，决心抓住这一千载难逢的机会，打他一个下马威。他所率的十五团一营虽然新兵多、装备差，但班、排长以上的骨干大多是久经沙场的老红军，骁勇善战，经验丰富。为了保证首战必胜，振奋民心，鼓舞士气，经过慎重研究，决定选择在老古墩伏击日军。同时，特与国民党县长洪家骝面谈，晓以大义，要其以国家、民族利益为重，共同携手打击日、伪军。洪家骝当面无法推托，满口承诺派其劲旅常备团一大队参战。

老古墩在竹镇南10余里的盘山西南侧，紧邻六合通往竹镇的公路，是敌人进竹镇的必经之地。这座东西走向形似扁担的高岗，东接盘山，西北连竹镇，是一个理想的伏击地。

28日黎明前，残星寥落，罗司令亲自带领部队神不知鬼不觉地进入阵地。当时刚刚进入“一九二九不出手”的隆冬季节，晨风萧萧，地冻冰封，战士们怀抱着枪，冒着严寒耐心地等待着。直至上午10时许，才见到进犯的敌人一个个昂首挺胸、气势汹汹地向老古墩而来。由于沿途未受到任何阻挠，日寇更是胆壮气粗，得意忘形。因同年夏天，他们仅出动100多人，从六合到竹镇沿途抢掠，就如入无人之境，结果满载而归。这次来了300多人，更加无所顾忌，认为万无一失！甘当汉奸、卖国贼的翻译官，如摇尾乞怜的哈巴狗，紧随日酋左右。你看他，时而翘起大拇指阿谀谄媚地说：“太君！你的，这个的！‘皇军’是大大的！”时而伸出小拇指奴颜婢膝地说：“支那兵是这个！小小的！不行不行的！”日酋听了龇牙咧嘴，手舞足蹈。正在敌人趾高气扬、毫无戒备之时，突然冲锋号响，伏兵四起，喊杀连天，弹丸纷飞，一支300多人的中国军队从天而降。这突如其来的打击，顿使敌人乱作一团，未及还手，就被当场击毙、击伤。日酋急得哇哇乱叫，仓皇指挥日伪军拼命抢占盘山制高点，妄图组织反扑。

敌人占领盘山南边后，疯狂展开所有火力，不断进行反扑。在罗司令亲自指挥下，我指战员同仇敌忾，不怕牺牲，奋勇当先，坚守阵地，寸步不让，连续向敌人发起猛烈反击，不给敌人以任何喘息的机会。经过大半天激烈的反复争夺冲杀，不可一世的“皇军”武士道精神瓦解了，日酋像热锅上的蚂蚁，挥舞着指挥刀，到处乱窜。汉奸翻译官则在一旁哭丧着脸。日伪军只好缩作一团，负隅顽抗。而国民党县长洪家骝阳奉阴违，口是心非，只让六区（竹镇）的区乡派一些人去应付。这些既无作战经验，又胆小怕死的痞子们，不是抓住战机配合我军歼灭日军，而是在我军后面乱放一通枪，不仅未起到协同作战的效果，反而扰乱了我军部署，起了资敌的反作用，以致延误战机，使敌人趁夜色逃跑，未能全歼。但由于我军英勇作战，计毙伤日伪军60余人，缴获重机枪1挺，轻机枪2挺、步枪20余支。我军也付出一定代价，伤亡60多人。

竹镇一带的群众，过去只见到国民党常备队欺压百姓，如狼似虎，听到日军的风声就草木皆兵。他们形容说："常备队，常备队，抢农民的粮，抱百姓的被，买东西用假票子兑；见到妇女眼子斜，闻到肉香流口水；听到鬼子来，两脚生风往后退，只恨爹娘少生两条腿。"这次见到新四军英勇杀敌，不怕牺牲，无不敬仰。多数群众说："真是耳听是虚，眼见是实。过去只听国民党片面宣传共产党共产共妻，现在才看出，共产党是真心抗日。中国有了希望，我们有了靠山！"因此就在激战期间，附近的群众冒着被流弹袭击的危险，自发地给新四军送饭、送水，抬运伤员。战斗胜利结束后，更是群情沸腾，奔走相告，竹镇街上到处张灯结彩，敲锣打鼓，燃放鞭炮，热烈欢迎新四军凯旋，纷纷拿出准备过年的食品慰问指战员。

第二天，在竹镇汪家坟召开了庆祝大会。罗司令在大会上作了报告，他说："老古墩的战斗，再一次充分证明'皇军'不可战胜的神话破灭了！只要在中国共产党领导下，加强军民团结，万众一心，就一定能打败日本侵略者！"会上，罗司令还批评了背信弃义、扰乱我军作战、影响全歼日军的洪家骝，激起到会军民的愤慨。青年教师周与人在庆祝大会上即兴以"庆祝盘山胜利大会"八字藏头作诗一首，当场朗诵道：

庆祝会上军容壮，捷报声中志气豪；
祝我旗开能胜利，笑他仓皇尽南逃。

盘石山上别有天，算来“八景”独占先；
山今助我歼倭寇，又创奇功在岭巅。

胜利全凭策略优，相机伏击是良谋；
利兵坚甲均无济，往日嚣张一旦休！

打败凶顽气甚雄，锋芒初试显威风；
会情空前军民乐，东进雄州第一功！

周与人即兴赋诗，军民热烈鼓掌，罗司令高度赞扬。

（选自《新四军在六合》）

三打来安城

◆吴华夺

作者简介：吴华夺(1917～1997)，河南新县人。1929年参加红军。参加过长征。抗日战争时期，任新四军第四支队八团营长、九团团长，第二师四旅十团团长。解放战争时期，任第三野战军二纵队第四师参谋长，纵队副参谋长兼第六师师长，华东军政大学校务部部长。中华人民共和国成立后，任军事学院院务部行政部部长、教育长，陕西省军区副司令员，兰州军区副司令员、顾问。1955年被授予少将军衔。

来安，位于南京以北30公里，紧依滁县东北，古为新安镇。来安城四面环山，屯仓河穿城而过。兵家言："来安、滁州、六合，以及远之庐州，均为直接掩护大江之军事重镇，此等地一旦丧失，大江便完全暴露于敌人攻击之下，所谓大江之险已失其半矣！"

1939年9月初，新四军第五支队刚刚到津浦路东就碰到驻滁县的日伪军东犯来安。这对刚到路东的第五支队而言是一次战略展开的机会，也是一次检验实力的考验。第五支队司令员罗炳辉很快派出一名侦察参谋前往来安县城侦察敌情。侦察参谋返回报告说：滁县日伪军数百人于9月2日向来安方向进犯，企图一举歼灭在来安、滁县地区活动的新四军，切断我路东与路西的联系，逼迫新四军退回路西。罗炳辉获悉敌情后，立即组织支队干部研究，决定乘敌人立足未稳，先发制人。

一打来安

当天夜里，部队遵照罗炳辉的部署，进至舜山集附近的梁庄。第二天中午，阴沉沉的天空下起蒙蒙细雨，罗炳辉又命令部队在来安西南、西北的大路两侧设伏，占领有利地形，准备迎击敌人。下午3时，从张八岭出动的日军1个大队、伪军2个大队共约七八百人，打着膏药旗，趾高气扬地向来安进发。当日伪军进入我伏击区时，罗炳辉一声令下："打！"顷刻间枪声四起，日伪军陷入我方严密的火力网，纷纷跳进路边的小沟。不一会儿，一部分日军企图负隅顽抗，迅速组成战斗队形，向我军山头脚下猛扑过来。我机枪连的三挺重机枪同时开火，子弹如急雨般地飞向敌人。伪军开始撤退，但日军仍号叫着向战士们疯狂扑来。偏在这时，有一挺捷克式重机枪突然卡了壳，机枪手急得满头大汗。数十名日军杀气腾腾地冲了上来。60米、50米、40米……日军离战士们越来越近。在这紧要关头，罗炳辉大喝一声："看准了打！"伏在丛林、乱石中的战士们一齐开火，日军"哇哇"乱叫，抵挡不住，退下山去。

此时已至黄昏，雨越下越大，天渐渐黑下来。这时，罗炳辉下达了"全面出击"的命令。风雨潇潇，军号激越，战士们如猛虎扑食冲下山岗。敌人已丧失斗志，丢下一路尸体，向来安城狼狈逃窜，连夜躲进了城里。

半夜时分，司令部搬到位于来安城北面5公里的一个村庄。罗炳辉跨下马背，脱去浑身湿透的衣服，一刻也没有休息，又开始了紧张的工作：看地图，听汇报，部署攻城战斗。他命令十团侦察排夜袭来安城。30多名侦察员，身着便衣，携带短枪，星夜摸进城里，在日伪军驻地袭扰了一阵，然后迅速撤出。日伪军白天惊恐未息，晚上又遭到偷袭，吓昏了头，惊破了胆，谁也不敢轻易出动，竟相互交起火来，急骤的枪声、小炮声响了一整夜。

第二天上午，一位骑兵通信员跑来报告："滁县又出动日军，增援来安。”罗炳辉微笑着点点头。敌人的这步棋完全在他的预料之中。他已命令八团守驻八石山，阻击敌人增援部队，切断来安与滁县之间的联系。通信员走后，罗炳辉来到张山集附近的一座山头。这里离来安县城只有20多里，他手拿望远镜，观察着城内日军的动静。

下午2时许，来安城内忽然腾起一股浓烟，接着又有四五处同时冒出黑烟，烟浓风紧，霎时整个来安城笼罩在浓浓烟雾之中。

“城里起火了！”罗炳辉举起望远镜仔细地观察了一阵，猛地放下望远镜，向参谋一挥手：“立即追击，敌人弃城逃跑了！”

原来，在舜山集受到严重挫伤的日军，逃入来安城后，又中了我侦察排的计，如惊弓之鸟，军心惶惶。增援部队又迟迟不到，最后竟狗急跳墙，点起几把大火，弃城向滁县逃窜。敌人刚溃退到八石山，罗炳辉早已布置在那儿的八团就用密集的火力“迎接”了他们。追击部队和八团前后夹攻，把日军打得落花流水。至于从滁县出动增援的敌军，当听到来安的同伙已溃退时，吓得掉转屁股，又缩回滁县去了。

在这次战斗中，还发生了一件惊心动魄的事情。在击退日伪军的反扑后，大家都舒了一口气，紧张的神经开始松弛。突然，只听到罗炳辉大喊了一声“卧倒”，随着喊声，罗炳辉把正站在自己身边的政治部主任方毅一掌推出了一丈多远，自己也顺势倒地滚到一边，与此同时，一枚炮弹正好落在了他们刚刚所站的位置，一名警卫员来不及躲避光荣牺牲。1979年9月12日，时任中共中央政治局委员、国务院副总理的方毅，在与来访的罗炳辉家乡的同志谈及这件事时，仍充满感情地说：“那可真是千钧一发呀，就差那么一点点，我就该去见马克思了。是罗司令救了我一命，否则今天我就不能坐在这里与大家说话了。罗司令在千百次战斗中练就了一双神耳，他能够从炮弹在空中飞行的声音中准确判断炮弹的着落点，距自身的距离有多远，所以他能多次躲过炮弹，从没负过伤。没有千百次的战斗生活的积累，没有高度的警惕和敏锐，会作出这么准确的判断吗？”

来安城下，首战告捷。从此，罗炳辉威名远扬，令日伪军胆寒，国民党制造的新四军“游而不击”的谣言不攻自破。

二打来安

11 月 21 日，吃了败仗的日军不甘罢休，日伪军 400 多人，又偷偷地摸进了来安城，准备对前来攻城的新四军实行突然袭击。

罗炳辉根据侦察到的情报，对敌我双方的情况作了认真的分析和比较，提出趁日军主力外出，夜袭来安城的作战方案。他指出：“敌人虽然在城里占据着地主豪绅的深宅大院，但他们对周围情况不熟悉。而我军则可依靠人民群众和本地战士熟悉地形的优势，深夜拆开城墙，从暗道进入敌人心脏，给它来个中心开花。”这一方案得到支队领导的赞同。

按照罗炳辉的部署，第五支队经过猛烈攻击，一举攻占了来安城。埋伏的日伪军慌了手脚，企图回援，在遭到打援部队的痛击后，丢下数十具尸体，仓皇向滁县逃窜。

三打来安

1940 年 5 月 27 日，日伪军又出动 2000 余人，第三次侵占了来安，并带来汽车 30 余辆及其他运输工具，准备抢夺夏收的粮食。

当时正率领部队开辟高邮湖西根据地的罗炳辉，闻讯后立即召集干部研究对付办法。在讨论会上，罗炳辉分析说：“根据各方面的情报，敌人数量比我们多，仅日军就有 600 多人，加上几十门炮、十几挺重机枪，若是把他们放出城来展开攻势，还真不好对付！可是敌人是几处拼凑起来的，又没有发现我们，所以戒备不严，这就好像笼子里的老虎打盹，好制服。如果我们能先下手，打他个措手不及，就有把握取胜。”

接着罗炳辉交代了任务：八团一、二营和十团一营负责攻城，八团三营和特务连在来安至八石山及来安至新集大道之间设伏，以阻击由滁县方向来犯的增援之敌和堵截来安城的溃逃之敌。司令部设在距城东北方向 1 公里的村庄。

淮南四季分明，5 月已是初夏。习习的凉风轻轻吹过大地，夜很深，很静，深得不见边际，静得无声无息。

一张铁网在这深深的夜色中悄悄地向来安城撒开。部队乘着月光，从西、北、南 3 个方向向来安运动。战士们迈着轻捷的脚步，默不作声，一个紧接着一个。八团一营由祁家岗向来安城分组前进，第二梯队向双塘子前进，第三梯队进至朱庄停止待命。

29 日凌晨 1 时，八团一营首先突入城内，将日伪军驻扎的院子团团围住。拥挤在房内的日伪军，遭到突然的攻击，顿时晕头转向，仓皇应战，退居到几个四合院里顽抗。

四合院的周围筑有围墙，又高又厚。由于没有火炮，一时难以拿下，眼看天快亮了，仍然消灭不了院中的敌人。八团一营的战士们急中生智，在炸药包里塞进硫磺，或将炸药包外面用破布、稻草捆扎，然后浇上煤油，投入敌阵后爆炸燃烧。这种火攻的办法很奏效，并迅速传播到其他各营。转眼工夫，日军占据的院落火光四起，烈焰腾空，瓦片乱飞，墙倒屋塌。日军在火焰里，鬼哭狼嚎，争相逃命，有些刚冲出火场即被击毙。就这样，数百名日伪军连同他们的扫荡计划，随着一场大火而灰飞烟灭。跟随部队指挥战斗的罗炳辉风趣地说："日本侵略者喜欢火葬，这次是真的'火葬'了！"

罗炳辉亲自指挥的三打来安城，使日伪军心惊胆战，使新四军声威大震，也使他自己的威名广为流传。从那以后，日伪军慑于新四军的声威，再也不敢轻易来犯，淮南路东抗日根据地日益巩固、壮大。

（选自《转战淮南》，新时代出版社 1989 年版，编入本书时依据其他回忆录作了改写）

罗炳辉开辟淮宝记

◆闻　武

1940 年 7 月，中原局和新四军江北指挥部共同决定，为接应八路军南下，支援苏中反顽作战，命新四军五支队司令员罗炳辉向三河以北进军，开辟淮宝地区。

7 月底，开辟淮宝的部队准备就绪。8 月 1 日举行了隆重的阅兵典礼，进行战斗动员，提出了“打胜仗比赛”的战斗口号，士气十分高昂。第二天半夜，部队强渡三河。三河为淮河入江水道，河面宽阔，水流湍急，水深没顶，难于涉水过河，而船只又多为国民党反共顽固派韩德勤的三十三师搜掠至北岸。河北堤高树密，岸边芦苇丛生。顽军兵力虽不足，但有三河相隔，又封锁了船只，自以为占据天堑，万无一失。夜半时分，北岸火光明灭，牛角声咽。南岸罗司令率部渡河。钢板划子和双篷大船，同时扬帆，齐头并进。船头以沙包、湿棉被及稻草把作掩体。当夜月色朦胧，等守河之顽军发现时，战船已靠近北岸。顽军企图集中火力阻击，但为时已晚。见我声势浩大，火力甚猛，抵挡一阵即仓皇向新集方向溃逃。罗炳辉部十团于天亮前占领对岸。八团于当夜夺取衡阳滩，为对面守敌火力所阻，一直打到拂晓。顽军溃退，部队登上北岸，向新集方向追击，与十团靠拢。当我军追到新集时，顽军退守万集、仁和、毛堆拐子一线。新集遂为我军所占领。反共顽固军秦庆霖部仍死守蒋坝。这时，在金沟、银集一线担任向高宝湖方向警戒的四支队七团，也完成了牵制任务，渡三河。

8月6日，中原局立即派驻盱眙的八路军五纵队二支队六八七团星夜驰援罗炳辉部，开至淮宝蒋坝地区，全歼国民党盱眙县长兼常备旅长秦庆霖部，与我新四军五支队八团取得联系后，于13日向西挺进至赵集、南甸一带。

14日上午10时，韩德勤部三十三师一个连与小刀会千余人，围攻新四军五支队八团阵地，被击溃。韩部丢下小刀会，向太平集、双沟（现为洪泽县东双沟镇）一带逃窜。16日拂晓，罗司令率八团攻双沟，守敌一部退岔河，一部逃万集。逃万集之敌被我追歼大半。这时，我淮宝地下党的同志到万集，向罗司令汇报淮宝地区敌军、小刀会和我地下党的活动情况，并发动群众迎接新四军进驻岔河镇。与此同时，五支队十团攻仁和集之敌，四支队七团和八路军六八七团赶来堵击，歼其大部，残敌经岔河、花集、白马湖逃遁。至此，我军对国民党顽固派作战半个月，韩德勤部三十三师主力被歼两个团，其余逃至运河以东。至此，参加开辟淮宝的新四军、八路军与韩德勤部作战告捷。但与韩德勤收买利用的小刀会的斗争，却颇费周折。

淮宝的小刀会最初产生于1935年前后，那时洪泽湖、高宝湖、白马湖芦苇丛生，港汊纵横，是湖霸盘剥、土匪出没之地，烧杀抢掠，绑票勒索，时有发生。老百姓深受其害，加之国民党官府和反动军队的逼税骚扰，以及经常的水灾之患，实在是民不聊生。于是一些人利用封建迷信，组织起小刀会，请“师父”练把式，旨在自卫。小刀会也曾下湖剿过土匪。但不久，小刀会遂被地主和豪绅操纵。1938年前后，各地水灾严重，百姓外出逃荒者甚多，小刀会难以维持，曾一度解散。

1939年3月，淮阴、淮安等城沦陷，靠近城郊和运河沿线的广大农民处于日伪的残害之下。加之1938年国民党炸开黄河花园口，使苏北遭受特大洪水灾害后，淮宝地区土匪滋生。国民党大批军政人员逃到淮宝，老百姓惨遭土匪、日伪军和国民党的践踏。于是人们开始酝酿着筹办小刀会，打日军，防土匪，抗苛捐杂税，保卫家乡。1939年春，盐河以北一带的农村率先拉起小刀会与日伪军、国民党部队、土匪战斗，影响广泛，获得许多村庄农民的响应。1940年春，国民党三十三师和秦庆霖部占据淮宝后，控制乡镇，拉夫抽税，无所不为。一些地方实力派和国民党顽固派相勾结，也趁机拉队伍，扩充势力，抓壮丁派粮筹饷，侵犯了一些地方上层人物的利益。于是各地拉起小刀会与之对垒。他们以"打日寇，防土匪，抗苛捐杂税，保家卫乡"为战斗口号，要求不管穷人子弟，还是富户人家，30岁以内的男女青年都要参加，大姑娘参加"花篮会"，小伙子参加"小刀会"。不去者罚大洋5元，没钱就拆房拉牛。乡里设"会"，保里置"堂"，风行一时，遍及淮宝各地。参加小刀会以后，要一天三拜，跪会堂，念咒语，吃神砂、朱砂等特制的麻醉药物，然后就发狂般地舞刀弄枪、练气功和武术。有的小刀会头子还备有短枪。但是由于小刀会既没有正确的政治领导，又无严肃的组织纪律，更无严格的军事训练，全凭封建迷信把人们组织在一起，加之小刀会中一些会首逐渐变成了地方势力派，他们手中有了实力，便随意抓人杀人，违背小刀会的宗旨，开始走上歧途，所以很容易被坏人利用。

在新四军五支队开辟淮宝之际，韩德勤感到这时再与小刀会作对实为下策，便转变策略，由镇压改为收买利用。他答应小刀会的一些条件，约束自己的部队，不得骚扰百姓，以缓和关系。继而封官许愿，用重金、钢枪收买当地豪绅和小刀会头目，并利用他们散布一系列攻击共产党和新四军的恶毒谣言。胡说什么"罗炳辉是大肚子，一天要吃一个小孩"、"共产党来了要共产共妻"、"新四军抓住大姑娘、小媳妇，要扒光衣服，奶头上扣铃铛，推磨扭秧歌"……千方百计制造老百姓特别是妇女、儿童对新四军的恐惧心理，煽动小刀会仇恨共产党。这样一来，韩德勤收到了意想不到的效果，小刀会由封建性的群众自卫组织变成封建性反动武装组织而为国民党反动派所利用。

1940年8月3日拂晓，新四军五支队刚过三河，小刀会的哨兵便吹起牛角号示警，一时间十里连角，此起彼伏，很快传遍淮宝各地。小刀会会徒利用青纱帐作掩护，对我军驻新集附近的新四军，采取突然袭击的办法，砍杀新四军通讯员、炊事员多人。国民党暗藏分子、小刀会头目孙逊趁势指挥小刀会中的亡命之徒，胸前斜挂黄色符带，满脸煞气地排成几列，挥舞大刀在阵前冲杀。后边几千会徒，黑压压一片，手执大刀，口里喊着“刀枪不入”，“老祖保佑”，对我新四军的政治喊话全然不听，疯狂地向我新四军驻地新集冲杀，并动手夺我军枪支。在这万不得已的情况下，罗司令命令部队对小刀会头子和赤膊上阵的亡命之徒开枪还击。会徒们一见“刀枪直入”，知道受了小刀会头目“刀枪不入”的宣传欺骗，如鸟兽般散去。战士们见小刀会溃不成军，纷纷要求出击。罗司令说服战士原地待命，还用身体挡住机枪射手，不许射杀已溃逃的小刀会群众。我军从此战中取得了打击小刀会反动头子，不追击逃散会徒，争取小刀会群众的成功经验。为了进一步瓦解小刀会，罗司令对小刀会头子也采取分化和区别对待的政策，只要小刀会头子愿意谈判言和，罗司令都表示欢迎。严小六子和罗通义是两个反动的小刀会头子，在和新四军作战时，吃了败仗，主动认输。罗司令就请他们吃饭，还同罗通义叙“本家”，并把自己的快机盒子枪送给严小六子当礼物，严也回赠一匹战马。这对瓦解小刀会起到了很好的作用。但是对那些作恶多端、顽固不化的小刀会头子，是坚决严惩不贷的。

8月6日上午，新四军五支队政治部主任张劲夫在新集召集群众大会，宣传党的抗日政策，有个小刀会头子又纠集千余小刀会分子进行破坏。罗司令对这个头子说：“你们小刀会不是说自己‘刀枪不入’吗？现在就当着大家的面试试，三枪打不死你，我罗炳辉拜你为师。”小刀会头子同意了。只见他当场服了丹药，练了一会功，就说：“开枪吧！”罗司令给一个战士下令：“开枪！”结果一枪就把那个小刀会头子打死了，让群众亲眼看到小刀会头子宣传的“刀枪不入”完全是骗人的鬼话。但一些反动小刀会头子还是横下心与新四军作对，为协同开辟淮宝的八路军五纵队南下先遣队（胡炳云、田文杨大队）从泗阳众兴镇南进到高良涧附近，遭到小刀会阻击，我一位老红军副营长杨占山和通讯员、司号员去高良涧同小刀会谈判，但小刀会头目不讲信用，八路军谈判人员刚到，便被他们无理捆绑起来，不由分说，就押往洪泽湖边菱角塘之南，砍头示众。杨占山同志大义凛然，沿途向群众宣传我党的抗日政策。临刑前，又义正词严地说："为了抗日，我死而无憾，但两个小鬼，刚十六七岁，请你们放他们回去！"但小刀会置之不理，三位八路军战士终于被惨杀了。我军因此受挫，不得不北撤泗阳。消息传到新集后，五支队指战员无不义愤填膺。罗司令当即命八团主力开赴高良涧，严惩小刀会的反革命活动。我军刚进到南甸，小刀会便从四面围攻上来。我军迅速占据河堤，设置障碍，构筑工事，架起了机枪，命令连队不许单独离开工事出击；采取打敌人骑兵的办法，战士站一排，跪一排，趴一排，密集火力，同时射击，冲在前的小刀会会徒纷纷应声倒毙，后面的见势狼狈而逃。这次战斗，我军毫无损失，而小刀会死伤和被俘者甚多。高良涧的小刀会闻风而逃。8月中旬，新四军五支队十团分别在马棚庄和黄集南面的大楚庄击退小刀会的围攻。8月23日，又与黄集、盐河、林集、花集一带的小刀会武装数千人进行决战，我军大获全胜。8月28日，八路军五纵队六八七团进驻朱坝西的龙王庙时，又与小刀会发生了一次战斗，这时小刀会已毫无士气，被我军迫击炮一轰即散。至此，为韩德勤利用的小刀会终于被瓦解。淮宝地区遂为新四军、八路军所开辟。

蚂蚁啃骨头

◆罗新安

1945 年 2 月，日军派遣军总司令冈村宁次，以一个旅团（十三军团山本旅团）的日军 1000 多人和孙良诚部伪军 3000 多人，从扬州沿运河西岸向北打到淮河，又从津浦路的蚌埠、明光出发，沿淮河向东前进，两路在高邮湖西会合。这样就可以利用淮河、运河的航运及两岸公路交通，以补救津浦南段在飞机轰炸下运输的困难。

2 月 14 日，日伪军从扬州、天长出发，沿高邮湖边北上。当时，路东没有主力部队，所有主力都在铁路以西备战。罗师长当时大病了将近一年，身体刚刚好些，没有去路西。看到这种局势，罗师长抱病指挥地方武装和民兵，与日伪军展开了战斗。

罗师长手中只有路东军分区地方武装的一个团 3000 来人，面对敌众我寡的严峻情势，罗师长始终保持着乐观情绪，常对身边的同志说："路东是我们的天下，天时、地利、人和，三样都占着，敌人占不了便宜去！地方武装和民兵，不能打大仗，就打小仗，纠缠住敌人，一点一点把它吃掉。"

日军企图占领铜城，鉴于铜城是黄花塘新四军军部的屏障，淮南抗日根据地的重要工商基地，必须加以保卫。对此，罗师长提出"坚决保卫铜城市，誓与铜城共存亡"的口号。罗师长亲自作军事部署，南园村村民全部撤离，在近 2000 亩地的范围内遍布地雷，准备和日寇打一次恶仗。2 月 15、16 日 2 日，我军一部与向铜城进犯之敌西垣大队激战于扬村、龙岗西，敌被迫向金沟、闵桥、小关、蒋坝等地闯进，占领了金沟等地。日军主力集中在金沟。

根据日伪军倾巢出动、后方空虚的特点，罗师长令地方武装袭击伪据点。16日夜，我天长总队拔除天长城外护城排敌军联络据点，完全消灭伪军1个班；甘泉支队拔除天扬公路伪据点司徒庙，消灭伪军1个排；冶山支队分袭天扬公路之仁和集伪据点及天长城东门。其后，我军不断向敌新占据点袭击，至3月8、10、11日，对金沟发动了3次夜间猛烈炮击，杀伤敌多名。13、14、16日，我3次袭入金沟街上，炸、烧敌驻舍。17日，由金沟至陆秋坟抢粮之敌，被我击退，伤亡10余名。

金沟是高邮湖西的一个重镇，是淮南抗日根据地高邮县政府的所在地。1944年秋季，日寇为摆脱困境，疯狂进犯我根据地，抢夺粮食。金沟河汊纵横，可通高邮湖，敌驻高邮日寇丹羽第四中队，便用汽艇从湖上占领我金沟，将根据地在金沟以东的两个粮食高产区隔断，肆无忌惮地进行抢粮、破坏。

罗师长亲率师部少数人员及一个独立团开赴战场。如果按照一般战法，从正面发起进攻只能将敌人赶跑，达不到大量消灭敌人有生力量以完成全歼的目的。罗师长根据金沟一带特定的地形，考虑到敌人只有水路一条通路，决定不以主力从正面进攻，而将主力部署在金沟南北河口，封锁敌人退路，不让敌人逃跑，以图歼灭，最后取得了预期的胜利。除击毙、溺死大量敌人外，还抓获了包括敌翻译在内的俘虏多名。

由于金沟只有水路连接，罗师长下令阻击日军运输船。18日，我军于南河口阻击敌运输船。23日，我军于衡阳滩截击，打下敌80余条船，毙敌少佐1名。24日，我军袭击金沟外围的邵庄据点。25日，我军至纪家老庵阻击敌运输船，毙敌10余名，俘敌4名。

经过20多天蚂蚁啃骨头式的游击战和每天不间断的骚扰，日伪军只能龟缩在金沟、闵桥等几个新据点内。罗师长又集中兵力于金沟附近，准备激战。

4月15日，金沟日军400多人外出，企图驱逐我军，扩张据点。我军与敌激战于柏家湾终日，毙敌30余名。金沟、闵桥之敌至此不得不放弃打通淮河的企图。17日晨，敌乘大雾由金沟经塔儿集到闵桥，被我夹击。我军与敌激战约6小时之久，毙敌20余名。18日，敌全部由闵桥退向高邮。

这次战役，主要战斗24次，毙伤敌官少佐及中队长以下260名，生俘敌军4名，伪军525名，缴轻机枪2挺，掷弹筒1个，步枪223支，其余军用品甚多。我伤52名，亡32名，共计84名。

罗师长用蚂蚁啃骨头的方法粉碎了冈村宁次的计划。

在罗师长身边的日子

◆何　培

我是安徽省肥东县人，1938 年参加新四军时刚满 15 岁。1940 年 5 月，被选调到罗师长身边工作。在战争年代，给高级将领当警卫员，选拔条件是非常严格的。首先是政治上要绝对可靠，革命立场坚定，军事素质好，勇猛顽强，吃苦耐劳，甘愿牺牲自己保护首长，而且还要头脑灵活，机智敏捷。记得有一次，锄奸部为罗师长增派一个警卫员，罗师长得到报告，带着我们站在陆家苗水塘边等候。按约定时间，王国典同志带着那人远远走来，罗师长用敏锐的目光盯着那人看。我们都见那人走路时双脚一撇一撇的，摇摇摆摆。走到跟前，罗师长把王国典同志叫到一旁，说："我这里不需要，你把这位同志带回去吧。"尽管罗师长什么话也没有说，但我们都知道，那位同志政治上当然是非常可靠的，但是连路都走不好，军事素质就可想而知了。

在罗师长身边当警卫员的几个同志，都非常精干。有一位被大家称为老董的同志，是安徽庐江人，极其勇敢，力气也特别大，过河时他可以毫不费力地把身躯庞大沉重的罗师长扛过河去。还有一位同志叫孙道成，特别能吃苦，3 天不吃饭也照样咚咚咚疾步如飞，冬季行军，天寒地冻，他给罗师长牵骡子，骡子喷出来的热气和沫子把他的棉衣后背全部湿透，北风一吹，寒冷刺骨，他却毫不在乎。当然，我们当警卫员的个个都是机灵鬼，眼睛鼻子都会说话，眼珠一动就是一个点子，有时候也很调皮。比如，司令部的知识分子们多少攒下了一点钱，在艰苦的战争生活中时不时地买点东西来改善一下伙食，煨只鸡呀，炖只鸭呀，眼一溜，不翼而飞啦，哪里去了？不用问，咱们“代劳”啦！当然，我们“代劳”是看对象的，都是平日里与我们相处得极好的知识分子战友，这还带有开玩笑的性质。对一般的同志我们三大纪律八项注意是严格遵守的。师部机要科科长李德安同志对我们警卫员相当好，好不容易改善一回伙食，他还要用鸡汤下面条送给站岗的同志吃。再如，随罗师长行军，罗师长总是要求走小路，或者不走路，干脆从荒野地里直插过去。在敌情不太紧张时，我们就故意为师长牵牲口，走着走着就上了大路，罗师长知道我们是贪图路平坦好走，就向我们晓以利害，说明走大路易被敌伪侦察的道理。警卫员调皮归调皮，可完成任务或打起仗来没有一个含糊的！对革命事业忠心耿耿，在枪林弹雨面前也毫不畏惧。罗师长非常爱护我们，我们也从心底里敬爱他。

要说我们的罗师长，我是三天三夜也说不完。他是为中国革命作出过重大贡献的老一辈无产阶级革命家，更是一位卓越的无产阶级军事家，是一个标准的革命军人。他在军事上的建树、他的指挥艺术、他的作战风格和他创造的战法，我认为很值得研究。

在这里我仅仅从一个警卫员的角度，谈谈他严格治军、爱护部属的事迹和他战争年代的家庭生活。

罗师长的严格治军、严格训练是出了名的。他经常说，“练兵多吃苦，战时少受罪。平时多流汗，战时少流血”。“严格治军才是真正的爱兵。不严，爱是假的、空的。”“训练不严，上战场就要吃亏、流血、送命、掉脑袋！”“新兵必须经过严格训练，才能送往战斗部队，不经过训练，等于去送死！”他还有许多具体的练兵格言，至今对部队训练仍具有指导意义和科学价值。他戎马一生，身经阵仗千百次，纵横转战十数省。他在云贵高原，华南山地，青藏高原的雪山、草地，西北地区的荒原、沙漠，华中的平原、丘陵、水网地带等各种地貌条件和自然环境下作过战。他与袁世凯军、北洋军阀、国民党军、各省地方军阀、土匪、日本侵略军等各种敌人交过手,实战经验极其丰富。

他善于总结,每次战役、战斗后都要主持写出战斗详报,并切实从中吸取成功的经验和失败的教训,进而因地制宜地制订出了一整套的、行之有效的练兵方法来。他要求每一个指战员必须熟练地掌握“五大技术”:射击、投弹、拼刺、劈刀、土工作业。

他在训练中设置“五大障碍”:独木桥、矮墙或板壁、铁丝网、水沟、壕堑。他经常发动大规模的练兵运动,在各部队间频繁地搞“大比武”、“大会操”,使各个部队都热气腾腾、生气勃勃,训练场上龙腾虎跃。他主持的军事训练是严格的、逼真的,也是极其艰苦的,冬练三九,夏练三伏,罗师长亲自带头示范。比如练瞄准,平端着一支步枪长时间地练就已经很吃力了,他还要在枪管上再挂上一支枪,这叫“枪挂枪”,士兵端枪站10分钟,30分钟,甚至1个小时,还不准摇晃。再如队列训练,立正要像一座铁打钢铸的铁塔,蚊虫叮咬,纹丝不动,冷不防从侧背给一个扫堂腿也要晃都不晃。又如练腾越障碍时,身上背个石磨盘;武装跳远时跳沙坑,寒冬腊月跳越水沟,跳不过去就掉在冰水里,冻得够呛;练匍匐前进,他亲作示范,端着重机枪匍匐前进;训练中从不搞花架子,不搞好看不中用的一套。总之,罗师长主持练出来的兵,无论战时遇到什么样的艰难险阻,也不在话下!至于战术训练、如何利用地形地物、如何配置兵力火力、如何应付突发情况等,更是罗师长在平时或行军途中经常会出的题目,他要求全体指战员时时刻刻想着战争,随时随地准备打仗。

严格的训练,卓有成效地提高了部队的军政素质。经罗师长训练出来的部队,能打硬仗,善于出奇制胜,能啃硬骨头,攻必克,守必坚,所向披靡。正因为如此,淮南抗日根据地才得以在日、伪、顽三面夹攻的险恶环境中不断巩固,发展成为华中敌后最稳固的根据地,新四军军部也于1943年1月迁到淮南抗日根据地的盱眙县黄花塘驻扎,直到抗战胜利。对于罗师长的严格训练和严格治军,也有一些人有抵触情绪,但是，往往是部队在战斗中受到了挫折或者有了较大伤亡时，人们就更加深切地理解到罗师长为什么要求那样严，原先有意见的同志也就自动消除了意见，心悦诚服了。

在训练中把指战员的体能发挥到极限，不但增进了干部、战士吃大苦、耐大劳的毅力和耐力，而且也增强了部队的战斗力。因为只有在部队适应了高强度训练之后，罗师长要求在战争中发挥的猛冲、猛打、猛追的精神才能实现。罗师长常说："狭路相逢勇者胜，要勇敢，要勇猛，你下水我也下水，你上山我也上山，你进村落，我围歼你，不让敌人喘一口气！不让敌人有还手之力！"

日、伪、顽对罗师长都十分惧怕。日本侵略军曾被罗师长独创的"梅花桩战术"、"麻雀战"、大刀队杀得丢盔弃甲、丧魂落魄。据守在津浦铁路上的伪军，慑于我军事威力，对我军过路只敢睁一只眼，闭一只眼，我们部队过完了，命令他们叭叭打几枪，好向日本人交差。津浦路西的广西军，虽然以骁勇善战著称于国民党军队中，但在我军面前也只能是屡战屡败，不得不承认有一条"攻不破的罗炳辉防线"。津浦路东的韩德勤更是我军的手下败将，他们八十九军一一七师的军事文件中就沮丧地供认："查罗匪颇富冲力"、"我军远不如匪军之飘忽轻捷，运用裕如。"

新四军7个师，各有特点，各有特长。我们二师很有名气的是"二师出干部"，这与我们罗师长严格治军、从严要求是分不开的。他严格要求干部，更严格地要求自己。他身先士卒，亲做表率，要求别人做到的，自己首先做到。比如训练山地急行军，他虽然身躯胖大，却总是带头疾走如飞。比如在北出三河、开辟淮宝水网地带时，他号召全军学游泳，他就带头下水。比如要求指战员掌握五大技术，他自己就率先熟练掌握，是个出名的神枪手。他个人的军风、军纪更是一年到头一丝不苟，威严整齐。正因为如此，广大指战员都服他。抗日战争中，我们二师为革命培养并输送了一大批优秀的军政人才，有许多人至今还担负着党、政、军的领导工作。

罗师长的爱兵也是出了名的，真像慈母一样。现在，在一般人的心目中，只知道罗炳辉是一个叱咤风云、严厉严肃的大将军。其实，这只是一个方面。另一方面，他的心又很细、很细，非常地重感情，有时候甚至细心得有点婆婆妈妈。罗师长爱兵，爱得深沉，爱得实在，对部下体贴入微。他下到基层连队，看厨房，问伙食；看住处，问冷暖，真正是与士兵打成一片，切实地为战士排忧解难。因此，当兵的都把罗师长看成自己的亲人，有什么话都愿意跟他讲。他有时候脾气不太好，但是他从来不训士兵。打仗时如果士兵伤亡大了，他心疼得好几天吃不下饭、睡不好觉，能批评得指挥战斗的团长、营长无地自容。

罗师长常常对旅、团、营长们说：“我们做指挥员的，要时时、事事、处处注意爱护我们的战士。旧军队里好说‘爱兵如子’，把兵当儿子，自己以老子自居，是封建意识，但同生死、同甘苦还是对的。我们是共产党领导的人民军队，在人格上大家都是平等的，指挥员只不过是掌管一方、责任更重而已。我们都是阶级兄弟。指挥员要像对自己的亲骨肉、亲手足一样地爱护自己的战士，和战士们同心共命。只有同心了，才能共命。我们要知道他们在想什么，需要什么，有什么困难要我们帮助解决，家庭呀，父母呀，妻儿呀，家乡年成的丰歉呀，本人的健康呀，思想状况呀，饮食呀，起居呀，上下级关系呀，等等。只有官兵一致，上下一致，同心共命，部队才能打胜仗，才能无往而不胜！”

罗师长爱兵，士兵也爱罗师长，对他十分信赖。1942 年，我随罗师长去津浦路西，有一天晚上他去摸哨，那天天特别黑，风又大，吹得树木、草丛哗哗乱响，哨兵也有点紧张，罗师长悄悄接近哨位，被哨兵发现了，哨兵叭地一枪，子弹擦着罗师长的身体飞过去，把罗师长的衣裳穿了一个洞。团、营长们知道了，吓得够呛，要处分这个战士，这个战士也很紧张。罗师长却非常高兴，在指出了他没喊口令就开枪的欠缺之后，大大地表扬了这个战士，说他革命警惕性高，号召大家向他学习。

对我们这些警卫员，罗师长是非常喜爱的，关怀备至，宽厚如兄长，慈祥如母亲。至于他对我们的要求格外严格，那也是一种爱。不严，到战时是会吃大亏甚至掉脑袋的。

1943年夏，罗师长把我叫去，叫我坐下，说："何培呀，你是块好料子，老跟着我可惜了。按说，我舍不得你走，但是你还年轻，我不能耽搁你的前途。我决定送你到抗大去学习，钻研革命理论，准备为革命承担更重要的工作。"他亲自开了条子，让我到抗大八分校去学习。学校设在天长县境内的龙岗镇，紧靠高邮湖。学习生活紧张而又愉快。

有一回，罗师长到学校来视察工作，远远看见了我，就高声喊着："嘿呀，那不是何培吗？快过来！快过来！"我急步跑上去，向他行军礼，他一把把我搂在怀里，说："小何培，小何培，可把我想坏喽！"罗师长拉着我的手，端详了又端详，问长问短，就跟慈母一样。我也是个刚强汉子，可是到这个时候，眼泪却止不住地淌。后来，我从抗大毕业，被分配到新四军第四师彭雪枫部工作，去了淮北抗日根据地。在战争间隙，我常常想念起远在淮南的罗师长，当时他的胃已经不好了，经常犯病，大量便血，血压又高，他又是个只知工作不知休息的人，我的想念里还夹着担心。

四师师长彭雪枫同志听人说玉器可以降血压，就想方设法给罗师长送去了一件玉牛。现在，这件玉牛珍藏在中国革命军事博物馆，成了两位老一辈革命家深厚革命友谊的纪念物。

罗师长的家庭生活是十分感人的。张明秀同志是四川省广元县人，是红四方面军的老战士，长征到陕北后，进入延安抗大第三期学习，抗战之初在八路军驻武汉办事处，在周恩来同志的直接领导下工作，来新四军工作后，曾在军部教导总队女生第八队当指导员，在淮南抗日根据地先后担任西高庙区区委书记和二师司令部机关协理员、司令部机关指导员。张大姐温和持重，艰苦朴素，从来不摆架子，在工作上兢兢业业，对同志诚恳坦荡，一身正气，在司令部享有很高的威望。罗师长非常敬重她,他们感情十分融洽。罗师长的脾气不好,张大姐常常批评他,如果批评不见效,张大姐就严肃地说:"炳辉同志,别以为你是师长,我就批评你不得。你是党员,我是机关指导员,你得接受我们支部的监督。"罗师长党性很强,听到这样的话也只能接受批评了。她和罗师长各自有自己的工作,聚时很少别时多,是一对革命伴侣。张大姐对我们警卫员非常尊重,非常爱护,我们出发回来,衣服破了脏了,鞋破了,她都要细细过问,帮助我们解决困难。

抗战胜利前夕,我从四师到淮南抗日根据地来执行任务,专程拐到二师司令部驻地来安县大刘部去看望罗师长。罗师长高兴极了,他和张大姐一定要留我吃饭,他把他的爱子罗新安抱在膝上,陪着我吃了一顿饭,把好菜全都夹到我的碗里,在碗里堆成了小山。临分别时,罗师长亲自把我送出老远、老远,再三叮嘱我要发扬优点,克服缺点,踏踏实实地为党工作,争取更大的进步,并且说:"下次再到淮南,一定要到我这里来,不然,小心我骂你!"没有想到,这一次见罗师长,竟是最后的一面。

抗战胜利后,罗师长也离开了淮南抗日根据地,率部北上山东,与陈毅同志会合。解放后,龙潜同志告诉过我一件事:1946 年 3 月,北平军调处美军代表邓克,飞抵苏皖边区政府所在地江苏淮阴市,邓克向我方代表问起了罗炳辉将军的情况,并说马歇尔将军对罗炳辉将军很敬重,很感兴趣,知道他是个传奇性的人物。

罗师长在山东战场不幸逝世的消息传来时,真像一声晴天霹雳!全军上下,还有老根据地的黎民百姓,人人痛哭,人人哀悼。在那些沉痛的日子里,我一想到敬爱的罗师长,眼泪就流下来了,直到现在,罗师长的音容笑貌,还是经常出现在我的脑中。与新四军时代的老战友们见面,一个必有的话题,就是共忆罗炳辉将军的光辉业绩。

安徽人民铭记着罗炳辉将军开创淮南抗日根据地的历史功绩。安徽省天长县曾在从 1946 年至 1960 年的 15 年间改名为炳辉县。1987

年8月1日，中国人民解放军建军60周年纪念日，罗炳辉将军铜像揭幕典礼在省会合肥市隆重举行。张明秀大姐率子罗新安、女罗鲁安及其全家，专程从上海来合肥参加典礼。

当年曾追随罗炳辉将军的新四军老战士黄岩、李世农同志和中共安徽省委、合肥市委负责人徐乐义、孟富林、杨永良等同志出席了典礼。当李世农同志和徐乐义同志共同揭开蒙在基座上的红绸时，镌刻在大理石上的15个金光闪闪的大字显露出来："人民的功臣罗炳辉同志不朽——周恩来。"我仰望着罗炳辉将军全副戎装、挽绳勒马的雄伟形象，心潮澎湃，不能自已。是的，敬爱的老首长罗炳辉将军没有死，他已经在人民的心中得到了永生！

（根据罗新安、宋霖1979年5月1日和1990年3月22日两次访问何培的记录整理而成）

忆淮宝抗日根据地的开辟

◆张劲夫

作者简介：张劲夫(1914～)，安徽肥东人。1935年12月加入中国共产党。1937年抗日战争爆发后，领导上海战地服务团在卢汉部云南部队开展抗日救国宣传教育工作。1938年初撤至武汉，4月任中共安徽省工作委员会常务委员兼宣传部部长。1939年5月任新四军江北指挥部政治部副主任，并任中共鄂豫皖区党委常务委员兼民运部部长。1940年1月任中共皖东津浦路东省委书记，兼任新四军第五支队政治部主任。参与领导创建津浦路东抗日根据地。皖南事变后，任新四军第二师政治部副主任。1942年2月起任新四军第二师四旅政治委员，兼任淮南区党委宣传部部长，率部坚持淮南敌后抗日游击战争。新中国成立后，历任浙江省委常委兼浙江省政府财政经济委员会主任、华东军政委员会财政经济委员会副主任、国务院地方工业部副部长、中国科学院副院长、国家科学技术委员会副主任等职。1975年后，历任财政部部长、安徽省委第一书记、安徽省省长，并兼任安徽省军区第一政委。1982年起担任国务委员兼国家经济委员会主任。是中共第八届候补中央委员、第十一、十二届中央委员，第三、四届全国政协常委。在中共十三大上被选为中央顾问委员会常委。

1938年党的六届六中全会决定撤销长江局，成立中原局，刘少奇任书记，领导长江以北的河南、湖北、安徽、江苏地区党的工作。但是，由于在一段时期内，我们安徽的党组织政治觉悟不高，没有抓住时机在敌人后方放手发动群众，发展武装，建立抗日根据地，致使苏北、皖东大片的敌人后方，被国民党顽固派韩德勤、中间人物李明扬，以及表面上和我们关系不错的盛子瑾和广西桂系军队建立和掌握了政权，并趁机扩大武装。其中还有像秦庆霖这样的地方顽固派，他们拉武装、当司令。总之，广大敌后被国民党顽固派占领了。鉴于这种情况，中央指示：苏南新四军北上，陈毅、粟裕的部队从苏南到江北，我们皖东和皖东北新四军第四、五、六支队东进接应。大家都很拥护中央的英明决策。我们到敌人后方是打击日军和汉奸的，打游击总要有个家，要有块根据地，要有个政权。这不犯法，蒋介石在庐山发表的谈话里不也说地不分南北东西，人不分男女老幼，皆有守土抗战之责嘛！

可是国民党顽固派，对敌人游而不击，对我们共产党、新四军却专搞摩擦。1940 年 3 月发生了半塔保卫战。韩德勤乘我们第五支队主力到津浦路西反击桂军时，纠集十个团的兵力，向我第五支队后方半塔集大举进攻。在中原局正确领导下，我第五支队在路西大捷之后，回师路东，江南指挥部亦派出增援部队。我军两面夹击，取得了半塔保卫战的胜利，韩德勤部队溃逃到三河以北，盱眙解放。

1940 年 4 月，中原局和新四军江北指挥部从津浦路西迁至路东，刘少奇、张云逸、邓子恢等也都来了。根据中央指示，中原局决定：安徽东部和江苏交界的新四军第四、五、六支队向东进，陈毅率领的新四军北上到江北来，黄克诚率领八路军南下，共同开辟建立苏中、苏北抗日根据地。在这种情况下，我们第五支队的任务是赶快过南三河，开辟淮宝抗日根据地，然后继续东进，迎接陈毅部队过江，抓紧时间建立苏北抗日根据地。

淮宝地处洪泽湖以东，运河以西，高邮、宝应湖以北，是连接淮南、淮北的要冲。那里水网密布，地形复杂，驻有国民党韩德勤部约一个师，还有封建色彩很浓的地方武装小刀会。

1940 年 8 月，罗炳辉和我率领第五支队第八团、第十团和第四支队第七团顺利渡过三河。国民党韩德勤部因在半塔被我们打怕了，不敢和我们正面接触，我们一过河，他们就很快撤退逃到运河以东。不料，在淮宝我们遭到当地小刀会的袭击。他们口念咒语，手舞大刀，蜂拥而上。一开始，我们看他们绝大多数是受蒙蔽的群众，就做宣传工作。可是小刀会的头头大都被国民党收买，他们煽动小刀会会众，不顾我们宣传，一个劲往上冲。我们有的部队由于缺乏经验，受到一些损失。后来，我们每进驻一个地方，就修工事，以防小刀会袭击。另外，为了迅速东进，完成开辟整个淮宝的任务，我们对付小刀会的办法就是以政治宣传为主，辅以军事自卫反击。但是，小刀会不听劝告，硬是仗着人多，要打我们，我们只好付诸军事行动。我们在驻地筑工事，等小刀会靠近时还击。在战斗中，用打骑兵的办法，趴着一排，跪着一排，站着一排，一起放枪，密集射击。此外，我们还用特等射手专打执迷不悟的头头。这样经过几仗，小刀会刀枪不入的神话被打破，小刀会纷纷瓦解。我们到了高良涧、岔河一带，以后一直进到了离淮阴、淮安县城不远的运河边，淮宝全境基本在我们的控制中。在淮宝我们和小刀会打了大小十来仗，最大一仗是在盱眙县城新集打的，罗炳辉和我都在那里。

大约 10 月，刘少奇带一部分干部，其中有不少是从大别山来的文化人，还有赖传珠，路过淮宝到盐阜区去和陈毅会合，在高良涧附近我们汇报了在淮宝地区打小刀会和建立抗日根据地的情况，刘少奇说，这些经验不错，肯定了当时的做法。

在开辟淮宝抗日根据地过程中，黄克诚带八路军部队到淮宝来，在新集附近和我们会合。当时天很热，老乡请我们吃西瓜。黄克诚是老革命，非常朴素，和战士们一样，穿着土布军装。我们很钦佩。黄克诚和我们共同研究决定：八路军南下部队从淮阴北面东进，我们第五支队从淮阴南面过运河，协同作战，迎接陈毅的部队过江。

我们部队在淮阴、淮安以南的运河边上开进，行动非常不便。当地水网密布，老百姓下田种地、走路，都得用小船或大木盆。这里的小孩子水性都很好，在岔河我亲眼看到，丢一个铜板到水里，一个小孩子一个猛子就捞上来了。到了运河边，对岸韩德勤部队不让我们过河，我化装成副团长，到运河边同他们谈判，做政治工作。韩德勤部队里有不少东北军军官，都是拖儿带女，我们的政治工作虽然有一定的作用，但是要他们让路给我们过去却不行。他们说上面有命令，不能违抗，自己混个官不容易，全家老小要吃饭。和他们谈来谈去没有谈成。我们任务在身很焦急，打吧，离两淮日军据点太近，我们地形又不熟，在水网地带，过河的船只也解决不了。没有办法，只好回过头来搞政权建设。

当时部队有个好传统，每一个新区开辟后，就帮助地方建立政权和党的组织。淮宝建立政权后，我们第五支队民运科科长周爱民就留下做县委书记，淮北刘瑞龙派李斌到淮宝任办事处主任。办事处设在高良涧，当时还出了布告。

淮宝办事处建立不久，日军开始扫荡，扫荡主要是针对我们淮南抗日根据地的。罗炳辉率领第八团赶回淮南反扫荡，我带第十团以及民运工作队、文工团留在淮宝坚持。敌人扫荡前一天，我们在岔河召开群众会议借粮，文工团还演出文艺节目。第二天拂晓，敌机突然轰炸岔河，岔河的群众损失很大，我们文工团的小战士也有好几个伤亡。我和政治部除奸科副科长郑从政隐蔽在房后的土墙根旁，未被炸到。与此同时，罗炳辉率领第八团在三河堕，亦遭敌军扫射，部队也有一些伤亡。敌人的扫荡规模相当大，出动了海、陆、空军，还有小炮艇开到高邮、宝应湖，但不久便被我们粉碎了。

开辟淮宝抗日根据地的意义，就在于我们坚决执行了中央和中原局的指示，打通了东进的道路，沟通了淮南、淮北抗日根据地，使淮南、皖东北和苏北抗日根据地连成了一片。

（选自中共中央党史资料征集委员会编的《党史资料征集通讯》1985 年第 8 期）

忆罗炳辉的革命作风

◆王善甫

作者简介：王善甫(1920 ~ 2006)，河南内乡人。1937 年加入中国共产党，同年 8 月到河南泌阳县参加鄂豫边红军游击队。抗日战争爆发后，先后在新四军四、五支部和二师所属部任连指导员、营教导员、团政治处主任、师社会部科长等职。解放战争时期，在新四军二师和华中野战军所属部历任团政委，旅、军分区政治部主任、军管委员、支前司令等职。建国后，历任皖北军政干校政委、军区后勤部政委、南京军事学院系政委、通信兵政治部副主任、总参通信部政治部主任、总参防化部政委等职。1960 年被授予大校军衔。“文革”结束后，参加了编写党史、军史等工作。享受副兵团级待遇。

在罗炳辉担任新四军五支队司令和二师师长期间，我和他有过一些直接接触，听到很多同志赞扬他作风好的热情话语，以及他的许多感人事例，现在回忆记述的就是其中的一些片断。

英勇无畏　靠前指挥

1940 年 5 月 27 日，日寇和伪军侵占来安县城。为了消灭敌人、夺回失地，罗炳辉亲临前沿指挥，在距离县城很近的山坡上指挥作战。当时敌人炮火很猛，子弹在他身边呼啸而过，但他镇静自若，指挥部队用煤油、火药火攻敌人。在他的指挥下，五支队的八团和十团一个营，配合火攻，迅速把敌人赶跑了。当时五支队政治部出版的《前锋》小报，用大字标题刊登了“罗司令在火线上指挥部队火攻来安城”的消息，对激励和培养部队英勇作战的精神，产生了很大的影响。

1942 年 10 月底，国民党军队侵犯我定远藕塘一带，罗炳辉亲自指挥我四旅、六旅的部队，把敌人从北往南赶。当敌人往合肥县王子诚溃退时，有个保安团在后边掩护。罗炳辉站在王子诚附近的山头上，拿着望远镜，看准了敌情后，当即命令第二梯队的十八团跑步开进。在这支部队经过他身边时，他手指敌人，下令要求十八团猛打猛冲，追击敌人。全团同志看到亲临前线指挥作战的罗炳辉，都信心百倍地紧跟团首长，如猛虎扑羊一般，一口气冲了十来里，把敌人全部打垮，并活捉敌保安团副团长以下官兵近百人，大振了我军军威，给人民群众很大鼓舞。还有一次，那是 1940 年 10 月，在合肥县栏杆集对顽军作战时，罗炳辉的指挥位置离敌人只隔一个凹地那么远，敌人的步枪和机枪子弹都能打到，但他临危不惧，果敢沉着地指挥部队作战，给干部、战士以巨大的力量。

罗炳辉不但在军事作战中亲临前沿指挥，而且在政治斗争中，也是挺身而出，坚决贯彻党的方针政策，同敌人进行了有理、有利、有节的斗争。例如，国民党顽固派破坏国共合作和团结抗日，悍然于 1939 年冬掀起了第一次反共高潮，到处制造摩擦。这时，罗炳辉对干部谈话，给部队讲话，向老百姓进行宣传，反复宣讲党中央对国民党又团结又斗争的方针，揭露顽固派破坏团结、准备投降的阴谋。这当中给人印象最深的是 1939 年 11 月，罗炳辉在嘉山县自来桥国民党政府所在地，召开了一次军民联欢大会。在大会上，他把破坏抗日的嘉山县县长周少藩也请到主席台上，当着他的面，大讲我党坚持抗战，反对投降；坚持团结，反对分裂；坚持进步，反对倒退的政治主张，并联系实际，义正词严地揭露和抨击国民党顽固派制造摩擦、破坏抗战的反动行为和阴谋。部队感到理直气壮，深受鼓舞；老百姓感到新四军是靠山，斗争信心大增；顽县长在现场非常狼狈。三个月后，当淮南津浦路东反摩擦作战开始时，在我强大军力声威下，顽县长带着县大队逃走了。

治军从严　训练有方

罗炳辉对部队的教育训练非常重视。为了完成党的作战任务，防止打起仗来遭受不必要的牺牲和损失，他坚持从需要出发，对部队教育训练要求很严。他经常强调平时要为战时着想，反复宣传“艺高人胆大”、“平时多流汗，战时少流血”的道理。他深深懂得严格要求是为了爱护大家。因此，在抓部队训练和管理中，不放过一件细小事，要求大家一定要按规定去做，不得随便违反。所以，有些同志既害怕他，又尊敬他。他在抓部队训练中，有这样一些突出特点。

第一，言传身教，重视演练。他经常亲自讲课，在向干部讲战术动作时，当讲完如何防止敌人突然袭击以后，他假设敌人从某个方向打来了，并手拾土块摔在大家身边，表示敌人的炮弹爆炸了，要大家采取处置措施。大家进行完毕后，他又做出详细讲评，给同志们以很大教育和启发，大家都反映“罗司令讲的军事课很生动，印象深”。罗炳辉在训练中尤其重视部队的实际演练。他在带部队行军和到达宿营地时，经常突然提出情况，说某个方向发现了敌人，问大家怎么办，有意培养干部的应变指挥能力，使部队保持高度的警惕。我们在接触中都感到，罗炳辉的“名堂多”，有丰富的实战经验，跟着他打仗吃不了亏。大家都知道他是红军长征中的“神行太保”。

罗炳辉给部队讲射击课时，也是边讲边做示范，大家按要领练习时，他对射击姿势一一进行检查，有时再放上铜板检查同志们握枪的臂力和枪的平稳程度，有时捏着枪后退，检查同志们全身用力情况，看枪身晃动不晃动。如不符合要求，就立即纠正。他还亲自举枪（包括步枪、轻机枪）做示范，给部队做样子。罗炳辉练就了一手好枪法，实弹射击打靶很准。有时端枪打鸟，一打就中。他经常现身说法，用自己的实际行动给大家讲军事课。他自己有一支“汉阳造”步枪，要警卫员背着，时常练习和进行实弹射击，大家从他的行动中看到了神枪手是怎么练出来的，决心像罗炳辉那样把自己的武艺练精。

第二，抓样板，搞比赛。为了推动部队的射击、刺杀、劈刀、队列训练，罗炳辉把特务营一个连（当时叫学兵连）培养成样板，结合巡视工作，带着这个连，有计划地到部队进行表演，和部队进行比赛。对搞得差的部队，就以学兵连为样板，讲明都是人，只要勤学苦练，是完全可以练出本事来的。当时，二师的部队都知道罗炳辉有个学兵连，射击、刺杀、劈刀、队列都很过硬，成为推动全部队训练的活样板。

第三，赏罚分明，表彰先进。为了培养部队的革命英雄主义精神，树立革命的荣辱观，罗炳辉对完成作战任务的好坏单位有褒有贬。例如，对完成作战任务出色的四旅第十和第十一两个团，颁发像军旗那样写着荣誉称号的两面红旗，要部队经常扛着，一面叫“铁锤子”，一面叫“金刚钻”，这对部队的作战训练起到很好的促进作用。相反，对完成作战任务不好的部队，特别针对主要领导干部，他批评很严厉，严格按纪律办事，为了把坏事变好事，防止重蹈覆辙，他还处处举例进行批评教育。对训练中先进和落后的单位，同样有表扬、有批评。一般在群众场合，除了在讲评中表扬、批评之外，有时还采用“激将法”，在大纸上画飞机、火车等图样，要有关单位领导干部当众领取，还画过乌龟图样，要搞得差的单位领导来领取。这样赏罚分明的做法，又形象又深刻，对部队教育很大，大家都不愿得“乌龟”，都想争着得“飞机、火车”，有力地推动了部队后进赶先进，先进更先进，使部队训练搞得热火朝天，仗越打越好。

关心战士　关心干部

对战士的生活情况，罗炳辉非常关心，不仅听取汇报，还注意亲自观察。他一方面在同干部谈话和队前讲话时向大家嘘寒问暖，一方面仔细观察大家的精神外貌，尤其注意那些显眼的情况。例如，看到有的同志面部气色不好，又黄又瘦，有的鞋子破，有的鞋子较多等情况，就详细查问。当知道有个干部腿出血，老不痊愈时，他把自己的云南白药送给这个干部用。当知道有的战士鞋子较多是由于手勤自己会打草鞋时，就号召大家自己动手向打草鞋的同志学，不要光伸手向上级要鞋，要自己爱鞋，养成艰苦朴素的作风。

他很注意干部关系的处理，只要听说有的干部心情不舒畅，和领导有隔阂，他就立即帮助干部疏通关系。1942 年，罗炳辉到十八团看望部队，当听说有个营长对有的团长有意见，心情不好时，就把有关领导和这位营长召集在一起，非常耐心地听取意见，并边听边记，最后发言时，他针对所提问题，其中对的予以肯定，不对的加以解释，并要求被提意见的同志有则改正，无则加勉。这几个同志的交心会，在他的主持下，开了一天时间。当大家知道罗炳辉在工作很忙的情况下，不但参加党的生活会，而且还苦口婆心开导同志时，都感到高兴和感激。正是由于这样，这次交心会开得很好，当场解开了疙瘩，而且对如何处理干部关系问题，树立了一个好的例子，被大家传为美谈。

扎根群众　热爱人民

罗炳辉对待人民群众很热情，主动与群众打成一片。除了经常通过召开军民联欢会与群众见面讲话之外，在工作和外出行军路上，也很注意利用休息时间，和群众接触交谈，在谈话中经常谈群众的生活问题。由于群众听说罗炳辉经常打仗上火线，对敌斗争的办法很多，又是创建淮南津浦路东抗日根据地的部队主要领导人之一，并听说罗炳辉有一手好枪法，每发必中，加上他身材魁梧高大，很不平凡，行军打仗需要两匹骡子换着骑，因此对他很崇敬，从内心里把他当成自己人。可是国民党顽固派对他既仇恨又害怕，就制造谣言进行反宣传，说什么他一顿饭能吃三升大米，还要吃一个小孩。有些未见过罗炳辉的群众，既有崇敬的心情，又有好奇的心理，所以不论他到哪里，都受到群众的衷心欢迎。特别是青少年，总要挨到他的身边，把他团团包围起来，听他讲话。每当听到日寇要扫荡、顽军要进攻、部队要准备打仗的消息时，只要听说罗炳辉在那里，部队和老百姓就感到胆子大、有信心、吃不了亏。随着军民关系的深入发展，罗炳辉与人民群众的关系愈加密切，他在群众中的威望也越来越高，不少群众把他称为"我们的罗青天"。党的优秀领导干部罗炳辉，以我党我军特有的优良作风和自己的模范行动，扩大了我党我军在人民群众中的影响，他不愧是我军的优秀指挥员、人民的好儿子，为我们树立了好榜样。

（本文撰写时征求过汉一夫、李冰、张万合、刘铁华、宋震宇、李占春同志的意见）

将军同部属之间

◆程启文

作者简介：程启文(1915～1994)，湖北黄安(今红安)人。1927年参加红军。任红四方面军第二十五军政治部宣传员、巡视员等。参加过长征。抗日战争时期，任新四军第四支队政治部总务科科长，独立第四团副团长，第二师四旅十团副团长、团长，路东军分区来(安)六(合)支队司令员。解放战争时期，任东北松江军区哈东军分区参谋长、哈北军分区副司令员、独立第七师副师长、第四野战军三十九军一五二师副师长。建国后，任广西军区玉林军分区副司令员，中国人民解放军师长、副军长，解放军体育学院副院长，湖南省军区副司令员、顾问。1961年晋升为少将军衔。

抗日战争时期，罗炳辉带领我们转战南北的峥嵘岁月，特别是他亲切诚挚、肝胆相照、关心同志、爱护部属的生动情景，常常在我眼前浮现……

我最早认识罗炳辉是在1939年初夏，刚刚成立新四军第五支队的时候。头一次见面，他那和蔼亲切、平易近人的作风，就给我留下了深刻的印象。那一天，天气晴朗。在津浦路西，安徽定远某地的一个村子，举行宣布第五支队成立的大会。我带着由战地服务团做敌群众工作的同志和一支游击队扩编起来的两百多人的队伍，和其连队以及机关的同志一起，在禾场上席地而坐。大会还没有开始，队伍中唱着歌子。

突然，从会场侧边走出一个扎腰带、打绑腿、身材高大魁梧的首长来。“罗司令来了！”全场立刻肃静下来，同志们的目光都集中在他身上。罗司令微笑着挥手致意，一个连队一个连队地亲切询问。他来到我们这支队伍面前，操着云南口音问道：“是哪位同志带的这支连队？”

“是我，我叫程启文！”我赶紧站起来，向他敬礼报告。

“哦！是你呀！郭述申政委早就向我介绍过你啦！”罗司令拍了拍我的肩膀说，“我们研究过了，你带的这个连编为特务营第三连，由你来当特务营的教导员。”

“那营长谁来当呢？”

“营长嘛……”罗司令把两手一摊，爽朗地大笑起来，带着神秘的神情说：“你急什么子啦？营长暂时不能来，名字暂时也不告诉你。”

说实在的，我原先听说罗司令打仗很勇敢，也很厉害，头次和他谈话，还真有点怯生哩。如今看他笑得那么亲切，讲得那么随和，那么没有架子，我也就随便多了，恳求说：“司令员，你就照顾照顾我们吧，部队刚刚组建，有好多事情等着商量，营长早点来主持工作才好。”

罗司令满口答应研究我的要求。当时，我们队伍前摆着两挺从敌人那里缴获的轻机枪，战士们穿上了用黄色染过的土布军装，这在当时已经是非常整齐的装备了。罗司令仔细地看了看大家，感到很高兴，问我们这个连队组建多久？打过几次仗？还问是什么地方人？何时参加红军？我一一作了回答。在离开我们之前，他握住我的手使劲摇了摇，嘱咐我赶快把特务营整编好、训练好。他那极大的手是那样有力，好像要把他那驾驭战争、夺取胜利的百倍信心和力量，都传递给我们，激励我们勇往直前。

支队成立大会结束后，特务营很快整编好了：由中共寿县县委领导的一支游击队编为第一连；由合肥东地方党组织领导的一支游击队编为第二连；战地服务团归支队直接领导，其战斗人员全部编为第三连。

不久，营长张翼翔同志也到职了。

支队刚建立，还没有根据地，没有一块安家立脚的地盘，各方面困难是很多的。罗司令整天忙着到各个战斗连队了解情况，指导工作。每到一个单位，他都要找干部、战士谈话，详细询问连队人员都是哪几部分组成的？来自何省何县？连队战斗素质怎么样？有多少武器弹药？连队的生活好不好，有什么困难？整编后大家都在想什么？敢不敢同日、伪、顽打仗？反复给大家讲当前斗争形势，讲党中央关于坚持独立自主地发展抗日游击战争，坚决反对投降派、顽固派的进攻，迅速扩大军队，建立巩固的抗日民主根据地的战略方针。他最喜欢讲战斗故事，往草地里、土坎上一坐，就摆开了“龙门阵”，讲起了他从护国讨袁到红军长征的亲身经历，每个故事都是那么令人感奋、鼓舞。他是一个革命的乐观主义者，到处都可以听到他欢快的笑声，休息时，他常常找干部扳腕子、比臂力。衣袖一捋，就在石墩上、板凳上比试起来，谁要是能比得过他，就能赢得他最多的欢笑。那亲密无间的情景，真叫人分不出谁是将军，谁是战士。

罗司令对部属的成长非常关心，对干部取得的每一个成绩都给予热情的鼓励。

当部队整编后不久，根据罗司令的命令，张营长和我率领一、三连到津浦南段活动，寻找有利战机，打些小仗，歼灭敌人，锻炼部队。有次我们在明光车站附近，以迅雷不及掩耳的行动，打下伪军的一个据点，歼灭一个中队，缴获一挺白朗宁轻机枪、四十支步枪，近万发子弹，我无一伤亡。初战胜利，罗司令亲自在支队直属队大会上表扬，还让战士把缴获的机枪举起来给大家看。弄得营长和我面红耳赤，很不好意思。

罗司令对知识分子参加革命也是非常重视的，热情地鼓励他们不断进步。八团侦察参谋方戴阳，是个高中生。有一次，他带两个侦察员，到管店车站侦察敌情，见到一辆压道车上坐着两个日本鬼子，就果断地隐蔽接近，“砰、砰”两枪把鬼子干掉，把压道工人放走了。等据点里面的鬼子放出一阵枪来“欢送”时，他们三人早已撤出管店好远了。罗司令知道后，非常高兴，说：“知识分子成了孤胆英雄，真不简单！”还要作战科通报部队进行表扬。又一次战斗中，他听说方戴阳负了伤，还亲自去看望。

有个中学校长参加我军后，严格锻炼自己，还学会了编织草鞋。对此，罗司令也备加赞扬，说他和工农结合得好，发扬了我军艰苦奋斗的传统。

罗司令对部属爱护至深，诲人不倦，总是那样循循善诱，帮助干部在政治上、军事上不断提高。1939 年 9 月，特务营奉调充实第八团，改为八团第一营，张营长调到十团任副团长，我被派到来安县一支国民党地方游杂武装去做争取工作。这支武装打的是“忠义救国军”的旗号，大队长是个暗中和日本鬼子勾结、专搞摩擦的蛮横霸道的顽固派。副大队长兼二中队长叶品山和他有矛盾，受不了他的气，曾派人和我们联系，表示要把队伍拉过来参加新四军。罗司令亲自向我交代任务，要我去收编叶品山的中队。我带着任命叶为我军游击第二大队大队长的委任状去找他，并说我将要和他一道工作。叶品山高兴地接受了委任状，可是，当他把队伍带出来一看，人员竟只有三十来人，杂七杂八的枪支只有十几支。我心里好不窝火，不是说有多支枪、人员要多少有多少吗？我心想这些龟孙子，为了骗官做，从来不说实话。我专程回来向罗司令汇报，泄了一肚子闷气。

罗司令却毫无愠色，仍然是那么笑吟吟地拍着我的肩膀，叫我坐下来慢慢谈。他把全国的、华中的、淮南地区的抗战形势摆了一遍，又把党中央和毛泽东同志关于团结进步势力，争取中间势力，孤立顽固势力，利用矛盾，分化瓦解，各个击破敌人的策略思想给我讲了一遍。罗司令指出，像叶品山这样的人不讲真话，我们早就预料到了。但是他表示接受我们的收编，这就有了可利用的条件，我们争取他过来，目的是分化瓦解“忠义救国军”的这支武装，不在于他的人枪有多少，瓦解一部分顽固势力，就减少一部分摩擦，减少一份抗日的阻力。再说，我们把他这点力量争取过来，改造过来，还可以用它作火种扩大游击，搞扩军，小队伍可以发展成大队伍。讲到这里，他那深邃的目光关切地注视着我，语重心长地说：“启文同志，我们想问题要往大处想，可不能感情用事啰！”罗司令的一席话，说得我又惭愧，又感动。他的胸怀多么宽广！心里时刻装着战争的全局。他教育部属，总是把我们带到高处，指引我们从远处看、往大处想，叫人不能不开窍，不能不信服。

我带了几个干部，回到叶品山那里，认真做好整编改造工作，并利用叶品山干掉了勾结日、伪的“忠义救国军”大队长。到 1940 年春，我们这支游击队就扩大到一百五十多人。这年 3 月，我们配合兄弟部队打击顽固派，又打了一个大胜仗，游击队在战斗中进一步扩大了。就以这支游击队为骨干，加上一个老连队，重新组建了有五个连队、八百多人的支队特务营。

对事待人处处要求严格、实在，这是罗司令的又一优良品格。他不仅自己这样做，也要求部属这样做。

部队干部、战士都知道他要求非常严，向他汇报情况掺不得半点假。训练有几分成绩就得说几分，打仗有多少战果就得说多少，因为他听过汇报还要到部队实地去检验，有时说不定他在听汇报之前，已经亲自到下面检验过了。

罗司令打仗几十年，深知部队的训练素质是战争胜利的重要因素，总是严格要求部队利用战斗间隙搞好技术、战术训练。对警卫部队，他要求每个干部、战士都要掌握射击、投弹、拼刺、劈刀、土工作业等五大技术。到了训练场上，他要亲自从队伍中叫战士出来，看看投弹能不能投到堑壕里，刺杀是否符合要领。

他常常出情况、提问题，考核部属的战术知识和组织指挥能力。行军时，他走着走着就提出情况来，要你带着部队向“敌人”隐蔽接近，迂回包围，发起冲击。他考核最多的是“遭遇战（不预期的遭遇）三个特点”：先敌展开要快，先敌开火要快，先抢占要点要快，强调两军遭遇，“狭路相逢勇者胜”。谁把这些原则记得熟，运用得灵活，情况处置得快，他就高兴，翘起大拇指表示赞扬。要是处置错了，他非让你重来不可。

罗司令无论走到哪里，都要强调爱护手中的武器，熟练掌握射击技术。他腰里经常插着的那支老牌左轮手枪，是他率领他的部队起义参加红军时带来的，一直视为珍宝，擦得锃亮。

1940 年春天，有位同志把一支从敌人手中缴来的新牌左轮手枪送给他换上，他还不干哩。他的枪法是全军最有名的，打树上的小鸟，天上的飞鹰，硬是百发百中。记得 1941 年初，皖南事变以后，党中央宣布重建新四军军部，罗炳辉同志担任第二师副师长（师长是副军长张云逸，实际是由罗炳辉负责主持二师的工作），我被调到十团当副团长，部队实行精兵简政，在未打仗时就抓紧进行军事练兵，随时准备给日本鬼子和国民党顽固派以坚决的打击。有一天，我们团正在一个小土山上搞训练，罗司令走了过来，发现我们的训练方法有些不当，有的战士据枪不稳，他便指出这样不容易打准敌人。他从战士手中接过一支七九步枪，瞅着六十多米外一棵树上站着的一只小鸟，“砰”的一枪就把鸟儿打落了。他说：“我们搞训练，就是要做到出枪快，据枪稳，瞄得准，首枪命中目标，敌不死也必重伤。有人不是说子弹太少了吗？我们哪来许多的子弹？就是子弹再多，打不准敌人还不是白送礼？我们一发子弹要顶一发子弹用，如果每个同志都能做到一枪打倒一个敌人，就够本钱了，一枪打倒两个敌人，就是本利双收。如果每个连队都培训十五个、二十个以上的神枪手、特等射手，等到敌人冲到距阵地二百米距离，一齐开火，不打死、打伤他几十个、百把个?!”几句话说得大家浑身都是力量。接着，他又考一考干部了。他指着刚才那棵树说：“你们来一个连长或者一个营长，看能否接过枪，一发就把那枯枝打穿？”还好，有个年轻连长勇敢地站出来，接过枪，一发就把那枯枝打落下来了。罗司令带头鼓掌祝贺，连连拍着小连长的肩膀说："打得好！你要能把全连同志都训练成你这样就好。"他又问连长在家干什么？何时参加新四军？怎样练得这一手功夫？小连长很不好意思地回答说："我在家时跟父亲打过猎。"从这以后，根据罗师长的指示，部队普遍开展了无依托举枪瞄准，增强臂力，增强据枪的稳定性，从战士到各级干部都得练，一直练到汗流浃背，手不颤，枪不晃，才让休息。他亲自带头练，八九公斤的轻机枪，他举起一练就是个把小时。经过一段时间的严格的军事训练，部队的军事素质有了很大提高。

罗司令对同志、对部属在各方面要求都很严格，有时甚至要发脾气。特别是谁要没有完成作战任务，他批评起来，简直没有通融的余地。不过，他是最讲实事求是的人，严格得合情合理，对的就坚持，错的就改正。如果批评有些失实，发脾气有过火之处，事后自己察觉了，或经别人指出来，他还会找受批评的同志说明情况，表示歉意。有时即使就在他生气时，当面提出意见，也能听得进去。1940 年 3 月，支队召开二七政工会议，罗司令为了整肃纪律，叫人把一个因在一次战斗中失利、未能完成战斗任务的营长捆了起来，押到大会场公审，要给他最严厉的惩处。当时的气氛真是紧张极了，但是我们几个团的干部据理力谏，说明这个营长打仗一贯勇敢，这次战斗一时指挥失误，还应该给他一个改过立功的机会。这时，罗司令还是宽免了这个营长。事后，我对他说："你当时的脾气好大啊！"他笑了笑说："以后一定注意，一定注意。"

罗司令指挥作战，坚定沉着，机智果断，既具有一定的战略胸怀，又最善于关照处置战斗中的各种情况。他最善于带兵用兵，充分发挥部属在战斗中的主动性和积极性，及时给部属的战斗行动以有力的支持。我在 1940 年 3 月抗击顽军韩德勤的常备十旅的莲塘战斗中，就深切感受到了这一点。那时，我五支队在友军的配合下，反击韩顽进攻半塔的保卫战已经取得初步胜利，敌常备十旅从苏北过三河，直奔莲塘，妄图策应半塔之敌撤退。

3 月 29 日，罗司令亲率特务营二、三连和重机枪排以及兄弟部队两个营，于拂晓前，先于敌人到达莲塘，他立即叫我派出五个排哨，只留下我和一个步兵排、一个重机枪排，在指挥所听候调用，敌人对我军主阵地轮番冲击，兄弟部队指战员奋勇抗击，打退了敌人多次冲锋。但是，因为他们连续行军，没有来得及构筑工事，加上敌我力量悬殊，终于撤到最后一道临时阵地。

罗司令从望远镜里见到战场形势很吃紧，便命令我带一个步兵班和一个重机枪排，沿小山脚接近敌人右侧后，袭扰一下，目的是牵制住敌人，使其不再进攻，减少兄弟部队主阵地的压力。接着，他便亲自赶到兄弟部队指挥所调整部署去了。罗司令走后，我想，拳头要打得重一点，敌人才会老实下来，便带了两个步兵班、两挺重机枪和两挺轻机枪，向敌人右侧后迅速跃进。这时，敌人正向我们这边运动。我们趁敌人立足未稳，轻、重机枪“砰、砰、砰、砰”一齐开火，进行压制射击，敌人猝不及防，不知我们到底有多少人，立即开始溃逃，向他们的主力靠拢。本来我们的任务只是牵制敌人，但是一看敌人那慌乱溃逃的情况，觉得正是出击追歼的好时机，便一鼓作气，猛超过去，一下把敌人打乱了套，直插到主攻我友军阵地前敌人主力中间，击毙敌人数十人，俘敌副营长以下七十余人。这时，只见我们北面一支强大的“骑兵”冲杀过来，滚滚灰尘高高扬起，敌人阵地顿时慌乱一团，全线溃退。次日，我各路部队一直追到三河商岸一线。战斗下来后，我才知道那大队的“骑兵”，只不过是司令部的六名骑兵通讯员。原来，罗司令在高处见到我们出击，敌人侧翼骚动，为了抓住战机，迷惑敌人，扩大胜利，便命令一名参谋，带着通讯队的全部骑兵通讯员，在每匹马的尾巴上捆上松枝，拖在地上，包抄敌人侧后，进行佯攻，竟把敌人吓得丢盔弃甲而逃。这一仗，罗司令赞扬我们打得主动，在节骨眼上起到了“四两拨千斤”的作用。我说：“司令员全局在胸，出奇制胜，给了我们及时有力的支援，这全是您指挥得好啊!”

在战斗中,罗司令总是深入前线,哪里最艰苦、最困难,他就在哪里出现。他每次来到同志们中间,大家都感到信心百倍,歼灭敌人,战胜困难,有使不完的劲。

我们新四军淮南抗日根据地,特别是津浦路西地区,处于日、伪、顽三面夹击之中,敌人时刻妄图把它一口吞掉。

1942 年,根据新四军军首长的决定,罗司令亲率二师四旅来到路西地区,保卫这块用鲜血换来的根据地。秋收时,广西军出动六个主力团,加上地方土顽,总共一万余人,向路西根据地大举进犯。同时,津浦线上各日、伪据点也纷纷增兵,似有配合桂顽向我扫荡的企图。那时,我四旅只有两个团,四千多人。罗司令沉着果敢,避实就虚,以数支小分队兵力插到顽区后方去,打击顽区政权,歼灭顽军后方留守部队,捣毁敌人后方供应线,造成敌人后顾之忧。另一方面,罗司令亲率四旅主力,会同地方武装、民兵群众,同桂顽连续苦战十天,歼敌近两千人,打得敌人仓皇逃跑,退回老窝,再也不敢轻举妄动了。这十天的反顽战斗中,罗司令一直和大家一起行军打仗,一起风餐露宿,他多次来我们团前沿指挥所,观察敌情,研究战法,亲自部署,指挥了界牌集之南伏击敌人两个营(将敌全部击溃,歼其一部)、夜袭岗窑湖等战斗。干部、战士见到罗司令亲自坐镇指挥,就好像有了主心骨一样,士气高涨,打得非常勇敢顽强,取得了较好的战果。十天艰苦战斗下来,罗司令眼眶都凹下去了,可他还是一个单位一个单位地检查休整总结,为巩固、建设根据地操尽心血。

(选自《怀念罗炳辉同志》,云南人民出版社 1981 年版,编入本书时作了删节和订正)

罗炳辉司令员二三事

◆裴先白

作者简介：裴先白(1916～)，湖南澧县人。1938年2月参加革命工作，1938年3月加入中国共产党。曾任新四军四支队干事、政治部科长，二师四旅团政治处副主任、主任、团政委。1949年5月上海解放后，历任市财委处长、副秘书长，市服务局副局长、局长，市第二商业局党委书记、局长，市政府财贸办公室副主任、主任。1978年5月起，任市革委会副主任。1979年12月起，先后任上海市副市长、市政府顾问、市八届人大常委会副主任、市政府市政工作咨询小组成员。

抗日战争的八年期间，我一直跟罗炳辉司令员在一起，在一起作战，在一起训练。我对他印象最深的就是他处处事事亲自在第一线，打仗他在前线，训练他在操场。

他搞训练不完全是图上作业和照书本上讲课，而是经常搞实战演习。他带部队出去就会突然出题目。有一次我跟他去淮南新沟高邮到十二、十三团检查工作。我们正走在路上，他突然说："敌人来了。"这个时候他不但看大家怎么应对，而且还对某一个干部说："现在给你一个营，看你怎么对付敌人。"因为他随时会出情况来考验干部和战士，所以跟他在一起走路的时候，思想就要做好随时应付情况的准备，时刻保持战备的警惕。他还会出题目问我们，如果这个地方是敌人的驻地，你要用什么办法，怎么把它打下来。他经常出题目，搞实际的训练，如果你能应对下来,使他满意了,吃饭的时候他还会烤肉饼给你吃。

罗司令对部队的战备检查也是随时随地,就在我们路西最困难的那一年,他把七团、九团集中在路西藕塘附近。×××是七团团长,我是主任。我们知道罗司令住在附近,所以很早就起来了。他清早到我们部队来检查,一看我们都已经起来了,他就说:“你们这么早就起床了,是不是方子良告诉你们我要来的?”我说:“没有,我们是应该起来了。”他说:“不会,现在起床号还没有吹呢。”他要求我们各级干部时时刻刻都要有敌情观念。他自己有一支左轮手枪,时刻都放在身边,睡觉的时候就放在床头,一有动静就会发问“谁”,在发问的同时很迅速地就把那支左轮手枪抽了出来,这种情况我们都碰到过。

他枪打得很准,看到树上有鸟就会随手用手枪打下来。除了打枪他还非常重视部队的战、技术训练。有一次,他把七团、九团、十二团三个团集中在莲塘,准备打阻击,为了把部队士气鼓起来,提高部队的战、技术水平,他自己就住在莲塘,亲自训练部队。他是云南讲武学堂出身的,战、技术动作都很全面,他亲自在训练场上给战士做示范动作。这次训练从单兵进攻一直训练到连进攻。训练中我看到罗司令自己和战士一样也是一身灰、一身泥。他对训练的标准和要求也非常严格。有一次训练翻越的障碍物低了一公分,他就说这是弄虚作假,要重新按要求设置障碍物。当时训练有三过:“过水、过桥、过障碍。”我所在的这个团开始是老四团,后来是老七团,外号叫“铁锤子团”,平时专门训练夜战。

他不仅训练在第一线,凡打仗他也尽可能地到第一线,按道理他是师长,我们团的战斗应该由旅部指挥。可是打金牛山那一仗,他亲自到我们团的指挥现场指挥作战。当时敌人从扬州出来,跟着我们,和我们保持着接触,但没有打。晚上我们宿营时,他就布置我们要做好反击的准备和部署,果然第二天早晨敌人就向我们进攻了。战斗一开始罗司令就到了指挥现场。那一仗敌人以为我们的反击不会那么激烈,但我们一直把敌人打到江边,结果我们把敌人打垮了。打了胜仗罗司令就命令给参战的部队改善伙食，叫每个连杀头猪。

还有周家庄反扫荡战斗，徐海东来了，罗炳辉也是指挥，我们一直打到古河。古河有一个国民党的专员公署，是国民党重要的政治、军事据点，是统治淮南的中心。

我所在的部队现在是二十一集团军六十一师，也叫“红军师”，其中一百八十一团、一百八十二团就是我们的部队。该师是中央军委的值班师，军事素质很好，就是当年留下的基础。

罗炳辉司令员有个战略思想，就是搞防御，修工事，大家都叫罗炳辉防线。但是搞防御不是固守，要依托工事，打得赢就守，打不赢就撤，把敌人引进来再打。

罗炳辉司令员还能根据实际情况运用政策。当时我们路西的战斗目标是滁县、浦口、明光，在这一条铁路线上，我们破路，打仗，对付敌人的扫荡，卡住敌人在津浦线上的脖子。后来敌人在铁路两边挖了很深的沟，防止我们过铁路。1943 年以后我们就对伪军采取了两面政策。我们要过铁路，伪军就会送我们过铁路。我们过了铁路，伪军就打几枪，我们也打几枪，然后他们向日本鬼子报告说：“新四军要过铁路，被我们打跑了。”我们在铁路沿线搞了许多两面派的伪军，罗司令在这方面做了很多工作。我们解放区有农副产品，有大米，敌人交通线的据点上没有这些东西，我们就用农产品去收买伪军，叫他们为我们办事。当时已经是冬天了，可新四军战士还穿着单衣，没有布做棉衣，伪军帮我们搞到各种各样的布，我们就可以做棉衣了。我们还在铁路两边组织了许多便衣队，工作对象就是伪军，工作方法可以多种多样。发展两面派的伪军是我们当时在敌占区的一个政策。原来对伪军的要求是只能依靠我们，不能跟着日本人。现在允许他们搞两面派，他们也愿意，两面都拿好处。原来认为这是立场不稳，以后认识到这对我们有好处，也就肯定了。

（程晓明整理）

罗炳辉与罗生特

◆龙美光

罗生特其人

罗生特，原名雅各布·罗森费尔德，1903 年 1 月 11 日出身于奥地利莱姆贝格的一个犹太家庭，1927 年获得维也纳大学综合医学博士学位。

受到工人革命运动影响，罗生特早年即加入奥地利社会民主党。后因从事反帝活动而多次被捕，进而又由于反对希特勒吞并奥地利被投入集中营。一年后，他被判限期出境，终生不得回国。

在纳粹集中营，敌人的严酷刑罚不但没有使罗生特屈服，反而把他考验成为一个坚定的反法西斯战士。

日本发动侵华战争以后，罗生特深知中国抗日战争的正义性，他决定投身中国人民的抗日洪流，继续进行反对法西斯的斗争。离开集中营时，纳粹党徒逼问他的去向，他坚定地说："我要去中国！"

1938 年冬，罗生特被迫来到上海，开设个人诊所。其间，新四军卫生部部长沈其震在沪采购医疗器械和药品，巧遇罗生特。经过多次接触，而且其中又有德国记者汉斯·希伯（逝世后安葬于山东临沂华东烈士陵园罗炳辉将军墓旁）的介绍，罗生特较多地了解了新四军在大江南北的反法西斯抗日斗争，于是主动要求参加新四军，到苏北抗日前线为新四军官兵服务。回到军部,沈其震向陈毅汇报了罗生特的情况和要求。

1941 年 3 月,沈其震带着陈毅的亲笔信到上海,邀请罗生特到新四军工作。21 日,在新四军驻沪办事处的安排下,罗生特带着诊所的全部医疗器械和药品,到达江苏盐城新四军军部。

在新四军中,罗生特忘我工作,全身心投入中国人民的抗日事业,辗转于军部、二师、三师和四师之间。1943 年初,根据罗生特的申请,经陈毅介绍,罗生特成为中共特别党员。

在新四军,罗生特一面投身于新四军的卫生工作,一面积极采访新四军中的传奇人物,打算撰写一部反映新四军抗日斗争和将领传奇的书。

罗炳辉为罗生特接风

1943 年 3 月 19 日,在新四军二师卫生部部长宫乃泉大夫的陪同下,罗生特乘船通过洪泽湖,来到安徽来安大刘郢新四军二师驻地,拜访罗炳辉。

罗生特的到来,受到了罗炳辉师长和谭震林政委的热烈欢迎,他们亲自为他接风。

这天,罗炳辉把管理科长叫来,问他今天都有些什么菜? 管理科长说,素菜有青菜、竹笋、豌豆苗、荠菜,荤菜有猪肉和鱼。罗炳辉为搞不到像样的菜肴招待这位远涉重洋来新四军工作的外国客人而内心不安,认为“光有粗鱼笨肉不行”,即让警卫员给他拿了一支枪来,请谭震林陪陪罗生特,他自己与罗生特打了招呼,提着枪便出门了。

不一会儿,只听见“砰、砰”几声枪响。大约过了一刻钟,罗炳辉兴致勃勃地回来了,只见跟在罗炳辉后面的警卫员提着几只野鸭子。罗炳辉高兴地说道:“今天咱们吃烧野鸭子,尝尝鲜。俗话说,宁吃飞禽一口，不吃走兽一筐。这野鸭子可是难得的美味呀！”

罗生特伸出大拇指，连连称赞：“罗师长真是好枪法。”谭震林说：“他呀，从小当兵，行伍出身，打起枪来百发百中，有名的神枪手。”

在新四军二师，罗炳辉对这位国际友人处处关心。而经过一段时期的生活和了解，罗生特对这位性格豪爽、带兵有方、弹无虚发的罗师长也十分喜爱和崇敬。

罗生特看练兵

就在罗炳辉和谭震林为罗生特接风后几天，罗生特随师里的干部参观一个连队的日常训练。

罗生特看到，战士们带枪瞄准时，都在枪筒上系着两块砖头。他了解到，这是罗炳辉练兵时的家常便饭，而且从未降低训练标准。

看到这情形，罗生特不明白了，问这到底是怎么回事。这么艰苦、这么严格的训练，他可从没有见识过。陪同参观的干部解释道：“这是罗师长的发明。这样训练可以增强臂力，从而提高举枪瞄准时的稳定性，保证射击杀敌时百发百中。”罗生特点了点头，说：“这个办法好！看来，罗师长的枪法一定是这么练出来的。”

罗生特说：“中国共产党中真是人才济济。我最近在读赛珍珠用英文翻译的《水浒》，感到中国共产党里的这些英雄，他们有崇高的追求，有丰富的斗争经验和人生阅历，并且有正确的路线和政策作指导。同梁山上的英雄相比，中国共产党的英雄更令人钦佩。”

罗生特重获传家宝

一次，罗生特在二师乘船去参加一个卫生工作会议。由于酷爱游泳，船行河中，罗生特脱下外衣便游了出去。

到了目的地，罗生特告诉随行的人，在游泳过河时，他的一只怀表弄丢了。罗生特感到十分惋惜，毕竟，那只怀表，他是一直视为传家宝、未曾离过身的。

这件事被警卫员告诉了罗炳辉。罗炳辉为此也十分焦急，第二天一早便派出一个擅长游泳的连，一个人挨着一个人，排成几行，在河道渡口附近搜寻。

经过一番搜寻，那只怀表终于被战士们从河中捞了上来。罗炳辉专门请人修好怀表，派人送还罗生特。看着珍爱的怀表重新回到手中，罗生特说不出的激动。

罗生特采访罗炳辉

在新四军二师期间，多数时间，罗生特每到傍晚都要给罗炳辉测量血压，并在手术或给部队上课的间隙去拜访罗炳辉。

罗炳辉经常应罗生特的要求讲述他阅历丰富的军人生活，特别是自己三十多年来的军旅生涯。年少时的叛逆，青年时的勇猛，滇军的艰苦，北伐的硝烟，起义时的快慰，长征中的艰辛——面对这位真诚的国际主义战士，罗炳辉无所不谈。朦胧的月色下，在讲述的过程中，罗炳辉将军会拿起院子里靠桌子放置的一杆猎枪，熟练地射下一只飞过的野鸭，借以改善伙食。罗生特后来回忆说："当他讲述他的生活故事时，从他清晰、生动形象而又简洁的描述中，我不仅可以看到一段中国历史，而且还可以看到一个贫寒的农家之子如何成长为一个有阶级觉悟的人和一名共产主义军队指挥员的过程。"

罗炳辉在与罗生特谈及自己早期的军旅生活时，特别谈到自己反叛旧军队的历史。他说："开始时我只看到白色人种对有色人种的剥削。我出生在中国最南的省份云南。在印度支那边境上我见到由法国人负责的许多非常大的海关。我看到，白人是如何殴打一个中国苦力的。以后,我到了香港,除了没有中国的国旗外,其他所有各国的旗帜都在旗杆上迎风飘扬。这些都是我青年时期的印象。另外,我13岁就结婚,16岁就做了父亲。在这段时期,我认识到,在中国社会,在我们自己人当中,必定有什么东西腐烂了。我出生在一个农民家庭,我们总是挣扎在饥饿的边缘,地主却过着豪华奢侈的生活,他甚至可以拆散他属下农民的婚姻,强行让农民的妻子做自己的情妇,只要农妇的丈夫按个手印就行了。他们不会写字,这些穷鬼,对于自己按手印证实什么就明白得更少了。并且,反正任何反抗都是徒劳的。在军队里这种情况也好不到哪儿去(我是指在封建军队和国民党的队伍里),卖淫、淫乱,军官们和士兵们赌博,经常拖欠军饷。"

"……我那时在国民党的军队中已是高级军官了。由于我没有参与那种耽于享乐的生活,在军官中间我很不受欢迎,被怀疑是'赤色分子'。我们军队所到之处,穷苦的农民都逃跑了。在这些村子房屋的墙壁上常写着彩色的标语口号:'打倒土豪劣绅!反对日本帝国主义!'我目睹到,老百姓都同情红军。我经常抓到农民,他们都说红色统治很好,我把他们放走了。那时我也训练一支老百姓的队伍,用以充实我率领的各分队。因为士兵开小差,人越来越少。"

罗炳辉接着说:"一位青年时期的朋友,我定期和他通个信。他在给我的信中写道,训练一支老百姓的队伍当然是好的,但是要为老百姓的利益而斗争,而不是违背之。我开始苦思冥想,变得对我在部队的生活越来越不满意。"

对罗生特,罗炳辉历数旧社会和旧军队的腐朽奢靡。罗生特问他:"您是如何在这样的社会中避免腐化与堕落的呢?"

这时,罗炳辉目光锐利地直盯着罗生特,沉默了一会儿后,认真地说:"我母亲给了我以下的教诲:用受贿的钱得来的房子会着火烧掉,用这种钱买下的地也会被淹掉,用这种钱讨来的媳妇,给你生的孩子都不长屁眼。"

拜访间隙,有一次,二师医训队的学员们打了一条两米多长的毒蛇。这位“来自南方省份云南”的“蛇专家”罗炳辉将军就用蛇肉加高粱酒和各种蔬菜,做成了一道美味的菜肴,“那肉像小牛肉一样的鲜嫩”,内心中有种恐惧的罗生特鼓起勇气吃了好大一份,第一次感受到蛇肉的美味无比。罗炳辉的一身好手艺,罗炳辉种西红柿的技术,特别是罗炳辉的传奇经历,着实让罗生特大开眼界。

罗生特笔下的“多产和善意之神”

罗生特在他的《他们我全都认识》的采访手记(中文版书名改为《中国的大时代:罗生特在华手记》,由杜文棠等翻译,中国社会科学出版社 2003 年 4 月出版)中,曾多次描写罗炳辉。

罗生特在记述新四军各部队开展的一次大生产运动竞赛时说:“这次竞赛的优胜者是二师师长罗炳辉将军的小组。这个师在三师的南边,有 2 万人,包括一块拥有 120 万人口的根据地,其前哨地位可与浦口相媲美。……罗炳辉将军,第一次国内革命战争时期著名的战士,在早年的红军中就担任部队指挥官,是一位身材高大的巨人,体重有 260 磅。没有一匹马愿意让他再骑第二回。在战斗中他使用两匹骡子,轮流来骑它们。他热烈地握手通常使我数小时失去外科工作的能力。这个‘活佛’(开玩笑时他就是这么被人称呼的)与他的警卫员们一起,种菜的数量不仅是最多的,而且质量也是最好的。他谈论起这些来比谈一场打赢的战役还要自豪和幸福。他给我展示巨大无比的南瓜、黄瓜、红薯、长茎的中国大葱和头一次在这个地区种植的西红柿。尽管他有高血压,还有我的警告,可他从不让自己休息。农民们出于好奇,为了参观这些不同寻常的巨大的农作物,都从四面八方赶过来。他友好微笑地站在他们中间,像一位多产和善意之神。……举行了庆祝丰收的活动。不久农民们也唱起部队的歌曲,在夜晚举办的活动上,战士们和农民们一起跳起了古老的民间舞蹈和从延安传过来的群众舞蹈。作曲家章枚、何士德，非常有创造性的贺绿汀（音乐家）等人首先创作了《军民合作》、《收获之歌》……在持续不断的军事行动的间隙中，很遗憾这些庆祝活动只能是转瞬即逝的和平。”

他在记述江淮大学的演讲活动时这样写道：“偶尔做报告的人中的明星是师长罗炳辉将军，他是这所学校的主人。‘活佛’巨人般肥硕而又浑身肌肉的外表已经给学生们留下了深刻的印象，他对他亲自参加的第一次国内革命战争中的历史和军事事件简洁而又充满生趣的描述，博得雷鸣般的欢呼声。他回顾了三十多年的军旅生涯。”

罗生特手记里的罗炳辉自述

罗生特在他的在华手记里，记录了罗炳辉关于参加革命的简单自述。罗炳辉的自述如下：

“有一天他——我的朋友，来到了我的总部。他开始非常小心翼翼地劝说我。他谈到了共产主义，谈到了红军，谈到农民们赤贫的生活，谈到国民党军队的奢侈和腐败，还谈到了抗击日本的战争的必要性。然后他问我，是否还打算继续在这种污浊中生活下去。我深受震动。5天之后又来了2个人，是我朋友的朋友，他们更加清楚地给我说明这种情况。我忽然清楚地意识到，我进行的战斗不是为了百姓，而是在反对百姓呀。这时我的朋友才告诉我，他是共产党派来的，在那儿人们早就知道我清白的生活，也知道我对穷苦农民很友善。

我加入了共产党。

党交给我以下任务：(1)不要使人觉察。(2)保护队伍内部的共产党员。(3)向红军提供情报。(4)把共产党员吸收进我的队伍和那支老百姓的队伍，并让他们在各个小分队担任领导人。1929年7月我和师长还有参谋长开了一个会，要在我们师进行一次大规模的清洗。800人被逮捕，但是其中只有2个人是共产党员，他们还很快被我放了。但是我自己更加被人怀疑成‘赤色分子’了，不久连我周围所有的军事人员都被怀疑上了。

正规、可靠的国民党部队开始把我们怀疑为‘叛徒’，想把我们关起来，这时我冒险迈出了关键性的一步，我撕毁了旧旗子，树立起带斧头和镰刀的新旗帜。这样我们就成为红军的第五团。忠实于政府的国民党军队很快从所有的地区被调遣集中起来，警察力量也加强了。

我在吉安市附近的一个大型农民集会上讲话。我告诉他们，就在3天前我还在为地主们战斗呢，但是现在我的生命要献给穷苦的农民和工人。我亲爱的大夫，那时我在公开的集会上流泪了，我为我的过去感到羞耻。

第二天在一次大规模的进攻中我们战胜了国民党的军队，缴获了大量的武器，成千的农民都参加到我们的队伍中来了。

我参加第一次国内革命战争和‘长征’期间的事情，您在我们大学的讲座课上已经听过了。那真是一段非常好的时光。有时候我指挥10000名士兵，有时候不到1000名。走过炎热灼人的低地、西藏边境的高山，在茫茫无边的大雪中，走过一望无际的大草原，道路延伸着，在这些长期的战斗中，我逐渐变成在共产党的领导之下了，就是您今天看到的这个样子。不再是多愁善感的个人主义者，也不再是慷慨的冒险者，而是一个有觉悟的革命的公仆。

现在我们实行的是抗日的统一战线政策，但是我们了解国民党这些‘弟兄们’，没有人比我们对他们了解得更清楚了。我们得留神一些，他们想再发动一次像在安徽那样的偷袭是不可能得逞的。

但是保重，亲爱的大夫，我现在还不能保重自己。也许以后吧，不是抗日以后，而是革命胜利以后吧。”

特别的礼物

1943 年 6 月，当罗炳辉得知罗生特还要北上延安时，又专门宴请了罗生特。席间，罗炳辉特以 1 支日本手枪相赠，另外还赠送了 1 把日本军刀、1 双用 2 块银元铸成的银筷子。

在 3 件礼物中，罗生特最珍爱那双银筷子，罗生特请翻译方政把刻在银筷子上的句子译给他听。他最欣赏银筷子上面的字："赠给罗生特大夫，弟罗炳辉。"他激动地说："这个'弟'字表达了我们都是无产者，无产者四海之内皆兄弟啊！罗师长比我年纪大，按中文应该用'兄'。但在英文里，'兄'和'弟'是同一个词。"

罗炳辉赠给罗生特的那双银筷子，罗生特一直珍藏在身边。此后，他每天练习用筷，不久之后，就能很熟练地使用筷子吃饭了。解放战争胜利后，经中共中央批准，罗生特回国。回国前，他把银筷子送给了在他身边工作的李光，至今在李光留下的实物展中多次展出。

罗生特在新四军二师工作和生活的时间不长，罗炳辉传奇般的人生经历和伟大人格，以及罗炳辉对军队教育、医疗等工作无微不至的关怀，却深深地感染了罗生特。

这段时期，罗生特在二师的工作非常得心应手，心情也极为舒畅，以致于罗生特这样说："对我来说，在这个师工作的这几个月令人特别愉快，因此当我被派到四师工作时，对二师我简直是难舍难分了。"

罗炳辉将军与“小鬼”

◆赵　阜

作者简介：赵阜(1928～　)，上海人。1941年加入中国共产党。建国后，历任中共沈阳市委宣传部副部长兼《沈阳日报》总编辑、《辽宁日报》总编辑、辽宁省新闻工作者协会主席、中华全国新闻工作者协会理事。

说起我的新四军生涯，不能不提我们的司令员罗炳辉，在我的心目中，他是战神与慈父的化身，他的音容笑貌至今留在我的记忆中。

罗炳辉在新四军中威望很高，是个智勇双全的将军，还是个能双手打枪的神枪手。指挥战斗时，战士们趴在战壕里，他就站在战壕外面，奇怪的是，敌人的子弹就是打不着他，所以，也有人称他是刀枪不入的“福将”。部队打仗时，战士们只要一听罗司令员来了，立即士气高涨，而日本鬼子一听罗炳辉的名字，就吓得往回跑，因为他每次指挥部队和日本军队交锋都打胜仗，还得了个“常胜将军”的美名。

罗司令员特别喜欢我们这些“小鬼”，对我们格外关照。

那是我在连队当通讯员几个月之后，一次部队集合，罗司令员发现了我们这些站在队列中的“小鬼”，很是怜爱。他说：“娃娃们还没有枪高，怎么能让他们去打仗？”罗司令员命令把我们这些小鬼从战斗部队中剥离出来，成立了少年工作团，由参加过红军的女干部邓玉兰当我们的团长，我们少工团的任务是到部队慰问演出和向老百姓做抗日宣传。

从此，我们成了罗司令员的牵挂。他从前线作战回来，便告诉参谋长：“去，把‘小鬼’们给我找来。”我们就去给罗司令员唱几首歌，跳几支舞。演出完了，罗司令员总是把老乡们送给他的慰问品，一点不留，都给我们‘小鬼’带回来。我们缠着罗司令员表演枪法，罗司令员笑呵呵地说：“你们往天上扔个东西吧。”一个“小鬼”掏出一枚铜钱扔上去，罗司令员手一挥，一枪就把铜钱打下来，惊得我们目瞪口呆。

那时新四军的军装，都是按成人的身材制作的，我们这些“小鬼”穿上，别提多邋遢了，衣服长到膝盖，裤腿挽了好几圈，尤其是帽子，里面得用报纸卷两卷垫上才能戴。罗司令员看着我们的装扮直皱眉头，他把供给部部长找来，劈头就问：“怎么搞的，让‘小鬼’们穿成这个样子！”

供给部部长立正回答：“报告首长，现在布匹供应太困难……”“再困难也要克服，马上告诉被服厂，按身材给‘小鬼’们做军服。”罗司令员下了命令。

不到一个月，我们就全副武装起来：合体的军装、军帽、军鞋、挂包，胳膊上戴着新四军的臂章，整装列队出去，别提有多神气了。有一次我们几个“小鬼”正在街上走，远远地看见罗司令员骑着马过来，后面跟着警卫员，立即列队站在道边，向罗司令员敬礼。罗司令员看见我们，立即下马，嘴里说着：“哎呀呀，这回‘小鬼’们像个小兵样了，多漂亮，多神气呀！”他挨个搂搂我们，拍拍我们的脑袋，满意地笑了。

1941 年春，为了粉碎日军对根据地的扫荡，新四军展开了积极的对敌斗争，战事频繁，部队不断转移。那时，曾任新四军江北指挥部副指挥兼第四支队司令员的徐海东将军，因为多次负伤，加之劳累过度，已经倒下了，病情十分危急。为了保证徐海东将军的安全，罗司令员派一个警卫营专门负责保护徐海东将军，用担架抬着徐海东将军转移到估计敌人去不了的地方。同时，罗司令员也把我们宣教团的四十多个小战士交给警卫营代管，随徐海东将军一起转移。罗司令员命令警卫营，在保卫徐海东将军的同时，保护好这些小战士，并规定了三条："小鬼"们一个不能牺牲，一个不能病倒，一个不能丢失。

反扫荡胜利结束后，我们又回到了半塔。罗司令员派人把我们找去，一见面先问我们团长："'小鬼'们都回来了吗？有没有丢的？"团长说："报告首长，一个都没丢。""有没有生病的？"罗司令员又问。"一个都没有。"罗司令员乐了："好，这就好，这些'小鬼'可都是革命的火种啊！"我们给罗司令员演了几个节目，有俄罗斯和乌克兰的舞蹈，还有陕北大秧歌，因为是演给慈父般的罗司令员的，我们特别卖力气。罗司令员高兴极了，把我们揽到身边："过来，过来，让我抱抱。"然后，挨个抱起我们亲亲才放下。

虽然罗司令员像父亲般地疼爱我们，但并不溺爱，在关键时刻保护我们，但又要求锻炼我们。

那是1943年的春天，我十五岁了，和十几个少年干部一起，由新四军二师所在地的津浦路东办事处宣教团调往七师工作。途中，住在津浦路西的一个村子里，正好罗司令员（那时他已经是新四军二师师长了，可我们还是习惯地称他罗司令员）也住在那儿。

一天早上，我们贪睡没去上操。罗司令员一看"小鬼"们都在睡懒觉，就告诉警卫员吹紧急集合号。号声一响，我们一骨碌爬起来就去集合，一看，罗司令员已站在那儿。队长走上去："报告首长，集合完毕，请指示。"罗司令员说："知道今天给你们什么任务吗？""报告首长，不知道。""好，我告诉你们，我今天亲自带着你们跑步，绕着操场跑十圈，谁也不准拉下。"然后下了命令："立正，向右转，齐步跑。"罗司令员在前面跑，他个子高，腿长，越跑越快，跑到五六圈时，一半人已经跟不上了。罗司令跑了十圈后，又招呼我们集合，然后严肃地说："你们这些'小鬼'，跑十圈，没几个人能跟上我。这要是急行军不全都掉队了吗？现在是战争环境，如果不刻苦操练，怎么能打仗，现在就睡懒觉怎么行？我今天领着你们跑步，就是对你们的一种惩罚。从今以后，无论到什么地方，都要坚持上早操，练习军事动作，做合格的新四军战士。”罗司令员训完话，看我们一个个都笔直地站在那儿，又挥挥手说：“好了，好了，都回去吃饭吧！”在我的记忆中，这是罗司令员对我们唯一的一次惩罚，罚得我们心服口服。

罗青天

◆钱友如

1941 年夏天，罗司令率领二师四旅到泗阳打鬼子，司令部驻在离众兴镇几十里路远的庄子上。部队刚歇下来，罗司令要我马不停蹄地去找民运科长，要他立即召开群众座谈会。这是罗司令的老习惯了，每到一个新地方，总要找一些老乡来拉拉呱，听听群众意见，作点调查，也宣传、宣传党的政策。他说，这样才能心明眼亮，否则就会变成聋子、瞎子。

夏天的夜晚，庄上的老乡总喜欢搬张小板凳，摇着芭蕉扇到庄中间一棵老槐树下乘风凉。民运科长看准这个好地方，早早地村前村后、挨家挨户打了招呼，请他们晚上到老槐树底下一边纳凉，一边拉家常。可是，今天的情况却有点反常，天黑了老半天，才稀稀拉拉来了十多个人，都是上了年纪的老大爷、老奶奶，一个年轻人也没有，前来围观看热闹的娃娃倒围了一个圈圈。罗司令扇着芭蕉扇谈着、笑着，可老人们就是不吭气，只见旱烟一袋接着一袋，请他们谈谈，却你等我，我等你，实在没法时，干巴巴说两三句。民运科长急出了汗，再三启发，会还是开得冷冷清清。

我心中很纳闷。在其他地方，一听说罗司令来开座谈会，大人小孩无不笑逐颜开，话匣子打开说个没完没了，可今天……看来这里的群众太落后了。会议不欢而散。

罗司令从老槐树下回到屋里，好半天没讲一句话。他在屋子里走过来，踱过去，后来索性又坐到屋子外面。我连忙端张板凳让他坐下，他忽然劈头问我道：“钱副官，你说说哩，老乡为什么今晚不肯讲话呢？”“这儿的群众觉悟不高。”我坦率地回答了罗司令的问话。罗司令对我的回答很不满意，看了我一眼，说道：“群众觉悟不高？这可怪了！你要知道，这里可是老区。”

罗司令这么一点，我仔细一想：是啊，这里是老区，群众对新四军应该有所了解了，可是这是怎么回事呢？

第二天一早，天才麻花亮。我和学兵连、电话排的干部、战士一起赶到庄头空地集合，第一眼就看见罗司令那高大魁梧的身影，他操着浓重的云南口音，向大家布置了一项特殊任务。他说：“同志们，我们不是经常说‘群众是军队的母亲’吗？今天请同志们全部到母亲那里去，一边劳动，一边进行访问，要深入了解这一带的情况，了解群众有什么困难要我们帮助解决！同志们，能不能完成这个重要任务啊？”“能！”战士们的回答，像一声响雷，打破了黎明的宁静。

几天后的一个晚上，罗司令住的小屋里烛光闪烁。罗司令坐在床边木凳上仔细倾听着同志们的调查汇报。他一边听，一边在小本子上记几句。他沉着脸，两道乌灼灼的浓眉紧紧拧起，看得出，他是竭力按捺住心中的火气。最后汇报的一个同志话音刚落，他霍地站起来，在桌上重重一击，愤怒地说：“好！现在问题已经弄明白了，这里的群众为什么开座谈会不肯讲话，不是他们觉悟不高，根本不是！是这里的个别地方干部违反政策，多征了公粮，还强迫命令，欺压群众，老百姓心里憋着一口气！”

罗司令派人连夜到乡公所，通知负责征收粮食的干部明天到师部来。

第二天，太阳升起老高，那位干部才来。他年纪不大，穿一身新的蓝制服，小分头梳得油光光的，衣袋口拖根亮晶晶的表链。我领他进了罗司令的屋子，罗司令叫他坐下，便开始询问不久前征粮的情况和这一带群众的生活情形。他摸摸油光光的小分头，口若悬河地吹嘘起来：说他如何深入各户，发动群众，出色地为部队完成了征粮任务；又说这里的老百姓生活过得不错，没有什么困难；还说他是本地人，什么都清楚。不等他说完，罗司令掏出小本子，气愤地说："你什么都清楚吗？那很好，现在就请你听一听这些情况是不是事实！"

罗司令叫我照着本子一条一条念给他听：某村某家几口人，现已断粮；某村某家已断粮三天，靠吃野菜度日；某家不仅没有吃的，老人和孩子还身患重病……小分头听着听着，渐渐坐不住了，两只手一忽儿摸摸头发，一会儿捏捏衣扣，脸红一阵白一阵。我念了两页，罗司令摆手叫我停住，严厉地说："这就是你说的群众生活不错，没有困难吗？"罗司令按捺住火气，稍停一下又说道："群众粮食如此困难，与你们多征公粮是分不开的，你不实事求是，弄虚作假，给群众带来很多困难！"

小分头被罗司令批评得面红耳赤，哑口无言。罗司令合上小本子一挥手，命令道："你回去把上次多征粮食的账目立即弄清，自己胡作非为干的事情，要老实交代，我们会向区委转送你的材料的。"

小分头垂头丧气灰溜溜地走了。我心里痛快极了，端起桌上凉开水，咕噜咕噜喝了几口。抬眼看看罗司令，他在桌边一动不动地坐着。我有些诧异。忽然，他望望我，说道："钱副官，你看这事怎么办好？"我连忙说："首长放心，我们把材料送出，区委会处理他的。"他摇摇头，说："不！我是说群众缺粮的事，怎么解决好。"我给问住了，心里暗想：这可是个难题，我们刚到这里有什么办法？又想，算了，交给地方去解决吧。但却不敢说出口。罗司令站起身，在屋里来回踱着，好一会，猛然停住脚，对我说："你立即派人明天过淮河到盱眙去。""做什么？"我轻声问。他一回首，大声说："调粮食。"

十多天以后，一列运粮的队伍按照罗司令的指示，风尘仆仆地从淮南路东调运来了大批麦子。退还粮食的这一天，庄子里可热闹了，人们拿着口袋、笆斗来到老槐树下，区委干部也来了，帮着称粮、记账。黄灿灿的麦子，灌满一条又一条口袋、一个又一个笆斗，战士们争先恐后地帮着扛了送到各家。罗司令也来到了老槐树下，他后面围着一大群小孩，孩子们笑着，他也笑着，老槐树下一片笑声。

一个老奶奶看到罗司令这样出奇的高大、威武，但又是这么出奇的和气，禁不住笑呵呵地对我说："你们的罗司令啊，是个福将，他是青天啊！"从此，罗青天的称号像一股春风一样在淮河两岸传开了。

（选自《长风扫敌顽》）

罗师长关心民兵剧团

◆缪文渭

作者简介：缪文渭(1915～1995)，安徽天长人，著名农民作家。1939 年参加革命，同年加入中国共产党，曾任天长县农抗理事长、天长县参议会常务理事。有很高的文艺天赋，创办民兵剧团宣传抗日，后入新四军二师淮南大众剧团。以自编自演的大型地方戏《生产互助》受到陈毅、罗炳辉、范长江、钱俊瑞等新四军领导人的重视，轰动一时，剧本先后在中国淮南抗日根据地、中国香港、莫斯科、中国北京出版，影响甚巨。1949 年 7 月出席首届全国文代会，成为中国作家协会会员。1979 年出席第四届全国文代会，当选中国民间文学协会理事。后被推举为安徽省文联名誉主席。在抗日战争中，他深得罗炳辉的器重和关怀，与之结下了很深的革命情谊。晚年离休后，致力于搜集整理罗炳辉的故事，积稿甚丰。1995 年 9 月 26 日在采访途中不幸逝世，工作到生命的最后一刻。

1944 年 8 月的一天，天高(天长、高邮)办事处在天长铜城召开“民兵演习比武大会”。这次大会规模宏大，参加大会的民兵、干部和群众，不下十万人。

大会共开三天，白天演习比武，晚上由全县各乡镇农村业余剧团会演。广场上搭了两个戏台，唱“对台戏”。哪个戏台演得好，观众就多。

我这次是带领民兵剧团来演出。剧团刚成立不久，人数也不多，总共只有二十人。演出的戏是我创作的地方戏曲《大互助》(后改为《生产互助》)。那天晚上,我们的戏刚演完,就听剧团的同志对我说:"后台有人找你。"

到后台一看,原来是罗师长来看我们。我向罗师长敬礼汇报后,罗师长满面笑容,和蔼地握住我的手紧紧不放。他还向我介绍了站在他身旁的范长江同志。

介绍完毕,罗师长亲热地问我多大年纪,什么地方的人以及我的家庭收入等生活方面的情况,我都一一作了回答。最后他又问我:"你这个《大互助》剧本写了多长时间?"我说:"写了二十多天。"

"啊!"罗师长表现出惊奇的神情,接着就对剧本发表了看法:"剧本写得很好,人物形象逼真,唱词生动,通俗易懂,观众喜欢看、喜欢听,是一出成功的戏。"他又说:"演员也表演得好,有几个演员的演技还比较熟练。"

他也直率地指出了一些缺点:"第一,剧中没有民兵。没有民兵保家卫国,互助就互助不成,就没法在这里演戏;第二,顽固地主应改为开明地主,因为我们要争取中、小地主和开明地主抗日嘛,要体现我们党的统一战线政策;第三,剧中人物毛二杠、王小溜夸张得有点过分,有几句台词也有点小毛病,需要改一改。"

提完意见,他谦虚地对我说:"我是带兵打仗的,对戏剧是外行,说的也是外行话,你可听可不听。"接着他又指着范长江同志:"长江同志是内行,他明天跟你谈谈剧本修改意见。剧本修改好,到我们师部演出,演给我们的战士看看。"

罗师长除了同我谈话,还亲自接见全体演员。对每一个演员都握手问候,亲切地询问每个演员的姓名、年龄、住址和担任哪一个角色。所有的演员都很激动,表示以后要苦学苦练,把戏写好、演好。

第二天一早,天高民兵总队政治部主任何成同志特地跑来找我,说:"下午罗师长请民兵英雄、神枪手、劳动英雄吃饭,叫你参加。"听了这个消息，我很高兴，又有点紧张。我觉得自己没有做出什么成绩，怎么好意思和英雄模范一起吃饭呢？

宴会设在县委会里。我去见罗师长和范长江同志，遇到李世农同志，他向罗师长介绍我的情况，罗师长听得那样认真，边听还边记在他的日记本上。

当谈到我编写的那个剧本时，罗师长又提了些补充的具体意见，甚至连哪一段唱词要配哪一个调子都一一谈到。他说，毛二杠两次打老婆，都配“哭小郎调”不够恰当，第二次打老婆是否可另改一个调子。最后谈到剧本里农民的形象问题。他认为剧本中这个中农的两面性表现得不够充分；贫农钱五应该是互助生产中的积极力量，但剧本中看不出主人翁的态度，没有分量；李抗属的形象也比较呆板，没有生气；但毛二杠、王小溜以及新式富农杨玉明的形象是成功的。

范长江同志也给剧本提了很好的修改意见。我真佩服罗师长惊人的记忆力和对剧本提出的中肯意见。

我和罗师长以及各条战线上的英雄模范在一起吃饭，心情特别激动，尤其是罗师长和范长江同志还给了我真切帮助。

有一天，我正在修改剧本台词，罗师长悄然来到我身旁。

我的钢笔没有墨水了，罗师长见了，立即从他的衣袋里抽出一支大号金星笔递给我。当我修改完还给他时，罗师长说：“送给你了，希望你多创作些为战士和群众所欢迎的剧本。”

罗师长对我的鼓励使我终生难忘。尽管我文化水平低，但我一直在刻苦学习，没有忘记为战士和群众服务这一教诲。

剧本修改后，剧名改为《生产互助》，在军部演出时，罗师长特地赶来看。看完后，他说：“这一稿改得好，政治性加强了，艺术效果也比原先好了。如果能够加上反顽斗争的内容就更好。”

罗师长对人和蔼可亲，我在他面前也无拘无束。我说：“师长，一个小戏只能反映一个主题，如果写生产互助推动了生产发展，又加上反顽斗争，就会冲淡主题。假如需要写反顽斗争的剧本，请师长提供素材好不好?”

罗师长高兴地说:“明年春天你跟我一道去津浦路西，在战士中生活一段时期，看看新四军是怎样打广西军的。这方面的材料，在部队里多得很、生动得很。”我立即表示:“明年春天一定跟师长到路西写反顽斗争的剧本。”

之后，我们剧团一直在外演出了一个多月，出来时，气候尚暖，棉衣没有发下来，计划在军部演出完毕后回去领棉衣。没料到寒风侵袭，气温下降，我和副团长王培风、指导员王毅商量，决定不到师部演出了，明年开春再去演出，并将商量结果通过电话报告师部转罗师长。

电话打过之后，第二天剧团刚开完早饭，罗师长派人送信来了，要我们当晚赶到师部驻地大刘郢礼堂演出《生产互助》，不得有误。我向师部来人说明剧团的困难，还谈了两个女同志生冻疮不能在雪地走路的情况，请转告师长。吃中饭的时候，罗师长亲自来了，警卫员牵来了两匹枣红马，马上驮的全是棉衣、大衣、棉鞋、军帽、皮带和绑腿等物。

罗师长一进大门就抓住我的手说:“团长同志，你们提出的困难全解决了。”他用手朝门外一指:“你看，棉衣、棉大衣、棉鞋全送来了，生冻疮的女同志可以骑马走。和你商量决定的演出时间一分钟也不能改变，战士们正等着看你们的戏。”

听了罗师长的话，剧团的全体同志都深受感动，心里热乎乎的。大家纷纷收拾行李，立刻出发。

同志们穿上新棉衣，披上大衣，生冻疮的女同志还穿上棉鞋，骑上马。捆棉衣用的一根背包带罗师长给我留作纪念。

罗师长对我们的关怀，使我们力量倍增。大家冒着漫天的风雪，高一脚低一脚地向师部进发。天刚黑时，我们赶到了大柳营。慌慌忙忙把饭吃了，演员们愉快地化妆，其他人员积极布置舞台，按时给战士们演了戏。

第二天，罗师长让我们剧团休息。晚上还把我们剧团团部的几个同志找到他的家里作客。他边吃饭边了解演员们的情况，他问大家冒着风雪来演戏有没有意见。王指导员说，大家都很高兴。罗师长也高兴了，他说："民兵剧团是为工农兵服务的嘛，对于兵来说，没有什么叫艰苦，即使需要献出自己的生命，也应该在所不惜。"

听着罗师长的话，我觉得脸在发热。昨天我对自己要求不严，一种内疚之感油然而生，于是我说："师长对我们讲的话，使我们受到深刻的教育，比你请我们喝酒还要高兴。"

罗师长马上接过来说："谈纪律和喝酒是两回事，需要喝酒的时候就喝吧。"说着他端起酒杯，叫大家："喝，喝，喝。"

罗师长平时是很少喝酒的，但这天晚上的情绪很好，他也喝了酒。我们都陪罗师长干了一杯。

罗师长对我的谈话，我是牢牢记在心里的。他送给我作纪念的东西我也完好地保存至今。直到罗师长家乡的同志来征集文物，我才献给他们。

我还记得一根皮带的故事。那是一个冬天，我们的演员在台上演戏，我在台下听取对演出的意见，感到有点冷，就拾起一根草绳拴在腰间。罗师长看到以后，就叫警卫员去拿一根皮带给我用，这根皮带我也献给了罗师长家乡的亲人。

三十多年过去了，罗师长的形象始终在我的脑海里出现：他的一举一动都还在我眼前，栩栩如生。他对我的教导，我将永远记着，并以这些教导来检查自己在新长征中的态度和行动。

罗师长作报告

◆闵　浦

1943年秋天，天气还是那么酷热，我们新四军二师四旅所有部队正在烈日下进行战备训练，突然接到上级命令，要我们立即做好行动准备。部队下午5时吃饭完毕，6时到达了集结地——古城镇旅部驻地。只见集结场地，临时搭了一个舞台，周围用幕布围着。天黑时两盏汽油灯照得像白天一样。全旅部队都到齐了，值班团长将部队编列成一个一个方队，等待罗师长来作指示报告。

罗师长在旅长、政委陪同下健步走进会场，值班团长向罗师长报告，一切准备就绪，请罗师长作指示。师长令值班团长从队中选出十名身强力壮的汉子，立在舞台一侧，并令各团团长、政委、参谋长均到前台入座。这时旅长宣布欢送会开始。罗师长并未作报告，只让警卫员用一根竹杆子，对准那十名大汉，每人打一下。被打的十人均不知道为什么。正在迷惑不解时，罗师长又令十人中出来一人，同警卫员摔跤。两人摔了四五个回合，都精疲力竭了，仍不分胜负。罗师长又令十人中出来两人，同警卫员打架，警卫员很快招架不住，败下阵来。

罗师长这才说：大家看到以上三件事了吗？这就是我的报告，也是欢送讲话。那十个人被一个人打了，这是“攻其不备”。比如我们去打敌人，敌人没有准备，突然受到攻击，就会措手不及，不知怎么是好，等察觉时已被打垮了。两个人摔跤，双方都有消耗，谁都不会轻易取胜，这是消耗战，我们不能打。两个人打一个人，叫歼灭战，这是我们一贯的战术。在做好充分准备的情况下，以多胜少，一举歼灭他，宁可全歼一个营，也不愿打败一个团。这三件事，你们要记牢，在实践中很好地运用，要在敌人无准备的情况下，向他突然进攻，方可取得马到成功的胜利。不打无准备、无把握的消耗战，要集中主要兵力、兵器打歼灭战。

罗师长又说：你们原来在津浦路东的苏北、淮泗一带抗日打鬼子，开辟根据地，现在中央命令你们到津浦路西去。那里我们主力部队不多，现在把你们调去配合那里的部队、地方武装及人民团体，坚决保卫路西根据地，狠狠打击国民党顽固派。平时你们要坚持战略训练，提高作战技术，特别要加强三大纪律八项注意的学习，要和人民心连心，做到军民一家，克服一切困难，坚决完成党交付的重任。罗师长讲完话，师文工团还给我们演出了兄妹开荒歌舞剧。

会后，我们部队连夜出发，在罗师长讲话精神的鼓舞下，经过两天急行军，顺利抵达目的地——安徽省定远县。不久，国民党顽固派广西军即向这块根据地发动进攻。我部在兄弟部队和当地人民的大力协助下，经过两天的战斗，将最顽固的广西军两个营全部消灭，其余敌人闻风逃窜。这次战斗是灵活运用罗师长战术原则的一大体现，深受上级领导和人民群众的高度赞扬。

（选自《老兵话当年》第一辑）

我给罗炳辉当秘书

◆桂梠清

1944 年，我从淮南区党委党校整风学习结束后，组织上通知我到罗师长身边搞秘书工作。

1945 年 8 月，日本帝国主义接受投降条件后，纷纷向大城市集结，准备投降。此时，长期坚持敌后抗战的新四军，接受根据地周围据点敌人的投降本来是天经地义、义不容辞的。但是，八年来，一贯消极抗日、积极反共的国民党却命令八路军、新四军原地待命，不许我军受降。一时间，受降与反受降的斗争已趋白热化。

就在这时，罗师长遵照党中央的指示，亲率师部人员及集结的地方武装，迅速向敌占区挺进，在全面分析了当时的形势后，罗师长决定首先拿下重镇六合县城。

那时，该城日军已集结南京，县城只是一个孤立据点，周围据点亦无力增援，情势对我方非常有利。我们部队和指挥机关浩浩荡荡开赴县城城郊，进入阵地，将县城守敌紧紧地包围起来，然后向守城敌军展开宣传攻势，但敌人非常顽固，从上午一直到下午五六点钟，城内毫无动静。于是，我军便以敌县政府为目标，打了两发炮弹，向敌人发出警告，警告他们及早出城投降，使群众免遭战祸，部队免受伤亡。但城内依然没有动静，敌人继续顽抗，最后我军决定在夜里三点钟发起总攻。

由于事前对一切做了周密的部署和考虑，总攻打响后，战斗进行得十分顺利，仅一小时主攻部队已攻入县城，迅即分头搜索消灭残敌。天亮时，战斗全部结束，六合县被我军解放了。

我随同罗师长进城视察，来到伪县政府，伪县长早已逃之夭夭，公文、废纸狼藉遍地，可见敌人在最后逃去时的狼狈相。

六合县解放，群众无不欢欣鼓舞，举手庆贺。罗师长高兴地登上城楼向欢腾的群众挥手致意。很多群众虽不认识他，但罗师长的威名早已远近闻名，当群众看见站立在城楼上身材高大魁梧的一员指挥员时，都认定这就是罗师长。

六合战役的胜利，极大地鼓舞了当地人民群众和全体指战员的斗志。当地群众中一下就传开了“纸糊的南京，铁打的六合”的传说。人人摩拳擦掌，欲乘胜拿下国民党反动派的老巢——南京，解放全中国。

罗师长是我党我军一位杰出的军事将领，优秀的战斗指挥员。在淮南抗日根据地时，他的名字是妇孺皆知的。由于他所领导的部队出奇制胜，神出鬼没，每攻必取，每战必克，使得敌、伪军闻风丧胆。听说罗炳辉的队伍开来了，便龟缩在据点内不敢出来，真有“青松出涧壑，十里闻风声”之势。

罗师长和他指挥的部队在战场上威名远扬，很重要的一点原因是，在战争中，罗师长一切从实际出发，从实战出发，不守陈规，不尚空谈，根据具体情况，灵活机动地指挥作战。

在我记忆中印象最深的是 1944 年淮南金沟战役。这仅仅是将军指挥的一个很普通的战役，但是在这次战役中将军的战略和战术思想却得到很具体的体现。

金沟是高邮湖西的一个重镇，是淮南抗日根据地高邮县政府的所在地。1944 年，日寇虽还占据着我国的大片领土，但由于全国抗日力量的不断发展壮大，日寇已处于兵力不足和物资严重缺乏的境地，从战略攻势转入了战略防御。这年秋季，日寇为摆脱困境，疯狂进犯我根据地，抢夺粮食。金沟河汊纵横，可通高邮湖，敌驻高邮日寇丹羽第四中队，便用汽艇从湖上占领我金沟，将根据地在金沟以东的两个粮食高产区隔断，肆无忌惮地进行抢粮、破坏。

为了严惩穷凶极恶的日本侵略者，罗师长亲率师部少数人员及一个独立团开赴战场。如果按照一般战法，从正面发起进攻只能将敌人赶跑，达不到大量消灭敌人有生力量以完成全歼的目的。罗师长根据金沟一带特定的地形，考虑到敌人只有水路一条通路，决定不以主力从正面进攻，而将主力部署在金沟南北河口，封锁敌人退路，不让敌人逃跑，以图歼灭，最后取得了预期的胜利。除击毙、溺死大量敌人外，还抓获了包括敌翻译在内的俘虏多人。

所谓“运用之妙，存乎一心”。作为一个指挥员，如果要做到用兵巧妙，就必须善于观察、思考和部署。罗师长用兵之所以能克敌制胜，所向披靡，其妙就在于此。

数十年的戎马生涯，已使罗师长的生活完全军事化、战斗化。他吃饭、睡觉都非常准时，他甚至可以命令自己睡觉，要睡多少时间，到时候可以一分不差地醒来。睡着时如有人触动他，他会猛地一下拔出手枪，骤然起身。他的警惕性和战斗观念是很强的。平时他很轻松，很随便，与我们谈话时，常常谈笑风生。可是，一旦有了情况，有了任务，他会立刻变得十分认真、严肃。就是日常工作，如挂地图，插红旗，找参谋谈话，听取各方面的情况通报等等，他都是一丝不苟，绝不拖延马虎。

记得在那次解放六合县的战斗中，部队决定夜里三点钟发动总攻，各部队时时有电话和通讯员与指挥所联系，不到十二点钟各种准备均已就绪。罗师长决定休息一会儿，并嘱咐我在两点钟一定叫醒他。当时我想，将军一连几天没有好好休息了，一切部署已经安排妥善，应该让他多睡一会儿。因此，就没有按时叫醒他。当总攻的枪声将他惊醒时，我发现他的脸色很难看，他对我的态度也是少有的严厉。他怪我没有准时叫醒他，说战争的胜利往往取决于时间上一分一秒的争取。这事使我感到深深的不安和内疚，至今记忆犹新。

罗师长和他的警卫排的战士们生活在一起，常常亲自训练、教授警卫排的战士们。罗师长身材魁梧，臂力过人，几人不能近身，而且还练就了一手百发百中的好枪法。他经常用单臂举起轻机枪瞄准，给部队做示范动作。

提起罗师长的枪法，当时流传着这样一个真实的故事。一天，罗师长骑马从路西到路东去。无意中仰头看见空中飞鸟掠过，他立刻掏出左轮枪，甩手向空中击发，枪声响处，一只飞鸟应声落地。很快，这事就在当地传开了，老百姓还给他编了一个民谣："……左轮枪，打飞鸟；百发百中，吓坏敌人。"

罗师长亲手训练警卫排，不仅平时言传身教，一有战斗行动，他总是让警卫排轮流跟随突击部队，担任主攻任务，在实战中培养、锻炼。在罗师长直接培育下，警卫排长魏尚友、警卫班长龚振江、警卫员杜学华等同志，后来在解放战争、抗美援朝战争中，都成为英勇善战的优秀指挥员，这都是罗师长从严教练的结果。

罗师长训练部队总是在身边亲自培养。他身边就有一个学兵连，学兵连的成员都是从各部队挑选出来的。其建设和训练，如投弹、射击、摸、爬、滚、打等等，罗师长都亲自传授、教练，要求十分严格。行军作战都带在身边，随时根据形势设想各种情况，要学兵连立即摆开战斗队形，每个细节都要求准确迅速，稍有出入，立刻纠正。并且按实战要求，训练随之变化，反复不断，步步提高。学兵连这支训练有素的标准连队经常到各旅、团作示范动作，以此来推动部队的训练，有效地提高了各部队的战斗力。

就这样，罗师长通过他的言传身教，严格要求，带出了一支无往而不胜的英雄的战斗部队——保卫淮南的钢铁新四军二师。

在当时的淮南，罗师长已成为一位传奇式的英雄人物，在外界有许多关于他的传闻，近乎神话，有的虽可笑，却可见其声威之高。他的身体由于疾病所致较胖，可是外面却有人传说他一天吃多少鸡、多少肉，有的甚至于说小孩啼哭，听到他的名字就不再哭了，云云。其实，当你一旦和罗师长接触后，你就会发现，他的端庄、严肃虽不失为将军的风度和气概，但他远不是传说中所说的那样可怕(只有敌人才在他的面前害怕得发抖)，而是十分谦逊、和蔼的。

罗师长身为高级指挥员，却从不摆架子，他总是把自己看成一个普通战士，和警卫排的战士们住在一起，对他们每一个人都了如指掌，还经常和战士们讲故事、说笑话、扳手腕等等。

不仅如此，他还非常善于接近群众。无论在军中还是驻地，他经常找些老乡来拉拉家常，对驻地的房东也是十分和气。另外，他还很爱和小孩子们做游戏。开始，小孩子们不免有些拘束，但一经接触，就很亲近他了，他时常被五六个小孩子包围起来，不得脱身。这时，他高兴地笑得两眼眯成一条缝，显露出一种稚气来。

对待敌军俘虏，罗师长也从不威逼、恫吓，而是做细致的思想工作。记得在金沟战役中，从敌军俘虏身上发现最多的是私人家信，这说明敌人是厌战的，一心眷恋着亲人家小。罗师长便向这些俘虏耐心地做工作，晓之以理，动之以情，给他们指明出路，然后将他们释放。

正因为这样，日寇、伪军怕他，而人民群众则爱戴他、歌颂他。就是在上层人士中，他也有着很高的威信。那是在我们部队去攻打六合县的路上，部队将要路过县政府所在地——竹镇。他预计镇上除了党、政、军干部和群众外，某些上层人士也会出来欢迎我们。为此，罗师长在中途命令把队伍的军容风纪和行进队形都进行一番整顿，然后整齐威武、浩浩荡荡地开进了竹镇。进镇后，还未驻防好，他便请上层人士召开了座谈会，听取他们对党、政、军各方面的意见，并一一作了记录。他向他们讲清了形势，有些问题他尽量做了说明，有些问题则转告当地党委，要他们一定想法去办。

我随罗师长工作期间，正值他的病情恶化之际。他患有严重的高血压、胃溃疡，有便血等症状，由于疾病的原因，他的身体急剧地发胖。医生向区党委反映了他的病情，他自己是不知道的。区党委负责同志嘱咐我要随时注意他病情的发展变化。他这时的生活实际上已受到了医生的制约,限制他食猪肉,对其他食物亦有所控制,为了满足他为疾病所折磨的身体的营养需要,不时地煨点鸡汤,其余副食就是蔬菜了。说起罗师长食用的蔬菜,这都是他和警卫排的战士们共同生产劳动所结出的果实。他在师部驻地周围开了一块菜地,种瓜、种菜。警卫排除了参加战斗和军政训练外,就是进行生产劳动,在他的指导下,警卫排人人都成了生产能手。罗师长尤其对西红柿的栽培技术很有点研究,他种的西红柿不仅比别人种的早结果,而且个大,味美,产量高,在全师都是颇有些名气的。有的同志去看他,临别时,他常常送几个西红柿,大家感到很亲切。他和警卫排战士们种的蔬菜,自己吃不完,剩余的就交到大厨房,让广大的官兵们一起食用。其实,罗师长还不只是对于种菜,就是对其他各种农活,也都很内行,这充分显示了一个贫苦农民出身的将军特有的高贵淳朴的品质。

难忘的教诲

◆吴运铎

作者简介:吴运铎(1917～1991),湖北武汉人,生于江西萍乡。早年曾在安源煤矿当矿工。全国抗战爆发后,吴运铎不远千里,奔向皖南云岭,1938年参加新四军。历任新四军司令部修械所车间主任,淮南抗日根据地子弹厂厂长、军工部副部长,华中军工处炮弹厂厂长,株洲兵工厂厂长,中南兵工局第二副局长,机械科学研究院副总工程师,五机部科学研究院副院长、顾问等职。是全国总工会第八、九、十届执行委员,第三届共青团中央委员。在生产与研制武器弹药中多次负伤,失去了左眼,左手、右腿致残,经过二十余次手术,身上还留有几十处弹片没有取出,仍以顽强毅力战胜伤残,坚持战斗在生产第一线。1951年10月,中央人民政府政务院和全国总工会授予他特邀全国劳动模范称号,并将他誉为中国的"保尔·柯察金"。

"把无产阶级的革命事业与科学结合起来,才是真正的科学家。"

上面这句话,是敬爱的罗师长生前在赠送给我的一套书上写的亲笔题词,这对我一生的学习和工作是极大的勉励和鞭策,就是在全国人民向四个现代化进军的今天,也是十分有意义的。每当回忆起在淮南斗争的艰苦岁月,罗师长的亲切教诲就响在我耳旁。

1941年秋天,我们奉新四军党委的命令,肩负"建立更多兵工厂"的任务来到淮南。到达新四军二师司令部那天,罗师长亲自接见了我们，对我到淮南来建立兵工厂表示十分欢迎和高兴。在欢迎我们的晚会上，罗师长向我们致欢迎词，宣布成立二师军工部，吴帅孟同志任部长，最后师文工团特地为我们演出了精彩的节目，这都是师长亲自为我们安排的。

当时我军武器陈旧，弹药尤为缺乏，这是急需要解决的问题。罗师长把家底都亮给了我们，并以商量的口吻提出了许多要求。我向罗师长表示，一定按照首长的要求，坚决去完成。

次日，吴部长找我去谈话，给我们的第一个任务就是要建立一个年产六十万发步枪子弹的兵工厂，并拨给我们八个同志。

次日，我们背起背包离开了司令部，去天长县金沟区乎会乡的小朱庄，村里一家姓徐的农民腾出两间屋子，从此，我们的“茅屋工厂”就诞生了。

为了早日造出子弹，从罗师长到军工部的领导同志都非常关心我们。尽管当时部队生活异常艰苦，罗师长还是拨给我们大量建厂经费，他还动员了部队和民兵为我们收集破铜烂铁、木材、煤炭。罗师长每次见到我，总要把我拉到他宿舍里去，问兵工厂的生产情况，有什么困难。到我要离开的时候，总要找点礼物给我。我记得第一次，罗师长从柜子里找出一支日造驳壳枪，对我说：“来，这是我从鬼子手里缴获的，送给你作个纪念。”第二次，罗师长又送我缴获的鬼子的装烟皮盒子。罗师长就是这样，把对兵工厂的关怀、对革命事业的满腔热忱倾注在我们战士的身上。这也常常使我感动难言，暗暗下定决心，决不辜负党和领导同志对我们的关怀，再有天大的困难，也一定要把子弹造出来。

为了寻找能制造子弹工具和机床的钢铁，我们军工部材料科的同志日夜奔走，四处打听，最后他们打听到，以前国民党官僚们打着治淮的幌子，说是要在高良涧一带建造水闸，每年要老百姓交水利捐，敲诈勒索当地老百姓大量钱财，最后为了再捞一把，运来了一批钢材和破旧机器，以掩人耳目，继续欺骗剥削老百姓。但当日本占领了南京后，这帮家伙的腰包也满了，拉着小老婆逃之夭夭了。运来的那批钢材连同破旧机器便被投掷到波浪汹涌的三河里去。我们在群众的帮助下，在当地民兵、渔民的协同下，一次又一次地潜入河底，挖泥挖沙，最后终将多年沉埋于淤泥的钢材，一根一根挖出水面，制造成子弹冲床，为我们后来制造枪榴弹、平射炮打下了基础。

子弹造好后，罗师长又给我们下达了建立炮弹厂的任务。当时，我们二师只有三门迫击炮，是从敌人那里缴获来的，有炮无弹，部队迫切希望我尽快生产炮弹。经过我们几番努力，炮弹厂很快建立起来，保证了二师所用的炮弹。以后，为了开展地雷战，根据罗师长的指示，我们制造了各种地雷，从拉发地雷到防御地雷，电发的、机械的、化学的，样样都有。

定时地雷产生了，我向参谋长周骏鸣同志要求去延安学习（那段时间罗师长不在司令部），周参谋长答应了我的要求。我移交了工作，到司令部，周参谋长为我写了介绍信，要我去供给部换便衣准备去延安。我拿着介绍信就跑，忽听背后有人叫我的名字。我回头一看，见罗师长风尘仆仆地刚从前线回来，我忙迎了上去。罗师长问道："运铎同志！你匆匆忙忙地，要到哪里去？"我说："报告师长！我准备到延安去学习。""谁叫你去的？"我回答："是我要求，司令部批准的。"罗师长双目注视着我，沉默了一会说道："到我宿舍里去谈谈。"一边说一边拉着我就走。到了罗师长的宿舍里，罗师长到屋外地里，一会儿拿来又红又大的西红柿，我知道这是罗师长亲手种的。"运铎同志，没别的东西招待你，吃个西红柿吧。"罗师长把两个西红柿递给了我，让我坐下后，他便坐在我对面，亲切地说："运铎同志，与你商量一下。到延安学习，这很好。但是现在我们部队的武器虽有改进，火力还不强。你是不是留下来，继续研究武器，加强我军火力？到延安去学习，以后会有机会的。"我说："只要您定了，有任务，不去也行。"罗师长听了我的回答以后，十分高兴，接着严肃地对我说："我们要研究一种新式武器来狠狠打击敌人。对待敌人，就应该狠到连他们的骨头都给敲碎，叫他们永远爬不起来。我们现在就需要有各种各样能敲碎敌人骨头的武器。”

罗师长的话不多，我却从心底感到这话的分量。我向罗师长保证：“我的一切都属于党，党叫我干什么，我就干什么。”

从这次谈话以后，我便回到兵工厂埋头钻研起新式武器来。白天、黑夜我都在思考着，究竟要研究什么新武器呢？缺乏知识，没有材料，什么资料也没有，困难一个接一个地来，这时我又想起了罗师长的亲切教诲。这以前，罗师长为了鼓励我，特托人从上海买来一本英文版的《现代机械实习法》，并在扉页上一笔一画写下了“把无产阶级的革命事业与科学结合起来，才是真正的科学家”，这二十五个倾注着无产阶级革命感情的题字。每当我遇到困难感到有些气馁的时候，这行刚劲有力的题字便印入我的眼帘。我便会感到全身热血沸腾，勇气陡增。我向全厂同志提出了制造枪榴弹的任务，并针对日军的轻武器掷弹筒设计了枪榴弹。经过多次试验和全体同志的努力，枪榴弹终于试制出来了。罗师长要我赶到司令部去试验，我和兵工厂的同志挑了两箱枪榴弹，扛着枪榴筒赶到了，罗师长立即命令布置靶场，要亲自来观看射击表演。

靶场上人山人海，师长、政委、参谋长全来了。这时，我心里也感到特别激动，没有罗师长的关怀，同志们的共同努力，枪榴弹是不能这么快就制造出来的。

靶场上射击表演开始了，只见枪榴筒火光闪耀，枪榴弹飞向目标，准确地命中靶板。随着轰轰的爆炸声，响起了暴雨般的掌声和欢呼声：“好哇！”“真棒！”

首长们十分满意和高兴，试验完了，罗师长热情地拉住我的手，一起走进参谋长的办公室。参谋长问我：“一个月能生产多少？”

怎么回答呢？我们现在只有一部车床，每月要生产三百发追击炮弹，其他机器只能生产子弹，要成批生产枪榴弹，现在设备、工具、车间一样没有呀。想到这里我望了一眼罗师长，见罗师长等待着我回答，我咬了咬牙，觉得再叫苦也没用，就说："要生产枪榴弹，困难不少，我们一定想办法克服。"

回到兵工厂我即与其他几位同志商量，召开了党支部和青年队会议，动员全厂同志立即动手，重新建立车间，制造了三台生产枪榴弹的车床和手攀钻，正式开始了枪榴筒和枪榴弹的生产。

不久，我们的枪榴弹首次在桂子山战斗中大显神威了。在激烈的战斗中，密集的枪榴弹像倾盆大雨般飞向敌群，打死了八十多个鬼子。战斗结束，成钧旅长特地把从鬼子军官身上缴获的手榴弹送给我，作为制造枪榴弹的奖励。

罗师长对我们每取得一次成功，总是念念不忘；对我们取得的每一点成绩，总是加以肯定。每次给部队战士作报告，总要提到我们。罗师长还在新浦召开了淮南兵工厂制造的武器试验表演大会，集中了军队和地方武装部队营以上的干部观看。会上，我们的表演十分出色，罗师长讲话时提到："我们的运铎同志是上海大学毕业的，我们淮南兵工厂有如此大的发展是与运铎的努力分不开的……"听到这里，我的脸都红到耳根了，实际上我未读过什么上海大学，罗师长也是清楚的，罗师长这么说，是对我的嘉奖。

一个警卫员战士的怀念

◆柴挺凯

抗日战争中，我曾给罗司令当警卫员。后来虽然担任了侦察队长，但仍然是在首长身边工作。

战争年代环境严酷，斗争非常复杂，要与日、伪、顽三方作战。根据地内隐藏的敌人还时时刻刻阴谋策划，企图搞破坏、搞暗杀。因此，切实保障我军军首长的安全，就显得特别重要、特别艰巨了。由于上述原因，选拔警卫员的审查手续是非常严格的，从家庭出身到本人经历，从政治素质到军事素质，从身体健康状况到有没有不良习惯，从大的方面的审查考核，到睡觉说不说梦话等小细节的考察，一点也不马虎。比如说梦话吧，看起来事不大，但是警卫员在首长身边工作，接触机密的机会多，弄不好就会因此而泄漏军情，酿成大祸。

政治上的审查我是能合格的。我是安徽省金寨县人，金寨是著名的革命老区，我的父亲柴学堂和叔叔柴学书都是红军战士、共产党员。父亲1929年参加红军时我才九岁，我跟着父亲在红军中生活过。红四方面军长征离开皖西后，我流浪异乡，以帮工、讨饭为生，饱受苦难折磨。

1938年8月，我在庐江境内遇到了东进抗日的新四军第四支队，听说这就是当年的红军，是共产党领导的队伍，就毫不迟疑地参了军。总之，论政治立场我是坚定的。论军事素质，1939年8月新四军第五支队挺进津浦路东时，我已经是重机枪连的班长了，操纵七九马克辛重机枪已很熟练，平常还特别爱翻杠子。身体素质也不错，又没有任何不良的习惯。所以，挺进到路东不久，我就被组织上选调到锄奸部接受训练。11月，被派到罗司令的身边当警卫员。当时首长住在苏郢，在首长身边担任内勤警卫工作的是我和史达夫同志，史达夫同志是河南省泌阳县人，后曾任四旅十团二营营长，1948年在淮海战役中壮烈牺牲了，年仅二十六岁。解放后，人民政府授予他“三等人民英雄”光荣称号。

我到罗司令身边后，罗司令首先教我学文化，他对我说：“不识字就不懂得科学，不懂科学就成不了优秀的革命战士。你每天学五个生字，三年以后就能达到中学以上的文化程度了。”罗司令特地给我们订了本子。那一年我已经十九岁了，史达夫比我小两岁，我们都是爱动不爱静的角色，不想学文化。罗司令就苦口婆心地开导我们说：“我在滇军的时候，为了学文化，帮人家洗一件衣裳人家才肯教我两个生字，哪有你们这个好条件？”他命令我们：“每天必须学会五个生字！今天学的，明天要默写出来！”后来，罗司令又送我到教导队和抗大八分校学习。平常一有空，就要检查我们的学习情况，真像一个循循善诱的老师。

罗司令练兵，从不主张在操场上打圈圈，而是坚持一切从实战出发，到野外去演练。比如，练越障前进，就在起伏不平落差很大的丘陵地带全副武装练越田埂，他站在终点看谁是第一名。再如练习跳远，光跳沙坑不行，还要到野外去负重跳小河沟，跳不过去就掉到水里。战术训练更是因地制宜，突然袭击出情况，当场演练。跟着罗司令行军可不是单纯赶路，而是走一路练一路，不出半小时准有“情况”，首长会突然说：“左前方有敌人一个营埋伏。你是团长该怎么办？你是连长该怎么办？”如果几分钟内回答不出来，他就严肃地说：“平时不学习，战时准吃亏。别愣着啦，你已经当了俘虏了！”指战员们都了解罗司令的特性和他的训练方法，大多数同志都能迅速作出反应：“三排进攻！二排掩护！

一排包抄过去迂回击敌！……”演练得十分逼真。首长训练出来的部队能打，全靠一时一刻也不松懈的艰苦训练，训练的时候实战色彩浓，打仗的时候就用得上。在训练部队时，首长从来不靠盖大印下公文，而是亲临现场，亲作示范。

在战争中也是一样，罗司令从不在后方靠发命令指挥作战，而是亲临火线指挥，什么地方危险，罗司令就出现在什么地方。前线指战员一看到罗司令到火线了，士气就顿时高涨起来。在占鸡岗战斗中，敌人的迫击炮弹就在离罗司令不远的地方爆炸，我们都很紧张，罗司令却从容不迫，镇定自如，笑笑对我们说：“放心！炮弹从来不跟我做交情！”确实也有炮弹落在他面前而不爆炸的奇迹出现过，有一次在津浦路西的定远县大赵家，罗司令和周骏鸣等高级将领围坐在一张方桌旁谈工作，突袭我军的敌人发射过来的一颗炮弹不偏不倚就落在方桌上！幸亏没有爆炸，我们都吓出了一身冷汗！

罗司令没有进过军事学校，他从战争中学习战争，从一个普通士兵成长为著名将领。战场就是他的课堂。每打完一仗，首长都要十分认真、十分细致地加以总结，由他口授，由秘书或参谋人员记录，写成战斗详报，最后由他修改定稿，该上报的，他都要派人抄留一份底稿。有时候他不要别人帮忙，自己亲自动手写。每逢这时，我就给他找来一张方凳，放在床上，点上蜡烛，他反复斟酌，再三推敲，常常写到深夜，每天工作十六七个钟头是正常的事。许多新战法、新战术，就是首长在研究敌我作战特点的时候琢磨出来的。他想出了一些新招，就立即付诸演练，揣摩成熟就付诸实战。罗司令的“麻雀战”是十分著名的，不但在我们军队中影响深远，就连敌方将领也不得不佩服。就我的理解，所谓“麻雀战”，就是说来就来，说走就走，打你一下，马上分散，积小胜为大胜，杀伤敌人有生力量，保存自己。罗司令用“麻雀战”与运动战（突袭、奔袭）、阵地战（守备、攻坚）相结合，创造了许多辉煌战例。他创造的“梅花桩战术”在金牛山大战中打得日本侵略者首尾不能相顾，丢盔弃甲，狼狈不堪。

我到罗司令身边工作不久就随他去了津浦路西。在路西期间，我军在半塔地区胜利地将盛子谨部缴械，为了维护抗日民族统一战线，罗司令回到路东以后即在半塔街上摆了酒席礼送盛子谨出境。为了做统一战线工作，罗司令后来还曾在路西花山与琅琊寺的大和尚见过面。这位大和尚在出家之前曾是旧军队中的一个将领，当时他的庙里有一百多支枪，连国民党滁县县长都敬畏他几分。

1940 年 2 月，桂顽李品仙部进犯路西地区，8 月初首长率部西援四支队，与顽敌激战。韩顽乘我路东空虚，调动万余兵力进攻半塔。半塔守备战打了七天七夜。在解决桂顽之后，首长率部回援半塔，虽然部队经过十多天的行军打仗都已经相当疲劳了，但斗志十分高昂，我们在全椒西南的管家坝吃过晚饭，然后开始强行军，进入来安县境内时天刚蒙蒙亮。山地行军一夜走了两百多里，中间还横着一条日军控制的铁路，这样的高速度实在是不多见的。这正是首长严格要求、严格训练的结果。

半塔保卫战胜利结束后，当时化名胡服的刘少奇同志从路西来到路东。一天，少奇同志来找首长，部队司令部的一个科长领着他通过外岗，他一个人来到院子里，问我："小鬼，你们首长呢?"我说："在睡午觉。"他又问："我可以进去吗?"我上下打量了一下，见他身穿长衫、头戴白色盔形帽，不知他是干什么的，就回答说："不可以!"他听说"不可以"，就只好在院子里踱来踱去，当他踱得靠近首长住处时，我就命令他："到那边去!"首长在屋里听到声音穿衣出来，见到少奇同志立刻敬礼，我才知道这是个大人物。他是来与首长商谈工作的，我给他倒了茶水就退了出来，我听到少奇同志叮嘱首长不要打小仗也到火线去，一定要注意安全。

这一年 8 月，首长和周骏鸣、张劲夫等负责同志率支队主力北出三河，开辟淮宝地区。我在首长身边。在平息小刀会骚乱的斗争中，首长既严格执行党的抗日民族统一战线政策，又严守卫立煌。在新集，首长会见了小刀会的一个会长，那人姓罗，长得胖胖的，有文化。首长先向他宣传了我们党的政策，要求他们停止敌对行动，和我们新四军团结起来抗日，还跟他谈古论今，劝诫他以中国历代志士仁人为榜样，不做对不起民族、对不起国家的事。罗会长当场表示对首长十分敬佩，但是当时小刀会已经被国民党江苏省主席韩德勤操纵了。

首战新集，小刀会几万会众在吞服了麻醉品之后向我军疯狂进攻，我八团三营抵挡不住，损失了一个排。首长说："新四军不打受骗的农民！鸣枪警告！"直到小刀会不理会警告，冲到街口杀伤我战士多人，首长才不得不下令反击。我军八九挺重机枪一齐开火，自称"刀枪不入"的小刀会会众顿时倒下一片。时值盛夏，一两天后黄豆地里的敌尸臭不可闻。战后，首长命令："展开政治攻势，不到万不得已不予反击。"小刀会自然不甘心失败，他们都是本地人，倚仗着地形熟，晚上偷偷潜入我前沿，摸掉了我军哨兵。首长命令：一面在阵地周围堆树枝、设障碍、筑工事，一面将单哨和双哨改为三哨，三个哨兵背靠背，脸向外警戒。小刀会冲锋倚仗大刀长矛。首长命令：以长矛对长矛，弄来大批的粗竹竿，把一头削尖，蘸上桐油，放在火上一烤，十分坚强锋利。行军时，每个战士都扛着一根长竹竿，远远望去像竹林一样。有一位姓黄的团长说："竹竿一砍就断，恐怕不行。"首长说："好，你拿大刀，我拿竹竿，我们试试！"首长挥舞着竹竿，竹竿长大刀短，黄团长根本无法近身，一刀砍下去，竹竿既滑又处于动势，连刀印也没留下。首长说："看！我不容许你砍第二刀，就把你穿透啦！"黄团长心服口服。首长说："作为一个指挥员，要善于研究敌人，避敌之长，击敌之短，还要学会因地制宜，就地取材，才能克敌制胜。"首长实战经验十分丰富，办法特别多，以上仅仅是一例而已。

1942 年我从抗大八分校毕业，回到师部，被任命为侦察队长。侦察队下辖一个武装排和两个便衣排，每个排三十人左右，装备好，训练有素，非常精干。我们侦察队和学兵连，都是不离首长左右的。

淮南抗日根据地被津浦铁路一分为二。铁路是日本侵略者控制的。首长转战在路东路西，过铁路的地点一般选在沙河集以北的张八岭、三界一带，那里是滁县、明光两大日伪盘踞城市的接合部，山峦起伏，草深林密，便于隐蔽行军或阻敌抗敌。过铁路与日伪交火是常有的事。

1942 年秋，桂顽一七一师主力和一七二师、第十游击纵队一部及保六团向我路西根据地进犯，并占领我中心区藕塘。我二师第四旅和津浦路西联防部队经过十天激战，将顽敌击溃，歼敌一千五百余人，六旅亦西进，参加反顽斗争。

反顽斗争胜利结束后，首长从路西返回路东，随行的部队是学兵连与我们侦察队的武装排和便衣班。我们从嘉山和定远两县交界处的大横山向东挺进，夜间零点在管店与三界之间越过津浦铁路。敌人当然不会睡大觉，刚接近铁路就与日伪军遭遇上了，首长命令狠狠打，激战了半晌，日军渐渐支持不住了，没想到国民党顽军竟然置民族大义于不顾，也来夹击我军，首长命令退却到山地与敌人周旋，整整打了一天，日伪军和顽军付出了惨重的伤亡代价。晚上，首长率领我们突围出来，越过津浦铁路，抵达路东。

我在首长身边工作、生活了约四年之久，首长的崇高品德和甘愿为共产主义事业献身的革命精神给我留下了极深的印象，令我终生难忘。首长的夫人张明秀同志是红军长征干部，平易近人，艰苦朴素，在司令部威望很高，深受同志们的尊敬。我们警卫员战士有时看到她工作回来十分劳累，要给她打一盆洗脸水，她都不让。她对我们说："同志哥，我们共产党可不兴旧军队那一套！官兵一致，官兵平等，分工不同，都是革命同志嘛，我自己的事自己做。"张明秀同志从来不愿给任何人添麻烦，严格要求自己，一身正气。现在回忆起来，她当时也不过二十小几岁，比我们大不了多少，可是在政治上已经相当成熟了。她不让我们照顾她，却十分照顾我们这些在首长身边工作的同志。直到今天，我们当年五支队和二师的新四军老战士在聚会的时候，回首往事，仍觉得深受教益。

1943 年冬，在路西反日伪扫荡和反桂顽斗争中，我仍驻定远县安子集一带。在古河刀山战斗中，我军两个团用奔袭、夜袭方法打败了顽军七八个团，并歼灭敌人主力团一个营。我在这次战斗中负伤，被送到四旅后方医院治疗。首长和张劲夫同志到医院慰劳、看望同志们，首长关切地详细询问了我的伤势和治疗情况，充满感情地说："我叫你不要离开我嘛，官是好当的吗？你就是黄牛战术，一头硬顶，不懂得利用地形地物，不晓得以少胜多出奇兵！"我知道，首长看到我受伤他心里急啊，听着他的批评，我心中涌动着热流。一个多月后，我被转移到路东，在大刘郢师部医院养伤。

1944 年初，我奉组织命令到根据地边缘地区搞地方武装，是李世农同志与我谈的话。临行前，首长勉励我加强学习、努力工作，大力发展武装，用枪杆子保卫民主政权、保卫根据地人民。我满怀依恋之情告别敬爱的首长，走上了新的征途。

（根据罗新安、宋霖 1990 年 3 月 25 日访问柴挺凯同志的记录整理）

一个随军记者的见闻

◆杨丹平

1939年初冬，霜凝大地，万木萧疏。西北风打着尖厉的咆哮掠过一片枯黄的淮南原野，只有村边麦田里寸把高的麦苗绿油油的，显示出不畏风霜雨雪的顽强生命力。我挎个小包，迈着轻快的步子，奉命去半塔集西南六七里地的绥营子，向新四军第五支队司令部报到。

还是在延安学习时，就读过埃德加·斯诺的《西行漫记》，"神行太保"罗炳辉的名字早就深深地印在脑海里；今天，我作为《前锋报》的随军记者，到罗炳辉司令员身边去工作，怎么能不万分高兴呢？

心快路短，绥营子已出现在眼前，隐约可见村前的开阔地里队伍集合，似乎在开什么会。我一溜小跑，来到村边，隔着一面水塘，顺风送来了清晰洪亮的声音。

"……日寇在明光增加兵力，很可能是想扫荡路东，占领来安，进一步控制津浦线。淮南地区紧连南京。我们必须粉碎鬼子的扫荡，在这一带建立起巩固的根据地，这样就好比在日本帝国主义这头野牛的鼻子底下插进一把钢刀……"

队伍中迸发出一阵笑声。透过竹林，我看到战士们肩背长枪，腰挂手榴弹，个个精神抖擞。队伍前面挺立着一位身躯高大、体格魁梧的军人，宽前额，圆脸盘，一身土布灰军装，和战士们一样打着绑腿。军帽沿下，一双大眼射出灼灼的光芒。

不用问，他就是我盼望已久的罗炳辉司令员了。

我快步上前，行了个举手礼，向他报到。罗司令伸出一双大手，同我紧紧握着，操一口浓重的云南乡音，亲切地说："好啊，部队马上出发打仗，你这个记者来得好！"

饲养员牵来一匹健壮的灰骡子。罗司令敏捷地跨上骡背，带领队伍，迎着料峭的寒风向西南方向前进。

文化教员带头唱起歌："我们都是神枪手，每一颗子弹消灭一个敌人，我们都是飞行军，哪怕那山高水又深……"

一唱百和，雄壮的歌声在辽阔的淮南原野飘荡。

我走在一位参谋的身旁，问他："来安城不是在国民党广军手里吗？"

"是的。罗司令已经派人同他们联系，要他们做好准备，合作战，消灭鬼子。"参谋说。

"要他们配合？"我疑惑了："路西广西'猴子'，已经和我们闹过几次摩擦，这些家伙能和我们一起合力打鬼子吗？"

"起初我也是这么想，"参谋笑着说，"后来罗司令开导我们说，我们并不依赖他们，但为了抗日，按照毛主席的抗日民族统一战线的政策，我们还是要尽量争取团结他们……"

边走边谈，不觉已过了几个村庄。罗司令每经过一个村子，或是绕过一条小河，跨上一条大道，总要打发身边的警卫员，进村找老乡打听村庄的名字、属哪里管辖、道路通往哪里、河流叫什么名字等。参谋告诉我这是罗司令的习惯，他无论行军、打仗，走到哪里，都要详细了解周围的情况。"我们首长呀，脑子时刻都装着一张最准确、最详细的军用地图哩！首长说，这张图很重要，是克敌制胜的一个法宝！"参谋自豪地笑着。

我也笑了，望着骡背上罗司令高大矫健的身影，不由得浑身是劲。

当夜，我们到达舜山集南边不远的梁庄。庄上有个姓梁的地主，司令部就设在他家的瓦房内。第二天，天气变了，空中堆满了厚厚的铅灰色云块,像是要下雨。罗司令在开会,部署战斗。

战士们在打谷场上、稻草堆边擦枪支、磨大刀,作战前准备。

“罗司令来了!”消息像长了翅膀,飞进了长工屋、佃户棚,村里老老少少都进来了,把战士们围了个团团转。

一位头发花白的老太太郑重地问:“你们擦枪磨刀是准备打东洋鬼子吧?”

“是啊!”战士们响亮地回答:“我们新四军就是打鬼子的!”

老太太笑着点点头:“打吧,狠狠地打,打走了那些害人贼,庄稼人才有太平日子!”

说话间,一个放猪的干瘦老头儿,赶着头百多斤重的肥猪走到跟前,停下脚,看看战士们手中的刀枪,凑到跟前,惶惑地说:“鬼子有飞机、钢炮、铁甲车,你们靠这些兵器打鬼子,能管?”

“管哪!”一个战士拍拍手中的枪:“别小看这些老套筒子、汉阳造,拿在我们手里,照样能打败鬼子的飞机、大炮、铁甲车!”

“说得对!”人群后面响起洪亮的声音,回头一看,罗司令不知什么时候走到了我们身后。

罗司令正待说话,忽听到“喳喳喳”一阵鸟叫,抬头看时,场对面槐树枝头飞来一只喜鹊,翘着长尾巴,喳喳乱叫。罗司令敏捷地拿过身旁战士手中的一支老套筒子,举枪瞄准,只听得“砰”的一声,枝头喜鹊应声落地。孩子们飞跑过去,拎起喜鹊:嘿嘿,鹊儿已没了脑袋!

人群中响起一阵“啧啧”的赞叹声。

“老套筒子管不管?”战士笑着问放猪的老头儿。

“管!管!”老头儿脸上笑开了一朵金丝菊。

罗司令笑容满面地跟老乡们打招呼。大家一拥而上,人垒人地围得水泄不通。老汉们争着递过来装得满满的旱烟斗,老太太挪着小脚,端来热腾腾的茶水。几个拖鼻涕的娃娃从大人们腿裆里挤到罗司令身边,罗司令高兴地抱起一个,放在膝盖上,摸着他那冻得红红的小脸。

罗司令坐在乡亲们中间，向他们讲述打鬼子要靠毛主席、共产党领导，要靠军民团结，而不能只看到武器的道理。罗司令拍拍老套筒子说，中国人民打东洋，反侵略，这是正义之战，日本鬼子漂洋过海来侵略中国，这是不义之战，中国人民用老套筒子一定能打败有洋枪、洋炮的侵略者！

这番话仿佛一股春风吹暖了人们的心，大家连连点着头。

中午，下起蒙蒙细雨。侦察员报告：日军一个大队、伪军两个大队从明光乘车到张八岭，偷偷向来安方向行进，已经到了舜山集，离梁庄只有几里路了。

舜山集到来安有一条大路。罗司令立即下令：十团在路北，警卫营在路南，准备伏击。部队飞快地冒雨爬上路两侧的小山岗，占领有利地形。就在这时，派往来安城与国民党联系的参谋回来报告：来安县县长和国民党常备大队已经弃城逃跑，不知去向。罗司令冷笑着骂了声“中华民族的败类”，就带领我们几个人上了山头。敌人已经顺大路而来，透过密密的雨帘，隐约可见长长的行列越来越近了，约有七八百人，有鬼子也有伪军，打着膏药旗，趾高气扬。罗司令拿着望远镜，仔细观察着。突然，侧面山冈上一阵枪响，埋伏的部队朝敌人开火了。紧接着，枪声四起，烟雾腾腾，骄横的日寇万万没料到，在这偏僻的山坳里会遭到新四军的突然袭击。敌人一阵慌乱，纷纷跳进路边的小沟，进行顽抗。不一会，一部分敌人组成战斗队形，倚仗优势火力，向我们脚下的山头反扑过来。我们旁边山头上机枪连的三挺重机枪同时开火，子弹急雨似的飞向敌人。伪军开始溃退了，但鬼子还嚷叫着扑来。偏在这时，离我们最近的一挺捷克式重机枪打完了，机枪手急得满头大汗。几十个鬼子趁机冲上来，雨雾中看得见钢盔闪亮，听得见大皮靴咯咯响，离我们只有几十米了！罗司令猛地从山石后面闪出身来，大喝一声：“看准了打！”他手中左轮枪上的红绸像火舌似的闪动。伏在丛林、乱石中的战士一齐开火，鬼子哇哇乱叫，抵挡不住，退下山去。

敌人的反扑被粉碎了，我正在高兴，忽听到罗司令一声命令："卧倒！"一颗炮弹呼啸着飞过我们的头顶，在不远处爆炸了。一个警卫员受了伤，另一个警卫员焦急地说："首长，这里危险！"参谋也说："罗司令赶快转移一下吧！"罗司令拍拍身上的硝烟尘土，不慌不忙地笑着说："第一颗炮弹落下的地方，第二颗炮弹是不会再光顾的，这里很安全哩！"说着，又沉着地拿起了望远镜。

已到傍晚时分，雨越下越大，天渐渐黑下来。这时，罗司令下达了全面出击的命令。风雨潇潇，军号激越。战士们像小老虎似的冲下山岗。敌人已经丧失了斗志，夺路向来安狼狈逃窜。部队一口气追到来安城下，敌人连夜躲进了城。

半夜，司令部搬到来安城北面五六里的一个村子。我们走进一家农民的茅屋。大家浑身都湿透了，又冷又饿，北风一吹，冻得上下牙直打战。罗司令跨下骡背，一刻也没休息，又开始了紧张的工作：看地图，听汇报，部署攻城战斗。屋子里点起蜡烛，通讯员、报务员进进出出。我和几个同志喝了几碗玉米粥，向房东大爷要来几捆稻草，摊开休息。那时，部队供给很困难，已是冬天了，还没发棉被。睡觉盖的是草，铺的也是草；你挨我，我靠你，钻在稻草窝里取暖。战士们开玩笑说，这叫"钢丝床"、"金丝被"。吃过饭，屋里的人都睡下了。我想着白天的战斗，明天的攻城，翻来覆去怎么也睡不着，弄得"金丝被"窸窸窣窣直响。风雨未停，冷风卷着雨点，从破窗洞里打进来，寒气逼人。远处不断传来枪声，时紧时松，仿佛还有手榴弹的爆炸声。"大概是我们的部队在骚扰敌人吧？"我暗暗猜想，更睡不着了，索性起身，轻手轻脚走出屋子。对面屋里还有亮光。我走到门口，只见罗司令在烛光下聚精会神地看什么。罗司令抬眼看见我，问道：

"怎么还不睡？"

"睡不着。"

"冷吧？"

“不，不冷。”

罗司令看我头上、身上粘着草屑，哈哈笑道：“寒冬腊月盖些稻草，还能不冷？”他偏起脸，听着屋外呜呜的风声，“我们的部队很艰苦啊。蒋介石不承认我们这支抗日的队伍，不发粮饷，不给被服。我们的抗日政权目前还没有建立。”罗司令说到这儿，停顿了一下，忽然笑着问我：

“你在延安学习，见过毛主席吗？”。

“见过。”我高兴地回答，“毛主席还给我们作过报告哩！”

罗司令点点头：“要很好地学习毛主席的著作啊。毛主席这样说过，‘没有根据地，游击战争是不能长期地生存和发展的’，我们一定要打好这一仗，迅速建立淮南抗日根据地，这样我们的游击战争就有了后方，困难就可以大大减少了。”罗司令说着，目光深情地落在他面前的一本小册子上。

我才看到，他深夜不眠，正在孜孜阅读毛主席的著作《抗日游击战争的战略问题》。烛光一跳一跳，映着罗司令和蔼的脸庞，他那宽阔的前额上已经出现了细细皱纹，这是多少年南征北战的风霜雨露留下的痕迹呀！我默默地看着罗司令，不知怎地，热乎乎的泪水模糊了我的双眼。

天刚麻麻亮，参谋兴冲冲地跑来告诉大家：昨晚，按罗司令的布置，十团的一个侦察排，三十多人，一式便衣、短枪，下半夜时分摸进了城。城里鬼子和伪军驻扎在两处，侦察排插进了他们的中间，向两边放起了枪。日伪军听到枪声吓蒙了头，急忙打起来，打到天明，才发现上了新四军的当，鬼子联队长狠狠地给了伪军大队长几个耳光……

“狗打架，精彩！”屋里荡漾起轻快的笑声。大家不约而同地把目光移过去，无限深情地注视着罗司令那间还亮着烛光的小屋。

早饭后，飘起雪花。我跟着罗司令迎风冒雪来到来安城北面的张山集。刚到街口，就见一条南北长街，满是穿黄衣的大兵，有的抱着枪，垂头丧气地坐在屋檐下，有的哼着小调晃来晃去。有几个大兵操一口广西话，叽哩呱啦，吵吵嚷嚷，在追鸡撵狗。我们进了集镇，一个小矮子兵，手里提只芦花鸡，可能是个什么小头目，看到骑在骡背上的罗司令，后面还跟着挎短枪的警卫员，便大喊了声“立正”，他两脚并拢，身子笔挺，可手里的芦花鸡却扑棱棱地乱扑着翅膀。看到这般光景，我们又好气，又好笑。罗司令问他是哪个部队的，他说是国民党广西军来安县常备大队的。

“你们吃了老百姓的公粮，为什么不打鬼子，弃城逃跑?”参谋气愤地问。

“是，是长官不、不叫打啊。”

“你们的长官在哪里?”

小矮子兵如释重负，用手一指：“那边酒馆里。”

我们走到酒馆前，推门而入，只见迎面八仙桌旁，歪七扭八地坐着几个穿黄军装的官儿，中间是来安县县长。八仙桌上杯盘狼藉，鸡骨头、鱼刺扔了满地。

官儿们见到我们这些不速之客，都吃惊地丢下碗筷。参谋大声地对他们说：

“这是我们新四军五支队罗司令!”

常备大队的大队长凹眼凸额，尖嘴猴腮。他尴尬地望着罗司令，抖着嘴皮，却一句话也说不出来。县长朝罗司令哈腰拱手，连称“罗公、罗公”。罗司令严厉地责备他们不打鬼子，临阵脱逃。他们只是木雕泥塑似的立正听着。罗司令又向他们讲述了抗战的形势和共产党坚决抗日的决心，最后要他们以身作则，管好军队，不许骚扰百姓。他们听了点头如鸡啄米。那个县长堆起满脸笑容，结结巴巴地说道：“司、司令和各位长官还没、没用饭吧?”

他那句话没说完，我们已经跟着罗司令走出酒馆。出门没几步，远远见一匹快马“泼刺刺”飞驰而来。到了面前，骑兵通讯员向罗司令报告：滁县敌军已出动，企图增援来安的日寇。

罗司令微笑着点点头。敌人的这步棋完全在他的预料之中，他已命令八团守住八石山，阻击敌人增援部队，切断来安与滁县之间的联系。通讯员走后，我们跟罗司令上了张山集附近的一个山头。这里离来安城约二十里地。我们站在山头上，观察城内敌人的动静。山头上寒风刺骨，雪花飞舞。时间已是中午，大家都没吃饭，肚子饿得咕咕叫。罗司令派警卫员买来十几只鸡蛋，每人发到两个，没有火煮，便敲碎蛋壳，生喝了下去。

下午两点钟光景，我们正在瞭望，忽见来安城内腾起一股浓烟，接着四五处地方同时冒出黑烟，烟浓风紧，一霎时来安城便笼罩在浓浓烟雾之中。城里起火了！

罗司令举起望远镜仔细地观察了一阵，猛地放下镜子，向参谋一挥手："立即追击，敌人弃城逃跑了！"

原来，在舜山集受到严重挫伤的日寇，逃到来安城后，又中了我侦察排的埋伏，犹如惊弓之鸟，军心惶惶。增援部队又迟迟不到，最后只点起几把大火，弃城向滁县逃窜。可是在罗司令早已布好的这盘棋上，他们总是逃不脱被动挨打的局面。他们刚溃退到八石山，罗司令布置在那儿的八团就用密集的火力"迎接"了他们。追击部队和八团前后夹攻，把他们打得落花流水。至于从滁县出动增援的敌军，还没到八石山，听到来安的同伙已溃逃，吓得掉转屁股，又缩回滁县去了。

我们跟随罗司令进入来安城时，天还没黑。城里几百户人家，大多住的是草房。罗司令命令部队迅速扑灭了火。老百姓听说新四军来了，纷纷从他们藏身的各个地方来到街头。当看到我们部队扛着从鬼子手里缴来的大盖枪，雄赳赳地走过时，有的激动得扑簌簌地滚下泪来。

那位"县太爷"和常备大队，见我们收复了来安，也跟着进了城。罗司令把县长叫来，告诉他准备开群众大会，要他主持。他当然又是笑容可掬地点头称是。

入夜，广场土台上，汽油灯高挂，明晃晃如同白昼。台下，万头攒动，一片欢腾。突然，我的膀子被一个人拽住了。一看，梁庄那个放猪的老头儿同几个老百姓笑呵呵地站在我身后。

“大爷，你怎么来了？”我惊喜地问。

“呵呵，慰劳你们的呀！”老头儿眼睛笑得眯成一条缝。

一个中年汉子告诉我，自我们离开舜山集，村上人为慰劳部队杀鸡宰鹅，蒸包子、做烙饼，忙乎了一整天。老头儿把那头百多斤重的肥猪也宰了。

我眼睛里滚动着热乎乎的泪水：“大爷……”

“嗨，你们真管！把小鬼子打跑了，真是天兵天将，我们淮南老百姓有救了！”

雪住风停，天边升起一轮明月。广场上银辉飘洒，欢歌四起，群众大会开始了。罗司令走到台前，像一座巍然铁塔！

他说：“我们中华民族，决不屈服于任何帝国主义！共产党领导的八路军、新四军是抗日最坚决的力量。有毛主席领导，有广大父老兄弟的支持，一定能够获得最后的胜利。”

洪亮的声音，像战斗的号角，在来安城上空，在淮南轰鸣、震荡……

来安城下，首战告捷。从此，罗司令威名远扬，日伪和国民党制造的“新四军游而不击”的谣言被彻底粉碎了。不久，在党的领导下，淮南地区的群众纷纷组织起来，成立了工抗、农抗、妇抗、青抗、儿童团等组织，民兵队伍也迅速发展起来。

军号声声，红旗猎猎，首战来安后几个月，淮南抗日民主根据地便在战火中诞生了！

（选自《长风扫敌顽》，编入本书时作了订正）

三枪打不醒的警卫员

◆李占春

我到罗炳辉司令员身边当警卫员是1939年，那时他在江北指挥部，是新四军第五支队的司令员。我是他的第一任警卫员。

说起到罗司令员身边当警卫，还有一段有趣的插曲呢！起初我在成钧同志领导的十团里当班长，年纪才二十岁左右，身强力壮。我参军是想报仇，因为旧社会夺去了我的父母，从小我就成了孤儿。后来部队首长经常教育我，使我明白了革命的道理：如果不赶走日本鬼子，不推翻三座大山，不消灭人剥削人的旧制度，穷人就不能过好日子。明白了这个道理，我作战勇敢，不怕牺牲，浑身好像充满了无穷无尽的力量。

一天，罗司令员到十团检查工作，召开班长以上的干部会议。他讲军事课的时候，我专心听讲。他抽查我的学习时，我一口气就回答了他提出的问题，他太高兴了。当天，团长成钧同志把我叫了去，对我说："罗司令员叫你去一下。"我很害怕，提心吊胆地去了，去到那里，就直挺挺地站着，罗司令员立即叫我坐下，亲切地问我的家庭情况、入党时间，还问我打了几次仗，扔了多少手榴弹等等。我看他和蔼极了，就毫不顾忌地一一作了回答。最后他问我愿不愿当警卫员，我高兴地说愿意。他也乐了，就冲着我说："你背得动我吗？"罗司令是一个出了名的大胖子，但我一点也不示弱地说："背得动！"他还不放松地追问："背着我能走多远？""一百步！"我响亮地回答了他。他放声大笑，边笑边说："一百步太少了。"接着又和我说了一些笑话，才认真地说："你就给我当警卫员吧!”

从此,我就开始给罗司令员当警卫员了。我初到五支队时,生活很艰苦,有时几天没得饭吃,冬天还穿着单衣。罗司令员说,要打仗消灭敌人,就必须建立革命根据地。他是一个果断坚毅的指挥员,说干就干。首先他抓政权建设,建立人民政权,接着就在农村中开展减租减息运动。农民运动搞得热气腾腾,群众有了吃穿,纷纷报名参军,壮大了人民的武装。当地农民对罗司令员很尊敬,都称他“罗青天”,还编了一首歌谣:“解放区像天堂,人民政权有保障,田地不管多和少,三七分租算清账。”对于愿意抗日的开明士绅,罗司令员是热情欢迎的。他向这些人宣传党的团结抗日的方针和统一战线政策,使绝大多数愿意抗日的人都团结在我们周围,孤立了极少数顽固分子。

部队每到一地驻下来,罗司令员就去找群众拉家常,了解情况。有一次,他和群众在一起拉家常,大家都向他说心里话。有的问:“罗司令,你真的一天要吃一个小孩吗?”他放声大笑,边笑边说:“敌人说我一天吃一个小孩,你们可相信?我住了这些时候,谁家的小孩被我吃了?”他这一问,惹得满屋哄堂大笑。

罗司令员特别注意群众纪律。在他的言传身教下,战士们一放下背包就打扫院子,把老乡的水缸挑满。部队离开驻地,他还亲自检查纪律执行情况,看看借老百姓的东西归还了没有,地扫干净没有,床板放回原处没有。我们跟着罗司令员走南闯北,部队所到之处秋毫无犯,群众对我们的队伍深表欢迎。

罗司令员抓军事训练和文化学习也不放松,而且卓有成效。他常给我们讲毛主席的军事思想,对毛主席关于游击战的十六字方针掌握和运用得很好。他常常结合亲身的战斗经历,举出战例作深入浅出地讲述。我还清楚地记得那次讲军事课,他叫了一个高个子和一个矮个子做示范动作(当然是罗司令员预先做了工作的),一高一矮,人人都担心小个子会吃亏,哪知小个子出其不意弄倒了大个子。这下大家可乐开了，罗司令员接着就引入正题，继续讲他的军事课说："这个小个子为什么能战胜大个子呢？就因为他搞偷袭。如果正面展开搏斗，他一定斗不过大个子。打仗也一样，当我们遇到强大于我的敌人时，我们也要搞突然袭击，打埋伏，先发制人，把敌人消灭掉。"这个生动的例子说明了一个深刻的道理，大家一听就懂，印象很深。在训练中，罗司令员还坚持批评与表扬相结合，以各种灵活的方法激励同志们搞好训练。他叫战士们扎了一些飞机和乌龟，把飞机发给训练好的单位和个人抬着走，把乌龟发给训练较差的单位和个人抬着走。小伙子们谁愿意抬乌龟呢？一个个虎劲十足，都争着抬飞机。

我们的战士都出身于劳苦大众，能够识字的人很少。为了提高大家的文化水平，罗司令员把他自己刻苦学文化的切身经历告诉大家，勉励大家努力学习文化科学知识。我们罗司令员的办法可真多，他叫战士们在背包上贴上几个字，大家边行军边识字，一路上有问有答，不知不觉中就记熟了很多生字。罗司令员自己学习文化也抓得很紧，他休息时靠在草窝上都在看书写字，夜间更是他学习的好机会，有时他竟然通宵达旦地学习。

在路西时，我们住在邓家。有一次罗司令员召开参谋会议，长时间得不到休息，非常疲倦。我见他在睡午觉，便也在外面门板上睡着了。他醒来就喊警卫员，我没听见，他走来把我的枪下了我仍没醒，他火了就向着大树连发三枪，把树都打穿了，我也吓醒了，但我有愧，自觉害怕，就装着没醒。他一手抓住我，把我提起来（罗司令员力气大是有名的，他举步枪如举筷子，轻重机枪都能平身举起）。罗司令问我："打枪你不知道?""不知道。""你瞌睡这样大呀?"我不吭气了。罗司令员的性格我是清楚的，假如他来下我的枪时，我和他夺枪，他一定很高兴，我没有这样做使他很生气。以后他见到我就说："你这三枪打不醒的警卫员。"以后我调到徐海东同志的部队去任警卫连的副连长，他遇到我就问："李占春，你的瞌睡还大不大?"我说还大。徐海东同志的爱人周东屏同志在场说:“他现在是副连长了。”罗司令员叫我去把连长喊来,罗司令员问连长:“你们副连长瞌睡大吗?”连长回答说:“不大呀!”罗司令员这才语重心长地对我说:“现在是副连长了,可不能再随随便便了。”又转身对连长说:“你要好好帮助他。”我觉得罗司令员的教导句句在理。那次教训我至今铭记在心。

罗司令员对部队要求严格,但同时对战士又是非常关怀的。记得在路西的定远县岗王西边行军时,暴雨骤至,碰巧又要过一条河。雨越下越大,河水越涨越猛,我牵着马过河,河水把马肚都淹了,我泅水过河,感冒了。到了驻地,罗司令员亲自到厨房布置给我煮面条,叫把辣子放多一点。我吃了那碗面,出了一身汗,感冒也好了。那时能够吃上面条是很不容易的。罗司令员还问我要不要吃药,又劝我好好休息。这样无微不至的关怀更是使我永生难忘。

我当连长时,在路西负过一次伤,罗司令员见我的手用绷带吊着,就问我受伤的情形,又看看我的伤口,对我说:“你吃药没有? 有没有烟钱? 伙食好吗?”当时我们的给养非常困难,我不能有特殊要求,就说:“有钱,伙食也好。”

罗司令员知我有困难不说,提起笔就批了几块钱给我,这在当时的困难情况下是很难得的。

天高民兵万人大检阅纪实

◆中共天长县委党史办

1944 年随着根据地建设的不断发展，淮南津浦路东地区获得相对安定的环境。生产发展，经济繁荣，各级民兵组织也发展较快，工作十分活跃。

1944 年 6 月，我抗日战场由战略相持迅速向战略反攻转化。为鼓舞抗日军民斗志，充分发挥人民战争的强大威力，天高办事处于 1944 年 9 月，在铜城南一个干涸的大溪内举行民兵大检阅，受检阅的有天高民兵总队、各区乡镇民兵及少年先锋队和儿童团等。新四军第二师师长罗炳辉亲临检阅，天高县及驻附近的党、政、军机关干部和四乡八镇的群众也纷纷赶来参加大会、观看表演。与会人数不下万余人，盛况空前，人称“万人民兵大检阅”。

这次大检阅是在二师的直接关怀和指导下进行的。检阅场上搭有三座牌楼式检阅台，正中一座的门楣上高悬一红布横幅，上书“天高地区人民武装大检阅”十一个大字。台中悬挂毛主席和朱德总司令的画像，两侧辅台上陈列着各种武器，其中大多数是从敌人手里缴来的轻机枪、新式步枪、各式手枪，也有新四军二师兵工厂制造的枪榴弹、手榴弹和爆破筒等，还有旧式步枪和民间用的刀、枪、剑、戟等。三座检阅台的前面，二十四面彩旗迎风飘扬，整个检阅场的气氛十分庄严、热烈。

为了搞好这场检阅，各区乡镇事先作了认真准备，除层层加强军事训练外，参加检阅的队伍还力求武器装束整齐统一。闵塔区专门办了大刀训练班，他们先将全区分队长以上民兵骨干教会，再分到各村起早贪黑传授劈刀技术，普遍学会后，又以乡、区为单位集中表演比赛，铜城市对本市参加检阅的一千名人员的装束，事先按男、女民兵，少年先锋队三种类型作出具体规定，力求统一。两百多名女民兵一律着金丝兰上装，黑府绸裤子，颈系白毛巾，队伍整齐划一，十分引人注目。

这场大检阅历时两天，第一天举行开幕式，由天高办事处秘书周元斌主持。大检阅的主要程序为：一、罗师长检阅民兵阵容；二、比武，项目有大刀、刺杀、投掷手榴弹、埋雷等。三、授奖。

大检阅那天清晨，一队队装束整齐的民兵精神抖擞地迈着整齐的步伐陆续进入阅兵场。按指定地点坐下后，区与区、乡与乡互相拉唱革命歌曲，一时间场上歌声此起彼落，一片欢腾。

8时许，罗师长来到阅兵场。他身着灰布军装，头戴军帽，脚穿布鞋，打着绑腿，腰挂左轮枪，身材高大魁梧，神采奕奕。周元斌宣布民兵大检阅正式开始后，天高民兵总队长汤序朋迅速整好队伍，奔向罗师长，立正报告队数、人数，请示检阅。罗师长骑上高大的骡子，从一队队排列整齐的民兵队伍前走过，每到一队，领队人高喊“立正、敬礼”，民兵们准确而熟练地完成这些动作，又用崇敬的目光迎送敬爱的罗师长。罗师长举手还礼，神态威严而慈祥。阅兵后，天高党政机关领导同志讲了话。接着开始民兵大比武，参加比武的有闵塔、银涂、金沟、黎城、铜城、大通、汊涧、沂杨等区的民兵和铜城市少年先锋队、黎城区儿童团等。闵塔区民兵集体表演了劈刀，动作整齐有力，只见刀光闪闪，红绸飘飘，杀声阵阵，十分威武壮观，受到了罗师长和路东地委副书记李世农的赞扬。

次日，举行实弹射击、埋雷等表演，最后举行授奖仪式。罗师长亲自发奖，闵塔区的集体劈刀、沂杨区的集体刺杀和黎城区儿童团的集体刺杀成绩优良，均奖给一面大红旗。沂杨区的胡国璋、王国文、刘文和被授予“民兵英雄”的光荣称号（后在地方上有“护城桥下民兵三英雄”

称号的流传)。

大检阅结束前,罗师长作了简短的、鼓舞人心的讲话。他指出这次大检阅具有重大的意义,接着分析了抗日战争的大好形势,强调了民兵工作的重要性,称赞天高地区民兵工作搞得好,要求广大民兵加紧基本训练,特别是瞄准射击和刺杀训练,要做到人人能独自作战,才可发挥游击战的作用。他勉励全体民兵和广大群众振奋斗志,努力生产,加强学习,苦练杀敌本领。他还说,为民族和人民的利益牺牲是光荣的,广大民兵要为夺取抗日战争的全面胜利立大功。罗师长的讲话慷慨激昂,给人们留下了难忘的印象。

大检阅期间,罗师长还亲自作了举枪瞄准示范,他认为能够举枪持久不动,是能瞄准射击的重要一步。他亲自端起了一支日本式的轻机枪,枪头挂上一支大盖步枪,一动不动地足足持续一个钟头,大家无不叹为神力。在罗师长的带动下,天高办事处全体干部也在周元斌的带领下,步入大会场学做罗师长的举枪动作,随后所有在铜城市的各机关也竞相参加,还进行了实验演习。大检阅结束后,在天高办事处院内,罗师长正兴致勃勃地和大家交谈,忽然飞来一只喜鹊,他信手举枪,一只喜鹊当即落地,引起在场的人们一阵欢跃,拍手赞誉罗师长是神枪手。

大检阅结束以后,天高办事处紧接着召开了英模大会并举办了大生产展览和文艺大汇演,参加演出的有上百个民兵、业余剧团,被称为“百团大汇演”。

这次民兵大检阅影响很大。之后,天长、高邮各地民兵迅速掀起了习文练武的高潮,提高了广大民兵的政治、军事素质,促进了各乡游击队的发展,以致后来涌现了不少胡国璋式的民兵英雄。这次大检阅显示了广大民兵的力量,增强了广大群众抗日必胜的信心,促进了冬季大参军运动,1944 年冬和 1945 年春,天长、高邮两县掀起了大参军的高潮,不少乡出现了整班、整排入伍的可喜景象。

为英雄的射击手歌唱
——记《罗炳辉射击手》歌曲创作前后

◆晓　河

作者简介：晓河（1918～　），江西上饶人。原名何同鉴。作曲家。1938年入黄安青训班学习。次年加入中国共产党。1940年参加新四军。曾任新四军抗敌剧团政治指导员，华东野战军师文工队队长、纵队文工团副团长。参加了莱芜、淮海、渡江等战役。建国后，历任总政治部文化部文艺处干事，解放军艺术学院教务处处长、干部进修班主任，中国音协第二、三届理事。曾获三级独立自由勋章、三级解放勋章。荣立过一等功、二等功各一次，三等功两次，还获得为几内亚（比绍）共和国、佛得角共和国谱写国歌的殊荣。2001年5月，获得了首届中国音乐“金钟奖”终身荣誉勋章。作品有歌曲《罗炳辉射击手》、《三杯美酒敬亲人》、《勘探队之歌》、《伟大的国家伟大的党》等。

罗炳辉的名字，在我入伍之前就有了深刻的印象。因为他是著名的英勇善战的红军将领和百发百中的神枪手。他在人们的心目中，是一位传奇式的人物。

1941年，皖南事变之后，新四军江北指挥部编为二师，罗炳辉同志就是我们的师长。当时我在二师政治部抗敌剧团担任政治指导员。我们从一些红军老同志的言谈中，听到许多令人神往的关于罗炳辉同志的故事。因为他在第一次国内革命战争时期善于当开路先锋，而且行动神速，战胜敌人，因此，人们称他为“神行太保”。在一次战斗中，红军转移，敌军紧迫，在危急的关头，罗炳辉同志单枪匹马，利用有利地形，凭着一支步枪，封锁了一条狭路的桥头。一枪一个，弹无虚发，把一群来势汹汹的敌军撂倒在桥下，掩护了部队顺利地甩掉敌人。

我们抗敌剧团和师部，都住在安徽盱眙县（今属江苏省）大柳营附近的村子里，经常有机会和罗师长接触。每当他指挥战斗部队进行各个跃进的“麻雀战”和散兵群游击活动的“梅花桩战术”演习时，总要集合包括我们抗敌剧团在内的直属队的各单位参观见习。

罗师长对于军事训练，要求是很严格的。为了锻炼战士的臂力和顽强的意志，他不仅要求每个战士能够上下托举步枪几十次，而且能够上下托举轻机枪几十次。他自己就是刻苦锻炼的模范。做射击动作示范时，从来都是一只手紧握枪把。步枪在他手里，似乎是一根竹棍，挥动自如。他那异常强劲的握力和臂力，叫人赞叹。

谁都知道罗师长有一个枪不离手、从不间断射击活动的优良习惯。他喜好野外打猎，并且专找目标小的飞禽做靶子。每当发现高高停在树上的，或者是停在电线上的麻雀，他即动作迅速地一手举枪，靠紧右肩，盯住目标，扣发扳机。枪声响处，麻雀应声而落。前来观看罗师长枪法的老乡，男女老少无不欢声喝彩。他那敏捷的射击动作和魁梧的英雄形象，至今还历历在目。

在淮南津浦路东、路西敌后根据地坚持抗战的艰苦岁月里，我军受到日寇、伪军和国民党顽固派的四面包围，经常处于艰苦、紧张而复杂的反扫荡和反摩擦的战斗之中。1944 年，为了巩固根据地，迎接新的战斗，开展了一个以射击、投弹、攻坚、刺杀等四大军事技术为主要训练项目的大练兵，与此同时，掀起了一个“学习罗炳辉射击手”的练兵运动。《罗炳辉射击手》这首歌曲，就是在全师部队开展轰轰烈烈的“学习罗炳辉射击手”的练兵运动中产生的。

高高树上一只小鸟，

砰通一枪把它打倒，
谁是这样高妙的神枪手，
罗炳辉是射击的好榜样！

打靶瞄准百发百中，
射击敌人决不落空，
谁是这样高妙的神枪手，
罗炳辉是射击的好榜样！

这是对罗师长射击活动的一个小小的写照。

爱护武器好比生命，
使用武器好比手膀，
手快眼快准确沉着，
操练认真学习经常。

这些词句，都是罗师长平时在部队射击训练讲话中提出的要求。

《罗炳辉射击手》的曲调吸收了民歌的音调，采用了歌谣体的形式，力图以新颖的旋律和明快的节奏，来表达战士们在艰苦的战斗整训中，投入到“学习罗炳辉射击手”练兵运动的革命豪情。这首歌曲很快就在部队中传开，并成为连队歌咏比赛的歌曲之一，对当时的练兵运动起到了鼓舞和推动的作用。

在开展“学习罗炳辉射击手”的练兵运动中，部队出现了许多优秀的射击手，大大地提高了部队的战斗力。指战员们都以自己能当上罗炳辉式的射击手为光荣。我们有无数的罗炳辉式的忠于人民、忠于党，为了民族的自由解放而英勇奋战、不怕牺牲的英雄射击手，怎能不高声歌唱呢？

六个黄梨

◆张泰源

秋天，梨子上市，满街满店都是黄澄澄、又大又嫩的黄梨。每到这时，我便想起了罗司令。

我的父亲叫张保成，是盱眙旧铺人。1940年春天，罗司令率领新四军来到我的家乡，我父亲立即参加了地方工作，当选为旧铺区农抗会理事长。罗司令对地方群众工作很关心，常常把他叫去问这问那。不久，我也参了军。

罗司令常常带部队在津浦路西和国民党桂系军队打仗。这些反共顽固派不打日本侵略军，专门闹摩擦，我们都恨透了。有一次在路西全椒县刀山附近狠狠地“揍”了他们。战斗结束后，我从一片枣树林里钻出来，军帽、军衣全被刮破，拖一片，挂一片，露出了棉絮。但由于打了胜仗，心中高兴，就坐在枣树林边休息。就在这时，听到一阵马蹄声响，罗司令骑着青灰色大骡子奔驰而来。我立正向他行礼。他跃下骡背，指着我的衣服问：“你的衣服怎么全烂了？”我红着脸指指枣树林，不好意思地说：“是那些刺戳破的。”他一听哈哈大笑，回过头来对站在身边的郭连长说：“你到供给部领一套新棉衣给他换上。”郭连长答应着。罗司令又亲切地问我叫什么名字，是哪里人，我都一一作了回答。

他听说我是盱眙旧铺人，把我上上下下端详了一番，问道：“旧铺有个农抗会理事长叫张保成，你认识吗？”“他！他是我父亲。”我连忙说。罗司令笑起来，伸出大手拍拍我的肩膀，高兴地说：“原来是老会长的儿子，怪道这样像呢。”他和我谈了一会话，勉励我说：“你父亲是个老实同志，干工作很负责，你要好好向你父亲学习呢。”我望着他那慈祥和蔼的面容，激动地点头答应着。

1943年以后，我回到地方工作。我父亲调到半塔区担任农抗会理事长，后来他年纪大了，常常发烧、吐血，于是回到家中养病。谁知病情越来越重，拖到秋天，已不能起床。我急得像猫抓心，决定送他到新四军的医院去检查。那时，新四军军部驻在黄花塘，附近的常庄有所医院。

我用一张竹床抬着父亲，上了路。傍晚时候，已离常庄不远。忽见前面路上尘土飞扬，罗司令骑着那匹青灰色大骡子迎面而来。早就听说罗司令身体也不大好，经常到常庄医院看病，想不到今天在路上碰到了他。我和同来的人放下竹床，准备向罗司令行礼，不觉罗司令已到了跟前，他一眼认出了我，勒住缰绳问我道：“小张，到那里去?”我指着竹床说：“我爹病了，抬他到医院去看看。”他一听，立即翻身跳下骡背，走到竹床边，轻轻掀起棉被一角，叫了声“张保成同志”。父亲虽然病得很重，心里却明白。他慢慢睁开眼睛，一看到罗司令，枯干瘦黄的脸上掠过一丝笑容，他张开干焦的嘴唇喊了声“罗……司……令”。

罗司令伸出右手抚摸着我父亲发烧的额角，又轻轻放下被子，仔细给他掖好，沉重地说：“病得不轻啊!”他皱着眉，想了一下，从口袋里摸出一张纸，走到骡子旁边伏在骡鞍上写了张条子给我，关切地说：“你去找官乃泉部长，或者是崔主任，就说是我说的，务必请他们用心给他看看。”我参加工作后学了几年文化，一般的字都能认得。只见那上面写着：“宫部长、崔主任：请你们像替我看病一样，给这位老同志看病!”

我捧着纸条，激动得流出了泪水，怔怔地看着他跨上骡背。可是他骑了没多远又转了过来，从骡背上的黄布书包里摸出六只黄澄澄又大又嫩的黄梨，说道：“你父亲烧得很厉害，要吃点清凉的东西。”他把黄梨送到我手里，继续说：“这梨子是人家送给我的，留给老会长吧，给他润润心!”

罗司令放下黄梨,又骑着骡子走了。我望着骡背上他那高大的身影,阵阵秋风鼓起他洗得发白的军衣,斜挂在肩头的空了的黄布书包,随着他魁梧身躯的摇晃而轻轻抖动。金色的阳光洒在淮南的原野上,罗司令和他的青灰色大骡子随着起伏的无边谷浪渐渐远去了,终于,一丛浓密的树林遮住了我的视线。我捧着六只黄梨怅惘地久久站立在秋风里。我想,我捧的是黄梨吗?不!这分明是一颗人民的司令员热爱人民的炽热的心!

1946年,听到了罗司令在山东病故的消息,我难过极了,痛哭了一场。

从此,每当秋天梨子上市,看到那一个个又大又嫩的黄梨时,我眼前便浮现出罗司令那高大的身影,浮现出他伏在骡鞍上写字的情景,我耳边仿佛又响起他亲切的声音:“留给老会长吧,给他润润心!”

时间过得真快,罗司令离开我们已几十年了。半塔集烈士碑前的松柏岁岁常青,黄花塘的粼粼春水永不枯竭,罗司令啊,我们的好司令员,你永远活在我们淮南人民的心里!

(选自《长风扫敌顽》)

“我们要时刻想到群众”

◆常景波

1940 年春天，罗司令率领部队到了盱眙县东南一带。这时，革命政权还没有建立，部队生活十分困难，每天能吃上顿把豌豆饭、黄豆饼就不错了。战士们常常勒紧裤带行军打仗。看着战士们日渐消瘦的面庞，炊事班长心里火烧般地难受。部队每到一个地方，他就走东家访西家，想方设法搞粮食、买吃的。可是一眼望下去，田野里到处是挖野菜、摘树叶的饥民。是呵，玉米刚刚出苗，麦子还没抽穗，正值青黄不接的春荒季节，加上国民党三十三师长期在这儿搜刮抢掠，老百姓穷得像水洗过的一般。要搞到粮食，实在不容易啊！

这一天，太阳偏西的时候，我担起一副水桶到塘边给房东挑水，远远看见炊事班长手提一只大竹篮兴冲冲走来。看到他那眉开眼笑的神情，估计十之八九是搞来了好吃的东西。我不由得连声问道：“老班长，搞到什么好吃的了？”通讯班的两个“小鬼”闻声像馋猫似的从屋里跳了出来。老班长高高举起篮子，笑呵呵地大声说道：“嘿！不花一文钱，味道美又鲜，包你们吃得打嘴巴子也不肯丢！”

大家围上前一看，原来是一篮嫩嫩的榆树叶。两个“小鬼”有点失望，炊事班长摇晃着篮子说：“春天的榆树叶，嫩汪汪，甜丝丝，和上两碗玉米面，再搁点盐，做一锅榆叶面饼，嘿！香甜、嘎嘣脆，要多美有多美！”

炊事班长可真能苦中作乐，大家被他感染得哈哈大笑起来。可是，

“小鬼”毕竟是“小鬼”，他们在家也尝过榆树叶又涩又苦的滋味。有个“小鬼”撅嘴说：“骗人！这东西吃得你屎都拉不下来。”老班长一听，神情陡然严肃起来：“‘小鬼’呀，你可晓得，有多少人想摘还摘不到哩，我是爬到树梢头才摘了这么一点点，身上还擦破了好几处！”

大家一听，心里油然升起了对老班长的敬意，“小鬼”也高兴了，一把抢过竹篮，竖起大拇指说：“老班长真有办法！我帮你送到伙房去。”

我在塘边洗了两件衣裳，然后挑起满满一担水回来。一步跨进院门，忽然听到罗司令扯开大嗓门，像是在批评人：“你跟群众讲了吗？你摘了群众的榆树叶，那群众吃什么？你脑子想到没有？你的群众观点哪里去了？”我放下水桶，轻轻走到窗洞口向里一望，不由怔住了，刚才欢天喜地的炊事班长，现在却耷拉着头站在罗司令面前。罗司令神色严峻，曲着手指在桌上敲着，十分恼火地说：“同志，现在是春天，青黄不接，群众叫天天不应，喊地地不灵，靠它救命度荒哩！我们怎么能吃群众的救命根！”炊事班长脑门直冒汗，不住地搔着头，嘟嘟囔囔地说：“我只想到，嗨……”“你呀！”罗司令接过他的话头，语气显得温和些了，“你只想到战士，还有我这个当官的”。

炊事班长被罗司令的话逗笑了。罗司令接着说：“我们要时刻想到群众，他们是我们的衣食父母啊！”

罗司令在屋里踱了几步，又走到炊事班长面前，声音更温和了，问他：“你在家吃过树叶、野菜吗？”“吃过”，炊事班长低声回答，“连观音土也吃过”。“是啊！”罗司令点点头，继续说，“我们是人民的军队，不能穿上几年军装就忘了人民的甘苦啊！”

炊事班长嘴唇颤抖着想说什么，但什么也没有说出来。我只看到他的眼里涌出了闪光的泪水。

夕阳透过屋顶小天窗，投下柔和的金色光柱，照亮罗司令英武、刚毅的脸。从窗口钻进的春风，轻轻掀起炊事班长的白色围裙，罗司令默默注视着他，注视着那围裙上的斑斑油渍，深沉的目光中交织着责备和爱抚。

我红着脸，轻手轻脚走进屋，恰巧，指导员也来了。于是我提起水壶给首长到伙房打开水去。走进伙房，一眼就看到了桌上那篮榆树叶。大概炊事班长刚刚将它洗过，翠绿欲滴的嫩叶上水光闪闪，晶莹的水珠从叶上流下，透过竹篮滴到桌上，又从桌边上一颗颗滴落到地下。我情不自禁地伸手捧起一把榆树叶，绿茸茸的，叶儿散发出袭人的清香，实在可爱！看看榆树叶，我的眼前仿佛出现了炊事班长攀枝援杈，险呼呼地采摘榆树叶的情景，心中有点儿为他难过：炊事班长辛辛苦苦……确是一片好心哇！可是我又想起了罗司令，羞愧和崇敬的心情在我胸中激荡，我们的好司令员啊，你的那颗一尘不染、全心全意为人民的心啊，鲜红鲜红，透亮透亮，比这晶莹的水珠还要明净纯洁呢。

我手捧榆树叶正在出神，忽然一只粗糙的大手从我背后伸了过来，提起了桌上的竹篮，我一看，竟是炊事班长。“到哪里去?”我问他。

老班长擦擦眼泪说：“把它给群众送去，指导员和我一起去群众家赔礼道歉。”

开晚饭了，我们在驻地旁边的空地上列队集合。罗司令也来了。文化教员走出队伍指挥我们唱起了歌曲《三大纪律八项注意》。我们都明白：为什么今天要领我们唱这支歌，一个个心情激动，挺起胸脯，放开嗓门起劲唱。雄壮有力的歌声随风飘荡，飞过田野、丛林，飘向远远的地方。罗司令一动不动地望着我们，脸上浮着高兴的笑容。

几年过去了，已经建立起巩固的淮南抗日根据地，经过减租减息和大生产运动，部队生活有了改善，不仅可以吃上白面馒头、大米饭，而且有了一定数量的油盐菜金。可是，司务长并不满意，每天“噼里啪啦”拨着算盘，仍然为伙食如何能“锦上添花”动着点子哩。

有一次，罗司令召集东分区干部开大会，炊事房一连忙了几天。散会的第二天中午，我到伙房打饭，通讯班的一个“小鬼”跑到我跟前，悄悄对我说：“司务长真有点子，会打埋伏仗哩！”说着一溜烟跑了。

晚上，刚吃完晚饭，罗司令对我说：“你去把司务长叫来。”“是！”我答应着。刚要走，罗司令说道：“叫他把账本、算盘都带来。”

我叫来了司务长，罗司令让他在一张长凳上坐下，劈头问道：“开会的伙食账结好了吗？”“刚刚结好。”“念给我听听。”司务长不知怎么回事，只得照着账本，一笔一笔念了起来。

罗司令靠在椅子上听着、听着，忽然浓眉一扬，打断了他，大声道：“什么什么？几斤酱油？三天工夫就用了这么多酱油，是我们把它当开水喝了吗？”

司务长被问得张口结舌，接着一连又挑出了几笔类似的账目。罗司令大手一摆，说道：“不用念了！现在你谈谈吧，你在账目里搞了些什么名堂？”司务长不敢隐瞒，只得把趁开会的机会多报了些伙食费的事说了出来。罗司令说：“好啊！学会了打埋伏哩！再说说，你打埋伏是为了什么？”司务长红着脸，结结巴巴地说：“我们的伙食不……不很好，我想留点机动费，好……好改善伙食，还……还……”“还可以给我多做几顿鸡汤下面，是吗？”罗司令加重语气，冲着他责问。原来，前些天罗司令工作忙，常常深夜不睡，司务长有一次特地给他送来鸡汤下面，挨他批评过。

我在旁边听着暗暗着急，司务长这回呀，准得狠狠挨一顿批！可是出乎意料，罗司令并没有发火，他拿过账本，翻了一阵，忽然抬起头问道：“司务长，你晓得我们淮南抗日根据地有多少人口吗？”司务长被问得莫名其妙。罗司令不等他回答，自己说道：“我们淮南路东、路西十几个县，有几百万人口，我们的军队呢，除了二师，还有独立团、县区武装、各级地方干部。司务长，你给我算一算，每一个淮南老百姓的负担有多少？可是你还嫌他们负担得太少了，还要多吃、多喝、多报账！”司务长愣住了。罗司令又接着说：“不能只算你那个小账！”罗司令激动地推开账本，站起身走到窗前。窗外月光明亮，风摇小树簌簌作响。他站了好一会，猛地转过身来，走到司务长面前，用深沉而有力的声音缓缓说道：

“同志！我们是人民的军队，不能穿上几年军装，就忘了人民的甘苦啊。”我的心怦地一跳，像触电般怔在那里，“我们是人民的军队，不能穿上几年军装就忘了人民的甘苦啊。”这是多么熟悉的两句话呀！什么时候在哪里曾经听过呢？我思索着。

罗司令叫司务长回去，连夜重新整理账目，把多买、多报的账全部算清，最后命令道：“把账搞搞好，明天向我汇报。”

司务长捧着账本、算盘走了。罗司令坐在窗前，仿佛在想什么。我倒了一杯开水放在他面前，他目光一闪，突然问我：“司务长打埋伏的事，你晓得吗？”我的脸刷地红了，吞吞吐吐把中午听到的情况告诉了他。罗司令没有批评我，语气十分温和地说：“碰到不对头的事就要说，自由主义可要不得哩。”

已经很晚了，罗司令还在看书。我轻轻走到外边。院子里月光如水，凉风阵阵，四下静悄悄的，隐约听到司务长的小屋里传出“噼里啪啦”的算盘声，门外哨兵在走动，脚步轻而缓慢。我背倚一棵小树站着。掠过一阵夜风，头顶上响起沙沙声，仰头一看，月光下，满树铜钱似的榆树叶随风摆动。我怔怔地望着，蓦地几年前的一篮榆树叶一下子跳到了眼前，那水光闪闪的叶儿，晶莹透亮的水珠……我的心像淮河水一样翻腾起来，榆树叶、酱油……不同年月的两件不同的事，仿佛滚动的两个亮水珠儿，陡然碰撞起来，凝聚到了一块，变成了一颗永远跳动在人民事业里的一颗炽热的心。

我慢慢抬起头，凝视着罗司令小窗洞口闪动的烛光和伏在桌前的魁梧身躯，一股深沉巨大的敬意，从我的心中升起。头顶上，月光更皎洁了，满树的榆树叶散发出沁人肺腑的阵阵清香。

（选自《长风扫敌顽》）

一个参谋的怀念

◆熊永龄

作者简介:熊永龄(1918～　),江苏南京人。1935年从南京市职业学校土木科毕业,毕业后进入南京市政府地震局测量队工作。1938年10月,在其兄长浙江温岭地下党负责人的影响下参加革命。1939年1月入党。同年,响应东南局革命青年到皖南云岭学习的号召,来到云岭。先在教导队学习,2月下旬被调到参谋处画图。在参谋处画了一批战斗详报图、敌我态势图等。画完图又回到教导队学习,5月学习结束后,正式调到新四军参谋处,在测绘室工作。不久任测绘室负责人。

1941年1月,皖南事变中,我在新一支队,激战八天八夜,大部分同志牺牲,我被捕。两天后我与几个同志一起于太平县黄华岭山道转弯处逃离虎口,化装成老百姓,经芜湖回到南京家里。在家里待了一个多月,4月下旬得到消息,4月26日经龙潭来到淮南抗日根据地赵庄。在赵庄我看到了二师的练兵。当时正是金牛山打了胜仗,师部大礼堂正在排练欢庆金牛山大捷的歌舞剧。

4月28日上午,在赵庄见到了张云逸副军长和罗炳辉师长。他们亲切地接见了我,我见到他们不禁热泪盈眶,一时说不出话来,缓一缓才慢慢地、详细地汇报了我所经历的八天八夜的战斗经过和红军战士奋勇拼杀,誓死抢夺滩头阵地以及多次突围受阻等情景。张云逸副军长仔细听我汇报,罗炳辉师长则义愤填膺,在室内来回走动,用拳头敲打着手心。

罗炳辉师长知道我的工作后，要求我留在二师工作，要我筹组二师参谋训练队，并任命我担任训练队的队长兼教员，除教学外，分给我的第一项任务是全面进行路东地区的兵要地志调查，我很快完成了任务，并编绘成册，受到了张、罗首长的赞许。

二师的参谋有汉逸夫（参谋的负责人）、赵侠真、楼学政（侦察参谋），还有一位广东人（六个手指）、李参谋和我（教育参谋）。一般有五六个参谋。

罗司令的指挥特点有“看清、拿稳，决心下手干”、“四两拨千斤”、“攻其不备”等。

“四两拨千斤”的意思就是打得非常巧，用一个连、一个排或一个班的兵力把敌人搞垮。

饲养员图方便，喜欢把马拴在小树上，马喜欢啃树皮，如果树皮啃多了，树就会死去。罗师长发现了就狠狠地批评。凡是违反群众纪律的事情，他都会非常恼火，就会狠狠地批评。行军时罗师长要求一定要顺着田埂，在田埂上走，不能从田当中走，以免踩坏庄稼（小麦）。

罗师长一般不发脾气，发脾气一是为违反群众纪律，一是为违背军事命令。我认为他发脾气发得对。1945 年夏，打六合时，罗师长命令四个团，在上午八点到达预定地点。结果只来了三个团，有一个团是下午五六点钟才到，战斗已经结束，消灭敌伪一千多人。罗师长发脾气了，要处分晚到的团长，团长当然不服气了，他说，你们的命令是晚上八点，我下午四五点就到了。一看，原来是李参谋写错了，把上午八点写成下午八点。罗师长命令把李参谋捆了起来，过了几个小时，我们劝他，把他放了。

打六合时，罗师长在阵地前，会突然爬起来向前跑二三十米，然后卧倒，再向侧面爬二三十米。在战场上他像一只兔子，灵活得很。

罗师长重视战斗详报，1944 年后，陈模诚负责写战斗详报，我得画图。

消灭吴化文时，我们有三万多人，吴化文有五千多人，我们在津浦线上埋伏了长达二十华里，等了三天三夜。天快亮了我们撤回来，晚上再埋伏在铁路旁，从界河到两下店之间，吴化文五千多人几个团，最近的离铁路不超过五十公尺，罗炳辉的指挥部在四百公尺高的虎山上。敌人的队伍有牛车，完全走入伏击圈要两三个小时但在这两三个小时中敌人丝毫没有发觉，证明我方有多强的组织纪律啊。罗炳辉看到敌人完全进入了伏击圈，命令发信号弹，三万多人一下冲过去，吴化文部只有缴枪。

消灭吴化文的战斗几分钟就结束了，消灭吴化文后，在香城召开营以上的干部会议，陈毅同志说："罗炳辉同志是天才的伏击战指挥员。"

在临沂时，我在军部测绘室任主任，住在东北圆，东北圆是临沂城东北角的一个小村庄，有八九户人家。那时罗师长身体不好，要养病，司令部命令我们把大的房子让给他。我们就把中间的大房子让给他住。4 月，我请他来给我们讲课，他当时刚任副军长。罗副军长说："地图是军队的眼睛。"这句话形容得非常好，这次讲课讲了两个多小时。

罗司令和我们一家

◆殷　山

我是1923年出生的，家乡在全椒县小集镇，参加革命前在小集小学读书。在我读到六年级毕业的时候，日本鬼子就侵略进来了，学校开不了学，老师和学生都闲在家里。

就在大家没有方向的时候，从大别山来的一支共产党的队伍到了我们全椒县小集镇，这个队伍的全称是“东北流亡抗日挺进队”。这个部队人不多，只有二三十人，到了小集镇，司令部就设在我家，司令员姓董。几天后他们将司令部移到离镇子两里外的农村去了。

共产党新四军的部队来了以后，我们这些学生发现几个老师经常跟部队联系，关系好像很密切。于是我们就去找老师，要求参加抗日队伍。

1938年4月经老师介绍，我和几个同学都参加了新四军。参加部队时我只有十五岁，小学毕业也算是一个知识分子，被编进了宣传队，主要工作是写标语，做宣传。我哥哥是我们当时十六个人的头，是我们宣传队的队长，为防止敌人对我们家庭搞迫害改名叫黄生。

宣传工作开始是在古河，后来国民党看到共产党在这里的势力大了也就派部队来，古河成了他们的中心区，共产党就把中心区设到了定远县的藕塘镇，这样我们宣传工作的基地也就转移到了藕塘。

1940年春我被送到半塔集学习会计，三个月后也就是6月被分到江北指挥部政治部做会计。

罗炳辉是五支队司令，成立二师时是副师长，后来是二师师长，五支队许多干部都随同调到二师师部。我一直在机关做会计，跟许多领导都一起生活过，住地也随着机关的变迁而搬迁，跟罗司令和许多首长都经常见面。还有一些原因，使得罗司令对我们一家特别熟悉。

我和哥哥、嫂嫂同时参加了新四军，当时在小集镇还是有点名气的。后来国民党搞分裂，叫嚣要抓共产党员，抓不到人就抓家属。有投靠国民党的同学就把我家的情况告诉反动派，想以此邀功请赏。我哥哥这时已经是我党在全椒县党、政、军的负责人，手里有部队，是带兵打仗的。告发人的家属生怕以后有不测，就将消息告诉了我的父母。1942 年我的父母带着我的弟妹，全家都逃到了藕塘。

我们全家到了藕塘后，地委和部队为了搞扩军经常要开大会进行宣传，动员青壮年参加新四军。罗司令知道我们一家有三口参加了新四军，就两次到我们家，请我母亲上台讲话，动员青年参军。因为我们是当地人，长辈能够送儿子媳妇三个人参加新四军，是一个很好的现身说法的例子。我母亲在罗司令的动员下，两次到群众大会上讲了为什么要送晚辈参加新四军的道理。听过我母亲的讲话，有许多青年参了军，所以罗司令对我母亲是很称赞的。

我在路东机关工作，罗司令不打仗的时候就住在路东。没事的时候罗司令经常带两个警卫员提着气枪出去打鸟，有时碰到我就说:“小殷山，你想不想你妈妈，想的话我带你去看看。你妈妈可想你了。”他经常跟我开玩笑。

我哥哥黄生从宣传队出来后就当了乡指导员，一直带地方武装打仗，后来当了县武装部队的领导，经常参加罗司令组织的战斗，配合主力部队作战，曾受到罗司令两次授奖。有一次是在 1942 年到 1943 年间。罗司令带部队到路东去打仗，国民党李本一知道我藕塘根据地没什么部队了，就突然倾古河之兵袭击藕塘。这时的藕塘十分危急，一旦敌人得手，后果将十分严重，部队和机关损失就非常大。我哥哥知道这个情况后就进行了分析:如果我们带县武装去跟敌人对打,兵力和武器都不行,解决不了问题还会把自己也搭进去,损失会更大;而国民党的老巢古河,目前也没有什么战斗力了。不如带县武装去打一下,来个围魏救赵比较可行。于是他就带着县武装到古河去搞了一下。古河的守敌派快马到藕塘找到李本一,告知了古河被围的消息。李本一一听老巢被围,心想偷袭藕塘本无大利,失去老巢可失了老本了,急着赶紧撤兵,急速赶回古河。此时我哥哥已经带部队撤走了。罗司令在庆功会上讲:"我原以为藕塘这一仗我们肯定要吃大亏了,可是怎么也想不到敌人会突然撤兵。战后才知道是黄生在古河搞了那么一下,不是黄生搞这么一下,我们根据地的损失可就大了。"于是给我哥哥授了第二次奖。

(程晓明根据录音整理)

父亲母亲眼中的罗炳辉将军

◆程晓明

程健恒(1920~1996),安徽繁昌人。1938年参加新四军,先后在江北纵队战地服务团、四支队老七团二营四连、四旅文化大队、二师保卫训练班、二师抗敌剧团、津浦路西保安总处审讯科、二师抗大八分校教导团工作。1946年起在三野华中总兵站汽车大队、摩托学校、盐城党校、交通学校任职。1949年开始军管。1951年转业。1978年离休。

陈少欣(1922~),河南西峡人。1941年到淮南抗日根据地,先后在古城联中、藕塘实验小学、永宁集小学、三官集小学、新安小学学习、任教,1945年在清江市委、十一地委、十二纵队卫校、苏北兵站任职。1949年军管。1951年转业。1985年离休。

虽然罗炳辉将军去世的时候我才刚刚出生,可是从我父亲程健恒、母亲陈少欣的口中也知道一点他的逸事。

1961年初中毕业的我,被南京军区技术干部学校选调入伍了。进入军校,最初的军事训练就是队列和射击。我们射击训练是打三种枪:五三式步骑枪,五零式冲锋枪,五四式手枪。五三式步骑枪后坐力大些,但是子弹是一发一发打出去的,难度不是很大。五零式冲锋枪虽说后坐力不是很大,但训练要求是打点射,一次射击要打出去两三发子弹,往往第一发子弹可以上靶,第二、三发子弹上靶的可能性就比较小,只有臂力强的人夹得紧枪才会把连发打上靶。

有一次我父亲有事路过南京，到军校来看我。在父子俩的谈话中，我说了打冲锋枪的体会。我父亲就对我说起了罗炳辉将军："1938年我参加了新四军，在二师做过保卫工作，有时候会见到罗司令。有一次看到他用站姿打机关枪，两个大臂一夹，机关枪发射时枪身看不出有什么动弹，弹着点几乎就在一个小圈子里，那真是可以打碉堡的枪眼。这叫体大力不亏，加上训练有素，这是打好枪的基础。"接着他又说："罗司令骑骡子，人一跨上去，那个大骡子的腰都会往下一颤。"最后又沉重地说："罗司令很会打仗，敌人吃他的亏太多了，对他恨之入骨。他逝世后，敌人还从坟墓里把他的尸体挖出来鞭尸。"

那时候我刚参军，只有十五岁，对过世的部队将领是一无所知，但是从父亲的言谈中我觉得他对这个司令是尊敬有加。

随着在部队服役时间的增加，我对部队领导人的事也关心得多了一点。有一年我探亲回家跟母亲聊天，说话中就问起："妈，你见过二师的师长罗炳辉没有?"我母亲说："只见过一次。我是1941年由上海地下党新知书店的徐雪寒送到淮南抗日根据地的，在联合中学学习两年后就做小学教师，我们这些教师都属路西地委管。1944年过教师节，组织上问我们想搞什么活动。许多教师都要求到部队去参观，看看战斗部队的训练和生活。那一天，二师的领导就带我们一帮教师到部队去了，参观中有一个节目是打一发枪榴弹给我们看。我们被带到一个山坡上，只见一个大个子，提着一支枪从部队的人群中走了出来。我们教师当中有人认识罗师长，就说这是师长罗炳辉。罗师长站出来就对我们说：'这个榴弹枪是我们新四军的兵厂自己制造的，威力还不小。'然后就前腿弓后腿绷，双手握住枪，摆好了架势，准备发射。接着他又回过头来对我们说：'这一发榴弹就值一两黄金。'我们一听这么贵重，就一起说：'不要打了，留着打鬼子吧。'在我们的一再要求下罗师长就不打了。"

听母亲讲罗师长好像是件大家都很快乐的事。

在纪念罗炳辉将军时，我就想起我过世的父亲和衰老的母亲，在他们的脑海里曾经留下过罗炳辉将军的往事，并把他们记忆中关于罗炳辉将军的往事传给了我。

一个人的往事能够代代传承，这可是难能可贵的。

罗炳辉与无线电报务员

◆斯　简

电台通信系心中

1939年7月,新四军在安徽定远县藕塘组建第五支队,罗炳辉任司令员。当时新四军江北指挥部赋予第五支队的任务,是挺进皖东,开展游击战,创建津浦路东抗日根据地。

罗炳辉立即率领部队展开东进准备工作。首先,派政治部主任方毅,带领一个先遣队,到路东实施武装侦察。路东地区包括今来安、天长、嘉山、盱眙及六安、仪征等县,距南京可说咫尺之遥,敌伪占领已久,国民党反共顽固派韩德勤在此勾结日伪,蹂躏人民,桂系部队也参与暗中角力,斗争形势极为复杂。罗炳辉不仅对方毅反复强调先遣侦察任务的重要性,而且明确必须带一部电台去,以便随时掌握先遣队的活动情况。

第五支队初建,通信装备奇缺,部队三个团,只有八团有一部电台,支队部仅有一部十五瓦电台正常使用,另一部小功率五瓦电台,收发报机存有故障。支队无线电中队长鞠文奎接到罗炳辉派遣电台的命令,将原拟支队部对上对下分别建立无线电网的计划,改变由一部台兼顾,组织鲍新泉等机务人员紧急抢修五瓦电台,派报务员小刘带电台去先遣队。

罗炳辉认为，在严重的敌情环境下，无线电台随小分队活动，目标大，容易暴露部队行动，他把鞠文奎及小刘叫来，亲自向他们交代电台进入敌后的注意事项，他关切电台人员在紧张的行动中，夜间行军白天联络，得不到休息，特意询问津贴费、夜餐费是否已经领到，鞠文奎等一一作了回答，感到首长肩负开创根据地的重任，却对电台生活小事如此体恤，心里热乎乎的。末了，罗炳辉再次强调：这次先遣队任务很重要，关系到我们能否顺利东进路东，你们电台要保证联络，随时把侦察的情况发电报回来。还叮嘱说："小部队活动，电台目标大，敌情严重，对困难要有充分的思想准备，要机警，要多准备几手，想办法去完成任务。"鞠文奎原来听说罗司令性格刚毅、神态威严，有些敬畏，这次谈话，感到首长很慈祥，教导细致周详，平易近人，心中更增添了崇敬与爱戴。

先遣队出发以后，罗炳辉抓紧部队行动前的时间，积极组织部队整训，亲自深入练兵场检查督导。他极其关心先遣队发回的电报，常在夜间到电台巡视，有时静静地站立在值班报务员身后，凝视着电键的跳动。一次，无线电副中队长郭继姜正在抄收一份紧急电报，偶一回首，见是罗司令，欲起立报告，罗司令按住郭的肩头说："不必了，照常工作吧！"郭收完电报，向罗司令报告："是先遣队发来的！"罗司令欣喜地说："好！好！赶快送译！"

先遣队在路东经过一个多月的活动，陆续发回各类情报，圆满完成武装侦察任务。返回路西后受到罗炳辉的接见，还表扬了"电台通信联络搞得好！"

1941 年皖南事变以后，新四军编为七个师，淮南部队编为二师，下辖四、五、六旅和路西、路东两个联防司令部，有十一个正规团队及一些地方部队。罗炳辉任命为副师长，他根据许多年的作战指挥经验，认为部队多了，通信联络显得更加重要，他主张二师部队所有团以上指挥机关应当配齐电台，每一部电台必须至少有两名报务人员。二师整编以后，部队发展了，但是电台奇缺，只有各旅及个别团队有电台，师也只有两部电台，多数电台只有一名报务员，距罗师长的要求相距甚远。师部通讯科长黄荣积极向军部请领电台。同时，遵照陈毅军长、刘少奇政委电报指示规定，一、三、六师向上海采购通信器材，二、四、七师向南京、芜湖、徐州采购，五师向武汉采购。二师通过地方党的关系，冒着极大的风险，派人秘密进入南京城内，采购电讯器材，组织人员突击组装电台，配发部队。

师部又决定开办无线电训练队，自己培养报务人员，从各旅、团抽调小学以上文化的青年战士及部分青年女军人，共三十余人，突击学习报务技术、通报英语及机务常识。1941 年 3 月在安徽天长县张公铺正式开学，全队编为三个班，配备枪支及振荡器等电讯器材。罗副师长对电讯队寄以很大希望，多次到电讯队检查督导，还让师供给部给每个学员每天另增加五分钱菜金，改善生活，在当时的困难条件下，这是很特殊的照顾。罗师长对电讯队全体学员讲话，鼓励说："军队通信联络太重要了，我们部队很需要电台，更缺少报务人员，所以你们一定要尽快掌握这门通信技术，学好后早日到前方部队去！"学员听了，群情激奋，一场抢时间、学技术、争当学习先进的运动就此蓬勃展开。

二师经过半年多的努力，所有各团全部装备了电台，每个电台新老搭配，有两名报务人员，全师无线电通信能力比从前大大增强。

手足般的关怀

1942 年秋，罗炳辉奉新四军军部命令，到津浦路西统一指挥反顽作战。10 月 26 日，国民党桂系部队一万余人完成集结，大举进攻我二师路西根据地，狂妄叫嚣"踏平路西共区，活捉罗炳辉"。罗炳辉在路西召开参战部队营以上干部会，动员反击作战，他号召部队英勇迎敌，要以当年苏联保卫斯大林格勒那样的精神，保卫路西抗战阵地。

在积极备战期间，罗炳辉深入一线部队，深入前沿阵地，了解敌情，研究战法，制订作战方案，废寝忘食、用尽心思。他不改老习惯，一有间隙，喜欢往电台跑，嘘寒问暖、关怀备至，还经常参加电台报务会议，听取电台联络情况，帮助电台解决实际困难。一天，他去电台，见两人同时急着奔进厕所，问明情况后，知道机务员徐小弟及两名报务员都患上痢疾，一天拉肚子十来次，他立即让警卫员把卫生部长找来，指着三个病号说："他们都拉肚子，拉得很厉害，你得赶快把他们治好，电台没有人工作怎么行?"几个病号经过服药，病情很快得到了控制。事后罗炳辉通知各部队，战士练兵要注意秋季卫生，防止患上痢疾。

10 月 28 日，顽军开始对我发动全面进攻，二师部队英勇还击，战斗异常激烈，指挥部频频转移，部队粮食一时供应不上。有一天，指挥部电台人员早饭、中饭都没吃上，报务员饿着肚子照常坚持工作。此事不知怎么被罗师长知道了，他派人给电台送来一张纸条，让电台到警卫营讨粮食，结果要到十五斤玉米粉，解了燃眉之急。全台同志吃在嘴里暖在心里，说："罗师长人不在电台，心却处处和我们在一起。"感动之情，发自肺腑。

战斗在继续，电台联络顺畅，收发的电报一沓沓送进送出，有些十万火急的电报采取预报预告制度，以提高传递时效。电台值班，每到夜深，报务员腹中空空，精神疲惫，郭继姜和张惠仁好吸一口香烟，一点点津贴费早已用光，即使有钱，战火纷飞也无处去买。每当此时，烟瘾难熬。这次，张惠仁想出个"馊"主意，他对郭继姜说："郭队长，罗师长对我们一向很好，他可能有烟，说不定会给我们几包，你何不写一个报告试试看。"郭有些犹豫，心想"向首长要烟，不成体统"，在张的一再鼓动下写了报告让通信员送去。很快，司令部秘书送来四包好烟，罗师长还在报告上批了几行字，大意说，他的烟也不多，是地方同志送来的一点，以后有烟了，可以再给一些。另外还写了一行："我经常缺烟，曾戒过几次可没有戒彻底，一到打仗，又吸上了，一直想，还是戒了好。"过了一天，罗师长又一次到电台来，报务人员纷纷围拢过来，大家七嘴八舌，聊工作、聊生活，毫无拘束。罗师长还亲切地问："你们都有技术津贴，是多少?""有八元的，有五元的，按技术等级发给。"郭继姜答。罗师长又问："是淮南票(根据地货币)，还是法币?"郭答："是法币!"罗师长说："那就不算什么了!"意思是法币贬值，买不到东西。接着一边让警卫员拿出四包好烟，一边说："给你们救救急吧!"郭说："谢谢师长!"罗师长微笑着摆摆手，站起来离开电台，全台同志一齐把他送出电台驻地。兄长般的关怀，温暖着报务员的心。

经过十天激烈、艰苦的转战，彻底粉碎了顽军的进攻，陈毅军长特致电嘉慰，指出此战胜利的重大意义，二师在收复的藕塘举行参战部队总结大会。会后部队休整，罗师长又到电台来了，他对郭继姜说："你们好久没有开报务会议了吧？什么时候再开会？总结总结！我来参加，有什么问题，一起研究研究。"郭继姜心里默默地想，多么谦逊、多么可亲的首长呀，这不就是伟人的心胸、伟人的品格!

从严就是关爱

罗炳辉要求革命军人具有勇敢顽强、严肃机警的精神，强烈的时间观念，服从命令，听从指挥，带兵打仗要从严。严格就是关心，严厉也是关爱。

1940年中共中原局与新四军江北指挥部决定开辟淮(安)宝(应)地区，指定罗炳辉统一指挥，部队进入三河(洪泽湖入水道)南岸黎城一带集结练兵，作渡河准备。罗炳辉命令电台副中队长郭继姜，带一部电台随他到指挥部执行任务。不一会儿，五支队赵启明参谋长找到郭继姜说："前方，周(骏鸣)副司令已有一部电台，你随罗司令去就不带电台，去几个人加强一下就行了。"郭继姜以为赵参谋长已向罗司令报告，自己就带了几名报务员，随指挥部行动，到达马坝宿营在一座古庙里，罗炳辉未见电台开设，甚为诧异，立即把郭继姜叫来问话，郭答说是赵参谋长的指示。罗炳辉一向对电台情况了如指掌，一听随意改变他的命令，顿时神色严峻，怒不可遏地说："毫无组织纪律！执行任务听谁的？你不知道周副司令那部电台不好吗？赶快，发报回去把电台立即送来！"次日晨，电台机器准时赶到，一道向黎城进发。8月1日，罗炳辉在黎城举行隆重盛大的阅兵式，以练兵姿态迷惑顽军。8月2日，五支队突然强渡三河并继续攻击前进，途中宿营时，郭继姜开设电台，亲自上机值班。以一个台联络各参战部队及四支队、黄克诚纵队等友邻电台，电报既急又多，应接不暇。指挥部以书面行军命令，通知电台次日出发时间及集合地点，通知由电台指导员接受办理，由于交代不严，次日电台伙房早饭搞晚了，指挥部两度派通信员催促，郭继姜彻夜未眠，急急忙忙撤收电台赶到集合场。罗炳辉甚为不满，脸色严峻，当着集合场的大部队，狠狠地批评电台，他说，"我们革命军人时间观念非常重要，时间就是生命，时间就是战斗力，你们在大部队作战行动中执行命令不坚决，延误出发时间是绝对不允许的！"他当场宣布指导员撤职，调支队政治部审查，并说："指导员不是政委，电台副中队长郭继姜应负主要责任，虽在值班，也必须深刻检讨。"

8月底，淮宝战役取得完全胜利，参战部队在岔河进行总结，支队电台对两次执行命令不坚决，进行严肃认真的检查，写出了书面检讨报告，五支队领导机关下达了一个书面文件，将此事通报各部队，严厉批评电台在这次行动中的错误，郭继姜也受到通报批评的处分。

在1942年秋，津浦路西反顽作战的反击阶段，罗炳辉指挥四个团向大隋家、徐小集地区之敌实施突击，敌不支，夺路逃跑。子夜两点，罗炳辉亲拟一份电报，命十团插入敌逃路堵截，指挥部电台反复呼叫十团电台，使出浑身解数，仍未能沟通，电报发不出去，丧失了一次歼敌良机。

战役结束以后，罗炳辉亲自到电台查清原因，十团电台值班报务员，因日夜值班未得到休息，一时困乏，延误联络。他立即亲自主持召开所有参战部队电台的无线电报务会议，大会上，声色俱厉地指出，这次电报延误，错失歼敌良机，后果十分严重，事关路西根据地的巩固，绝不能姑息放任，要追究相关人员必须承担的责任，吸取教训，决不允许再发生。罗炳辉指示后，会议集中批评十团电台队长失职，分析了犯错误的主客观原因。所有电台分别检查了各自的工作，找出不足之处，提高思想认识，制定纪律、制度及改进措施，这是二师无线电中队一次电台工作的全面整顿，对全体报务人员思想触动很大，大家对错失歼敌良机极为惋惜，对战斗危害深为愧疚，决心发扬我军艰苦奋斗、不怕牺牲、不怕疲劳、连续作战的优良传统，努力改进电台工作。

罗炳辉治军极严，一丝不苟，他常说，“战场乃立尸之地，平时宽容，战时要付出血的代价”。同时，他对部属却有慈父般的关怀，园丁似的呵护，关怀备至。他对无线电报务员的严格要求，是他治军思想和崇高品格的体现，也反映出一个无产阶级革命家对军事通信传导地位的充分肯定。

罗炳辉关心华东通信学校

1946 年 1 月，蒋介石以“停战协定”为幌子，抢占进攻解放区的战略要点，准备发动全面内战。面对严峻的国内形势，我先后组成华中、山东两大野战军，各军区组织了新的地方部队。强大的军队，迫切需要通信保障。陈毅军长决定办一所通信学校，从部队及华东地方学生中招收学员，培养通信技术干部，并责成华东通信联络分局具体承办。这是我华东地区第一所正规的通信学校，校名为新四军兼山东军区通信学校，对外称华东通信学校。

4 月初，罗炳辉副军长从津浦前线患病返回新四军军部所在地山东临沂，由于陈毅统率全局，又兼任前线指挥，参与军调组谈判，其他军首长也均在外地，他边休养边工作。罗副军长历来重视通信建设，关心通信队伍。在二师时尤其偏爱到电台巡视，嘘寒问暖，政治上、生活上关怀备至，他与无线电报务员情同手足的故事广为传颂。他对华东通信学校期望甚高，亲自过问筹建工作，与华东通信联络分局负责人一道，制订办校方针，确定组织编制，选调教学干部，任命学校领导班子。校长黄荣、副校长王殿春、教务主任王正都是华东通信系统的精英。黄荣是老红军，我军早期培养的通信专家，曾任新四军二师通信科长，是罗副军长很欣赏的干才，以后在广西人大常委会主任岗位上离休。王殿春、王正都是抗战初期参军，参军前已是无线电专家，政治、技术素养拔尖，深受通信人员的敬仰。此外，罗副军长还调来一批资深专业技术干部，担任教学工作。他要求通信联络分局抓紧筹建，尽快培养出人才。

华东通信学校的筹建工作，紧张而有序地进行着，陆续迎来从各部队、地方报到的一批批学员。我原在山东野战军第一纵队机关当财务会计，接到上学命令后，立即赶到临沂城内天主教堂报到，这是学校的临时校址。很快，报到学员超过三百人，天主教堂难以容纳，就搬迁到临沂城东郊田家黑墩村子。学员经过考试摸底后编队，共编四个学员队。一队、二队为无线电报务专业队，各编三个区队、九个班，每班十到十二人。一队队长刘力一，政治指导员赵国栋。二队队长徐敏庄，副政治指导员王鹤鸣。三队为女生队，学报务，编两个区队，后来又增编一个区队，九个班，每班十人，队长杨光，副政治指导员舒平。四队为无线电机务工程队，编三个班，每班十到十二人，队长郭继姜，副队长李杲。各队正副区队长从学员中选拔兼任，我编在女生队，并兼任区队长，女生队九十余人，清一色的娘子军，英姿飒爽，不论部队军人，还是地方群众，全以惊异的目光注视女生队，我们心里好不自豪。女兵们尽管参军动机不一，有为报效祖国的，有为个人前途的，也有为逃避包办婚姻的，但却自愿投入到人民军队，接受考验。尤其那几个为争取婚姻自由而来的姑娘们，端正了参军动机，在女生队这个大家庭里，犹如小鸟冲出牢笼，身心得到彻底解放，脸上浮现出那种幸福与自由，谁见了都心里高兴。

春末的一天，田家黑墩村子里喜气洋洋，一派节日气氛，华东通信学校举行开学典礼，教职学员四百余人，整齐划一地端坐在自己的背包上，校领导黄荣、王殿春、王正早早来到会场。不一会，华东通信联络分局曹丹辉局长、闻述尧副局长，还有机关的同志也来了。最后，村外传来一阵阵汽车引擎声，一辆美式中吉普径直开到会场门口，车上下来的是一位魁梧奇伟、气宇轩昂的领导，这就是大家向往见到的新四军罗炳辉副军长，他亲自来参加我们的开学典礼。

这次开学典礼，陈毅军长原定亲自来参加，突然因紧急军务不能脱身，他特意亲笔题词祝贺，高度评述通信联络对于军队的重要作用，热烈祝贺华东通信学校第一期开学典礼。题词言简意赅、精辟深刻，只三十八个字，表达了新四军最高领导倾注的关怀与期待。题词为"军事通信犹如人的血脉，血脉不通，人就会死亡。军事通信不通，部队就会打败仗，以至消灭"。题词由罗副军长带到会场宣读，给学校全体师生以莫大的鼓舞。

接着，罗副军长发表了热情洋溢、亲切感人的动员报告。他勉励学校领导、教职员，要以抗大为榜样办好通信，尽快培养出人才。要求全体学员刻苦学习，立志当一个出色的通信战士，他说：国民党蒋介石抗战不积极，抗战胜利了却把大批精锐部队，源源运到解放区边沿，准备发动全面内战。现在是泰山压顶，我们必须做好准备，保卫解放区，保卫胜利果实。你们这时来学校，任重道远。前方部队很缺乏电台，更缺少通信技术人员，你们一定要迅速掌握通信技术，奔赴前线。他针对少数从部队连排岗位调来的学员，不安于学习通信技术，动员说："通信联络太重要了，毛主席说过，'你们是科学的千里眼、顺风耳'，军队作战一刻也离不开它，学好技术，为革命贡献自己的力量是无上的光荣。"他还风趣地说："我年纪大了，不然我也要来学习无线电技术。"说得全场情绪激动，笑声不绝。

会后，各队组织讨论两位军首长的指示，统一思想，端正学习态度，鼓舞干劲，专心学习。当晚，召开军民联欢会，由我们女生队演出《气壮山河》独幕话剧。以后还演过《三花嫂》、《一切为了前线》及其他节目。我也曾参与演出，跑跑龙套。

华东通信学校贯彻抗大精神，团结、紧张，严肃、活泼。每周五天半专业技术训练，周六下午政治课，周日开展文娱活动。每日生活严格有序，早出操，晚点名，内务整齐划一。白天上课，晚间自修，夜里轮流站岗放哨，经常演习紧急集合，我们女生队的小姑娘们也绝不落后。因为专职教员只有刘成林、刘竹林、李影、郑家瑛、吕少清、张之阶等几人，教员很缺乏，上至正副校长，下至队长、政治指导员，人人上讲台，个个可教课。学员开展帮教活动，互教互学，团结互助，整个学校洋溢着一派好学上进、和谐欢乐的景象。

开学后不久，无线报务一、二队学员中冒出一批品学兼优的尖子，英文、数码收报都达到每分钟一百二十个以上。为了实现军首长提出的早日出人才的指示，学校将这批尖子学员组成速成班，提出“突击两个月，提前毕业上前线”的口号，尖子学员群情激荡，夜以继日地突击学习。罗副军长得到报告，甚是兴奋，十分赞许这一举措，他给学校领导说：“突击学习，加班加点身体消耗大，要增加些营养，给每个速成班学员每天增加两个鸡蛋吧！”这在当时物资条件十分匮乏的情形下，是一种非常特殊的照顾。军首长的鼓励更加激励起尖子学员的学习积极性。在两个月后，尖子学员如期结业分配到前线各部队。

1946 年 6 月 21 日，罗副军长在鲁南前线，指挥抗击国民党军进攻的枣庄战役中，劳累过度，旧病突发，在转道回临沂治病的途中不幸逝世，噩耗传到华东通信学校，全体教职学员悲痛万分，女生队的几个小女兵竟号啕大哭，全校召开肃穆的追悼大会，速成班学员集体谱写咏唱了一首挽歌，表达对罗副军长的悼念与崇敬。

罗副军长逝世后，他的爱人张明秀同志继承他关心通信事业的遗志，来到华东通信学校，共同为加强我军通信事业出力。她先担任政治教导员，后担任政治处主任，一直到全国解放。如今她已届九十高龄，精神矍铄，思维敏捷，对华东通信学校仍怀有深厚的情意。

华东通信学校从1946年建校至1952年撤销改为空军雷达学校止，共培养各类通信专业技术干部三千余人，不论战争年代，还是和平建设时期，他们在各自的岗位上，积极贡献，没有辜负罗副军长的期望。

罗炳辉副军长对华东通信学校的关怀，也是对我军通信事业的遗嘱，将永远记在我们心中。

跟随罗炳辉将军转战淮南

◆朱云谦

作者简介：朱云谦（1919～1989），江西人。1931 年加入中国共产主义青年团。1932 年参加中国工农红军。1935 年转入中国共产党。参加了湘赣边三年游击战争。抗日战争时期，任新四军军部连政治指导员、营政治教导员、江北游击纵队政治处副主任、第五支队政治部组织科科长、第二师十五团政治委员，淮南军区津浦路东盱（眙）嘉（山）支队司令员兼政治委员、路东分区司令员。参与开辟淮南津浦路东抗日根据地，组织指挥奇袭盱眙城之战。解放战争时期，任淮南军区副参谋长，苏中军区第二分区司令员，华东野战军第十一纵队三十一旅副旅长、旅长，第三野战军二十九军八十五师师长兼政治委员。解放后，任第二十八军参谋长，广州军区空军副司令员，空军学院副院长，广州军区空军副政治委员、政治委员。1978 年任总政治部副主任。1955 年被授予少将军衔。

从新四军第五支队成立，到抗战胜利后罗炳辉将军率领新四军第二师主力奔赴山东战场，我曾跟随他在淮南抗日根据地战斗、生活了整整六个年头。

我第一次见到罗炳辉，是在 1939 年 8 月。届时，新四军第五支队刚刚成立不久，正驻在皖东津浦铁路以西的藕塘地区，准备开赴路东地区创建抗日根据地，我被从十五团调来担任支队政治部组织科长。

到任不久,有一天,由我带政治部同志出早操。天刚透亮,蒙蒙雾霭和袅袅炊烟弥漫在村庄上空。我带队来到村头打麦场上,刚跑了两圈,就看到从对面支队司令部驻地村子方向,走来一个身材魁伟的中年军人,他站在操场上背着手朝我们的队伍看了一会儿,转身向身后的警卫员指指点点地说了几句什么,又跑步来到我的位置上,和善地冲我笑笑,说:“你站到排头去,我来替你一会。”随即他便放开嗓门喊起口令来:“一二三四! ……坚持抗战,反对妥协! ……坚持团结,反对分裂!”百十人的队伍大声呼应着,一阵雄壮的口令声在广阔的田野上空回荡。

他是谁? 我默默地想着:曾听说第五支队罗司令是云南人,听这一口浓重的滇边乡音,他会不会是罗司令呢? 我在排头位置上不便向身旁同志打听,只好照他的口令跑着。又跑了两圈,他将队伍带出操场,朝野地里一道两米宽、一米多深的排水沟跑去,眼看就到水沟跟前了,他还不下达“立定”或是“转弯”的口令,我似乎明白了他的用意,到了沟边,一瞧不足两米宽,沟里水也不深,于是一纵身带头跳了过去。队伍跟上来,虽说有个别同志掉到沟里,溅了两脚泥和水,终究还是都过去了。接着,他又命令队伍绕回来,我一看他的警卫员不知什么时候已把一根碗口粗的木头横架在沟沿上。这种训练对我来说并不打怵,又带头走了过去,但一些学生出身、参军不久的同志没经过这阵仗,在沟边思思量量地不敢过,只听他大声喊道:“莫怕! 拿出胆量来,大不了是掉落沟里湿湿鞋。”说罢,自己便大步在独木桥上走了一个来回。

趁这空隙,我悄声问身边的同志:“这首长是谁?”“罗司令。”噢,果然是他! 大热的天,着装整齐,裹绑腿,扎腰带,左腰上挂支左轮手枪,那身影,那嗓音,那风度,确实是一个标准的军人!

队伍回到操场上,罗司令放开嗓音讲评:“今天的早操,我的评价是‘及格’! 下一次如果还是这么个水平,那就不及格喽! 我们支队不久就要继续东进,那里的环境要比这里艰苦得多,政治干部光会宣传鼓动摇笔杆子就不够了,军事上也得有点真功夫! 艺高人胆大,功夫全靠练。野外训练也是一样，练多了，熟能生巧，巧能壮胆。胆就是真功夫，有了这个‘胆’，环境再艰苦，也是‘张飞吃豆芽——小菜’！同志们，我说得对不对呀！”“对——”我和大家高声答着，好像要把一时间周身猛添的劲儿都在这个“对”字里喊出来。

队伍解散后，罗司令叫住我，说：“小伙子，你的军事素养不错呀，看得出是从部队调来的吧（当时，我们机关多数是青年学生，参军不久）？多大了？在政治部做什么工作？”

我答：“二十岁，任组织科长。”

“噢。”罗司令笑呵呵地看着我，又问：“原来在什么部队？”

“新四军军部特务营。”

“噢，是去年年底随张云逸同志第一批过江的，哈哈，你在江北的资格比我还老哩。”

罗司令亲切幽默的话，倒说得我有些不好意思了。我说：“司令员，你是今年春上和叶挺军长一起来江北的吧！”

“是啊，你看，不到半年时间，形势发展多快！可是，这跟唱戏一样，才仅仅开了个头，好戏还在后头呢！只要我们坚决贯彻执行党中央的方针政策，依靠群众，坚持东进，华中的抗战就有希望了。”

从罗司令那充满信心的话语里，我看到了他对党的事业的忠诚和不折不扣地执行东进方针的坚定信念。对于这一点，我日后与他接触愈多，感受愈深。

第五支队在藕塘地区经过短期整训，所属部队、机关即于 1939 年秋挺进到津浦路东地区。当时的路东地区，主要是被国民党江苏省主席韩德勤的势力统治着，这些反共顽固派军队和国民党政权人员消极抗战，日寇来了，不是闻风而逃，就是附敌为逆，对我们则是又怕又恨，诬蔑新四军“游而不击”、“不打鬼子，专抢地盘，打土豪”。我们以半塔为中心，完成对路东敌后的战略展开任务后，就积极发动群众，宣传党的抗日民族统一战线政策，一切为了站稳脚跟，开创抗战局面，打击日寇。

这年10月，我们第五支队正在来安、盱眙两县交界地区活动，获悉驻津浦路滁县的日寇准备东犯来安。罗司令决心打一仗扩大我军影响，鼓舞路东军民的抗战士气。我们星夜赶到舜山集南边不远的梁庄。第二天中午，天下起蒙蒙细雨。得知驻滁县和张八岭的日伪军各一部，分两路进犯来安县城，罗司令立即命令我军部队在来安西南、西北的大路两侧展开，占领有利地形，准备先伏击敌人一下，不求全歼，但要煞煞鬼子的气焰。部队冒雨刚刚出发，派往来安县城和国民党县政府联系的参谋即来报告：来安县长和所属一个常备大队已弃城逃跑。罗司令痛骂他们是“中华民族的败类”！随后，就带领部队进入阵地。战斗一直在密密的雨丝中持续到天黑，敌人被这猝不及防的拦腰一击，打蔫了头，丢下一路尸体，仓皇夺路窜进了来安县城。当天夜里，按罗司令的布置，我军便衣武装一部，摸进城里，在伪驻军中间，分别骚扰了一阵后撤出来。敌人惊破了胆，吓昏了头，竟自己互相干起来，急骤的枪声、小炮声一直响了一夜。

天亮时分，精彩的“狗打架”刚刚止息，罗司令派人把我叫到他的住处。

院子里，通讯员、译电员进进出出，屋子里蜡烛还未熄，他正和几位负责同志伏在方桌上摊开的地图上，看得出又是整夜未合眼。我喊一声：“报告！”罗司令转过身，说：“来来，给你一个特殊任务，带上一个连，去把来安县长张百非找回来。根据情况判断，进犯来安之敌可能要逃跑，来安城今天可能拿下来，这县长还由他来干。”我一听是这任务，刚来时的兴头减了一半。罗司令笑着说：“这任务没有打冲锋痛快，是吧？搞统一战线嘛，要敢打，还得会拉。来安是新区，我们建立政权的条件现在还不成熟。张百非这个人，民愤不大，拉过他一个，能影响一大片。找回来，先干着。搞团结，欢迎。搞摩擦，不怕。反正是我们网里的鱼。”这话倒把我说笑了，立刻带上一个连队，顺着张百非和他的常备大队逃跑的方向，一直赶到城北八十多里处的屯仓，在一户地主家里找到了这位国民党县太爷。我说：“张县长，我们奉罗炳辉司令员的命令，前来接你回县城。”我们的诚意使他惊魂不定的神情安定下来，急忙集合手下的队伍，可怜得很，一个常备大队不打自溃，身边跟的人、枪已寥寥无几了。这位张百非在当来安县长之前，曾在天长县当过一段时间县长，群众都讥笑他是：“天长不长，来安不安。”再看眼前他这副“光杆县长”的落魄样子，不禁对国民党的“抗日救国”嗤之以鼻。

当天下午，我们带着张百非和他的残部一起回来，来安县城已被我军占领了。听说城内敌人是在固守无援的情况下纵火逃跑的，可是在罗司令已布好的这盘棋上，他们逃不脱被动挨打的局面，刚溃退到八石山，又受到了预先守候在那里负责打援的八团的火力“迎接”。追击部队和八团前后夹攻，敌人伤亡惨重，逃回滁县，几个月都缓不过气来。

我们进了城，大火已被部队扑灭。张百非见到罗司令，一副感恩戴德的样子，连称“罗公”、“久闻罗公大名，今日一见，三生有幸。贵军驱走日伪，救了县城黎民，张某感激不尽！日后请罗公多多吩咐，愿为抗战效卑微之力……”罗司令向他讲述了抗战形势和我党的抗日民族统一战线政策，又为了在士绅和群众中给他点面子，还要他主持了当晚在城内召开的群众大会。我军对旧县长张百非的宽容和大度，在淮南中、上层人士中产生了很大影响。

初战来安，日伪胆寒，罗司令和我们第五支队威名大振，国民党散布的新四军“游而不击”的谣言也不攻自破了，恰在这时，刘少奇同志从延安来到驻津浦路西的新四军江北指挥部，根据第四、五支队和地方工作情况，少奇同志指出，应在皖东全境、江苏西部积极开展地方工作，放手发动群众，发展人民武装力量，创建一个巩固的抗日民主根据地。少奇同志的指示传到第五支队，罗司令和支队首长当即决定，所属三个团分别开赴路东地区的八个县，抽调了大批干部和战地服务团人员组成数十个民运工作队（组），深入农村、城镇开展工作，不久，相继建立了工抗、农抗、妇抗、青抗、儿童团等各类群众组织，扩大部队，组建游击队，建立农民自卫军。

罗司令本来就是有名的“坐不住”，一有空就带上几个人各地跑。他身体胖，一口云南口音，直观印象是很有特点的，再加上初战来安之后，路东人民都听说第五支队有个“高高胖胖的罗司令”，所以他不论走到哪里，群众一眼就能认出他来。到了群众基础好的村子，只要有人喊一声“罗司令”，全庄人都会涌过来，老汉们笑着递过装得满满的旱烟袋，老太太挪着小脚端来热腾腾的山楂茶，拖鼻涕的娃娃从大人腿裆里挤过来，爬到罗司令的膝盖上，军民嘻嘻哈哈地聊家常，不知不觉中，罗司令就把抗战的道理传给了乡亲们。有时到了群众对我们还不够了解的村子，罗司令便对跟随的同志们说：“大家不是常说老百姓是新四军的母亲吗？今天请同志们都到母亲那里去，一边劳动，一边访问，看看群众有什么困难要我们帮助……”

开始，有人瞧着我们战士背的老套筒，问：“这玩意儿打鬼子，能管？”罗司令会学着当地人的口音说：“你看管不管？”然后接过一只老套筒，瞄准树梢上喳喳叫的雀子，一扣扳机就打下一只来。

当然，在这段时间里，按支队首长的分工，罗司令的工作重点还是负责中上层士绅、商人的工作，他几乎跑遍了路东八县的每一个大的集镇。

一次，我跟罗司令到了六合县的竹镇集，按打前站的同志安排，我仍准备在这里召集当地有名望的士绅、商人开一个座谈会。这是一个不小的集市，有些商店，街面也齐整，只是由于国民党顽固派的欺骗宣传，地方中上层人士对我军怀有戒心，最担心的是“打土豪”。宾主入座，寒暄一番，罗司令就侃侃谈起我党的统一战线政策、抗日救国十大纲领，并针对士绅、商人的疑虑，开门见山地说：“列位都是知书达理、耳目灵通之士，我军进驻以来，所作所为，有目共睹，可有谁见我军打过几个土豪？占过多少地盘？邻县来安城内日伪军是我军赶走的，至今还不是张百非先生担任县长吗？请诸位不要听信反共顽固派的谣言，谁在真抗战，谁在搞摩擦，但凡有良心的中国人都能看得清！抗日救国，匹夫有责。在这民族危亡之际，我党我军的一贯政策是，团结一切可以团结的力量，有钱出钱，有枪出枪，有人出人，一切为了把日寇赶出中国去！”罗司令开诚布公的一番话，直说得各位士绅、商人频频点头，疑虑消除了，对立情绪缓和了。座谈会结束后，他们向我军捐了二十几担粮食、两千多块钱，一位姓马的回族士绅还办了三桌素席招待我们。此后不久，我们在竹镇集附近组建了一支游击队，成员多数是回民，那位姓马的回族士绅是起了积极作用的。

仅仅三个月的时间，第五支队就在路东地区扎下了根，各项工作都有了很大进展。所属三个团都得到了充实和扩大，组建了特务营和教导大队。各县游击队组织起来了，各类群众组织成立了。三个月的进展超过了过去两年，使我军在反顽斗争中处于有利地位。

1944 年腊月底，我当时任（盱）（眙）嘉（山）支队司令员兼政委，带领四个连夜袭盱眙县城。盱眙县城依山临水，紧靠淮河，沿山坡直至山腰。山顶上就是日军的据点，由一个中队的日军担任守备，距离伪县政府约四百米，我利用敌人忙着过春节、防备不严的弱点，用一个连把日军据点紧紧包围，并以火力封锁住八个连打进城去。不足两个小时，就打掉了敌人的县政府、警察局，全歼了伪军两个中队。在整个战斗过程中，据点内的日军始终不敢爬出碉堡一步，只是盲目地发射密集的火力给伪军壮胆，也为自己壮胆。直至我军已胜利结束了战斗，撤离县城好几公里远，仍在不断地鸣枪放炮。我们的战士讥笑说：“日本人没有来得及欢迎我们进城，现在热烈地欢送我们出城，这还算够朋友。”过了春节，罗司令要我去汇报，我给他捎去了三件战利品：一支三八马大盖，一支汉阳造，都是烤蓝未退的新家伙，还有一把日军指挥刀。他拿在手上，一件件看了又看，摸了又摸，说，这是好家伙，谢谢你的礼物。接着他高兴地说：“战报我看了，打得不错！攻克敌人占据的县城，这在我们淮南是第一次，说说看，有什么经验?”我把战前准备、作战实施过程和战后工作，简明扼要地汇报了，不等讲完，他就替我总结起来:“论兵力，敌我相当;论地形和武器配备，敌强我弱。但是战机选得巧，出其不意，攻其不备，我就占了优势，是吧? 古代和近代史上都有不少以少胜多、以弱胜强的战例，其中胜者都与这个‘巧’字有关。要打得巧，就得动脑子，战前不用说了，战中和战后也得动脑子，要好好总结，打一仗进一步。”根据他的指示，后来，我们认真地进行了讲评和总结，以实践经验教育指战员。

1945 年春，在日寇华中派遣军总司令冈村宁次的策划下，日军一部及汪精卫的警卫第三师，乘我主力在津浦路西和桂顽作战之际，对我路东地区发动大扫荡。当时，罗司令身体欠佳，硬撑着虚弱的身子，精密地筹划和指挥路东的地方武装和民兵投入了紧张的反扫荡作战中。我那时是路东分区副司令员，带着一个团跟他行动。面对敌众我寡的严峻情势，他始终一副乐观样子，常对身边的同志说:“路东是我们的天下，天时、地利、人和，三样都占着，敌人占不了便宜去! 地方武装和民兵，不能打大仗，就打小仗，纠缠住敌人，一点一点把它吃掉。”

他最擅长游击战术。在情况不明，或不具备取胜条件时，通常以战斗小组或班排小分队，设法与敌人保持接触，将我主力隐蔽集结在机动位置，以逸待劳，待机歼敌。我们用小部和敌人纠缠，以袭扰、疲劳、消耗敌人并查明情况，当情况发生了有利于我的变化时，隐蔽地果断使用主力，歼敌一部。我们就是用这种方法，和日伪军周旋了半个月，并先后在八百桥和大英集歼灭了伪军两个营、杀伤日军一部。我主力在津浦路西取得反顽战斗胜利后，向津浦路东转移。冈村宁次只好放弃了他的这次扫荡。至此，我淮南军民不仅取得了路西反击桂顽的胜利，同时又粉碎了日伪对我路东的扫荡，保卫了根据地。罗司令时时注意提高部队战斗力，对部队的实地训练极为重视，做到了见缝插针，贯穿到日常生活中。我们跟他行军，路上是不得闲的，他在前边一会传下一道口令，一会出一个假情况。到了宿营地，他就守在路口，挨个问战士们：今天传了几道口令？都是什么内容？再不就是考干部：路上你都看到了什么？过了几个村、几道河、几座岭？各叫什么名字？对于这些，他在沿途是早已向老乡了解得一清二楚了。有时部队集合了，他在正式讲话之前，叫出几名机枪手和他比赛单臂举枪，我已经不记得他能举多少次了，只记得没谁能赛过他。作为一个革命军人，罗司令深知战争环境中敌情瞬息万变的特点，所以特别注意培养部队的高度警觉性和非凡的沉着、镇定。别看他睡觉时鼾声如雷，一旦门窗响动或有脚步声，他翻身即起，第一件事是把从不离身的左轮手枪抓在手里。

罗司令对待下级或战士，就是这样又严厉又亲切，虽说有时方式简单一些，但平易近人的作风获得了部队和人民的一致拥戴。他像一盆火，走到哪里，哪里就有笑声，就有歌声，就有其乐融融的气氛。战斗中只要他一去，战士们喊一声："罗司令来了！"那仗就打得格外有精神。

1945 年 7 月底，在三打盱眙县城之前，我和路东分区司令员罗占云同志到他那里去汇报作战计划。他当时任新四军第二师师长兼淮南军区司令员，一到夏季，他的高血压就迫使他不得不休养一段时间。到了他的住处，谈完工作，他要我们留下来看一样东西再走，此时抗战临近胜利，他尽管病魔缠身，情绪也特别轻松自然。他摇着大蒲扇，笑哈哈地说："你们是要上战场的人，我这病身子去不了，该拿出最好的东西给你们饯行——尝尝淮南夏季的冰，就看你们有没有口福喽！警卫员，把里屋的窖子刨开。"他和我们来到里屋，一边看两个警卫员刨开窖子，一边说："这个办法是长征时在高原地区看到的，就是趁腊月里，在屋里刨一个深坑，四壁用柴草烧焦，凉下来后再放上雪，铺上一层草，用土埋实，来年夏天就变成了冰。我今冬抽空试验了一下，不知这方法在此地行不行。"窖子刨开后，雪早已化了。罗司令不胜遗憾地说："的确不行，你们到底没口福哟！看来高原的办法在淮南行不通，罢！罢！便饭招待你们吧。"于是，我们便和罗司令吃了一顿极普通的午饭。

的确，他也拿不出佳肴名酒招待我们，他虽然身为师长兼军区司令员，除了屋前种了几畦蔬菜，“多吃多占”这个词在他的经历中是找不到的。我记得支队机关有一位司务长，趁一次干部会议多报了几元菜金，想抠出来给罗司令补贴一下伙食，为这事挨了罗司令好一顿批评。这次，我们虽然没有吃上罗司令的冰，却又一次看到了他那一颗能暖化冰的热心肠。

（选自《怀念罗炳辉同志》，云南人民出版社1981年版，编入本书时修改了题目，并作了删节和订正）

忆罗炳辉将军

◆娄学政

作者简介：娄学政(1916～1982)，陕西岚皋人。1937 年 12 月参加革命。1938 年 2 月加入中国共产党。抗日战争时期在新四军工作，历任新四军第五支队教导队教员、政治指导员、参谋、营长、二师参谋处二科(侦察科)科长、新四军兼山东军区第二纵队四旅十团参谋长。第三次国内革命战争时期，历任副团长、团长、师侦察科长、第三野战军司令部情报科长。建国以后，历任华东军区司令部情报处处长、南京军区司令部军事科学研究处处长、军训部部长、十二军参谋长、舟嵊要塞区副司令员兼参谋长、十二军副军长。1979 年起，任江苏省军区副司令员、省军区顾问。

我是一个曾经在罗炳辉将军领导之下战斗过的老战士，是受过罗炳辉将军教诲的学生。

我和罗炳辉将军是在新四军第五支队成立的时候认识的。他担任支队司令员，我在司令部当参谋。1941 年 2 月，新四军第二师成立，罗炳辉同志任副师长，我当侦察科长，仍然在他的领导下工作和战斗。

罗师长的工作作风是严肃认真的，他抓工作既具体又细致。我记得部队行军的时候，每到一地，他都要亲自了解和掌握各种情况，做到心中有数。对参谋人员的要求也很严格，他要求一到驻地就抓紧时间掌握情况、熟悉地形和部署警戒。记得有几次行军，刚到宿营地不久，他就找我去了解情况:哪条道路通哪里?哪个山头叫什么名字?周围的地形对我们作战是否有利?如何安排和布置每一个可能发生的战斗?他要了解的情况,如果你都能回答,他就很高兴,还给予表扬,假如情况没有掌握,提不出处理问题的办法,那就要受到严肃的批评。

罗师长有段时间经常带上干队(营连干部教导队)一起行动,在行军中常常突然出些假设情况,要求警卫人员和上干队的同志们回答和提出处理意见。张翼翔同志当时是二师的上干队长,罗师长就经常沿途给他提问题,比如"正前方敌方机枪向我射击,右前方一个排向我右翼冲击前进"等等,要他迅速回答并果断地作出处理。虽然这种做法常常使身边的同志感到很紧张,但却能培养干部在复杂紧张的情况下单独作战和指挥的能力。在他身边工作过的同志都觉得从罗师长那里学到了很多工作方法和战斗经验。

罗师长在训练场上也是非常严肃,绝不允许任何马马虎虎的作风存在。向他报告必须立正,他要你出列和入列的时候,必须跑步,进出操场也必须跑步,在操场集合时,只要一声"立正"令下,成千上万人的队列里绝不许有一个人乱动,若有任何一点小的响动,他就严厉地批评指挥员,向他们强调组织纪律的重要性。他常常教育部队要做到"不动如山,动如山崩地裂"。

为了提高部队的战斗力,罗师长对练兵是抓得很紧的。他对训练的要求是从难从严,从实战出发,不搞花架子。他自己则身体力行,亲做表率。在罗师长的严格要求下,我们部队的训练工作做得既热烈又扎实,部队的战斗力不断增强。

他对身边的警卫连要求特别严格,一定要警卫连的军事训练走在前面。他经常参加警卫连的训练活动。无论是刺杀、射击、练臂力,还是投弹和爬越障碍物都要求很严,他还亲自做示范给大家看,所以警卫连的同志都练就了一身过硬的本领,他带警卫连去部队检查训练,看到有的部队训练还不过硬时,就叫警卫连去表演和做示范。为了掀起练兵热潮，罗师长还叫警卫连和连队搞比赛活动。在他身边当过警卫员的同志，一般打仗都是表现比较好的。解放战争时期，我到部队当团长，有两个给他当过警卫员的同志曾在我所在的团当营长，他们都很能打仗，都被部队评为战斗英雄。很可惜，一个在淮海战役中牺牲了；另外一个叫魏尚友，以后被评为华东一级战斗英雄，建国后曾任陕西省军区参谋长。罗师长给我们的部队培养了不少优秀的军事干部，这些干部在各自的岗位上是发挥了巨大的作用的。

罗师长严格要求干部战士，他也很关心和爱护干部战士。因此，他在部队中享有崇高的威信。他还要求各级干部切实关怀战士，他常对干部说，做干部要严格要求自己，以身作则，做到"热不张盖，冷不着衣"，就是说烈日当空的时候如果战士们都没有草帽戴，干部就不能先戴草帽；寒冷的季节到了，如果战士们还没有穿上棉衣，干部也不能先穿棉衣。不允许搞特殊化和脱离群众。他的这些要求体现了我党我军官兵一致的优良传统和作风。

在那艰难的岁月里，尤其是我们的根据地处在创建阶段的时候，部队的供给非常困难。冬天到了，棉衣还不能发下来，在这种时候，罗师长就采取做体育运动的办法来战胜寒冷，如早操时他常常领大家"烤栗炭火"。所谓"烤栗炭火"就是要大家做下蹲动作，成骑马姿势，把步枪举着一上一下或左右开弓，反复做十多分钟，就浑身冒汗了，既增强了体质，又使全身暖和了。

我们的部队是革命的队伍，虽然穿的和用的都不如国民党军队，但我们的干部十分关心爱护战士，使我军始终保持高度的团结和昂扬的革命斗志，这正是我军克服困难和战胜一切敌人的力量所在。

记得我去部队当营长以后，有一次我去见罗师长时穿着军大衣，上面的一个纽扣没有扣好，向他行了军礼以后，他微笑着走过来，亲自帮我把扣子扣好，弄得我很不好意思。他就是这样，既严格要求，又使你乐于自觉地改正错误。

1940年12月，我们的营在一次战斗中负责守卫刀山，掩护我军的攻击部队撤退。当时我是营长，敌人发起强大兵力向我阵地反扑的时候，我在指挥战斗中右手臂受了重伤，流了很多血。战斗结束时，我睡在担架上，途中遇到了罗师长，他问了我的伤情，嘱咐我好好去治疗，并亲自拿了两瓶云南白药给我。我用他给的云南白药内服外敷，很快就减轻了疼痛和止住了血。在那国民党反动派对我党我军实行封锁的年代里，云南白药是很难买到的。他常常把自己珍藏的家乡白药给一些受伤的同志，使干部和战士深受感动。

罗师长通晓游击战术，擅长打伏击和对敌人搞袭击，他的麻雀战术更为大家所公认。他出兵神速，常常把敌人打得晕头转向，胆战心惊，变化多样的战略战术更使敌人闻风丧胆。他凭着多年的出生入死、枪林弹雨的战斗生活经验，能够对敌人的炮弹和子弹的方向、远近距离有准确的判断力，如果敌人的炮弹和子弹离我们较远，他就叫大家别管任它在头上飞来飞去，我们仍然做我们的事情；假如罗师长把你推倒或者叫你卧倒，那就说明炮弹在附近爆炸了，或者是子弹会给我们造成危险了。

罗师长和我们红军中的许许多多领导干部一样，是从封建势力的残酷压榨下冲出来，走向革命道路的，所以他们没有机会读书求学。到了革命队伍以后，由于工作的需要、战争的需要，他们拼命地学习文化，提高自己的文化水平。他经常给下级写信做指示，总是反复推敲修改，内容都写得很好，体现了他的战术思想，体现了他严肃认真的精神。在这方面，他对我们参谋人员的要求也非常严格、具体。每份文件、电稿和命令起草后都要经他认真审查过目，稍有疏漏都要认真修改。上级发下级的文件，他要认真研究，字斟句酌，没有半点马虎。他曾讲过这么一件事：十年内战期间，在一次战斗中，因为作战参谋在作战命令上把“王”字草写成“五”字，部队把“王家庄”误认为“五家庄”，等折回来行军到王家庄时已经误了战机，影响了大事。罗师长以此教育我们起草电文一定不能马虎。罗师长这种认真负责的精神，是一种无形的力量鼓舞我们认真工作。

为了团结更多的力量抗击日本帝国的侵略，争取抗日战争的胜利，罗师长积极宣传我党关于抗日的主张，常常找一些开明士绅和进步人士开座谈会，听取他们对抗日的意见和要求。同时也向他们宣传我党的统一战线政策和我党的方针路线。争取了抗日的进步力量，有效地分化了敌人，孤立了顽固派。

1942年，二师驻扎在来安的苏郢。那时正值桂系军阀与蒋介石的嫡系军阀江苏省主席韩德勤之间闹矛盾。有一次，桂系军阀偷偷袭击来安县的县长张百非（属韩系），张逃出来安。罗师长知道此事后，就命令部队把张保护下来，并留他在我们司令部住了一个星期。借此机会，罗师长亲自对张做争取工作。临走时，罗师长还叫我带一个班的武装把他送到旧铺，让他回到盱眙。当时盱眙的县长兼八县保安司令秦庆霖（属韩系）与张相好。让张去盱眙的目的，就是要他做秦的工作，孤立桂系顽军。后来，当又一次反共高潮即将爆发的时候，罗师长写了一封信，叫我和米纳同志去找张百非，通过张百非说服秦庆霖，希望他不要搞摩擦。罗师长对秦庆霖的反动性是作了充分估计的，知道他迟早会向我军搞摩擦。罗师长要我们乘此次工作之机，顺便侦察盱眙的情况，摸清秦庆霖驻地的地形和兵力部署、武器装备等。米纳同志是测绘员，罗师长叫他扮我的警卫员，便于观察和绘图。我们想方设法完成了这项任务。

我党我军之所以能够从小到大、从弱到强，最根本的一条就是依靠人民群众，扎根于群众之中。为人民谋幸福是我们的宗旨，如果离开了这个宗旨，我们的事业就不能取得胜利。罗师长对这一宗旨理解很深，做得很好，不管战斗如何紧张，行军如何艰苦，都要抽空到群众中去拉拉家常话，找群众了解一些情况。除了访贫问苦，还找群众开座谈会、开群众大会，宣传党的方针政策。罗师长深受人民群众的爱戴和拥护，他一到村里，老乡就围上了，向他提出一连串问题要他回答，他总是笑眯眯地，根据我党的方针和当时的形势，把日、伪、顽一定要失败，我军一定要胜利的道理讲得生动透彻，使群众增强了信心。孩子们见了他，也乐得手舞足蹈，有的还顽皮地爬到他的身上和肩上，这是何等动人的军民鱼水情的生动图画呀！

日寇和汉奸恨透了罗师长，他们到处悬赏捉拿罗师长。可是罗师长生活在人民群众中，罗师长是不会被敌人捉到的。日寇一进村就要比起一个胖大的手势问老百姓："你们那个大大的罗司令到什么地方去了？快快地告诉！"不管日寇如何暴虐，人民群众谁也不说。

我在罗师长身边工作了多年，一直到今天，罗师长对我的培养教育和关怀以及他的音容笑貌都牢牢地留在我的脑海中。罗炳辉同志的革命精神将永远激励着我们前进。

（选自《怀念罗炳辉同志》，云南人民出版社 1981 年版，编入本书时作了删节和订正）

深情怀念罗炳辉同志

◆方　毅

作者简介：方毅（1916～1997），福建厦门人。1930 年加入青年团，1931 年转为中国共产党党员。1939 年，任新四军第五支队政治部主任。1940 年以后，历任皖东津浦路东省委书记，津浦路东联防办事处副主任、主任，淮南苏皖边区党委委员，淮南苏皖边区行政公署主任等职。1945 年以后，历任苏皖边区政府副主席，中共中央华中分局委员，华东财政经济办事处副主任，山东省人民政府副主席。新中国成立后，历任福建省人民政府副主席，省委常委、省委第二副书记，上海市委常委，上海市人民政府副市长、党组副书记、书记，兼任市财政经济工作委员会书记、市财政经济委员会主任，财政部副部长，中国驻越南经济代表处代表，国家计划委员会副主任兼对外经济联络总局局长、党组书记、对外经济联络部部长、党组书记，中国科学院副院长、院长、党组书记，国家科委主任、党组书记，国务院副总理，国务委员；第十一届中央政治局委员、中央书记处书记，第十二届中央政治局委员。

1939 年 7 月 1 日，新四军第五支队成立，炳辉同志被任命为司令员，我也到第五支队任政治部主任。从此，我们并肩战斗，患难与共，建立了深厚的革命情谊，直到 1945 年 10 月他奉命北上山东，我们才分开。

记得在他临上山东之前，我们促膝交谈一直到深夜。我见他为革命日夜操劳，积劳成疾，劝他注意爱惜自己的身体。但他对未来充满了胜利的信心和乐观的精神，却一再叮嘱我要多加保重，不幸，这次长谈竟成了永诀。他到山东不久，便传来了他在鲁南峄县兰陵镇不幸逝世的噩耗，使我悲痛万分，二师的战士和淮南的老百姓无不为此痛哭流涕、深切哀悼。

第五支队成立以后，领导坚强，组织健全，内部团结，在炳辉同志的率领下立即执行了中央东进的方针。经支队党委决定，由我带一个加强营先到路东侦察。在执行任务前，炳辉同志特地将我找去，反复强调执行这次任务的重要性，并将他亲身实践的经验告诉我，到敌后去应如何开展工作。为了让我们及时同支队取得联系，炳辉同志决定让我们带一部电台。

我率八团二营先行路东，活动在盱眙、来安、六合等地区。炳辉同志在听取我的侦察工作汇报后，也于 8 月率八团、十五团和司令部相继越过敌人的封锁线。到 10 月，十团也过来了。至此，第五支队全部人马胜利地挺进路东。此后，我第五支队以半塔为中心，八团三营在来安一带，一、二营在天长、扬州附近。十团在盱眙嘉（山）地区，十五团在竹镇一带，发动群众，开展了广泛的游击战争，初步打开了路东的抗战局面。

1939 年冬，国民党反动派掀起了第一次反共高潮。在蒋介石的策划下，驻在大别山区的国民党桂顽和苏北的韩顽调集兵力对我皖东地区进行东西夹击，严重威胁着我军的生存和发展。为粉碎顽军的进攻，坚持皖东敌后斗争，党中央及时作出了明确指示：应以淮南路为界，此线以西避免武装斗争；此线以东应坚决控制，彻底肃清地方反动武装，广泛发动群众，建立政权。中原局根据中央的指示精神，立即向桂顽呼吁团结抗战。但桂顽对我谈判提议置之不理，继续挟其优势兵力向我进逼。中原局和江北指挥部决定，集中主力于津浦路西先反击对我威胁最大的桂顽，以巩固路西阵地，再挥戈东进，击破韩顽进攻。遵照决定,1940 年 3 月上旬,炳辉同志率第五支队主力赴津浦路西,增援第四支队反击桂顽进攻,只留下少数部队坚守路东,其中驻守半塔的支队机关、教导大队的兵力,还不到五百人。当时新四军政治部副主任邓子恢同志已到半塔,我与郭述申政委、周骏鸣副司令员、张劲夫副主任等同志一起留守半塔。此时,韩顽乘我路东空虚之际,发起了对我第五支队指挥机关所在地——半塔集为重点的全面进攻,我军奋起反击。这就是有名的半塔保卫战,是我——五支队挺进路东后与国民党顽固派第一次较大的战斗。

战役分两个阶段,第一阶段为防御阶段,第二阶段为反攻阶段。第一阶段的战役在3 月21 日拂晓打响,到29 日我军开始反击。我军以不到五百人的兵力固守半塔七昼夜,在外围部队积极支援配合下,击退了韩顽一一七师两个团多次的猛烈攻击,创造了以少胜多、以弱胜强的范例,为困守待援赢得了时间。虽然炳辉同志在第一阶段的战役中因增援路西,未亲临指挥战斗,但由于我第五支队自挺进路东后,在他的亲自领导下和深入群众的工作中取得了广大群众的信任、支持和拥护,争取了中间人士的同情,所以在战斗中得到了人民群众广泛积极的支持,运送粮食,传递情报,抢修工事,送饭送水,护理伤员,特别是半塔地区的农民自卫队积极参战,起了重要作用。这是与炳辉同志平时卓有成效的群众工作分不开的。

1943 年 1 月,张云逸同志回军部工作,炳辉同志升任师长。1943 年 2 月,根据中共中央关于认真进行精兵简政和实行党政军一元化领导的指示,淮南军区(由二师兼)成立了,下辖路东、路西两个军分区。这时,炳辉同志是二师师长兼淮南军区司令员,我是淮南行政公署主任。虽然工作分开了,但与他经常见面,每周一开会我们又相聚在一起。

当年在老区的人民中流传着这样一个故事:有一位天神,看见日本鬼子残害老百姓,便下凡来,指挥他的神兵,驱除了鬼子,解放了百姓。

炳辉同志就是这位天神，他是天上的“罗汉下凡”。群众用“我们的福星”来称誉炳辉同志。

炳辉同志作战勇敢，身先士卒，是一个在战场上从不弯腰的人，因此博得了广大战士的衷心拥护和爱戴。战斗中，战士们只要看见他那魁梧的身影出现在硝烟弥漫的阵地，力量就倍增，哪怕是再难打的仗，也能取得胜利。见过炳辉同志的人都知道，他穿着同战士一样的服装，过着同战士一样的生活。战士拿一元津贴，他也不例外。他一生没有什么积蓄，留给自己儿女的财产只有在战场上缴获敌人的刀和枪。而他对待战士，则完全称得上爱如子女。天气尚未转寒，他就早早关照供给部的同志及早为战士准备冬衣。对伤病员更是关怀备至，他常嘱咐炊事班的同志：“伤病员为革命负伤，你们应该很好地照顾他们的生活。伤病员同志应该比我们支队负责同志吃得好才行。”有一次，他和战士们一起在河里洗澡，见战士穿的衬衣已很破烂，立即将供给部的同志找来，要给战士们换上新的衬衣。而他自己穿的却是补了又补的衬衣，从不提起换一件新的衬衣。记得我们刚刚到路东，我见炳辉同志在寒冷的冬天仍穿着一件旧棉衣，下面的战士为此十分担心他的健康，于是，我特地给他做了一件大衣，他不肯要。我解释说，你是司令员，如果把身体冻坏了，如何指挥部队。听了我的劝告，他才勉强收下。

炳辉同志出身贫苦，对工农大众有着特殊的感情。在淮南抗日根据地，他对老百姓敬如父母，睦如手足，这是淮南的老百姓深有感受的。有一年，根据地发生了灾荒，他自动提出降低他的粮食和菜金标准，捐献出来救济群众。我劝他：“不要减了，部队这么多人嘛，何况你的身体又不好。”他恳切地说：“不行！我是司令员，应该带头。”大师傅过意不去，有时悄悄在他碗里多盛了一点，他便把大师傅找来说：“同志，谢谢你对我的关心。”接着又开导说：“我们没有权力搞特殊，要与人民同患难，你这样做，不行啊！”行军打仗，每到一个村庄，他总要到老百姓家坐坐，与当地老农一起聊天，问收成好不好，公粮重不重，对部队有什么意见。从油、盐、柴、米问到对民主政府有什么要求，凡是老百姓提出的问题和要求，他总是十分认真地听取，然后一一转达给地方党委和地方政府，并且督促他们尽快予以解决。他常常带领战士参加当地群众的生产，经常教育自己的部下要懂得关心、爱护群众，决不允许出现破坏群众纪律的现象。当时我军与群众的关系，真是军民鱼水情深。

炳辉同志治军很严，在全军也是闻名的。当时，我军的武器差，弹药少。面对武装到牙齿的日军和装备精良的顽军，要在日伪频繁扫荡和顽固派的进犯夹击中巩固发展根据地，没有良好的作战素质是不行的。炳辉同志十分重视部队的军事训练。第五支队成立后，首先在部队中开展了射击、劈刀、跨越障碍物三大军事训练，在他的言传身教的严格训练之下，部队战斗力很快得到提高。

炳辉同志从严治军，主要体现在军训中认真严肃，一丝不苟，奖惩分明。他常对战士说："训练就是要平时多流汗，战时少流血。如果我们平时不认真加强训练，适应各种战斗的需要，我们就会在日伪频繁的扫荡和顽军的夹击中被消灭掉。"记得有一次部队正在军训的行军途中，炳辉同志命令号兵发出发现敌情的信号，他和其他指挥员都立即跳下马来，只有一个营长认为这是演习，仍然大模大样地骑在马上。这一下炳辉同志可火啦，他将这个营长叫到战士们面前，狠狠地批评道："你这个营长怎么当的？已经发出了准备战斗的号令，你还若无其事地骑在马上，一点敌情观念都没有。营长都这样，战士们会如何呢？"另一次在跨越障碍物的训练中，一个年轻战士过独木桥，走了一半掉到河里。这个战士并不就此游到对岸去，而是重新爬上岸第二次通过了独木桥，炳辉同志见了十分高兴，当即给予表扬。

平时的严格训练在战时就取得了成效。记得在日军的"五一"大扫荡中，日军在前面扫荡，顽军也乘此出兵在背后夹击。我军开始时化整为零，分散成十几股，以对付日军，随即又集结兵力打击顽军，这全靠指挥有方，行动神速。"五一"反扫荡取得胜利，也说明了炳辉同志治军有方。

在处于日伪顽三角斗争的复杂环境中，炳辉同志还根据实战需要，总结出这样一套行之有效的战术。对日军作战，采用“麻雀战”、“梅花桩纠缠战术”，这是炳辉同志对毛主席游击战术的具体应用，在粉碎日伪军的扫荡中是大有成效的。对待顽固派的进犯，则以近战、夜战、大刀见红来取胜。当时装备精良的桂系顽军在国民党各系军阀中是颇有点战斗力的，他们气焰嚣张，认为我军不敢与其对垒。但几经交战都败在我英勇战士的手下，不仅没有夺得我路西根据地一寸土地，反被打得抛盔弃甲，狼狈而逃。

炳辉同志对敌人狠，正如他说的：“对待敌人就应该狠，狠到连他的骨头都给敲碎，叫他永远爬不起来。”而他对自己的同志却是十分真挚热情的。他与陈毅同志共事多年，十分尊重信任陈毅同志。他曾多次提到陈老总，说老陈这个人自我批评的精神特别好。有一次，因一件事陈毅同志搞错了，发生了误会。事后陈毅同志主动找炳辉同志赔礼道歉，说：“这次把问题搞错了，使你受了委屈，希望你不要计较。”炳辉同志说，陈毅这种襟怀坦荡，宽宏大量，勇于自我批评的精神使我深深感动。当陈毅同志有一段时间被排挤走后，炳辉同志非常生气，对我说：“陈毅同志公正无私，光明正大，为什么受排挤，使人气愤！陈毅同志是我们的代军长，我是很尊重他的。”陈毅同志对炳辉同志十分信任和友好，每到军部开会，两人常在一起，谈得十分投机。炳辉同志逝世后，陈毅同志心情十分沉痛，写了一首长诗悼念炳辉同志，并亲自主持了追悼会，致了悼词，字里行间倾注了对老战友无限深厚的革命情谊。

炳辉同志是一个开朗、直爽、乐观的人。他为人真诚，胸怀坦荡，光明正大。他一心想的是革命，想的是全中国人民和人类的解放，不计较个人的得失，不考虑个人的安危。从讨袁到北伐，从参与创建江西中央革命根据地到五次反“围剿”，从长征到八年抗战，他的整个一生是革命的一生，战斗的一生。他在革命处于低潮、十分艰难困苦的时期，毅然决然参加了革命，加入了中国共产党。从他参加革命那天起，就把他的一生交给了党，交给了人民，并为中国革命和中华民族的解放立下了卓越的功勋。

炳辉同志虽然离开我们已经几十年了，淮南老区的人民至今仍在深切地怀念着他。他的战友、部下仍铭记着他生前念念不忘的党的事业，不忘的人民的事业。我谨写下一首诗寄托我的哀思：

饮马长江北，敌伪惊胆怯。
八载共患难，深情怀先烈。

（选自《转战淮南》，新时代出版社 1989 年版）

饮马长江

◆赵启民

作者简介：赵启民（1910～1997），陕西蓝田人。1928年加入中国共青团，1930年转入中国共产党。1931年参加中国工农红军。抗日战争时期，任新四军第四支队八团参谋长、第五支队参谋长兼十团政治委员、新四军二师五旅政治委员。解放战争时期，任华东野战军第二纵队代政治委员，第七纵队政治委员，第三野战军三十四军政治委员，华东军区海军副政治委员、政治委员。新中国成立后，任中南军区海军司令员兼政治委员、海军副司令员兼国防科委副主任。1955年被授予中将军衔。

1939年9月，正是秋高气爽的季节，经过短期的准备之后，炳辉、述申等同志亲率八团、十五团和司政机关，怀着胜利的喜悦和东进敌后的激动心情，向路东进发。经过数日夜的艰苦行军，通过了日寇严密控制的封锁线——津浦铁路，胜利地到达了五县临界的来安县半塔集，并以此为中心，分兵各县开展工作。

炳辉等同志考虑到，我军进入路东的第一步是要将“脚”立住。要做到这一点，首先要维持好地方秩序，解除群众的痛苦，让老百姓有一个比较安定的生活和生产环境。其次对上层要大力开展统一战线工作，争取、团结进步人士，消除中间派的疑虑，在抗日、救国的大前提下团结起来，孤立和打击最顽固、最反动的分子。当时嘉山县有个县长叫周少藩，此人作恶较少，比较开明，经过我方的争取，愿意与我合作。因而在最初一个时期里，彼此合作得较好，使我取得了一个有利的工作环境和条件，较好地开展了群众工作。通过不长时间的努力，群众即主动靠近我们，支持我们，使我军为后来的发展打下了较好的群众基础。后来周少藩这个人在1940年3月的半塔保卫战中又转向反动，配合韩顽部队向我进攻。他反动，我们也不客气，在反击中将其常备大队全歼了。

当时盱眙县有个县长叫秦庆霖，他手中有一个常备旅，自兼旅长。他自恃手中有一些兵力，有韩德勤做靠山，认为新四军长不了，不听我军劝告，与韩顽勾结起来，不断向我制造摩擦。炳辉同志和支队其他领导同志研究，认为秦部的反动气焰已成为我开辟路东根据地、打开皖东敌后抗日局面的障碍，决定给秦庆霖一点教训。炳辉同志命在盱、嘉活动的十团，于涧溪、津利两地，给予向我挑衅的秦顽一个营和一个保安团以沉重的打击。这一胜利，大大地打击了秦顽的反动气焰。与此同时，我军又先后击溃了日伪两次扫荡，拔除了天扬公路上的秦提镇伪据点。这“一联”（嘉山周少藩）、“一打”（盱眙秦庆霖和日伪），使我军影响迅速扩大。这时，那些在一旁观望的地方武装也纷纷投到我军门前。我军将那些有一定民族意识、愿意抗日的部队，作为我军扩大的对象，给予新四军游击队的番号，受第五支队指挥；对于那些风大随风、雨大随雨的地主武装，只要有利于抗日，就团结利用之。这样就在一定程度上孤立了顽固派，有利于我军抗日反顽斗争取得胜利。

炳辉同志也十分重视发动群众的工作，并亲自做群众工作。支队和各部队为发动群众派出了大批的民运工作人员。当时发动群众的关键是与恶霸地主的斗争。当时第五支队司令部驻地在半塔集，有一个大恶霸叫项国平，这个家伙一贯鱼肉乡民，无恶不作，并暗中勾结日寇，充当汉奸。我军进入路东后，处处与我军作对。我军民运工作组经过一段时间发动群众的工作后，群众纷纷起来揭发其罪行。第五支队领导同志和地方党组织根据群众要求，下决心惩办项国平，为群众解除疾苦，为死难群众报仇。经过周密布置，将这一方霸主捉拿归案。在半塔召开的公审汉奸、恶霸项国平的万人大会上，炳辉同志亲临大会讲话。他说："乡亲们，你们有什么血泪仇请上台来诉吧，有共产党作主、新四军撑腰，什么都不要怕，请上台来控诉吧。"群众在炳辉同志的号召下，纷纷诉说在大恶霸项国平压榨下的冤情，控诉项国平的罪恶，歌颂共产党、新四军为民除害、抗日救国的伟大功绩。在公审大会结束时，炳辉同志代表民主政府宣判对汉奸、恶霸项国平处以死刑，立即执行。台上台下顿时一片欢呼："拥护民主政府的法令！""共产党万岁！""打倒日本政府的法令！""中华民族解放万岁！"这时，从人群中挤出一位老大娘，一把抓住炳辉同志的手，说："罗青天呀，你真是我们的大恩人呀！"从此，"罗青天"的称呼，就在当地群众中传开了。

淮南抗日根据地的开辟，使我军有了一个巩固的抗日后方。人们的生活得到了改善，衷心地拥护民主政府，支持自己的军队。我军则"如鱼得水"，"如虎添翼"，驰骋于长江北岸、江淮之间，抗日反顽，帮助人民生产，解除人民痛苦，成了淮南人民的亲人，炳辉同志则更加博得了人民群众的爱戴。

我所知道的罗炳辉

◆张恺帆

作者简介：张恺帆（1908～1991），安徽无为人。1928年加入中国共产党，历任区委书记、代理县委书记、中共上海吴淞区委书记、沪西区委书记。后因叛徒出卖，被捕入狱。抗战时期因国共合作获释，曾任新四军第五支队秘书长、来安县委书记、皖南地委副书记兼组织部长、苏皖边区政府秘书长、合肥市委书记等职。1949年后，历任中共皖北区委秘书长、淮南矿委书记、安徽省委统战部部长、安徽省副省长、中共安徽省委书记处书记、安徽省政协副主席等职。

我与罗炳辉同志的相识，是在新四军第五支队成立前夕的1939年6月。当时，他偕同叶挺军长从皖南泾县云岭新四军军部来江北才一个多月。初识时的印象是非常深刻的。五十年后回首，真是恍同昨日。他那魁梧高大的身材，齐整威严的军人丰姿，会使任何一个初见的人都为之一惊。7月1日，第五支队成立。8月，第五支队越过津浦铁路，向东挺进，我于此时调到第五支队司令部任秘书长，负责文字工作、统一战线和对外联络工作，从此开始与罗炳辉同志朝夕相处。

罗炳辉同志胸怀坦荡，大度豪爽，平易近人。他向我讲过他的身世、家乡情况、幼年时代的遭遇、青年时代的探求、接触过的人和事，还有种种艰险曲折的经历。他是一位传奇色彩非常浓烈的革命英雄。他在三十二岁入党之前所走过的路，可以说是一个由追求光明的爱国志士转变成为共产主义事业献身的革命者的有独特光彩的典型。他在入党后忠于革命忠于党、百折不挠的革命精神，尤使我感动。他向我讲述过当年在中央苏区和“朱毛彭黄”（朱德、毛泽东、彭德怀、黄公略）并肩鏖战的战斗岁月，还讲过长征中绝地逢生的惊险历程，以及他在十数省征战中见过的种种趣闻。他幽默诙谐。他在叙谈中自然流露出来的革命英雄主义和乐观主义精神，具有很强的感染力量。

在革命战争年代里，革命者都是很清苦的。为了民族生存和革命胜利，身家性命和个人利益全都置之度外了。进入路东后不久的一件事，给我留下了极深刻的印象。罗炳辉同志在家中是长子，他的母亲早年被恶霸迫害致死，他的父亲因为他投身革命而遭受到国民党当局和地方反动势力的长期残酷迫害，饱尝颠沛流离之苦，直到抗日战争爆发、国共再度合作，才稍有缓解，但仍然十分贫苦。罗炳辉同志很孝顺，然而，他虽然身为高级将领，但作为一名共产党员、一个职业革命家，他身无分文，部队实行供给制，他也无法带钱回家供养老父。1939 年 2 月，老人在云南老家于贫病交加中逝世，靠了县邮政局长温国桢先生的资助才得以安葬。温先生给罗炳辉同志的信在途中辗转了半年多。我们 8 月进入路东，10 月他才收到信。罗炳辉同志十分悲伤，泪流满面，痛感对不起父亲的养育之恩。我们几个在他身边工作的文化人，替他代笔写了祭文和挽联，寄回云南去。祭文中有这样一句非常沉痛的话：“使吾父有儿为无儿，伶仃孤苦，受尽折磨，生不能养，死不能葬，此皆不孝之罪也。”共产党人的克己奉公、清廉自守，与国民党官贪吏酷，损公肥私，一人得道、鸡犬升天的腐败作风，形成了非常强烈的对比。这也是我们党得到人民拥护的重要原因之一。罗炳辉同志把对父母的孝心，全都献给了人民。

他常常勉励部属：“做人民的儿子，要为人民尽孝，为革命尽忠。”我认为，这种不惜牺牲个人和家庭，全心全意为人民群众谋利益的崇高精神和廉洁奉公、一尘不染的高风亮节，应该成为共产党员和革命干部学习的榜样和楷模。

在津浦路西打盘踞滁县的顽军王毓英部时，罗炳辉同志带着我，站在一个坟台的后面。他手里高举着一根树枝摇晃着，以测试敌方射程的远近和高低，并对我说："十年内战中，我常在战场上用这种方法，有树枝打断了，就叫警卫员再递上一根。真是枪如林、弹如雨。枪声'劈'的一声，短促而且有力，说明很近，你得赶紧卧倒；'嘘'的一声还拖尾音，是流弹无疑。"他还能听出什么是瞄准射击，什么是盲目射击，准确地判断出敌人打炮的弹着点。罗炳辉同志是从行伍中和实际征战中成长起来的军事家，他学习军事理论注重实用，并且还自己创造新战法、新战术。

罗炳辉同志治军极严，特别是对指挥员要求十分严格，经他严格训练出来的部队，能打硬仗。攻必克，守必坚，伤亡少。他还经常带领党、政、军领导机关搞军事演习，设置假想敌，演练得十分逼真。日、伪军频繁扫荡，韩顽、桂顽东西夹击，反动地主阴谋暴乱，反革命分子策反破坏，但领导机关始终安然无恙，根据地也日趋巩固，并最终成为华中最稳固的根据地，同时还为党培养和输送了一大批优秀军政干部，这与罗炳辉同志严格治军是分不开的。他十分爱护干部，与下属的革命感情之深，真是情逾骨肉。有一次，冯文华同志在前线指挥作战时腿部负伤，所幸没伤到骨头，罗炳辉同志在后方闻讯后非常内疚，对我说："怪我！怪我！不该让他在前线这样久，应该回来一下再去，太久了会出问题的。"他对警卫员也特别好，吃饭的时候，把好菜全向警卫员碗里夹。我在部队中见过不少军事将领，像罗炳辉同志这样爱护部属而且体贴入微，是不多见的。

罗炳辉同志是著名的神枪手。在天长县境内的葛家巷村，我亲眼看到过这样一个场面：有一次在反扫荡作战中，我军俘获了五个日本兵，罗炳辉同志为了向日军显示实力，命令将他们带到村前的广场上，罗炳辉同志指着广场旁高高的树上停落的一只小鸟，说："我要一枪把它打下来,你们信不信?”翻译同志把他的话译成了日语,日本兵听后都不吭声,显然是不太相信。罗炳辉同志当即拔出左轮枪,瞄都不瞄,一甩手,枪响鸟落。五个日本兵看得目瞪口呆,纷纷说:“神枪手!神枪手!果然名不虚传!”

罗炳辉同志在淮南抗日根据地的人民群众中威望很高。他每到一地,即便地方政权没有组织欢迎,附近群众也会奔走相告,自发地赶来,夹道热烈地欢迎他。那种军民一家、鱼水情深的感人场面,我至今仍历历在目。即使是在日、伪、顽频繁骚扰的边缘地区,只要罗炳辉同志一到,家家开门睡觉。人民群众对他的敬仰和热爱,是发自内心的。老年人都坚信他是“天上下凡的星宿”。有关“罗青天”的爱民故事,在各地广为流传。扶老携幼,特地赶到住地来看罗炳辉同志的事,经常发生。

我在罗炳辉同志身边工作期间,承担过许多他交办的任务。1939年12月,我作为他的代表,化装穿越敌占区,经叶飞同志帮助挺进纵队驻地,到扬州之东两百多华里的泰州城,做国民党军苏鲁皖边区游击总指挥李明扬的统战工作。李明扬在北伐战争中期与罗炳辉同志同在以朱培德为军长、朱克靖(中共党员)为党代表的国民革命军第三军。此行获得了预期的效果。李明扬后于解放战争中起义。1940年2月,我带着罗炳辉同志签署的信,去苏北双沟镇附近,做国民党安徽省第六专员公署专员盛子瑾的统战工作,并在盛部有异动迹象时,与张爱萍同志紧急磋商,联名发电报给罗炳辉同志,部署第五支队在半塔以北的涧溪、仇集一带设下埋伏,缴了盛部的械。

1942年12月,我和爱人史迈同志一起,奉调到新四军第七师地区工作,才与朝夕相处了三年六个月的罗炳辉同志分开。没想到淮南抗日根据地一别,竟成永诀!

(1990年春于合肥)

攻克六合城

◆赫登淦

1945年8月，受尽日本侵略者凌辱的中国人民，经过八年艰苦奋斗，即将取得抗日战争的最后胜利。8月10日，我新四军淮南军区遵照党中央和朱总司令的命令，要各部队向日伪据点全面出击。大反攻的时刻来到了。

为了适应这一新形势，淮南区党委决定将原冶山县划归六合县，成立六合支队司令部，由艾明山任司令，魏然任政委。各区基于队上升改编成连队。队伍整编后，就奉命攻打六合城外围据点。8月17日支队攻克了八百桥，8月18日又攻克了横梁甸，8月19日部队就进发到六合东门一带，准备攻打六合城。

六合是历史悠久的古城。城墙很高，四门都有城楼，城的东、北、西三面有护城河，城的南面自西向东有滁河为自然屏障，南门外还设有浮桥通往南大街，素有"铁打六合"之称。日军于1937年12月15日占领六合后，还在城墙四角修了碉堡，城的周围都挖有防御工事，易守难攻。这时，城内日军已撤往卸甲甸。伪县长霍锦光集中伪军坚守城池，负隅顽抗，妄图等待国民党回来接收。

攻打六合城的战斗，是罗炳辉同志（新四军二师师长兼淮南军区司令）亲自指挥的。当时的兵力部署为：军部特务团和师部学兵连负责攻打北门和西门，六合支队负责攻打东门和南门。战前，六合支队司令艾明山、政委魏然召集各连干部会，分析敌情，观察地形，研究作战方案，并选择城的东北角为突破口。这里敌人兵力薄弱，城外有一片黄豆地，便于隐蔽部队，护城河水浅堤高，部队容易接近城墙。最后决定，由我们二连担任主攻，一连作预备队。二连接受命令后，吴连长和指导员陈春堂将队伍带到洪将台练兵，各队准备长梯一副，练习攻城战术。同时在一、二排挑选骨干，组成两个突击队，由排长担任突击队长。为了加强火力配备，司令部调来机枪一挺，由一班长朱宗林担任机枪手，配合三排掩护突击队冲锋。

8月19日傍晚，红日西垂，彩霞满天。全连吃饭完毕，在稻场上集合，整装待发。夜幕降临，吴连长传达了战斗口令，规定每人颈上扎白毛巾做识别记号，还规定部队占领城头后，司号员吹三长一短号音，作登城成功的信号。陈指导员又进行了战前动员。全连随即出发，向主攻方向运动。周围村庄犬吠声此起彼落，敌人吓得乱打枪。

大约在深夜11点左右，我连悄悄地从一片黄豆地摸到护城河边，潜伏待命。午夜12点，司令部下达了攻击令。吴连长挺身举起驳壳枪喊声“打”，我三排机枪、步枪一齐开火，一、二排突击队抬着两副长梯冲过护城河，迅速接近城墙，开始登城。但由于长梯上人太多，重量过大，只听“咔嚓”两声，两副长梯同时折断。攻城失利，我们只得边打边撤，退到护城河堤外隐蔽待命。

这时，艾司令、魏政委调整部署，命令一连继续攻城。一连原是东南支队的一个战斗力很强的连队，连长何良义富有作战经验。他们总结二连失利的教训，改变了战术，以三人为一个突击组，分组进行登城。

凌晨2点左右，一连开始进攻，二连配合掩护。何连长一声命令，机枪、步枪一齐猛射，打得敌人晕头转向。这时，敌人架在东门城楼上的一挺三八式机枪，却发着“淫威”，扫射得部队不能抬头。我们二连吃了敌人机枪的亏，排长李成支、班长陈宝元当场牺牲。一连机枪手朱宗林一见敌人如此疯狂，仇恨情绪涌上心头，他选好地形，架起三八式机枪，对准城楼上敌人的机枪发射点一阵猛扫，顿时把敌人的机枪打“哑”

了。突击队乘势扛着长梯，一鼓作气冲到城墙下，三人一组分批登城。快接近城头时，突击队战士连续摔出手榴弹，把敌人压了下去，趁着烟雾登上城头向左右发展，后续部队火速登城，以迅雷不及掩耳之势向东门、南门冲杀。司号员小吴站立城头，吹响了三长一短的胜利信号。这时，北门、西门也传来部队的攻城号音，特务团和学兵连也先后攻进城内，只听枪声四响，手榴弹轰鸣，冲锋号此起彼落，战斗迅速向纵深发展。敌人守城被突破，突围又不成，队伍土崩瓦解，纷纷缴械投降。

此次战斗，共毙伤俘敌伪县长以下六百五十余人。

天亮了，东方升起万道霞光。长期受着日伪军统治的六合人民，欢欣鼓舞，庆祝古城解放。

尝尝我种的茄子、辣椒

◆黄　粲

皖南事变之后，新四军成立了新军部并整编成七个师，罗炳辉同意担任第二师师长。抗敌剧团编入第二师建制，但有三分之二的人员，由孟波带到军部去了，留下的同志很难进行工作了，不能演大点的戏，连组个合唱也困难了。

不久，全军号召大生产，我们敌后的军队受敌、伪、顽三方面包围，只能在战争空隙中搞些小生产，种些小菜，改善生活。

剧团也不例外，虽然人少，也想改善生活。种小菜，在驻地周围找不到空地，只好到四五里之外的一个山头上去开荒。开荒不能种青菜，种些苞米和地瓜也好嘛。

太阳还没有出山，我们背着锄头、扛起锹出发了。没走多远，一个警卫员跑来对我说："师长问你们，今晚在哪个部队演戏?"我马上赶回去，告诉师长："我们不是去演戏，是去光山头上开荒生产。"

师长下马，拍着我的肩说："黄粲，连队战士早就想看你们的戏啦，回驻地去排戏练歌吧！人员不够，一定要补充。吃菜的事，我来想办法。"

我回到队前，把师长的指示告诉大家，同志们高兴地跳起来，扛着锄头、锹就往回跑。

小知识分子，从来就没有干过这样的重劳动。在那地不长草、鸟不拉屎的光山头上，顶着太阳，挖了两三天，个个都腰酸腿痛，手掌脚底都起泡。听了师长这几句话，谁不高兴呀！回到了驻地，都不顾疲劳，随即就排呀，唱呀，写呀，紧张工作起来。

第三天早晨，我们在禾场上练唱、做早操。师长的通信员挑了两筐茄子、辣椒、西红柿，给我们送来了，还有一封信。拆开一看，是师长亲笔写的，我想念给大家听，激动地哽咽了。只好交给指导员晓河同志，他集合队伍，读着信。

信很短，内容是："这几个茄子、辣椒、西红柿，是我种的，第一批丰收了，送给你们尝尝鲜吧！听说你们很紧张地排戏、练歌，估计很快就要下连队去演出了，战士们的希望达到了，我想，他们在生产丰收的时候，一定不会忘掉你们的……"

信还没有念完，几个女同志就哭出声来了，我抬头一望，全体团员又都露出了笑容，流出了热泪。

师长这封短短的信，情意多么深长。我认为它比盖着大红印的一纸命令，或者首长的一次动员报告，还要起作用。

不到半个月，剧团已准备好两个晚会的节目。剧本多了——不会写作的同志也在写，学习作词、作曲的就更多了。团里的尖子虽被调走，后起之秀却上来了。人员也陆续增加，抗敌剧团很快又壮大起来了。

忆人民的功臣罗炳辉将军

◆周骏鸣

建国之初，周恩来同志亲笔为罗炳辉同志墓题词："人民的功臣罗炳辉同志不朽！"用"人民的功臣"来盖棺论定炳辉同志的一生，是非常准确的。炳辉同志来自人民，热爱人民，毕生征战捍卫人民，为中国人民的解放事业英勇搏杀、顽强奋斗了三十三年，直到生命的最后一息。他是我党、我军、我国人民的大功臣。历史已经铭记下了他的丰功伟绩，人民将永远怀念他。

我常常怀念炳辉同志，在回首往事时想起他，在与战友们相聚时谈起他，有时候还在梦中见到他。虽然是几十年前的事了，但每一忆起，便如发生在眼前。

那是在抗日战争中，从 1939 年 7 月新四军第五支队成立并挺进皖东起，我就和炳辉同志一起工作，并肩战斗。在艰苦的革命战争中，我与他生死相依，结下了深厚的革命友谊。1941 年 1 月皖南事变爆发后，新四军江北部队整编为第二师，炳辉同志任副师长（后任师长），我任第二师参谋长。抗日战争胜利后，炳辉同志率领新四军第二纵队北上山东，与陈毅同志会合。我则奉命坚守淮南，任淮南军区司令员兼新四军新二师师长。

说起炳辉同志，他首先是一个标准的中国军人，是一个职业革命家、优秀的军事家。他勇敢无畏，多谋善断，精于韬略，娴于征战，指挥若定，一丝不乱。在火线上，无论战场形势有多么紧迫危急，他都不动声色，稳如泰山，直到扭转危势，化险为夷。

炳辉同志治军极严。第五支队刚成立的时候，部队军事素质很差。大多数战士是刚拿起武器的农民，从来没有经受过系统的正规的军事训练，有的战士卸枪后不会复原，有的连子弹都不会装，更谈不上掌握运用战术了。部队的政治素质也急待提高。国共合作抗日的新形势和国民党反共顽固派的不断挑衅，既使我们面临着日、伪、顽三方作战的极其复杂的局面，又给我们提出了与国民党军（当时是友军）又团结又斗争，保证做到有理、有利、有节的艰巨课题。炳辉同志首先倾注了极大精力抓部队的整训和军政素质的提高。每个环节都绝对不容许有一丝一毫的马虎。平时，炳辉同志平易近人，和蔼可亲，但是一上了操练场，他就变得非常严格，一点差错也不放过！他常常亲自带操，呼喊口令声如雷鸣，有一股逼人的英气。

他虽然身为司令员，但并不满足于发号施令和言传口授，而是身体力行，亲做表率，和战士们一起摸爬滚打，冲锋腾越，一招一式地手把手教，直到战士们熟练掌握为止。对于勇敢的战士，他大张旗鼓地予以表扬奖励；对于训练不力的战士，他严厉批评，毫不姑息宽容，有了进步就及时地给予奖励。他常说："平时宽容，战时就要付出血的代价！"在炳辉同志的亲自带领下，部队军政素质迅速提高。

在整个抗日战争期间，炳辉同志严格治军，严格训练，从来没有一点松懈。从第五支队直到后来的第二师和第二师兼淮南军区，部队能成为一支能打硬仗、攻必克、守必坚的江淮劲旅，淮南抗日根据地能成为华中敌后最稳固的根据地，其间凝聚着炳辉同志的大量心血。他的许多创造性的练兵方法，看来别出心裁，实则切合部队实际，效果非常显著。比如，他提出每个指战员都必须掌握个人"五大技术"：射击、投弹、拼刺、劈刀、土工作业，还有在实际训练中因地制宜地提出的跳越水沟、过独木桥、翻越土坎、利用地形地物等等，都很适应江淮丘陵地区作战和水网地带作战的需要。大会操、大比武，在团与团、营与营之间进行,得胜的一方能得到毛巾、草鞋(这在物质条件异常艰苦的战争年代,都是很好的奖品了),并抬回去一架用彩纸扎的大飞机,比输了的只好抬回去一只纸扎的大乌龟,这样就使各部队之间的训练竞赛不断掀起高潮。炳辉同志身边的学兵连,是清一色的精干青年,军政素质都非常过硬,炳辉同志常常带着学兵连到各部队去,搞比武,搞现场示范,使双方都得到提高。

炳辉同志是一位著名的神枪手,他1929年领导吉安起义时就已经使用的左轮手枪是时刻不离身的。发现目标,他会闪电般地掏出枪来,手甩枪响,发发中的。他下到部队,基层指战员请求他表演射击;他深入群众,群众要求他表演打麻雀;他出席根据地各届人民代表会议,代表恳请他展示枪法,都是常有的事,就像是固定的保留节目一般,次次都是掌声雷动,一片欢声。当然,最好的神枪手也会有失误的时候,炳辉同志在有开明士绅等统战对象在场的场合里,射击就格外小心,有时还要看一看,瞄一下,不做到万无一失,不扣扳机。他对我说:“自家表演打不着不要紧,在这些场合打不好可是影响我军声誉的大事啊!”炳辉同志曾号召各部队都要培养出一批神枪手,他向指战员们传授射击经验时说:“有的同志问我,成为神枪手有什么秘诀。有没有呢?有!我现在就告诉同志们,这个秘诀,用一个字来说,就是练!用两个字来说,就是苦练!一是练眼力,像纪昌学箭那样,能把蜜蜂看成麻雀,把麻雀看成车轮。二是练臂力,要练到拳头上立得起人,胳膊上跑得了马!”有一次,我和他一起到津浦路西视察整训的部队,他亲自作示范,先是枪挂枪,在步枪枪筒的前端再挂上一支到两支步枪立姿瞄准,一般人是连端也端不稳的,他却一端就是半个钟点,就像脚下生了根一样,纹丝不动。接着又端起重机枪,瞄了约二十分钟,脸不红,气不喘。

炳辉同志的军事指挥也有鲜明的特色。他是从行伍之中崛起的将军,实战经验十分丰富。他一生转战十几个省,亲身经历作战千百次,与各种各样的对手作过战。到开辟淮南抗日根据地的时候,他已经是完全成熟的军事家了。炳辉同志指挥打仗，讲究“火候”，既不打急了，也不打慢了，常常掌握得恰到好处，正像兵书上说的“用兵之妙，存乎一心”。在红军时代，毛主席就说他是“牵牛鼻子的能手”，周恩来同志称赞他领导的红九军团是“战略骑兵”。在淮南抗日根据地，他把游击战法、“麻雀战”和袭扰战等等运用得得心应手，游刃有余。战争中，他喜欢亲临前线，他一面指挥，一面对身边的指挥员简明扼要地说明，怎样判断敌情，怎样下决断。每当要提拔一名新的军事指挥员时，他都要采取带其上火线，或安排与实战十分相似的突袭式的演练等方法，加以考核和培养。那些会说不会做、没有实际能力的人，一考就“烤焦”了的人，炳辉同志是不会提拔的。

炳辉同志创造的“梅花桩战术”，在金牛山战斗中显示了威力。有的同志说：“战斗打响，罗司令朝火线上一站，胜券就握在我军手中了。”我认为这倒不是炳辉同志有什么神力，原因很简单，其一是炳辉同志指挥得力，“亏本”的仗他是不打的；其二，司令员亲临火线，对全体指战员都是极大鼓舞，部队会打得更勇猛、更顽强；其三，炳辉同志上火线，对敌人，特别是桂顽，是一种震慑，表示我军此战志在必得，非赢不可！因此也常能使一心想保存实力的顽军指挥官心虚胆怯、闻风丧胆。为了保证炳辉同志的安全，我们曾多次力劝他少到火线去，在后面指挥也是一样，但收效不大。一打仗，他就坐不住了，谁也拦不住。后来新四军军部迁到淮南抗日根据地，我们把意见反映到陈毅同志那里，陈代军长亲自跟他谈，才稍稍有了些效果。

1940 年 8 月，第五支队开辟淮宝地区，我与炳辉同志在一起。为此组成的前敌指挥部，由炳辉同志、我、劲夫同志和文华同志组成。我军胜利地突破三河防线，占领了新集。炳辉同志料定小刀会必定来攻，就亲自画了一张阵地部署和火力配置图，交给成钧同志，命令他把阵地摆好。然后对我说：“一夜没睡啦，咱们的任务是睡上一觉。”临睡前，他要警卫员传达他的命令：“把机关枪等重武器摆到街上去，让人家看看我们的实力，传到小刀会那里，让他们最好不要来硬碰。”他一上床就鼾声大作。

刚过正午，几千名小刀会会众在服用了“神咒”、“符语”等麻醉品之后，斜披符带，袒胸露腹，挥舞着大刀、长矛，喊着“老祖保佑”、“刀枪不入”发疯一样地冲向新集。田野上到处是一片鬼哭狼嚎之声，很有些神秘和阴森森的味道。我们的战士哪曾见过这种阵势！而且，当年，大多数人还有点迷信思想呢。许多同志发了慌，跑来报告，我提了枪就要走，炳辉同志对我说：“别慌，别忙。喝点水，一块走。”当我和炳辉同志、劲夫同志来到街口时，刀会会众已经像潮水一样嗷嗷叫着冲上来了，一个个装神弄鬼。有的战士心里发慌，枪栓也拉不开了，越拉不开心里越慌，以为刀会真的有什么“法术”。我军向刀会喊话，要他们退回去。谁知刀会像鬼迷心窍一样，根本不予理睬，冲将过来，杀伤我战士多人。有的战士枪也打不准了，还嘀咕：“真的刀枪不入呀?”炳辉同志见此情形，连声说：“乖张了，乖张了。”（意即“坏事了”）他急忙命令部队镇静，沉着射击，顿时，刀会就倒下了一片。什么刀枪不入，全是鬼话。此役结束后，我们第五支队与黄克诚同志率领的八路军第五纵队胜利会师。在战争中，炳辉同志是战士们的主心骨，只要有他出现在阵地上，部队的精神风貌就不一样，信心倍增。

炳辉同志爱兵的事迹是十分感人的。下到部队，他会突然袭击揭开锅盖检查伙食办得怎么样，吃饭时就与战士一起席地而坐，不搞特殊。干部们都知道罗师长的脾气，晓得要是为他准备好饭好菜，准要挨批评，都干脆随他。夜间查铺，是红军的老传统了。被子薄不薄，睡得暖不暖，炳辉同志一一亲自查看。他常把战士的安危冷暖挂在心上，为战士们做实事，切实排解他们的实际困难。炳辉同志出身行伍，从普通一兵成为将军，他深知士兵的甘苦和愿望。他对战士的感情是深沉的、真挚的，纯出自内心，待战士如同亲人一样。他要求指挥员既要打胜仗，完成任务，又要最大限度地减少伤亡，如果哪个部队在战斗中伤亡过大了，指挥员就等着挨训吧！正因为他爱护战士，战时身先士卒，平时与士兵同甘共苦，所以他在部队中威望很高，战士们都信赖他，尊敬他，热爱他，有事都乐于找他商量。

炳辉同志为人诚恳坦白，刚强正直，坦荡无私，从来不做藏藏掖掖的事。他有时候脾气不好，火气大，批评人不留情面，方法简单，尽管心是好的，批评的目的是为了搞好工作，但有的同志为此而不满。作为首长，他当然有欠妥之处，但是我要说，在那个生死攸关的战争年代，没有斩钉截铁的作风是不行的。如果像和平年代这样工作，部队就危险了！特别是在战场上，根本不容许拖泥带水、犹豫迟疑。

炳辉同志曾告诉过我一件事。有一次他和陈毅同志同桌吃饭，边吃边谈，陈毅同志为了一件事情批评了他，但陈毅同志只听了一面之词，把事实弄错了。炳辉同志当时就火了，一怒之下，把桌子也掀翻了，汤汤水水弄了陈毅同志一身。陈毅同志当时很冷静，也很诧异，他想，炳辉同志向来都是非常尊重我的，这回发了这样大的脾气，其中必有缘故。事后，陈毅同志作了深入调查，弄清了此事不应该责怪炳辉同志，他马上去找炳辉同志认错、道歉。炳辉同志深受感动，当时就哭了，检讨了自己态度不好。

他与部属相处也是这样，要求非常严格，是即是，非即非，毫不含糊，批评错了或者批评过火了，他事后会做自我批评、主动检讨或作解释。炳辉同志特别可贵的一点是，专记别人的好处，别人有错只要改了他从来不记账，事事与人为善。当面能批评得你下不了台，背后却老是说你以前的种种功劳和现在的长处，到了关键时刻，他会挺身而出帮助你。因此，从第五支队的老同志到第二师的老同志，都对他怀有极深厚的感情，至今深切怀念着他。

在滇军中，炳辉同志就以“不爱财，不惜死”、慷慨尚义而出名。他革命一生，戎马一生，除了书籍、文件和常用衣物外，没有任何私产。他的老父在云南逝世后，还是依靠友人帮助，得以安葬。他自己一旦有了好东西,大多数都拿来作为奖品或鼓励品送给同志或下级,丝毫也不吝惜。战争年代的生活条件是极其艰苦的,炳辉同志作为首长,自然比下级要好一些,但他特别珍视同志间的友谊,乐于助人。大到金钱、衣物,小到钢笔、皮带,许多同志都受过他的馈赠。这些东西保存到现在,都成了珍贵的纪念物了。

我奉命去延安党校学习时,他总怕我在路上受苦,想方设法要让我多带点钱上路,而当时对干部是实行供给制的,没有薪金,他虽然是师长,但也不能违反财经纪律。临走前,炳辉同志将我找去,把他积蓄下来的五块银洋全给了我,谈了一会儿话,他又觉得仍然不够,又把他保存使用了许多年的一只金留子(戒指)和一双银筷子、一把银勺子都送给我,还叮嘱我万一在途中遇到意想不到的困难,可以变卖出一点钱来救急。果然,我从延安返回,在穿越国民党统治区的时候,遇到了困难,就是靠变卖那几件东西才解了燃眉之急。

现在,提起炳辉同志,恐怕绝大多数人都认为他是个果敢决断的赳赳武夫,是个威风凛凛的粗线条军人。我不能说这种看法或说法是错误的,但是,这仅仅是一个方面。炳辉同志同时又是一个极细心的人,他体贴同志、关心下级,有时候能细心到令人意外的地步。有时候粗犷豪放,有时候心细如发,这才是完整的炳辉同志的形象。

讲到他的细心,我就想起了他学习的刻苦和工作的细致深入。炳辉同志幼年时家里较富裕,送他进私塾读书,但不久家里就破产了,只读了三年书。以后又是东征西战,因此他文化程度不高。但是,他学习很刻苦,尤其希望能有机会进行系统的政治理论学习。战争环境里挤不出成块的时间,他就利用战斗间隙学习,并且记了不少笔记,短短几年内写了一大摞,一本一本像宝贝一样地妥善收藏着。他作报告从来不依赖秘书,拿出一本在平时工作和调查中记的笔记,再拟一份讲话提纲就行了。每次重大战斗结束后,他都要参谋人员写出详细总结,附上地图和作战示意图,该上报的上报,平时有了闲暇就拿出来阅读、揣摩。

正因为如此，他谈起军、地情况或分析起某次战斗来的时候，具体、细致，有条有理，头头是道。

至于炳辉同志爱民的事迹，就更多了。军民团结如一人是由我们军队的性质决定了的。每到一地，炳辉同志就和人民群众打成一片。和他们聊天，谈生产，拉家常，检查部队执行群众纪律的情况，了解人民群众的疾苦，一旦发现问题，立即解决，绝不推托拖延，属于应该由地方政权解决的问题就及时通报、督促解决。他为根据地人民做了很多好事，为许多不平的事伸张了正义，对于干部（包括地方干部）中的不良风气毫不手软地予以纠正。“罗青天”就是这样喊起来的。

他还经常去拜访在当地有影响的开明士绅，做统战工作。他尊重老人，又特别喜爱儿童。每到一地，都会有一大群小孩子跟着他，要他讲故事，要他表演打鸟。炳辉同志身体胖大，朝那里一坐，前后左右拥着一群小孩，他那个笑呵呵的模样，真像一尊弥勒佛！

淮南人民衷心热爱炳辉同志，他是人民的将军。“得人心者得手下，失人心者失天下”，只有部队真正把人民当成父母，人民才会把部队当成自己的子弟兵，炳辉同志是深知这一点的。孟子说过：“天时不如地利，地利不如人和。”炳辉同志自豪地说：“在淮南路东，天时、地利、人和这三样，我们都占着！”

炳辉同志离开我们几十年了，但是他的革命精神是万古长存的。

（根据宋霖 1982 年 6 月 27 日与 7 月 3 日在青岛市济南军区第一疗养院四次访问记录整理，其中两次访问有赵启民、周原冰同志参加座谈。1989 年 12 月 9 日呈周骏鸣同志审定。审定工作得到了李兴俭同志的协助。）

记罗炳辉夫人张明秀

◆朱强娣

作者简介：朱强娣，安徽省社会科学院新闻信息研究所原所长。

新四军教导总队女子八队分成八一队和八二队后，张明秀就到八一队当了政治指导员。

她是新四军第一支队副司令员罗炳辉的夫人，是一位很有个性的女同志。

张明秀是四川省昭化县虎跳驿镇南斗坝人（现属广元市），1918 年 2 月 6 日出身于一个豪富之家。张家曾有良田百亩，商船数艘，高堂华屋，富甲一方。后虽一度衰落，但张明秀的母亲是剑阁县一家豪门巨富的独生女，嫁到张家时，带来了数不清的金银财宝、绫罗绸缎、箱柜妆奁，送亲队伍就排了一里多长。她所带来的巨额财富，使张家又买了许多土地出租，并建造了新屋，重新过起了锦衣玉食、呼奴唤婢的生活。张明秀就出生在这富贵窝里。

张明秀是家里的第三个女孩。母亲在分娩前夕，梦见一只燕子绕梁飞舞，心中喜悦，全家都认为是个好兆头。等三小姐呱呱坠地时，立即有了一个十分亲切的名字：燕平，昵称燕娃儿，直到进了小学，才改名为明秀，成了秀娃儿。

一个人的出生成分，不能决定其要走的道路。这个有着秀气名字的女娃儿，自幼就有强烈的正义感和平等心，她不娇不骄，毫无小姐架子，对佣人丫鬟非常友善，对封建礼教极端厌恶，对繁文缛节不屑一顾；她性格豪爽，坚强勇敢，为此，从童年开始，就一直以“倔小姐”的戏称而闻名乡里。

上学读书后，接触到新思想、新文化的她如鱼得水。在进步教师的教育和影响下，她如饥似渴地阅读进步报刊，对不合理的社会制度产生了强烈的叛逆心，对共产革命、世界大同充满了憧憬和热望。

1935年春，红四方面军打到昭化，在川北嘉陵江两岸燃起土地革命的熊熊烈火，打土豪，分田地，搞得轰轰烈烈，张明秀的父亲虽然表示要把房子和土地分给穷人，被红军视为开明地主，但他也被革命的热浪吓坏了，不久就躲进了开元县城。张明秀早就对革命充满了渴望，她坚决要求参加红军，母亲派佣人丫鬟看住她，又派四小姐张明莲看住她。结果，张明秀带着妹妹一起参加了红军，这一年，她17岁，妹妹13岁。张明秀和许多豪门小姐一样，背叛了自己的家庭，走上了一条奔向光明的大道。

参军后，张明秀革命坚决，作战勇敢，工作出色，很快就当了排长。长征开始后，爬雪山，过草地，妹妹在泅渡一条冰河时不幸牺牲。就在草地的艰难行军中，她加入了中国共产党。

多年后担任了上海第二医学院党委副书记、上海瑞金医院党委书记的张明秀，在回忆草地入党的情景时，神色庄严坚毅地说：“那时候，满脑子的实现共产主义，打碎旧世界，实现共产大同，救中国，解放天下的穷苦人，生死完全置之度外，什么都不怕！什么私心杂念都没有啊！”说起妹妹，她眼中闪起了泪光：“部队过一条冰河，水流很急，河里全是大大小小的冰块，我紧紧攥着妹妹的手，过河时被一块大冰撞击，跌进深水，我被男同志救上来时已经昏迷，妹妹明莲却找不到了，她永远地留在了草地，当时，她才14岁啊！解放后，明莲被追认为革命烈士，几十年来，我经常想念她啊……”

1936年10月，长征胜利后到达陕北，张明秀被分配到离延安200

华里的宜川境内的云岩镇妇女干部学校，任党支部书记和一连指导员，全校有五六百人。她深感自己的理论水平和文化水平不能适应工作需要，一天，原红九军团政委何长工来学校视察，问同志们有什么问题，张明秀说："我提个问题！我不干这个领导工作了，请求到延安去学习，要是不给去——"何长工打断她的话，问："要是不给去，怎么样?"张明秀原想说"不能胜任领导工作"，一急急出了一句话："要是不给去，我就罢工了！"何长工对这位快人快语的姑娘留下了很深也很好的印象。她不久就进入延安抗大第三期学习。

何长工介绍她认识了原红九军团军团长罗炳辉。1937年9月，他们在延安结婚。婚后两个月，罗炳辉奉派去武汉八路军办事处，任八路军副参谋长，协助周恩来和叶剑英做国民党上层军事统战工作，并和董必武共同主持为延安抗大、陕北公学在中南地区的招生工作。许多革命青年怀揣着有"董罗"签名的介绍信，奔赴延安。1938年2月，张明秀也从延安到武汉八路军办事处工作，任中共中央长江局和周恩来副主席的机要秘书和机要收发，还兼任过一个时期的中共湖北省委地下交通。有一天夜晚，周恩来交给张明秀一个紧急任务，连夜找到并通知几位同志在拂晓前转移，能烧的文件烧掉，不能烧的立即送到办事处来；外地同志能返回的返回，不能返回的立即搬到办事处来住。张明秀机警地在武汉三镇奔走了一整夜，圆满完成了任务，天亮前回到办事处。看到周恩来因为担心她的安全，竟然彻夜未睡，在坐等她安全回来。张明秀被深深地感动了。

在武汉，周恩来还亲自安排找到了罗炳辉失散多年的女儿。罗炳辉前妻杨厚珍是江西瑞金人，出身于富裕的米商家庭，1929年10月参加革命，是中央红军长征30位女同志之一，与邓颖超、蔡畅、贺子珍、康克清、刘英、刘群先、廖施光一起被称为"八大姐"，1936年冬与罗炳辉离婚。他们有个女儿，1929年出生不久就秘密寄养在一姓岳的滇军旧友家，取名岳冰玉。后岳某病逝，岳妻带着小冰玉几度搬迁，冰玉对自己的身世毫不知情。在周恩来的指示下,党组织费尽周折,终于在南昌找到,由专人护送到武汉。女儿长相酷似罗炳辉。罗炳辉紧紧搂着9岁的女儿,热泪盈眶。他对女儿说:“冰玉这个名字太文雅,你要准备在一生中压倒大风大浪,爸爸给你取名镇涛。"日本侵略军猛攻武汉,形势越来越危急,许多机构西迁重庆,罗炳辉原想托人把镇涛带到重庆,甚至作好了牺牲的准备。周恩来认为这样安排不妥,就出面把罗镇涛托付给思想进步的云南巨商李岳嵩做养女,改名“李镇涛"。镇涛在香港和昆明优裕的环境中,出落成一个亭亭玉立的大姑娘。直到抗战胜利后,周恩来又亲自安排把镇涛送到延安,1946年3月,全家在山东临沂团聚。

1938年9月,罗炳辉去延安列席扩大的中共六届六中全会。张明秀在10月25日武汉弃守前一天撤退到西安,八路军驻西安办事处曾安排她乘车去延安,途中被国民党军拦阻,只好返回西安。

11月6日,六届六中全会结束,中央决定罗炳辉任新四军第一支队副司令员(司令员是陈毅)。罗炳辉到西安与张明秀会合,和姬鹏飞等一起南下,穿越河南、湖北、湖南、江西等省,在景德镇卸下八路军符号,换上新四军臂章,12月抵达皖南泾县云岭。元旦后,罗炳辉去苏南茅山地区与陈毅会合,张明秀先任水东区委组织部部长,不久调到中村教导总队女子八队工作。

1939年4月19日,罗炳辉奉召从苏南返回泾县云岭军部。在云岭,新四军军长叶挺为罗炳辉和张明秀拍摄了一张有历史意义的照片。照片中,身材魁梧的罗炳辉英气勃勃,全副武装,席地盘腿而坐,其坐如钟,尽管脸上溢满笑意,却依然是一派大将威严。并肩坐在右侧的张明秀在新四军女战士中算是身材高大的了,在罗炳辉身旁却显得娇小,她也是一身戎装,紧扣着风纪扣,腰扎着皮带,打着绑腿,两腿并拢,双手抱膝,军帽下露出乌黑的齐耳短发,一脸灿烂的微笑。照片上的张明秀刚满21岁,正是花一般的年华。

此时的张明秀已经在革命的风浪中摸爬滚打了几年，已经是一个成熟的女干部了。但她性格里固有的倔犟、她的刚正不阿、她的爽朗和快人快语，一点也没有改变。

1939年的春天，周恩来到皖南云岭军部视察工作，在军部大礼堂做报告。他在人群中发现了张明秀，朗声说：“嘿呀，张明秀同志，你怎么到这里来啦?”那是一个官兵一致、亲密无间、毫无顾忌的纯真年代，张明秀调皮地说：“是组织上派我来，可不是我自己私自跑来的啊!"周恩来非常高兴地把张明秀介绍给在场的叶挺和项英，说：“诺，这是我的老同事张明秀同志！长征过来的。"张明秀连忙纠正说：“哎呀，啥子‘同事’吆，我和你是被领导和领导、下级与上级的关系。”周恩来说：“我们曾经在一个机关工作，在一个大锅里吃饭，还不是标准的同事吗?”在场的同志们都笑了。张明秀的坦荡率真、快人快语给人留下深刻印象。

张明秀所在的女子八队有一位同志在长征中掉队被俘，与党组织断了联系。周恩来到云岭后，这位同志去找周恩来，要求帮助她恢复党籍。周恩来十分关心这件事，专门找来张明秀，说：“有一件事要麻烦你办。你看这位同志的党籍能不能恢复啊?”张明秀说：“周副主席，这个事我可办不了。在未弄清她在狱中的表现之前，只能重新入党，不能恢复党籍!”

周恩来说：“在人的问题上要慎重。她是长征的老同志了，为革命做过许多工作。要爱护每一个干部，尽快把她在狱中的表现查清。“事情过了好几天，周恩来到中村看望教导队学员，特地又找来了张明秀，说：“前几天跟你说的问题，要按照你们支部的意见办，因为支部的意见是正确的。你千万不要认为我周恩来说过了，不办不好。我也是一个普通党员嘛。我们共产党的规矩是按原则办事，服从真理，不能谁的官大谁说了算。”事后，张明秀把这件事告诉了罗炳辉，罗炳辉十分同意张明秀坚持原则、不随风使舵的做法，对周恩来关心同志、服从真理的精神也非常钦佩。

张明秀敢说敢当，敢于批评，连罗炳辉也要受到她的监督和批评。罗炳辉性格刚强，治军极严，有时候不讲方法，脾气不好。比如，有一次，教导队学员正在谈论罗司令的神奇枪法，刚好罗炳辉从旁边路过，学员们要求他表演打鸟，他正在思考问题，摆摆手说："下一次吧。"有个学员开玩笑地说了句风凉话："哪有那么神？我就不相信！果真一枪一个，我就吃了它！"罗炳辉很生气，拔出左轮枪，四面看了看，一甩手叭叭两枪，从天上栽下来一只灰喜鹊和一只麻雀，麻雀身体打飞了，只剩下一团血肉连着两个翅膀，罗炳辉板着脸命令那个学员出列，厉声说："你！把它吃掉！"那个学砸想到平日里像弥勒佛似地笑呵呵的司令员一下子变成怒目金刚，脸都吓白了。罗炳辉这才缓和下来："听口令！入列！油腔滑调，像个军人吗？"还有一次，一个旅长在半塔街上走，没扣风纪扣，被罗炳辉撞见了，他命令旅长立正，严肃地说："检查一下军风纪！"这位旅长张嘴想检讨几句，罗炳辉一挥手："别说了！稀稀拉拉，像个军人吗？以后要改！回去吧！"张明秀看到罗炳辉态度不好，会适时提出批评，而且语气非常严肃："炳辉同志，别以为你是首长，我就批评你不得。你是共产党员，我是机关党支部书记，你得接受我们支部的监督！"罗炳辉是个襟怀坦荡、组织观念很强的人，他知道自己态度不好，事后会主动道歉并作检讨。

张明秀随罗炳辉离开皖南进军皖东后，罗炳辉任新四军第五支队司令员，她任司令部协理员、司令部机关党支部书记，随军征战，勇敢干练，威望很高。

第一次反共高潮掀起后，1940 年 2 月，华中国民党军对淮南抗日根据地津浦路西地区发动进攻，罗炳辉率主力西击桂顽，在史家围子与刘少奇、张云逸会合。3 月 21 日，反共顽固派韩德勤乘路东空虚之机，纠集万余兵力进犯路东中心区半塔。半塔保卫战打了七天七夜，最终取得了具有重大战略意义的胜利。在半塔保卫战前，张明秀已任民运工作队队长，她智斗项国平，收缴民间武器枪支，组建自卫队，把青抗、农抗、妇救会工作搞得有声有色，半塔保卫战一打响，她迅疾组织起一支120人的武装，带着各式武器，投入战斗。

这支队伍都是半塔当地人，熟悉情况，在保护机要、重要物资隐蔽、老弱妇幼转移、战场递送情报等方面，发挥了正规部队不能替代的作用。张明秀坚毅果敢、指挥若定的英姿，给战友们留下了深刻印象。几十年后，她的战友们说到这次战斗时，都说："张明秀同志堪称是一位女英雄！那种英勇顽强、镇定自若，许多男同志都比不了。"张明秀自己也自豪地说："炳辉同志和我各人有各人的工作。严酷的战争环境和生死考验早已证明，我们新四军女兵一点也不比男同志差！"

张明秀毕竟是个女性，她更多地具有细致柔和、善解人意的女性特质。

罗炳辉喜欢小孩是出了名的。1941年冬，张明秀生了一个女儿，非常健壮；但由于医生器械消毒不严，脐带感染，几天后孩子发高烧夭折了。医生知道罗炳辉盼孩子心切，又内疚又害怕，紧张得直掉眼泪。罗炳辉兴冲冲地从前线回来看孩子，张明秀强忍着悲伤，哄他说："孩子生下来就是死的。医生抢救了很长时间，吃了许多的苦……"直到1943年12月25日，罗炳辉的爱子降生，张明秀才把女儿夭折的事告诉丈夫，并说："我怕你发脾气，伤了同志的心。瞒了你两年，请原谅我。"罗炳辉感动地说："你做得对。我得感谢你一个人担当痛苦。"爱子又白又胖，活脱脱一个小罗炳辉。罗炳辉以"新四军时期生于安徽"之意，给儿子取名"新安"。

抗日战争胜利后，罗炳辉率部北上山东。张明秀1945年12月16日在临沂生下幼女，取名鲁安。1946年3月，长女罗镇涛也到了山东，合家团聚。罗炳辉对张明秀为这个家所付出的一切，深为感动，他在山东枣庄前线给张明秀写的一封信里，除了谈到关于镇涛的教育问题外，还殷殷询问："新安这一向怎样？讲了什么话？鲁安更好玩了，我均很想念。"在信的最后，罗炳辉深情地写道："秀，你对我特别照料关心，可是对你母亲的安慰信写得太少了。详情再谈。”罗炳辉没有想到，这封信会成为自己的绝笔。在经过 9 天的鏖战后，枣庄解放。当晚，罗炳辉在主持高级干部会议时发病昏倒。陈毅闻讯从后方赶来，守护在床边。21 日，罗炳辉在回临沂途中病逝于兰陵镇。23 日，10 万军民为他送葬。张明秀和罗镇涛悲痛欲绝，跳进坑里，抱棺痛哭。这一年，张明秀才 28 岁。

解放后，张明秀一直在上海工作，1983 年离休。罗镇涛 1953 年毕业于苏联莫斯科财经学院，1983 年去世。罗新安 1968 年毕业于哈尔滨军事工程学院，罗鲁安 1969 年毕业于上海第一医学院。

1997 年 12 月 22 日，是罗炳辉诞辰 100 周年。中共云南省委、云南省人民政府在昆明隆重举行纪念大会，在昭通举行罗炳辉将军铜像落成典礼，在将军故乡彝良县举行罗炳辉将军纪念馆揭幕典礼。张明秀应邀率罗新安、罗鲁安、罗镇涛的女儿郭尚谦等亲属，参加了纪念活动。彝良县地处莽莽苍苍的乌蒙山山脉的东端，县城海拔 880 米，将军故里阿都山偏坡寨海拔 1800 米，当满头银发、年届 80 的张明秀在众人的簇拥和搀扶下，攀登上险峻陡峭的阿都山山顶时，从四乡八镇赶来的淳朴的山民们热情欢呼着，鼓起掌来。

张明秀站在罗炳辉故居门前，凝神远望。天风浩荡，万山拱伏，一派雄浑景象。山脚下隐隐一线银白色是洛泽河，向北奔流注入长江。长江东流到山城重庆接纳了嘉陵江。这位从嘉陵江畔走出的女战士，眼睛湿润了。

（选自《新四军女兵》，济南出版社 2004 年版）

将星陨落前后

罗副军长最后的话

◆杜学华

1946 年 6 月 20 日，罗副军长在前线病重往后方送。中途罗副军长突然昏迷不醒。我们急忙停车。我一直守候在他身边。过了一会，罗副军长清醒过来，我马上端杯子给他喝水，罗副军长喝了点水后问我："给师傅（指汽车司机）送水了没有？"

我说："没有。"

罗副军长叹了一口气后说："教了你们这么久，还没有学会照顾人。"说完不久又昏迷过去，从此就再没有醒过来。

罗副军长无时无刻不在关心周围的同志，直到生命的最后一刻。

忆罗炳辉同志

◆钱俊瑞

作者简介：钱俊瑞(1908～1985)，江苏无锡人。中国经济学家。1927年毕业于江苏省第三师范学校。1929年参加陈翰笙领导的农村经济调查。1938至1949年，从事党的文化工作。曾任中共中央文委委员、中共中央华中局文委书记、新四军政治部宣教部部长等职，先后担任新华社北平分社社长兼总编辑，《解放日报》和新华社社论委员会主任。中华人民共和国成立后，历任教育部、文化部党组书记、副部长，中国社会科学院世界经济与政治研究所所长，国家进出口管理委员会对外经济贸易中心主任，《中国大百科全书》编辑委员会委员等。

昨晚听见了罗炳辉同志于21日病逝的消息，我当时就愣住了，简直讲不出话来。继若飞、博古、希夷、邓发诸同志之后，今天又是一颗革命巨星陨落了。这真是中国人民的大损失！

差不多每个我所会见的外国记者，都会向往地问起这位名震世界的十分魁梧的罗将军。他们关于他的印象，一半来自斯诺的《西行漫记》。每一个会见过他的外国记者，都会告诉我："罗将军是个真正的军人，是个真正的中国军人。"他们往往特别赞美他的神妙的枪法："他的确是个百发百中的神枪手。"夸赞他的战功和机智。有时，他们又会告诉你："罗将军是个十分会讲故事的人，讲得那样娓娓动听。"

真正认识炳辉同志的人，首先会亲切感觉到他真是中国人民的儿子。他热爱人民胜过爱他自己的母亲。淮南的老百姓，不问男女老少，哪一个不知道罗司令！罗司令到一庄到一村，便是那一庄那一村的最大喜悦和最高光荣。在他的背后总有一大群人，特别是小孩。反动派造谣说："罗司令每天要吃一个小孩子。"可是偏偏小孩子顶喜爱他，个个当他是自己的亲爷爷。他在很多的照片上，抱着五六个小孩，臂膀上坐着两三个，看上去真像一个弥勒佛。在他的驻地，谁要想了解当地居民的情况和疾苦，你得先问问他，他准会一五一十、说名道姓地告诉你。他也毫不避讳地在老百姓面前批评自己队伍的缺点，他要求老百姓要好好监督他的队伍。

炳辉同志又热爱他的战士，他是战士们最敬爱的司令员。他关心战士的生活，亲自到连队上去检查伙食，他常常说："伙食要搞好，要叫同志们吃得好，方能打胜仗。"为了丰富战士的文化娱乐生活，他曾亲自编过几首军歌，新四军第二师全体战士都唱得烂熟。在火线上，战士们只要看见罗司令的影子，就有十足的把握："我们一定打胜仗。"战士们给他的称呼是"常胜将军赵子龙"！

炳辉同志善于从群众自发的创造中，吸取智慧。1941 年他从历次对敌斗争中，创造了有名的麻雀战术；凭着长期的经验，他曾创造出一套独特有效的练兵方法。他善于向群众和战士们学习，1944 年淮南举行群英大会时，他同一个十三岁的神枪手小哑巴非常亲昵，讨论了好几个小时。他向劳动英雄张性道、骆腾云学习种地、喂牲口。他从一个侦察英雄那里学会了两只手使用驳壳枪。

炳辉同志是一个出名的大胖子，身重二百二十多磅。不问也可知，他的行动是不甚方便的。但是只要你到他家里去玩，他就可以拿出一大堆他所亲自种出来的大番茄、大南瓜、大西瓜，给你尝尝鲜。他一有空，就到地里去除虫、拔草、剪枝，他前年生产的番茄，重的一个有一斤半重，在华中首屈一指的生产展览会中，得过头奖。他的驻地经常移动，但他一到，驻地周围的地就被翻起来了，种子就给播下去了。他很爱养鸡，也会养鸡。这几年来，炳辉同志的身体一直不大好，他早该有长期的休息。今年2月间，他本来有个机会到北平治病，再到延安来休息，但是工作与战斗不让他这样做，反动派以不断制造和扩大内战来困扰我们的炳辉同志，最后竟夺去了他的生命！

现在炳辉同志与我们永别了，我相信他的死将号召千千万万的战士，成为特等的炳辉式射击手，成为炳辉式的战斗英雄。我们全军的同志，将以罗炳辉这一光辉的名字作为强有力的启示和鼓励，创造出我们人民军队的各种各样的光荣业绩来。

在炳辉同志去世的消息后面，我们可以听得到反动派幸灾乐祸的极端无耻的狞笑。但反动派听着！在共产党领导的人民的军队里死了一个罗炳辉，由于对人民的爱和对人民敌人的憎，并由于人民伟大无比的创造力，必然会产生几百几千甚至几万个罗炳辉！且等着瞧，究竟谁能等到最后的胜利的笑！

（原载1946年7月4日《人民日报》）

在罗炳辉将军墓前的演说

◆陈　毅

在我们与罗副军长永别的时候，我代表中共华东局暨山东八路军、新四军全体指战员，向他致以沉痛的崇高的革命敬礼。

罗副军长享年四十九岁，但有三十二年是为革命而斗争的。他参加过反对袁世凯的护国战役，1925 年至 1927 年大革命，十年苏维埃运动和八年抗日战争、四次革命运动。他是一个农民子弟，十六岁时入伍当兵。三十年来，罗副军长一直保持人民和士兵革命群众本色，他从来没有忘本。他并不因为当了军官便带着兵掉转枪口去反对农民。相反地，他曾经是国民党军队的军官，当北伐末期国民党举行清党反共之后，又大举进行围剿革命武装时，他便从起义中转到人民方面来，反对反革命。

罗炳辉同志是一个士兵出身的革命将军，又曾是一个国民党军队起义的革命将军。从组织起义之日起，罗炳辉同志便由一个民主老战士进而成为一个共产主义者。他在我党的领导之下，创造了中国人民的革命武装，并在抗战期间，有力地培养了新四军，开辟华中解放区。罗炳辉同志的名字，已为爱好和平的中外人士所传颂。罗副军长的病故，是我党一个重大损失。

近数年来，由于敌后战争的极端艰苦与困难，致使罗副军长积劳成疾，患高血压病。党曾数次通知他休养，但他却恳切地拒绝了，因为他对于中国人民解放事业的高度负责，已超过他对于自己的爱护。最近病势转剧，再三相劝他才勉强地愿意休养。可是当国民党反动派破坏停战协定，再度挑起内战，向解放区大举进犯时，罗副军长又不得不亲自出马，奔走于自卫战争的最前线。枣庄伪军在他英勇的指挥下被消灭了，十万矿工及附近居民乃得以重见天日，申诉冤苦。可是，当此军务繁忙、夏日炎炎之际，罗炳辉同志不幸旧病复发，16 日突患急性胃炎，21 日由前方返临沂休息，行至兰陵途中，又患脑充血，多方急救无效，终于下午 5 时与我们永别了！

同志们，多灾多难的中华民族及多灾多难的中国人民，对于他的先锋战士、革命领袖的死去，是比失去任何亲人都要哀痛而难受的。

但是，罗炳辉同志的亲密战友们应该知道，国民党反动派正在向我们狞笑，正在计划消灭我们。反动派正要中国人民撤回一切民主要求，承认法西斯封建独裁，要中国人民服从他的反动命令，放下武器，为他消灭。因此，我们应进入自卫准备，千万不能让法西斯反动派得手。我们今天要擦干眼泪，勇敢地坚定地站在自己的岗位上去，承继死者未竟的事业。伟大的中国人民的革命斗争是万分艰难的，第一批倒下了，第二批冲上去，第三批冲上去，以头颅热血换取人民的自由和保护民族的独立。最后的胜利之券，是操在我们人民手掌中的。只有这样，才是纪念先烈的最好办法，也只有这样，革命的先烈才喜欢我们来纪念他。

罗炳辉同志在 19 日和 21 日动身回临沂的那几天，都再三再四地和我谈滇军的革命光荣传统。他为潘朔端师长在南满的起义欢呼。他亲手拟具贺电，并分函他所有的云南故交。罗炳辉同志出身于滇军，在滇军中受到革命民主教育，一生最关心云南人民及其军队。罗炳辉同志代表滇军的革命光荣传统，他致贺潘师长的电文是他对滇军将士的热望和他留给故乡军民的遗嘱。我们应该负责将他的遗志之一加以传达的。

最后，我们说：罗炳辉同志，你好好地安息吧！我们今天在你墓前宣誓，在你遗像前许愿：值此内战威胁极端严重之际，我们誓以胜利地保卫民主和平来纪念你！

同志们，全中国的和平进行了数月的谈判，现在证明我们人民的和平不能由反动派恩赐，反动派也绝无诚意放下他对中国人民的鞭子。我们不能向人乞求和平，恩赐和平。我们只好准备自己的自卫力量，如果反动派敢于进攻我们，一定将他击退！让我们在取得和平民主的最后胜利时，再为罗将军举行隆重的追悼大会。

（1946 年 6 月 23 日）

罗炳辉将军追忆词

◆陈　毅

四八悲痛事，历历在心目。
何期君殂谢，我已无泪哭。
戎马三十载，将军滇之雄。
反袁到北伐，起义赣江红。
抗日君迈进，饮马江南北。
苏鲁驰劲旅，日伪告溃灭。
六载苦纠缠，将军为病折。
革命不自惜，一朝痛陨落。
三军尽素缟，临穴瞻遗容。
立誓有五字："奋斗与君同。"
将军风义最，与我称师友。
患难共朝夕，进德君不朽。
独裁下通牒，遮天伸血手。
人民有勇气，懂得自卫久。
最惜君寿短，丧失老战友。
绝不辜负你，自卫退群丑。
难忘君令德，难忘君身手。
难忘君刻苦，士卒同升斗。
已拭我服泪，已埋君尸首。

已知君含笑，群众正抖擞。
生死寻常事，君去万众从。
岂有擎天手，擒虎复降龙？
恶魔正憨笑，大众正悲愁。
鏖战已百年，此日歼寇仇！
吾党丧元良，一思一泫然。
悲痛变力量，捷报当纸钱。
危巢喜燕雀，高飞是鸿鹄。
民主高北斗，胜利可预卜！

（1946 年 6 月 24 日）

〔附〕

陈毅军长致《大众日报》社的信

编辑同志：

昨晚送葬归来，悲痛与追念，时局与行动，渗透着，整夜不眠。将幽思记录起来，便得数十句。分段看来，谓之为诗，特呈览，可斧正发表。

多灾多难的中国人民何其如此不幸也！应振作起来，斩彼毒龙，以奠献于革命先烈之灵。

陈毅拜笔　24 日

（原载《大众日报》1175 期，此诗后经张茜同志改写并改题为《悼罗炳辉将军》，收入《陈毅诗词选集》。这里刊布的是陈毅同志的原作。）

中国共产党中央委员会唁电

中共华东局、山东军区司令部并转罗炳辉同志夫人张明秀同志和罗炳辉同志女儿罗镇涛女士：

山东军区副司令员罗炳辉同志的病故，是我党我军与我国人民的重大损失。炳辉同志早岁入滇军、参加护国北伐等革命战争。在大革命失败后，国内战争中，又于1929年冬领导江西吉安起义，为人民解放事业奋斗不懈。在抗日战争中，领导新四军第二师奋战皖东敌后，创造皖东解放区，立功尤著。中共中央谨以悲痛的心情哀悼他的逝世，并向你们致以亲切的慰问。

中国共产党中央委员会

6月23日

（原载1946年6月24日《人民日报》第一版）

罗炳辉遗体罹难记

◆史　丁

1947年2月15日，当我党政军机关主动撤出临沂以后，国民党军队第八十三师和抗战胜利后逃跑的伪军政人员，地主、恶霸组成的“还乡团”进入临沂城，疯狂地进行反攻倒算，大批共产党员、革命干部和军工烈属惨遭杀害。罗炳辉将军的遗体也未能幸免。它被从坟墓里扒出来，用绳子捆着双脚，倒吊在树上当靶子打，用粪叉子往身上插，还用绳子拉着身子一提一放地往地上蹭，然后放下来，拉着在田野里狂奔。在对遗体进行惨无人道的摧残和凌辱后，曝尸于沂河岸边，其惨状目不忍睹。

当时在沂河岸边住着两户穷苦人家，一户是以撑船打包为生的卢建功，一户是看林户张德法，他们都与罗炳辉将军有过交往，感情很深。当他们看到罗副军长死后还遭到这样的劫难时，真是心如刀绞，痛彻肌骨。在一天夜里，两人和胆大体壮的朱于胜共同谋划好，乘国民党哨兵换岗之机，偷偷把罗副军长的遗体抬到河边沙滩上掩埋起来。在他们的心底深藏着一个坚定的信念：国民党猖狂不了几天了，人民的军队不久就会打回来的。也是流水有情，当夜沂河发了一场大水，抹去了一切痕迹。

1948年10月10日临沂解放后，华东军区派出以张和清为首的三人调查小组来到临沂，专程查访罗副军长遗体的下落。在地方政府的配合下，于临沂城东关找到了张德法、卢建功两人，他们凭借河边一棵曾经悬吊过遗体的榆树做标记，很快找到了罗副军长的遗体。遗体基本完好，他们用白布将遗体包裹起来，穿好军装，放入重新漆过的厚棺材里，送往青龙寺一间平房里，等待以后正式安葬。

1949 年 4 月，经国务院批准，临沂革命烈士陵园破土兴建。陵园内建了罗炳辉、王麓水、刘炎、张元寿、汉斯·希伯五座陵墓。罗炳辉墓呈四塔形，四周镌刻着刘少奇、朱德、周恩来、任弼时、陈毅等党和国家领导人的亲笔题词。陵墓奠基时，将罗副军长的遗体正式移葬于墓中。至此，烈士英灵才得到安息。

俺不能让罗司令的遗体遭敌人践踏

◆卢建功

俺叫卢建功，今年七十九岁。俺家住在沂河边（东关）有六七代人了。俺家几代人都靠打鱼捞虾维持生活。

1945 年冬季的一天，俺家来了个当官的，又高又胖，军装穿旧了，鞋也破了，说话挺和气。他一进院就坐在俺家大磨边的石头上，和俺拉家常。

“我们这个军队好不好？”他和气地问。

“好，好，哪个军队都好，就是俺老百姓不好。”我不知道他是什么军队，就这样劈头盖脑地说。

俺老伴怕俺得罪了当官的，赶紧说要给烧开水喝。这个当官的却和蔼地说：“家里有柴禾吗？不止我一个人。”并用手指外面的士兵。俺看他不但谈话和气，而且还关心士兵，心里就明白了：这是俺们自己的军队。等他走后，我才知道他是罗司令。从此罗司令的形象牢牢地记在俺心里了。

就在罗司令来俺家那天晚上，新四军从河东经过老桥包围临沂城，从城北攻打伪军，又返回河东。第二天，来了个副官，带了一帮匪兵，向俺要船，俺不耐烦地说：“船都没了。”这个汉奸副官拿俺没法，只得走了。不久，罗司令派了两个副官来和俺谈船的事，并要俺给他撑船。俺想罗司令带的是俺自己的队伍，又想到那天罗司令在俺家谈话的和蔼态度，俺立即表示：“给俺弄一斤棉花来就有船了。”他们弄来了棉花，还七手八脚地和俺一道塞漏洞,很快就把船弄好了,给他们来回渡了一个早上。罗司令的副官又来说:"一条船不够用,请你到司令部去商讨。"俺怕去了后船被国民党兵抢走,就对他说:"船怎么办?"副官马上就派兵来看船。俺同副官一起去见罗司令,罗司令对俺说:"一条船不够用,能不能多找一些?""船只有的是,只要大人吭个气,各处都能来。"

俺还提了船只的线索。第二天,各处共来了三十来条船。罗司令就指定俺领头,俺说俺一字不识,领不了头。罗司令还是要俺领头,还发了一个符号(新四军臂章)给俺戴上。当天就从河东运新四军过来,又送彩号到河东去。俺们就这样来回运送物资、弹药、军队和伤病员,俺把全部船只都集聚在河里,随时听候指挥。

开始,俺们和部队一样,每天吃两餐。后来撑船的任务越来越重,特别是送彩号,必须随到随走,日夜都得摆渡,因此两顿饭就挨不到时候了。大家就推选俺去找罗司令反映反映。

俺到司令部一看,罗司令身边挤满了人,又是说话又是看字。俺见罗司令忙得不可开交,心里实在不忍麻烦他,俺转身就走。

哪知罗司令眼尖,早就看见我了。他说:"老卢,你别走,有事找我吗?""一点鸡毛蒜皮的事,就不麻烦大人你了。"俺赶忙说。

"老卢,有啥事你尽管说吧。给我说比给别人说更牢靠。来,来,来,坐着说。"罗司令笑呵呵地说。

俺见罗司令态度和蔼,对俺十分亲热,就把大伙的要求说了。罗司令说:"你反映这个情况很好,怎么是鸡毛蒜皮呢?"

接着又说:"这是大事,肚子吃不饱不能撑船。"最后向俺宣布:"从现在起,你们改吃三顿吧!"以后,我们就一天吃三顿了。

在开船这段时间,罗司令经常来我们船上问长问短,有说有笑。有一次,罗司令还下命令叫停船一天,把船上的血污洗掉。我们大家都很高兴,互相比赛着干,劲头可大啦!

俺们一气撑了四十五天的船,日伪汉奸被新四军打垮了,临沂解放了。这下部队也开到城里，船工都想回去，我又去找罗司令反映。走到城门边，哨兵不让进，俺拿出符号，并说找胡连长。找到胡连长，俺向他说："给个条子，俺进城去找罗司令。""谁不知你老卢，你进去吧！"胡连长笑着说。来到街上，找巡查的打听，才知道罗司令住在天主教堂里面。俺就带着一个撑船的去找他，他不在家。俺就对副官说明俺们是来找罗司令告别的。

正说着，罗司令进来了。他一见面就问："老卢，有啥事呀？""大人，仗打完了，船工们派俺来告别。"罗司令高兴地对副官说："给船工们发四十五天的军饷，每人每天一斤半小麦！"大家来领小麦时都非常高兴，夸赞罗司令爱护俺们老百姓。可那时部队主要吃的是红高粱呀！

之后，罗司令带领部队打仗远去了。到了1946年夏初，罗司令在兰陵逝世的消息传来，村里乡亲无不流泪悲痛。

我一想到和罗司令在一起的时候，心里就很难过，更加想念罗司令。

1947年初，国民党的部队（即广西李天霞的部队，罗炳辉同志在淮南一带曾与其作战多年）进犯临沂，匪徒们烧杀抢掠，无恶不作，乡亲们恨死了他们。4月的一天，这些家伙丧尽天良，竟然把罗司令的遗体挖出来，用绳子把罗司令的腿捆住，倒吊在一棵槐树上，用刀刺、枪打，还威逼群众去看。乡亲们实在不忍看，一哄而散表示抗议。万恶的敌人见到吊在树上无人看，又放下来拖着游行。敌人的暴行激起我无比的愤慨，怒火在胸中燃烧，仇恨埋在心底。想到罗司令初次到俺家，想到罗司令和俺拉家常，想到罗司令关心俺船工，想到罗司令接见俺，给俺们解决吃三餐的问题，想到罗司令的种种好处，又想到眼下敌人的暴行，眼泪沾湿了俺的衣襟。俺不能看着敌人践踏罗司令的遗体。

6月的一个晚上，敌人把罗司令的遗体抛在离俺家不远的汾河沙滩上。当时俺家里还住了匪军一个班，俺假装下河打鱼，把一根短柄铁锨包在网里出了家门。天黑后，俺在河边沙滩上挖了一个坑，把罗司令的遗体重新掩埋了。由于时间仓促,慌忙间没把绳头埋严,又加上盖的新沙,结果又叫敌人找到了。一天,凶恶的敌人到俺家里追问,正好俺下河打鱼去了,俺老伴在家,敌人威吓俺老伴,俺老伴只说:“不知道。”

敌人没有抓到凭据,又看俺家里太穷没啥油水可榨,胡闹一阵只得离去了。罗司令的遗体又遭践踏,还摆在河滩上,俺怎肯罢休。过了几天,俺又找张德法和朱于盛商量,趁着夜深去埋罗司令的遗体,他们也愿意,于是俺们又换了位置把罗司令的遗体重新掩埋了。为了便于日后寻找,俺们把那根绳子拉长,浅浅的埋在沙下,又在正西河堤上选了一棵小树作为标记。说也凑巧,俺们埋了遗体后下了一场雨,河里涨水把河滩冲平,敌人就再也找不到了。

全国解放后,部队来了一位姓张的同志寻找罗司令的遗体。张同志还约了村长一起找到我,我们按着标记终于找到了罗司令的遗体。

1950 年,罗司令的遗体正式安葬在临沂革命烈士陵园,朱德、周恩来、刘少奇、陈毅等中央首长还在罗司令的墓上题了词,墓周围有罗司令雕像。看到这一切,俺心里有说不出的高兴。

亲人的怀念

深切怀念炳辉同志

◆张明秀

一

我和炳辉同志是在红军长征胜利到达陕北后，在延安相识的。虽然我原在红四方面军，炳辉同志在红一方面军，但是他是红一方面军（又称中央红军）长征的五个军团之一的红九军团的军团长，后红九军团改编为红三十二军，他仍任军长。因此，对他的英勇善战和赫赫战功，我早已听说了。我们相识时，他在中央党校学习，我在延安抗大学习。1937 年 9 月，我和炳辉同志在延安结婚。

1937 年"七七"卢沟桥事变，抗日战争爆发。8 月，国共第二次合作形成，西北红军主力改编为国民革命军第八路军。12 月，炳辉同志任八路军副参谋长，去八路军驻武汉办事处，协助周恩来、叶剑英同志做军事统战工作。炳辉同志出身行伍，曾经参加过讨袁护国、孙中山北伐、国共合作领导的北伐战争，久历戎行，在军界老熟人多，老同事、旧僚属多。当时南京已经沦陷，国民党政府和大批军政机关都迁到武汉，军界高中级军官也云集武汉。炳辉同志军事统战工作做得很出色。他的主要工作是，以八路军副参谋长身份或者是八路军代表身份出席各种会议、集会，宣传党的抗日民族统一战线主张，宣传毛主席的军事思想，宣传八路军的抗日战绩，研究如何才能打败日本侵略者，分析、研讨前方各个战役的胜败原因，工作十分繁忙。1938 年 2 月，我从延安抗大毕业，也分配到武汉八路军办事处，在中共中央长江局机关工作。我们住在办事处二楼，与董必武同志隔壁。炳辉同志经常在外奔走到晚上十一二点才回来，回来后还去找周恩来同志汇报研究工作。他常对我说："恩来同志是我的领导，也是我的老师。"

我到武汉不久，炳辉同志和董必武同志共同负责延安抗大、陕北公学在华中、华南地区的招生工作，没日没夜地接待投奔延安的青年。那个时候不可能像现在这样搞外调来审查，全靠各地党组织的介绍和直接与他们谈话，了解他们的家庭情况和本人情况，提出各种各样的问题让他们回答，在深入交谈中进行考察。这是一项需要很高政策水平和敏锐洞察力的工作。有时候还要与故意来捣乱的国民党特务斗智斗勇。在炳辉同志和董必武同志的共同主持下，招生工作卓有成效地进行。一批又一批进步青年，怀里揣着有"董、罗"签字的介绍信，奔赴革命圣地延安。

炳辉同志在武汉的十个月中，无论是出席军政界上层会议，还是出席各种集会和宴会，总是保持着共产党人的艰苦朴素作风和革命将领的凛然正气。他一身旧灰布军装，打着绑腿，穿着布鞋或布筋草鞋。只有极少的特殊场合才穿便服。他的艰苦朴素作风，与国民党官场腐败、将骄官奢的腐朽作风，形成了极其鲜明的对比。在一次军政界宴会上，一个国民党军官嘲弄地说："堂堂红军军团长、八路军副参谋长，这么寒酸！"炳辉同志针锋相对地予以驳斥，他说："如今是国难当头，沦陷区父老兄弟姐妹处在水深火热之中，前线将士缺衣少饷，我罗炳辉能穿这一身，够阔气的了。老兄，我们共产党可不兴吞兵饷、喝兵血啊！"说得那人面红耳赤，无地自容。

我们当时生活上是很艰苦的，1938 年 4 月，因为工作需要，组织上发给炳辉同志夏季服装费二十元。我用这笔钱给他做了两套深灰色卡其布人民装，买了两件衬衣、一双皮鞋和一顶凉帽。但他很少穿，仍习惯穿旧军装。平时，我们每个月的津贴，他五元，我只有三元。我们保持了延安作风，保持了老红军的光荣传统，在客观上也是打“政治仗”，使广大群众认识到共产党及其领导的军队，是真正的抗日救亡的中坚，是真正全心全意为民族解放和人民幸福而奋斗的。也有一些对我们党比较友好的人士到我们家来玩，对我们说：“你们生活太苦了，身边还有一个孩子（指罗镇涛），生活需要用钱。我们都有钱，想大家筹集一笔钱或者买些东西送给你们。”对此，炳辉同志一概婉言谢绝，分文不收，使友好人士十分感动。

在做统战工作时，炳辉同志和蔼可亲，诙谐幽默。当面对国民党的恶意挑衅时，他则态度严峻，大义凛然。有一次在一个集会上，炳辉同志遇到一个国民党军长，那个军长说：“罗将军，在长征路上我带的队伍跟你打过一仗，你打胜了，我打败了。但我不服气，到现在也不服。我建议我们各自带自己原来的部队，找个地方再打一仗，看看谁胜谁败。”炳辉同志微微一笑，豪迈地说：“败了就败了，有什么不服气的。再打一仗也可以。不过我可以断言，不管怎样打，你最终仍然是我的手下败将！”一番话说得那个国民党军长狼狈不堪。炳辉同志又说：“现在是国共合作，团结抗战。我们还是一致对外，打日本侵略者吧。”

在武汉期间，炳辉同志抓紧一切空闲时间，大量阅读政治理论书籍和军事书籍。遇到疑难问题，他就到隔壁去向董必武同志请教。董必武同志也喜欢与炳辉同志一起研讨问题。武汉是有名的“火炉”，夏天十分闷热，炳辉同志夜晚坐在房间地板上刻苦攻读，身下汪着一片汗水。他知道，对于一个领兵打仗、冲锋陷阵的将领，这样的学习机会是非常难得的。他经常对我说：“党中央、毛主席会让我去带兵打仗的！现在有条件学习就多学一点。”他在一个题词中写道：“学习再学习，每日均要抽出时间来看书，如果不继续发愤努力，马上就会成为落后者。”

几十年后回首往事，许多场景仍历历在目。炳辉同志这一生，真正做到了“威武不能屈，贫贱不能移，富贵不能淫”。用这三句话来概括他的高贵品德，他当之无愧。

二

1938 年 9 月底，炳辉同志离开武汉，去延安出席扩大的六届六中全会。日军猖狂沿长江向西进犯。武汉于 10 月 25 日沦陷。在武汉沦陷前，炳辉同志发电报给我，说中央决定派他到新四军工作了，要我回延安去跟他会合。我坐武汉失守前最后一列火车北上，历尽艰险，到达西安。我和《大公报》的两名记者（都是共产党员）乘卡车前往延安。走到洛川，被国民党军拦阻，又回到西安，住在八路军驻西安办事处。不久，炳辉同志到西安。我们一道南下，经河南、湖北、湖南、江西四省，在江西景德镇换上新四军服装，12 月底到达安徽省泾县云岭新四军军部。同行的有姬鹏飞和王雨田等同志。1939 年元旦后，炳辉同志去苏南茅山地区与新四军第一支队司令员陈毅同志会合，并担任第一支队副司令员。我则留在云岭军部，任水东区委组织部长，做地方工作，不久调到驻在中村的新四军教导总队，任八队指导员。

1939 年 2 月，周恩来同志到云岭视察工作，在军部礼堂做报告，他一下子就在人群中看到了我，说："嘿呀，张明秀同志，你怎么到这里来啦？"我笑着说："是组织上派我来的，不是我私自跑来的哦。"周恩来同志非常高兴，把我介绍给叶挺同志和项英同志，说："这是我的老同事张明秀同志，是长征过来的。"我连忙说："啥子'同事'哟，我和你是被领导与领导、下级与上级的关系。"周恩来同志也笑了，说："在一个机关工作，在一个锅里吃饭，还不是标准的同事吗！"周恩来同志这次来制定了新四军的战略方针："向北发展，向东作战，巩固现有阵地。"

为了贯彻"向北发展"的战略意图，4 月 19 日，炳辉同志奉调返回云岭军部。不久，我们就随叶挺同志渡长江北上庐江东汤池。新四军江北指挥部成立后，7 月 1 日，新四军第五支队成立，炳辉同志任司令员。8 月，炳辉同志率部跨过津浦铁路，向东挺进，揭开了创建淮南抗日根据地的战斗序幕。

淮南抗日根据地是抗日战争中由我党领导、开创的全国十九块抗日民主根据地之一，也是华中敌后最为稳固的根据地。它在鼎盛期面积达两万平方公里，人口达三百三十万人。它横跨津浦铁路东西两侧，北到淮河，南到长江，东到大运河，西到淮南铁路，战略地位一直十分重要。特别是它与南京隔江相望，自古为兵家必争之地。

淮南抗日根据地的创建是异常艰难的。与其他根据地相比，它有两个特殊性。第一，新四军初建时有四个支队，后来又成立了第五支队和彭雪枫同志为司令员的第六支队。在六个支队中，唯有第五支队始终没有得到国民党政府的承认。因此，第五支队不但没有丝毫军械和薪饷的补给，而且被视为“非法”。第五支队从成立之日起，就面临着同时与日、伪、顽三方作战的严峻局面。第二，它与南京只隔一条长江，而南京是日本侵略军华中派遣军司令部所在地，后来又成了汪精卫汉奸政府的“首都”。日本侵略军频繁疯狂“扫荡”淮南抗日根据地，必欲除之而后快。在国民党反共顽固派方面，东有韩德勤，西有李品仙，东西夹击。在根据地内的各个县城，除盱眙县城被反共顽固派占据外，其他县城全被日本侵略者占领。历史给炳辉同志提供的，是一个布满荆棘、险象环生的舞台。

关于淮南抗日根据地的创建、巩固和发展，在宋霖、罗新安主编的《罗炳辉将军在淮南抗日根据地》一书中，已经有了非常详细的记载。我想从我的亲身经历作一点补充。

新四军第五支队初到淮南，兵力只有三千多人。敌强我弱，无论是人数上，还是武器装备上，都差距很大。炳辉同志的思想压力是很大的，他曾对我说过：“搞得不好，我们会站不住脚的。”在党中央和中原局的正确领导下，炳辉同志狠抓战备训练，多次组织练兵运动，每天晚上都要研究新的练兵措施。他以无产阶级军事家的胆魄和智慧，根据淮南地区的实际条件和作战特点，因地制宜，创造出了一整套的练兵方法，如“五大技术”（射击、投弹、拼刺、劈刀、土工作业）、“通过五大障碍”（独木桥、短墙、铁丝网、水沟、壕堑）、大比武、大会操，都收到了显著的效果。炳辉同志不但练兵办法多、点子多、成效大，而且还注重军事理论建设，写了《指挥员熟用手册》、《碉堡作战》、《村落作战》、《民兵战术》等著作，丰富了无产阶级军事理论宝库。他治军极严，对干部要求更严，“二师出干部”在新四军是有名的。他爱兵之深，至今仍有许多佳话在流传。在根据地人民群众的支持下，我们的部队在战争中迅猛发展壮大。第五支队进入津浦路东仅仅五个月，就从三千人发展到五千人。1941 年 1 月皖南事变后，由第四、第五支队和江北游击纵队及地方武装组建的二师有两万五千人。到 1945 年 8 月抗战胜利时，二师兼淮南军区已拥有近五万人的大军，其中正规军三万四千人，地方武装一万四千人，在四年半中翻了一倍。可以说，为了军队的发展壮大，炳辉同志耗尽了心血。

正因为炳辉同志治军严格、带兵有方，部队战斗力才能不断增强。炳辉同志能打仗是出名的，真是攻必克、守必坚、战必胜，所向披靡，打得日、伪、顽焦头烂额，闻风丧胆。比较著名的战例，如三打来安城，半塔保卫战，开辟淮宝打小刀会，路东反“扫荡”，反“点”、“线”作战中的金牛山战斗，还有津浦路西的几次大规模反顽作战等等，都在我军军史上留下了重要的一页。在 1940 年 3 月的半塔保卫战中，韩顽趁炳辉同志带第五支队主力到津浦路西反击桂顽之机，以万余兵力进犯半塔。我军驻半塔集的直属机关只有教导队和两营五连的兵力及民运工作队三十余人。我当时担任工作队的队长，发动群众搞坚壁清野、疏散非战斗人员，我们还动员了一百多人的自愿军，他们自带枪支武器和干粮，住在战壕里，坚持固守了八天八夜。敌人的冲锋号一次又一次地吹响，但就是攻不上来。在敌人的疯狂进攻面前，半塔集巍然屹立。炳辉同志在路西打了胜仗，马不停蹄地回援半塔，一鼓作气把韩顽打到三河以北。陈毅同志对半塔保卫战给予了很高评价，他说：“半塔守备战是固守待援的成功范例。”在1940年9月的路东反“扫荡”中，我们面对的是穷凶极恶的日本侵略军，敌人以万余兵力向皖东合围，分兵七路压向我根据地，还出动了二十四架飞机、十门大炮、三十多条汽艇。当时炳辉同志在淮宝，我在西高庙区担任区委书记，做地方工作。日伪军的多路进攻，使我们与军队失去了联系，与县委也失去了联系，我们就地坚持打游击。炳辉同志率部从淮宝急返路东，运用他创造的梅花战术，猛烈冲杀，昼夜不停地打击敌人，使日本侵略者疲于奔命、损失惨重，不得不草草结束“扫荡”，退出我根据地。反“扫荡”胜利结束后，因为第四支队司令员徐海东同志病重休养，炳辉同志任新四军江北指挥部副指挥兼第四、第五支队司令员。皖南事变后，任新四军第二师副师长，后任师长兼淮南军区司令员。我在师部任协理员和机关党支部书记。我们各有各的工作，他奔走于各个战场，东征西战，非常繁忙。仅1943年一年，二师和淮南军区各部与日、伪、顽的大小战斗就多达两千一百零九次。正因为淮南抗日根据地是华中敌后最稳固的根据地，代军长陈毅同志于1943年1月，率领新四军军部和中共中央华中局机关，从苏北迁到淮南黄花塘二师师部。军部和华中局迁来后，二师师部移驻来安县大刘郢。淮南抗日根据地成了华中敌后抗战的指挥枢纽。

常年紧张的征战和过度的劳累，使炳辉同志积劳成疾，患了胃病、高血压病，健康状况越来越差，尤其是1943年到1945年，曾多次昏迷晕倒。炳辉同志经常是带病到前线指挥，谁劝也没有用。打了胜仗回来，他非常高兴，种菜、挖池养鱼、打鸟。仗打得不好，或者牺牲了战士，他就闷闷不乐。每次战役、战斗结束后，他都要认真总结，仔细揣摩、反复研究其中的成败得失，指导写出十分详尽的《战斗详报》。他是把自己的生命都献给了民族解放战争和革命战争。

1945年8月抗日战争胜利后，炳辉同志指挥收复了大片国土。10月，奉命北上山东，转战鲁南。1946年4月任新四军副军长兼山东军区副司令员,辅佐陈毅同志,指挥华东战局。1945 年下半年到山东军部时,医生们经诊断一致认为炳辉同志必须离职治疗和休养,并且得到了中央批准。军部领导也为他安排了较好的治疗、休养环境和医疗条件。他的病情有所好转,他自己也非常高兴。他对我说:“等到革命胜利了,我要向组织上请求,回云南去工作。”

1946 年 4 月,国民党反动派悍然撕毁停战协定,向苏、鲁、皖各解放区大举进攻。炳辉同志带病上阵,他说:“我与国民党打了十几年的仗,从来没有打过败仗。这次再去把他们打败赶走,再回来休息治病!”结果,他奔走于自卫战争的最前线,打了大胜仗,消灭了枣庄敌军,又在前线指挥所主持召开了高级干部会议,作了新的战斗部署,深夜散会后突然发烧、昏迷。在送回临沂的途中,在兰陵逝世。

噩耗传来,我悲痛欲绝。炳辉同志的去世,使党和人民失去了一个忠诚于共产主义事业的无产阶级政治家和军事家,使我失去了志同道合的战友和伴侣,也使幼小的孩子们失去了他们亲爱的爸爸。我越想越悲痛,痛不欲生。

炳辉同志的老战友陈毅同志,主持了追悼大会和隆重的葬礼。他的遗体入棺安葬在临沂城郊沂河之畔。陈毅同志在他的墓前发表讲话说:“近数年来,由于敌后战争的极端艰苦与困难,致使罗副军长积劳成疾,患高血压病。党曾数次通知他休养,但他却恳切地拒绝了,因为他对中国人民解放事业的高度负责,已超过他对于自己的爱护。”

1947 年 2 月,蒋军占领了临沂,对炳辉同志的遗体进行了惨无人道的凌辱。当晚,一位农民同志冒着生命危险,将他的遗体埋在河边沙泥下。临沂解放后,党组织派人找回遗体,还用原来的棺木重新安葬。1950 年,人民政府为炳辉同志建造了雄伟的花岗石陵墓和遗像亭。现在,山东省临沂烈士陵园已经改为华东烈士陵园,管理得很好。

炳辉同志去世后,我向组织建议把他的大女儿罗镇涛送到苏联去留学。我带着不到三岁的儿子罗新安和才半岁的女儿罗鲁安生活,继续为党工作。我于 1984 年离休。

三

炳辉同志对云南故乡感情很深,对父母亲非常孝敬。他于 1915 年离开彝良到昆明投军,就再也没能回去过。1918 年,母亲被土霸迫害致死,使他更加痛恨万恶的旧社会。1929 年他领导吉安起义,成为红军将领后,国民党多次悬赏要买他的人头,家乡亲人也受到了许多迫害。1935 年红军长征过云南时,他也没能回家看望。直到抗战爆发,第二次国共合作形成,他才得以知道家里亲人的消息。当他知道年迈的父亲生活非常清苦,要自己拾柴、提水、烧饭时,心里十分难过,痛苦地说对不起老人家。当时炳辉同志虽然是高级干部、高级将领,但作为一个共产党员、职业革命家,他没有一点个人的财产。我们都是供给制,没有钱能带给父亲。他的长子罗代勋,也是在艰难困苦中长大。

1939 年 2 月,炳辉同志的父亲在家乡在贫病孤苦中悲惨逝世,家里经济困难,无法料理后事,靠彝良县邮政局局长温国桢先生资助,才得以安葬。父亲去世时,炳辉同志在苏南敌后,我在云岭军部,我们都不知道。直到我们挺进到江北津浦路东,时已 10 月,才辗转接到温国桢先生的来信。炳辉同志十分悲痛,痛哭不已,泪流满面。他找同志代笔写了《祭先父文》,文中写道:“不孝自十七岁恚然背亲离家,远走从戎,迄今二十有三年未尝回籍定省。中虽率师道出滇池、经梓里,顾以戎机急迫,即欲一面惨别十九年之老父亦不可得!尔后,转战北上,抗日军兴,不孝以国难当前,民族危机,存亡绝续,在此一举,挽救民族,改进社会,大义凛然,责无旁贷,乃驰驱全国,转战江淮,了平生之宿愿,雪百年之国耻,固知此亦吾父所最属望于不孝者。然而,一念及少小一别即为儿与吾父永诀之时,能不椎心泣血乎!使不孝有父若无父,使吾父有儿为无儿,伶仃孤苦,受尽折磨,生不能养,死不能葬,此皆不孝之罪也!

哀哀父母，生我劬劳，罔极之恩未报，终身之恨无穷。大别昆明，永致思亲之泪。天涯海角，长驰膝下之魂。灵其有知，曷览儿心！”他还请同志代写了挽先父联：“痛吾父幼小困穷厄，尝备炎凉，劬劳七十又六龄，到老来只剩一身孤苦，易箦呼儿难瞑目。感不孝早岁事戎机，历尽艰危，转战二万五千里，看今日挥戈大江南北，誓歼倭寇奠先灵。”

炳辉同志把对父亲的思念，化作了对旧社会的刻骨仇恨。同时，把对父母的赤子孝心，毫无保留地献给了中国人民。另一方面，他热爱人民，人民群众也热爱他，称他是“罗青天”；他热爱士兵，广大战士也热爱他，崇敬他，官兵关系如同骨肉亲情。

他曾对我说，父母受苦受难一辈子，他没能照顾他们，感到于心不忍，等到革命成功后，要回去为父母修坟、立碑，留给后人作教育，不能忘记黑暗的旧社会给劳动人民造成的灾难和痛苦。他的这个心愿，解放后云南省民政厅代他完成了。

他还对我说，革命成功后，他要回云南工作，要在党的领导下把云南建设成为繁荣富足的社会主义的新云南，让云南人民全都过上好日子。

炳辉同志离开我们已经五十八年了。他的遗愿已经或正在变为现实。他的丰功伟绩被世人广为传颂。曾经在 1946 年至 1960 年的十四年中被改名为“炳辉县”的安徽省天长市，在市博物馆里设立了“罗炳辉将军生平”永久陈列。在安徽省会合肥市，1987 年建造了炳辉同志纪念铜像。在山东省临沂市，炳辉同志的陵墓和“瞻容思功亭”得到了很好的保护。在北京、江西、江苏、安徽、山东、湖北、福建、贵州、四川、云南等省的革命纪念馆，都陈列了相关图片和实物，颂扬他的历史功绩。云南故乡人民的深情厚谊更是感人至深，当此炳辉同志一百周年诞辰之际，在昭通建造了炳辉同志铜像，在彝良已建立多年的罗炳辉同志纪念馆也得到了进一步的充实和完善，还编撰并出版了《罗炳辉画册》和《罗炳辉传》。作为亲属，我深深地感谢云南各级党政领导和云南人民。

愿炳辉同志含笑安息。

忆我的爸爸罗炳辉将军

◆罗镇涛

6月21日。这阴暗惨淡的一天,我失去了最亲爱的爸爸。这是我一生中最大的损失与悲痛,也是全中国人民的损失与悲痛。虽然爸爸是死得太早了,但为人民而牺牲,始终是光荣的。

我与爸爸相处的时间太短促了,这是我最大的遗憾,这次我回到他跟前相处三个月,他就踏上了为人民服务的征途。那时候,我天天盼望着爸爸从前方回来,但不幸,可恨的病魔夺去了爸爸的生命,当我从山大赶到警备司令部的时候,爸爸已经入殓,我抓住棺材痛哭起来,陈毅伯伯对我说:"你爸爸是个硬汉,从没有在反动派面前低过头,你应该学他。"这些话提醒了我,给了我不少的勇气。

23日是送葬。当爸爸的灵柩,随着哀乐慢慢下去的时候,我真不知道怎样来表白我的悲愤、伤心,但是在伤心之余,我并没有忘了爸爸死的起因:假使没有反动派的猖狂,人民都过着他们应有的生活,那么爸爸是不会死的,他会活着为人民做更多的事情。当爸爸最后一次上前方去的时候,曾对陈毅伯伯说过:他的身体是不行了,不过,为着广大的人民,他终于抱着应该休养的病体去完成人民给他的使命!

爸爸虽然死了,但人民一定要胜利,爸爸的事业一定要胜利!反动派为何还不死呢!?因为他们的罪恶太深,中国的土地是中国人民的,他们要是死了,是不配埋在人民的土地上的,他们应该等着人民来处决!

爸爸，你的灵魂之火，是不会熄灭的，它永远指示着人民前进，您放心吧，我决不会辜负你的苦苦教养，我知道该怎样去做罗炳辉的女儿，我一定要为人民服务到底，哪怕是最微小的一点力量，也要为人民贡献出我最后的一口气，流尽最后的一滴血，像我亲爱的爸爸罗炳辉将军一样！

（原载 1946 年 9 月 13 日《大众日报》）

永远的追寻

◆罗新安

爸爸离开的时候，我两周岁半。人类三周岁前的遗忘规律也同样适用于我。尽管有几张合影的照片证明我曾经受到过爸爸的百般呵护，但是，我一直没有放弃过对父亲的追寻。这种追寻，往往换来的是痛苦的结果，但是，我始终没有放弃过这种追寻，已经持续了六十多年……

爸爸没能给我们留下什么物质的遗产。但是，却给我们留下了丰富的精神遗产。

有一次，妈妈进屋，警卫员马上给她倒了一盆洗脸水，然后准备退出。没想到爸爸立刻就叫住了警卫员严肃地问道，组织上派你来干什么的？警卫员答，照顾首长。爸爸说，那你为什么给她倒洗脸水！警卫员只得承认错误，并保证下不为例。

我妈妈是位老红军，是司令部的协理员（团级），也算是警卫员的领导。所以，给她倒一盆洗脸水也在情理之中。但是，爸爸却要警卫员承认错误。

至今为止，我始终对爸爸的这个行为持保留态度。但是，爸爸严于律己的精神却是我一生学习、努力的方向，也是爸爸留给我的最珍贵的遗产之一。

在爸爸严于律己精神的感召下，我始终保持着共产党员的先进性。

在爸爸严于律己精神的影响下，我能够在独立研究教育心理的过程中，给自己制定了近乎苛刻的标准、目标。经过三十年默默地不懈努力，不仅大儿子成为了一位大脑专家，而且成就了小儿子，我也成为了一位无冕的教育心理专家。

回首六十年，我从心里感激爸爸的遗产。

我于1943年12月25日出生在新四军第二师师部，当时师部早已从盱眙县黄花塘搬到了安徽省来安县半塔集以北约二十华里的大刘郢村。村旁是滚滚的刘郢河，隔河与葱茏连绵的大小余山遥遥相望，向南不远是长郢、邵集，向东不远就进入天长县境了，向北则与江苏省盱眙县相接，是一个两省三县交界的边缘地区。

我出生时，爸爸正在津浦路西地区指挥作战，我军在定远县占鸡岗反击桂顽进犯的战斗刚刚结束。爸爸接到后方电报后没几天，就强越被日军控制的津浦铁路，返回路东。这一年爸爸已经四十六岁了。我的名字是爸爸取的。他从“新四军”和“安徽”中各取首字，是期望我永远不要忘记新四军与安徽人民并肩鏖战的历史，是期望我永远牢记在血与火交迸的严酷的战争岁月里，新四军与安徽人民结下的深情厚谊。

对淮南抗日根据地的生活，我是没有很多记忆的。但是，我毕竟在这片热土地上度过了人生历程的最初两年，并在这里学步。我热爱这片土地，更热爱生活在这片土地上的人民。爸爸逝世后，我和在山东出生的妹妹鲁安，随妈妈在部队中生活。行军的时候，战士们就把我们兄妹放在马背上的筐子里。因此，在我童年的记忆中最清晰的场景是：长长的部队行军的行列和远处一望无际的群山。

从我记事的时候起，就常常听妈妈和老同志说起爸爸，说起他的身世和生平经历，说起他的战斗往事和生活轶事。我成年后，系统研读了有关的军史资料，于是，零星的片段印象就逐渐在我的脑海里连接成了一个整体。近几十年来，随着对爸爸的研究的深入和大量资料的发掘、收集和整理，我对爸爸的了解也日益丰富和深化。

在这篇文章里，我仅仅写一写我自己的亲身感受。

1978年以来，我曾多次返回淮南革命老区，探访遗迹，拜望乡亲，所见所闻，受到的教益甚多，常常使我浮想联翩，夜不能寐。淮南老区的广大干部群众对我十分亲热，使我感受到亲人的温暖。

我最突出的感受是，我们的人民是最好的人民，他们勤劳、刻苦、善良、纯朴、勇敢、坚韧。尽管他们在过去的战争中也做出了贡献，经受了苦难，付出了极大的牺牲，但是，他们从不居功，质朴得就像他们脚下沉默的泥土。他们深情地怀念逝去的战斗岁月，并且牢牢记着所有曾经为他们做过好事的人。

1978年10月，我去定远县藕塘镇。这里是1939年夏爸爸率新四军第五支队进军津浦路东的出发地。淮南抗日根据地创建后，这里是津浦路西根据地的中心区，当年人称“小莫斯科”，而且定远县抗日民主政府又是淮南抗日根据地第一个成立的县级抗日民主政权。从军史资料中得知，当年日本侵略军的疯狂扫荡和国民党反共顽固派桂系立品仙部进犯我路西根据地，大多都把矛头直指藕塘。我在藕塘街上漫步，见迎面走来一位刚从农村上街的老农，我就迎上去跟他攀谈，问他：“您知道罗司令吗？”老农马上就回答说：“知道，太知道啦，罗司令大名罗炳辉，是个好人哪！抗战八年那阵子，广西‘猴子’打过来，打到山黄家，听说有两间老百姓的房子是罗司令住过的，就放火给烧毁了，还糟践老百姓。罗司令不依了，带新四军打跑了广西军，挨家挨户慰问老百姓，还赔偿房东的损失，一下子盖了两间新屋。后来，广西‘猴子’一三八师不甘心失败，又来烧了许多房屋。罗司令这个人看不得我们老百姓受苦遭罪，下命令，‘每间屋发给七十块钱，重建家园！’哎呀，农村建房哪里要得了这么多钱？家什农具都能置齐了，罗司令是个大好人啊！”我问他：“您见过罗司令吗？”他说：“见过！他一来就开群众大会，宣传打鬼子、救中国。那年腊月二十三，年关将近，大雪封门，罗司令从我们那一片过兵，开大会说‘老乡们吃苦了，新四军是您们的子弟兵，子弟嘛，理当给父老乡亲拜年，不论大人小孩，一个人头一斤肉，我问过啦，市面上一斤猪肉八块钱，图个整数吉利，每人发十块钱！’同志，那种兵荒马乱的年月，老百姓日子苦啊，十块钱可不是小数目呢！过年时家家都吃上了肉，人人感谢新四军，个个都说罗司令好！”这位老农的话语，使我深受感动，因为我凭吊过藕塘革命烈士陵园，我知道藕塘人民为了抗日战争的胜利付出了巨大的牺牲！许多人英勇地献出了自己宝贵的生命，他们是真正的英雄！可是几十年过去了，他们却记着一个个共产党员、革命军人应该做的一点点好事！

第二天，我到了来安县大刘郢，乡亲们热情地接待了我，问长问短，向我说爸爸的事，还说我小时候的事，我就像到了家一样。刘仁善老人说：“罗师长在这里住了几年，要带兵打仗，还要自己动手开荒种地，还经常帮助我们老百姓挑肥料。罗师长臂力惊人，再重的担子到了他的肩上就轻飘飘地像稻草一样呢。罗师长爱说的一句话是：‘你们的困难就是我们的困难！’那年月，日本鬼子和国民党封锁我们，根据地内医药奇缺，老百姓生了病都可以到师部医院去看病。许多人都用过你爸爸送的云南白药。每逢年关过节，罗师长总要请军属和地方干部到师部去会餐，虽说当年生活艰苦，没有几个菜，可是，暖人心啊！”

乡亲们说起爸爸的往事来，都充满深情，绘声绘色，如数家珍。在摇摇曳曳的煤油灯下，我们一直谈到深夜。有的说爸爸虽然胖大，但却行动敏捷，爬山特别快，一般人都跟不上。有的说爸爸总是骑一匹米汤色的骡子，在根据地内每到一地就被乡亲们围上了，根据地儿童特别喜欢爸爸。有的说爸爸爱跟乡亲们唠家常，其实也是工作，爸爸可以从中详细了解当地各种情况。有的说爸爸是神枪手，许多人曾亲眼看到过爸爸用三八枪打麻雀，麻雀的身体都被打飞了，只从天上飘下来两只翅膀。还有一次在反扫荡作战中，爸爸一枪打三个半鬼子兵。说爸爸爱民事迹和爱兵故事的人更多，说他是“神枪手”、“福将”……总之，爸爸至今活在根据地人民群众的心里。在冬天温暖的农舍中，在夏季乘凉的稻草上，群众总爱聚在一起说爸爸的传奇故事。

爸爸刚刚到津浦路东地区时，消极抗日、畏日寇如虎的国民党反共顽固派倒行逆施，助纣为虐，造谣污蔑共产党是要“灭绝人伦，共产共妻”，新四军第五支队是“非法部队，来抢地盘”，爸爸是“红眼睛、绿眉毛的天煞星下凡，一天要吃两个小孩”。随着根据地的开辟与创立，这些谣言不攻自破，而且充分暴露了造谣者的无耻嘴脸。爸爸在战争中与根据地人民结下了鱼水深情，并且以爱民和喜欢儿童出了名。我1978年去天长，县委书记保晴同志和县民政局缪、孟两位局长陪我座谈。他们告诉我，1941年夏天，新四军第二师准备攻打日军盘踞的金沟镇，爸爸到前线实地视察后认为时机还不成熟，暂时不打。回来时经过铜城，当地群众听说爸爸来了，都亲热地围上来，几十个儿童更是欢呼雀跃，缠着要看爸爸打鸟，爸爸笑着说：“你们找，找到了我打。”也怪，那一天附近连一只鸟也没有，一直走了七八里地，年龄小的孩子走不动了，爸爸就怀里抱两个，肩上扛一个，继续走。终于在一个村庄后面的树林里发现了一只灰喜鹊，孩子们把灰喜鹊轰起，爸爸举枪，一枪中的，正打在头部。这种场面是经常出现的，我在许多地方遇到亲见此类场面的当年的目击者。

爸爸治军之严，练兵之严，几乎每一位老同志都能说出一大串故事来。爸爸治军严格主要是对干部要求严，他很少批评战士。在练兵方面，刀劈铜板的故事已经流传得很广泛了，这也是当时战争环境下的产物，因为日本侵略军装备比我们精良，枪上装有刺刀。爸爸就命令给每个战士配备一把大刀，做刀的材料有的是取自破坏敌伪铁路交通线时扒回来的钢轨，钢轨很硬，打出刀来刀口锋利，寒光闪闪。据曾任中国军事科学院副院长的谭知耕同志（1941年金牛山大战前任四旅十二团参谋长）说，除了每人有一把大砍刀外，每个班还配备了一把关云长式的大刀，连刀带把子长度近两米，以备在特殊情况下使用。十二团的四连，战士身材高大，每人一枪一刀，刀把子上扎着红红绿绿的须子，整齐划一，军威十分雄壮。在许多次战斗中，第二师的大刀都杀出了威风，使日伪顽胆战心寒。爸爸在练兵中提出的“三大障碍”、“五大技术”都是根据淮南抗日根据地的敌我力量对比和有山地、有丘陵、有平原、也有河网地带的特殊地理环境而设计出来的。他练兵讲究实用，所以训练出来的部队能打硬仗。

1972年，美国总统尼克松访华，周恩来总理陪同尼克松到杭州参观。周总理在杭州期间，接见了浙江省党政军负责同志，曾任红九军团某团连指导员、团长的刘昂同志也在座。周总理问刘昂同志长征时是哪个部队的，刘昂同志回答了，周总理说：“哦，是罗炳辉同志领导的那个军团呀，罗炳辉同志可是个打游击战的专家啊！”周总理还讲述了爸爸在长征中的贡献和功绩。1989年11月，中央军委批准给毛主席、朱老总、周总理等三十三人冠以军事家的称号，爸爸为其中之一。

爸爸征战一生，转战了大半个中国，他在军事上的建树多半是“写”在战场上的。在淮南抗日根据地期间，爸爸在军事上已经相当成熟了，他写的一些军事论著，还有他口授整理或主持撰写、亲笔改定的第五支队和第二师的《战斗详报》，都是他在军事理论和军事实践方面的总结。我读《战斗详报》时，仿佛可以听到激烈的枪声，可以闻到战场上呛鼻的硝烟气息。爸爸在这些《战斗详报》中客观冷静，心细如发，从战前敌我态势分析、侦探、决断，到战争部署、兵力配置、火力配置、设营、行军、战斗展开、敌情变化、我方应变、战术应用、通讯联络、给养、装备、敌方优缺点、我方优缺点、存在问题、改进意见等等，无所不包，细密精确。用爸爸的话来说，就是“要针有线，细针密线，不能有针无线或粗针阔线”。真是打一仗有一仗的改进，打一仗有一仗的收获。爸爸的指挥艺术和为将之道，有的是源自中国古代兵书，有的则是靠在摸索总结，从实践中学习的。

因为爸爸能够娴熟地应用游击战术，所以日伪军都“谈罗色变”，十分害怕，轻易不敢跟爸爸交手。有一次，爸爸只带了少量部队到一个新区开展工作，正在召开群众大会时，敌人悄悄地摸上来了，敌人听说爸爸在这里开群众会，生怕中计，不敢贸然进攻。正在敌人举棋不定的时候，爸爸应群众的要求打鸟，恰好有一只老鹰从天空盘旋飞过，爸爸一枪击落。敌人以为是什么信号，怕被围歼，仓皇退走。

冷静客观地研究敌人，严肃认真地研究自己，是爸爸戎马一生中每日都在研讨的功课，他把自己的一切全部贡献给了革命战争。他的行李很简单，但其中就有两只铁皮箱子专用来装兵书和部队军事总结、《战斗详报》。一到驻地，他就拿出来反复研读。每一次对战斗员讲战术或向抗大八分校学员、淮南党校学员讲军事课的时候，都能结合讲课内容把具体战例信手拈来，详加剖析，深入浅出，真切生动，使听课的同志深受启迪。抗大八分校第一期学员毕业时，爸爸带着他们在根据地边缘地区走了一个多月，有时连敌人都看得清清楚楚，爸爸实地讲战术，讲如何利用地形地物，如何用兵，以及对敌作战的各项要领。

学兵连是爸爸的一个创造。第二师学兵连共有一百多人，都是从野战部队挑出来的。只有政治立场坚定、作战勇猛顽强、战斗技术好、大脑反应快的战斗骨干，才有资格入选。学兵连时刻都在爸爸身边，行军打仗都带着，它既是战术技术示范队，又是基层骨干训练队，还是爸爸研究作战技术、技巧的试验田。曾任学兵连副连长的华东一级人民英雄魏尚友同志说："学兵连是全师的军事标杆。比如在部队中开展练劈刀，罗师长就首先抓学兵连，整个套路四十多个动作，要劈得快，劈得准，劈得有力，劈得呼呼带风，最后才练劈铜板，必须是一刀准，就那么一点点大嘛，偏一点就劈飞啦！然后，罗师长才在全师军事训练中把学兵连带出去搞比武，搞竞赛，搞技术表演，搞'四两拨千斤'的战术比赛，在全师掀起练兵热潮。"还有老同志告诉我："学兵连是你爸爸主持新四军第二师军事工作的特产。学兵连可以说是一所军事学校，是你爸爸根据自己的切身经验创造出的将实战与理论密切结合、在实际战争中培养干部的学校。训练工作都是你爸爸亲手抓的。实际效果十分显著，学兵连的战士可以胜任部队的班长，班长可以胜任排长，排长可以胜任连长，军政素质非常好。你爸爸对学兵连又严又爱，有一次，军情紧急，有人建议派学兵连上去打，你爸爸说：‘不行，牺牲了一个战士就是一个班，牺牲了一个班就是一个排啊！’学兵连战斗力很强，战斗作风凌厉泼辣，一般战斗三下五除二就干净利落地解决掉了。战士们都以能进学兵连而自豪。第四师师长彭雪枫曾向你爸爸提出要给他学兵连一个排。罗师长的学兵连，全军有名！”

爸爸对淮南抗日根据地的人民敬如父母，睦如兄妹，总是想尽一切办法为老百姓解决困难。群众也把爸爸当作自己人，有什么事都爱向他说。有一次，爸爸带领部队行军，经过一座用渔民的船只搭成的浮桥，爸爸停下来问渔民："军队使用你们的船搭桥，你们不能打鱼了，给了什么代价？"渔民对爸爸说："答应给米，还没发，而且太少了。"爸爸急忙赶到桥头兵站查询，兵站同志说原来规定要给米的，可是地方政府因未接到上级规定，不肯发粮了，兵站已经打报告了，上级尚未答复。爸爸生气地说："人家在饿肚子，你们却在等公文。为什么不一面发米一面派人到上面去报告？让群众饿肚子埋怨我党我军，你们就过意得去？我们做事是对人民负责呢，还是对公文负责？！"爸爸命令立即发米，安排好群众生活。

根据地内个别干部作风不好，假公济私、欺压群众的事时有发生，只要爸爸知道了，必定亲自出面请地方政府严肃查处，并对他们说："我们是共产党领导的民主政权，如果不全心全意为劳苦大众谋幸福，不为老百姓主持公道，就和旧政权没有了差别。人民就不拥护我们，我们就没有立足之地！欺压群众就是败坏共产党的名声，就是帮助了敌人！绝对不能允许！"爸爸对部队执行群众纪律工作抓得特别紧，他不能容忍有任何损害群众利益的事情存在。淮南抗日根据地人民称爸爸是"罗青天"。新四军军纪严明，秋毫无犯，深得人民群众的拥戴和支持。

对爸爸的一生，党中央作出了很高的历史评价。我想，活在人民心中，才是真正的不朽。

怀念敬爱的爷爷

◆罗惠安

爷爷虽然离开我们半个多世纪了，但回想起来，他那慈祥的面容、魁梧的身影，依然留在人们的记忆中，我们全家人更是无比怀念他。

爷爷出生在清朝末期国家遭受列强欺凌掠夺的时代，加上彝良家乡土地贫瘠，我们家和所有的劳苦大众一样，深受封建地主阶级的剥削压迫。自幼养成的倔强性格使爷爷从未屈服在封建势力压迫之下。相反，由于艰苦环境的磨炼，爷爷的爱憎越发鲜明起来。

早在爷爷七八岁时，家乡有逢年过节或遇红白喜事，孩子们向长辈作揖磕头就可以得到赏钱买东西吃、买衣服穿的风俗。每逢此时，不少孩子便得到了很多赏钱，但爷爷宁可忍冻挨饿，也决不低三下四地给人磕头。亲戚们虽然心里很不愉快，仍故意许给爷爷更多赏钱，希望爷爷能够破例。结果，自恃有钱的亲戚反而自讨没趣。爷爷从小养成的不贪小利而保大节的性格，与他后来成长为无产阶级革命家、军事家有着极大的关系。

爷爷幼年时，我们家靠租地主的土地耕种为生，一年辛辛苦苦下来，除去上交地主的租谷，家中存粮无几，连喝稀粥、吃野菜的生活也难以维持。即使这样，当地豪绅王海云家还节外生枝，对我家进行不断的盘剥敲诈。十二岁的爷爷忍无可忍，跑到县城告了恶霸一状。虽然地主有钱运作，结果还是以平头官司了结，但这次斗争给了爷爷很大的启示。从此他懂得了哪里有压迫哪里就有反抗、有斗争的道理。推翻人吃人的旧制度、建立平等幸福的新社会的良好愿望在爷爷的心灵深处开始萌芽。

爷爷十四岁时即离开家乡，约上比他年长五岁的好朋友刘顺祥到昆明报考陆军。他已经懂得只有用手中掌握的枪杆子改造人吃人的旧社会，才能打倒剥削欺压劳苦百姓的地主恶霸。但爷爷外出后，曾祖父、曾祖母牵肠挂肚。爷爷出走的第五天，终于被亲友从半路上把他追回家中。爷爷第一次从军未能如愿。

爷爷十七岁时，又偷偷离家从军。这次在一位姓尤的好心人的帮助下，爷爷用十七天时间走了一千多里路，终于从彝良经昭通步行到了昆明。他托人介绍在滇军部队当伙夫，后来又去养军马。由于得到警卫炮兵大队长刘安华的关心和支持，最后终于实现了正式从军的愿望。之后，他投入了讨袁护国和北伐战争。

1929 年 7 月爷爷秘密加入中国共产党，同年 10 月 15 日率部起义加入中国工农红军后，一直在党中央领导下，紧跟毛主席。他历尽千辛万苦，从五次反“围剿”到长征，乃至八年艰苦的抗日战争，都留下了他光辉的足迹。直到 1946 年 6 月 21 日在山东前线病逝，他从未离开过战场。

爷爷爱兵如子，关心别人胜过关心自己，在全军都是有口皆碑的。

1935 年 6 月，红一、红四方面军在四川懋功会师后，爷爷率领的红九军团改称为红三十二军，随朱德、张国焘率领的左路军北上。由于受张国焘分裂路线的危害，红三十二军三次爬雪山，两次过草地。在第二次翻越终年积雪、寸草不生、禽兽绝迹、海拔 5100 多米的夹金山时，爷爷在红军小战士王定国体力不支、快要倒下去时，赶紧接过王定国的枪扛在自己肩上。爷爷拉着他骑的战马，让王定国拽住马尾，由警卫员从后面推着王定国爬上雪山顶。在一片白茫茫的雪山之中，爷爷拄着棍子一直步行。那匹作为爷爷坐骑的战马，不知救活了多少像王定国那样的红军战士。

爷爷身材高大魁梧，饮食量也大。红军过草地前，他准备了六十多斤炒面。但进入草地后，他看见哪个班、排缺粮，就叫通讯员把自己的干粮送去。爷爷和大家一样，每餐只吃二三两炒面，他付出的体力却比普通战士大得多。即使是处在这样的条件下，爷爷仍动员所率的部队指战员从每人仅有的四斤炒面中匀出两斤给已经断粮几天的红二方面军的同志，他带头把身上的两袋炒面，放在铺好的油布上。红二方面军拿到爷爷他们忍饥挨饿匀出的粮食，激动得热泪盈眶。贺龙将军看到面色蜡黄、略带浮肿的爷爷，满含热泪地拉着爷爷的手说："老罗，你们在树皮野菜都挖不到的险恶条件下，不仅保存了部队的有生力量，还动员战士节粮支援我们，真是不容易啊！"

爷爷严于律己，宽以待人，关心同志。他模范地遵守纪律，从不搞特殊化；他始终坚持做到官兵一致，生活上和战士们一样，深得战士们的爱戴和拥护。

1933 年著名的反"围剿"水口战役中，爷爷指挥红军打了一个大胜仗，人民群众欢欣鼓舞，杀猪宰羊来慰劳部队。在慰问品中有两斤猪肝，炊事班拿到后不好分，就把它炒给爷爷做菜。爷爷见到桌上的猪肝很生气，他严肃地批评了炊事班的同志，坚持把猪肝送给受伤的同志吃。以后，爷爷又作出专门规定，不准给他任何特殊照顾。

在艰苦的八年抗日战争中，爷爷虽为新四军的高级将领，即使是冰雪盖地的数九寒冬，他仍是脚穿草鞋，套双布袜。他穿的衣服总是补丁摞补丁。爷爷有他生活的信条和准则，他严格要求自己，还总结出"热不张戴，冬不着棉"的八字信条（即：在赤日炎炎的盛夏，只要战士还没戴上草帽，干部不能先戴；在寒风刺骨的严冬，如果战士还没有穿上棉衣，干部不能先穿）。爷爷身体力行，新四军官兵一心，只要打仗就一定每战必胜。

爷爷时刻把人民群众的冷暖放在心上，即使在很细小的事情上，也要充分考虑到人民群众的利益。

抗日战争进入相持阶段以后，由于敌寇封锁，部队给养非常困难，群众生活也很艰苦。一次行军途中，爷爷发现一个炊事班的同志摘村旁的榆树叶做菜。他马上把这个连队的领导找来严厉批评，并要连队干部带上榆树叶去找树主赔礼道歉才算完事。在作战间隙，爷爷亲自到群众中调查，对违反群众纪律的即使小如芝麻的事，也从不放过。正是靠了对人民的一片赤诚，爷爷和新四军走到哪里，都受到人民群众的热情欢迎。

爷爷是人民军队的高级指挥员，毛主席号召自己动手，实行生产自救，爷爷马上把他屋后的空地开垦出来种蔬菜。他种的西红柿有碗口般大，不仅用来招待他的战友和部属，还用来招待外宾，外宾吃了也赞不绝口。

爷爷所在的新四军二师师部在安徽省天长县生产的“飞马”牌香烟，对外售出盈利很多，贴补了部队的经费。全国解放后，“飞马”牌香烟成为大众喜爱的名牌产品。

1939 年 2 月，曾祖父在家乡病故，爷爷听到这个噩耗几乎晕厥。但早已把一切献给中国人民革命事业的爷爷，除公家补助的五十元外，再无任何余钱寄回家乡安葬他在梦中都时常思念的曾祖父，甚至连给曾祖父垒一座普通石坟，也成了爷爷难以了确的心愿。然而，当爷爷得知与他并肩作战的战友周骏鸣到延安党校学习时，却毫不犹豫地把自己的银筷、银勺送给周骏鸣作路费。据周骏鸣司令员回忆，他进入国民党统治区陷入困境时，全靠爷爷送的这些东西才顺利渡过难关，安全返回部队。

不居功自傲，顾全大局、憨厚、耿直，始终维护领导集体的团结，这是爷爷党性原则的体现，也是爷爷的为人准则。

爷爷有一手好枪法。1935 年，红军渡过金沙江进入彝族聚居区时，由于受到反动宣传，彝民开始时对红军有很大的误会，甚至聚集起来，持枪围攻红军。面对不明真相、持枪阻止红军前进的彝族同胞，爷爷不顾安危，挺身上前做工作。他还应彝族首领相邀与之比试枪法。爷爷一枪将三百米外一块碗口大的靶子打穿，并将枪送给彝族首领。彝族同胞消除了对红军的误会后，热情招待红军，与红军彻夜联欢，并主动给红军带路。红九军团不费一枪一弹，顺利通过了小凉山彝族聚居区。不少彝族小伙子还报名参加了红军。

爷爷曾率部在贵州湄潭布防，成功地保卫了遵义会议的召开；爷爷也曾率领红九军团掩护主力和中央机关渡江北上。在艰苦的长征路上，红九军团补充兵员两千余人，还上交中央几十匹骡马，几千块银元，这些物品给红军解决了许多的困难，但爷爷从不居功自傲。

1937 年“七七”卢沟桥事变，日寇大举入侵中国后，爷爷急切地奔赴江南抗日前线。其间，他还在武汉八路军办事处做了滇军高级将领的统战工作，与张冲、卢汉、潘朔端等滇军爱国反蒋人士建立了深厚的友谊。

张国焘妄图另立中央，大搞分裂主义，挟持红九军团南下时，爷爷他们历经千辛万苦。即使如此，爷爷仍忍辱负重，秘密组织收容队，挽救了一大批因受伤或掉队的红军战士的生命。直到红九军团在甲洼和贺龙率领的红二方面军会师后，经朱德、贺龙、任弼时的坚决斗争，张国焘的阴谋才未能得逞。已改称为红三十二军的红九军团划归红二方面军建制。红军三大主力会师后，经过短暂休整，在毛主席亲自指挥下，爷爷又率部参加了著名的山城堡战斗，沉重地打击了蒋介石、胡宗南匪帮的嚣张气焰。

爷爷和他的战友们顾全大局，团结一心，在远离中央，面临随时都可能会遭遇全军覆没的危险时刻，战胜了一个又一个不可想象的困难，夺取了一个接一个的胜利。

爷爷逝世已经几十年了。几十年来，我们国家在中国共产党的英明领导下，发生了翻天覆地的变化。昔日的“东亚病夫”已成为举世瞩目的东方巨人。在爷爷诞辰百年之际，他的铜像在家乡昭通落成，家乡人民举行各种纪念活动，缅怀爷爷的功绩，抒发对爷爷的怀念之情。中共中央总书记、中央军委主席江泽民为纪念爷爷一百周年诞辰题词“人民功臣罗炳辉将军”，这是对我们的巨大鞭策和鼓舞。

作为爷爷的后代，我们缅怀他老人家，就是要像爷爷那样，时刻和党中央保持一致，坚决执行、贯彻落实党的各项方针政策，搞好新时期精神文明、物质文明建设，把解决实际问题与提高人的思想道德素质结合起来，做到求实创新，标本兼治，努力开创两个文明建设的新局面。

我们要像爷爷那样，保持和发扬艰苦奋斗、勤俭建国的优良传统和作风，反对奢侈浪费，提倡厉行节约，用苦干实干的精神使昭通经济腾飞，加大扶贫攻坚力度，帮助处于贫困线的群众早日脱贫致富奔小康。

我们要像爷爷那样，要把党和人民的利益看得高于一切，自觉地抵制拜金主义、享乐主义、个人主义思想的侵蚀，自觉地维护党和国家的团结和统一，廉洁奉公，全心全意地为人民服务，急人民之所急，想人民之所想，为党和人民的利益而无私奉献。

爷爷虽然未能亲眼看到全中国的解放，看到新中国翻天覆地的变化，看到新中国屹立在世界的东方，看到我国正在进行伟大而艰巨的改革开放和社会主义现代化建设，看到香港和澳门顺利回归祖国。但这一切都是他和无数革命先烈毕生为之追求、为之奋斗、为之牺牲的结果。

爷爷如果知道这一切，一定会含笑九泉。

爷爷的精神鼓舞我勇往前进

◆罗　肖

我生于1983年，我出生的时候，爷爷早已不在人世间了。记得在我小的时候，奶奶、爸爸、妈妈带我参加了一些活动，我发现人们对爷爷十分尊重，这使我对爷爷产生了浓厚的兴趣。在我十二三岁的时候，爸爸给我讲了一些爷爷的事情，并给了我几本关于爷爷的书。我开始对爷爷有所了解。我对爷爷印象最深的几件事是：

一、自学成才、战术创新。爷爷是自学成才的军事家，他有许多战术创新，如“梅花桩战术”、“麻雀战术”等。

二、自以为非。我在一本书中看到过爷爷的几份战斗总结。在这几份打胜仗的战斗总结中，爷爷居然能够总结出敌军的优点比我军多，敌军的缺点比我军少！

三、坚强的意志。爷爷有坚强的意志，一直奋斗终生。

在我心中，爷爷的这三种品质对我的影响最大。

2000年，受爷爷创新精神的影响，我高二结束的时候就到瑞士旅游管理学院读书。到瑞士后两个月，我就发现，瑞士的旅游管理学院类似于我国的职校，并不是我的理想。我萌发了转学的念头。

2001年，我转入了日内瓦金融大学。进入大学后发现，日内瓦金融大学是一所私立大学，其文凭不被我国承认。我又面临着更大的压力。这时候，爷爷的坚强意志鼓励着我，我在困境中不仅加倍努力学习，而且不断寻找新的出路，制定了长期的艰难的自学、考证书的计划。

由于日内瓦的官方语言是法语，语言学习环境好，学校又开设了法语课。所以，我首先参加了法国教育部颁发的国家文凭 DALF 法语考试。在二年级就通过了四级考试，拿到了法国教育部颁发的国家文凭。

其次，结合所学课程，我通过了初级会计师的考试。

最后，我把目标锁定在金融分析师(CFA)。CFA 共有三级，一年考一次。由于整体通过率仅为 10%，它被称为金融界的第一考。但是，CFA 也被称为金融界的“绿卡”，因为金融界十分愿意录用 CFA 人士。

由于制定了长期计划，所以，大学刚毕业我就通过了 CFA 一级考试。2005 年 12 月，我利用 CFA 考试的间隙又通过了风险分析师考试。

2006 年 12 月，我通过了 CFA 三级考试，成为通过该项考试的最年轻的应试者。

2007 年 2 月，我不仅获得了瑞士的工作签证，而且被欧洲著名的洛希尔银行正式录用。不少人称我是瑞士华侨的骄傲。

回首我的成功道路，可以说是爷爷的精神鼓舞我勇往前进。

爷爷永远活在我心中！

罗炳辉研究

罗炳辉成才之路初探

◆罗新安

罗炳辉的文化程度极低，只读过两年私塾。但是，他成为了一位军事家。相信不少人会对他的成才之路感兴趣。

决定成才的因素有很多，其中，信念，特别是最高信念对成才有决定性的作用。所谓信念是指我们内心看待世界、他人和自己的看法，例如价值观、世界观、自我观念等。假如一个人把吃喝玩乐作为最高信念，这个人不仅不可能成才，而且很可能沦为罪犯。

罗炳辉的最高信念是什么?

在仅有的几句由罗炳辉自己书写的座右铭中，有一句是这样的，“人生最快慰的是，真正勇敢地牺牲个人一切利益，最热诚努力拼命地为民族独立、自由、解放而奋斗，尤其是要为劳动大众的解放和利益，以真理、正义、公道为人类的幸福而斗争”。

笔者认为，这句话可以代表罗炳辉的最高信念。其中，“人生最快慰的是”代表了最高的意思；而“真正勇敢地牺牲个人一切利益，最热诚努力拼命地为民族独立、自由、解放而奋斗，尤其是要为劳动大众的解放和利益，以真理、正义、公道为人类的幸福而斗争”。则是信念的具体内容。

所以，罗炳辉的最高信念是，“真正勇敢地牺牲个人一切利益，最热诚努力拼命地为民族独立、自由、解放而奋斗，尤其要为劳动大众的解放和利益，以真理、正义、公道为人类的幸福而斗争”。

因为这个最高信念，所以造就了罗炳辉的性格：无论何时何地，只要发现违反军事纪律、不认真训练、违反群众纪律和损害群众利益的事和人，他都能够立即严肃地予以指出，甚至发脾气。

因为这个最高信念，所以罗炳辉能够把人民群众作为自己的父母，努力纠正一切危害他们利益的事情，被群众称为“罗青天”。

因为这个最高信念，所以罗炳辉能够努力学习“为劳动大众的解放和利益，真理、正义、公道为人类的幸福而斗争”的本领。他通过实战学习指挥，成为了军事家，创造了“梅花桩战术”、“麻雀”等多种战术；通过极严格的练兵，把一支缺少枪支、弹药和补给的“叫花子”部队培养成为了延伸到日伪心脏——南京的抗日先锋部队；通过认真学习军事技术，成为了神枪手……

因为这个最高信念，所以罗炳辉能够拼命地为劳动大众的解放和利益而奋斗，直到生命的最后一刻。

罗炳辉的最高信念是怎样形成的？

笔者认为，罗炳辉最高信念的形成大致可以分为三个阶段。第一阶段为童年。罗炳辉童年生活艰辛，受尽了地主恶霸等恶势力的欺凌，所以，从那时起，他就产生了“报私仇”的信念。

第二阶段为“报私仇”的过程。罗炳辉在从军以图“报私仇”的过程中发现，天下的劳苦大众都跟自己的经历相似，都有一本“血泪史”。所以，从那时起，他的“报私仇”的信念转化为替劳苦大众报仇的信念。

第三阶段是在中国共产党的教育下，最终形成了罗炳辉的最高信念。

我是罗炳辉的儿子。三十多年来，通过自学成为了一位教育心理学家，而成才心理正是我的研究方向之一。现在，我从一位心理学家的角度来初探一下爸爸的成才之路，作为给他的礼物。

父亲罗炳辉的婚姻和子女

◆罗新安

我很早就养成了晚饭后上床看书的习惯。某天晚上，我正在床上看书，突然接到老友赵金川从北京打来的电话。原来，他听说我父亲还有一个女儿留在延安务农。由于她生活有困难，有人准备援助，先找我核实一下情况。我告诉他："在延安务农的刘凤英不是我父亲的女儿，是我父亲前妻杨厚珍与伤残老红军刘正明的女儿。"金川听后焦急地说："你要把这些情况写出来，否则以后就没有人知道了。"

面对着与我父亲的婚姻有关的事，一种揭开这段"尘封历史"的责任感油然而生。

一

要说清楚这些事，还必须从我父亲一生的经历说起。

我父亲罗炳辉（1897～1946）是云南省彝良县人，汉族。为中国工农红军、八路军和新四军的高级将领，中央军委认定的三十六位军事家之一。电影《从奴隶到将军》就是以他为原型。

我父亲的一生是传奇的一生。他从一位穷苦农民成长为一位无产阶级革命家和军事家。他1929年7月加入中国共产党，10月领导吉安起义，参加工农红军。在中央苏区创建时期，父亲参加过一至五次反围剿战争,荣获二等“红星奖章”。长征时期,父亲担任红九军团军团长,红九军团是唯一隶属过一、四、二三个方面军的军团。父亲参与领导创建的淮南抗日根据地是一块延伸到日伪“首都”南京的根据地,在日伪的“卧榻之地侧”抗日六年。他发明了专门对付日军的“梅花桩战术”;他是著名的神枪手,拔枪打飞鸟,百发百中;他爱民如亲人,群众称他为“罗青天”;他练兵极其严格,使得部队攻必克、守必坚,淮南根据地成为华中敌后最稳固的抗日根据地。直到今天,他的传奇故事仍然在他战斗过的地方广为流传。

我父亲的感情、婚姻经历也十分传奇,只是碍于隐私等问题,很少为人所知而已。

二

父亲虽然在旧军队当兵、做官十多年,身居要职,但吃喝嫖赌样样不沾,特别是在对待男女问题上向来极其严谨,这一点在滇军中非常有名。这里不妨用他在自传里写的两件事来证明。

第一件,1921 年初,滇军顾品珍反唐继尧时,我父亲跟随唐继尧逃往香港,任副官。“一个师长的小老婆同唐(继尧)住在一起,集聚了大量钱财,她很喜欢我,要我和她一同到上海,但我坚决拒绝,其他军官都骂我蠢。”

第二件,1922 年初,我父亲伙同三人到广西桂林投奔孙中山,在路经贵阳时,同行的三人找一老妇联系妓女。

“老妇将这女人带来后,同行三人都很高兴,听了她的身世,我觉得应该帮助这个女人逃出虎口,让他们夫妻团聚,就给她五十元大洋,叫她离开妓院去找丈夫。和我同行的三人都说我是傻瓜,但旅馆中的客人都说我是个有为的正直青年。”

以上两件事都在滇军故旧中产生了很大影响,父亲的刚正、善良、坐怀不乱，被袍泽们传为美谈。不难看出，罗炳辉不仅不是那种花心的男人，而且是少有的正派男人。

三

我父亲先后结过三次婚，他的第一任妻子李桂秀是云南彝良人，育有一子罗代勋（1913～1950）。父亲参加滇军后，再也没有回彝良。罗代勋于建国初期冤逝。

父亲的第二任妻子是杨厚珍（1908～1977）。江西瑞金人，与我父亲育有一女罗镇涛（1929～1983）。1937年4月经毛主席批准与杨厚珍离婚。

父亲的第三任妻子张明秀（1918～2011），四川广元人，在延安经何长工介绍认识，1937年9月，经毛主席批准结婚。与我父亲育有一子一女。一子就是我。

我父亲的第二任妻子杨厚珍是瑞金一位米商的女儿，在1929年我父亲领导吉安起义之后，她参加了革命。1934年10月，红军开始长征，杨厚珍作为亲属也随着长征。长征中，我父亲在红九军团，杨厚珍在中央纵队，他们始终没有见过面。红九军团（后改名红三十二军）先后隶属于一、四、二方面军，到达陕北已是1936年10月了。在长征的两年多时间里，他们没有见过面。

1935年10月，杨厚珍随中央纵队，先父亲一年抵达陕北。为解决伤残战士的医疗问题，中央卫生部创建了红军荣誉军人残废医院。因为杨厚珍长征中负伤（三等残废），被安排在医院医治休养。在医院里，她与医院指导员刘正明产生恋情。1936年12月他们的女儿刘凤英出生。

当我父亲到陕北后得知杨厚珍正在医院里生孩子，马上火冒三丈，拔出枪要到医院里找杨厚珍算账。后经周恩来、朱德亲自做工作，我父亲才作罢。1937 年 4 月经毛主席批准离婚。

后来，老战友何长工（原红九军团政委）介绍我父亲认识了延安抗大第三期红军学员张明秀。他们 9 月在延安结婚。

21 世纪的一天，有一位名叫莫娴的女士来访。她是杨厚珍的孙媳妇，她的公公刘钢夫是杨厚珍与罗炳辉的孩子。我问她刘钢夫的生日，莫娴女士回答，1938 年 3 月。我当即翻开了《罗炳辉年谱》，罗炳辉与杨厚珍于 1937 年 4 月离婚，所以，刘钢夫不可能是罗炳辉的儿子。迄今为止，关于这段情况唯一的文字材料只有参加过 1979 年的调查、担任过云南省彝良县委宣传部部长的杨升华同志发表在《昭通文史资料》第 6 辑里的一篇文章。杨升华同志是这样写的："长征开始后，罗炳辉夫人杨厚珍随中央纵队行动，二人未能见面。长征途中杨厚珍负伤，军医刘正明为之治疗护理，二人便有了恋情。到延安的罗炳辉挽回无效，只好离婚分手。"

我认为，刘凤英虽然不是罗炳辉的女儿，但她也是两位老红军的女儿，应该得到照顾。我父亲罗炳辉在他的一生中，始终把名誉看得如同生命一样重要。他的洁身自好，在旧军队时期就已经极为出名。参加革命并且成为高级将领以后，他更加严于律己。在父亲逝世多年后竟然出现了"孩子问题"。我作为他的儿子，有责任出面澄清。

罗炳辉专题图书知见录

◆龙美光

有史即有传。罗炳辉之一生，亦为中国革命之历程。因此，传亦为史。

搜集一个人的人生事迹，包括他的只言片语，一寸旧影，三页墨迹，为时光淹没了的笑容，你就要渐渐为这个人而着迷。

我是云南省彝良县人，是罗炳辉将军的同乡。怀着崇敬和热爱的心情，我从童年时就开始收集有关罗将军的各种故纸旧籍，多年来未曾中辍。苦辣甜酸，乐在其中，醉在其里。检视有关罗炳辉将军的各种旧藏，借本书出版之际，拣出近二十种最有代表性的旧书，亦文亦影，纪念这么多年的努力。

罗炳辉将军逝世以后，最早以史笔记述他一生主要经历的是新四军二师政治部宣传部部长陈辛仁（史芬）。他写的《罗炳辉将军传》有广泛的影响。虽然受战争环境的限制，不可能做系统的调查研究工作，因此本书存在有不少空白点，却仍然有很高的价值。学者宋霖认为，陈辛仁的著述是罗炳辉研究的“开山之作”。其后，国内外出版的各种书籍中多有罗炳辉将军的事迹。1947 年由华应申主编的《中国共产党烈士传》一书（此书以后多次再版和翻印）是较早出版的详细记载罗炳辉将军事迹的图书之一，书中收其传略、叶华写的长文和饶漱石写的悼文。此前则有长征胜利后由海伦·斯诺所写的《续西行漫记》，更早出版的埃德加·斯诺的《西行漫记》则最早向全世界披露了罗炳辉的风采照片 3 张之多,《续西行漫记》和《西行漫记》,罗将军都曾亲手翻阅。以上各书的初版本,我都仅有一面之缘。

随后的出版物和编印书刊中,较多涉及罗炳辉将军事迹的是《红旗飘飘》等红色出版物及其选编本。而平生所见及所藏,犹以下列各册为分量最重者:

《江淮英烈图片集·罗炳辉同志专辑》,安徽省民政厅革命烈士史料编纂办公室编印,文图资料由罗炳辉将军之子罗新安和罗炳辉将军研究专家宋霖提供,约编印于 1983 年,收罗炳辉将军生平介绍及图片近 50 张。全书 32 开,32 页,黑白印刷。

《罗炳辉》,宋霖著,收入中共党史人物研究会编、胡华主编的《中共党史人物传》第 37 卷,陕西人民出版社 1988 年 4 月出版,印 10000 册。宋霖原为安徽省天长县文化局干部,天长县曾在 1946 年至 1960 年的 14 年间改名为“炳辉县”,他于 1978 年承担了研究罗炳辉将军的任务。在罗炳辉将军夫人张明秀、罗炳辉将军之子罗新安和许多老同志的支持下,他走遍了罗炳辉将军生前战斗过的地方,进行了系统深入的调查研究和实地考察,填补了大量空白,订正了一些讹误,以严谨的治学态度进行考证和撰写。此书在党史研究界影响较大,1991 年被全国中共党史人物研究会评为优秀传记。在《中国教育报》1991 年 8 月 18 日刊载的长文《功德无量惠后人——〈中共党史人物传〉出版 50 卷纪事》中,表彰了宋霖的刻苦治学精神。

《罗炳辉的故事》,世晨编写,为“革命先辈的故事”丛书之一,江西人民出版社 1979 年 9 月第 1 版,全书 9.4 万字,171 页。此书描述了罗炳辉将军自童年时至长征结束时的人生经历,书中所述均源于红九军团老同志的回忆录。该书于 1984 年 7 月重印,累计发行 4.8 万册。本书初版本在正文前有罗炳辉将军在红军时期的半身照一张。此书为建国以来首本以讲述罗炳辉将军的故事为主的传统教育类图书。

《罗炳辉的故事》,世晨编写,为“革命先辈的故事”丛书之一,江西少年儿童出版社 1987 年 12 月第 1 版,9.4 万字,185 页。此书系根据江西人民出版社 1979 年 7 月的初版本再版印刷,印 4650 册。

《怀念罗炳辉同志》,本书编写组编写,云南人民出版社 1981 年 6 月第 1 版,16.6 万字,印 4140 册。本书为缅怀罗炳辉将军逝世 35 周年而编印。书中选辑 29 篇文章,包括陈毅悼诗、罗炳辉自传和日记,以及罗炳辉将军部属、战友、亲属等的回忆录,许多史料为首次披露。彝良文化系统的杨声华、孔凡山、马晏、朱玉祥、钟大凯、蒋洪祥等参与了本书的编写工作。此书扉页刊有罗炳辉将军在武汉、在北伐途中、在长征时期和新四军时期照片 6 张。

《罗炳辉将军》,陈辛仁著,为“祖国丛书”之一,中国青年出版社 1986 年 7 月第 1 版,9.5 万字,印 7000 册。本书作者为新四军宣传干部,长期在罗炳辉将军所在部队从事宣传工作。作者根据罗炳辉将军在整风学习中所作的自传和罗炳辉将军留下的信札文件,以及他在部队中搜集的回忆材料和自己的记忆,在解放战争时期应恽逸群的要求,将所撰约 4 万字的《罗炳辉将军传》,在 1947 年的《新华文摘》上发表。本书扉页刊罗炳辉将军生平相关图片 13 张。此书原为云南人民出版社藏书,笔者在旧书摊淘得。

《罗炳辉将军传》,王辅一著,为“中共军事人物”丛书之一,解放军出版社 1986 年 9 月第 1 版,25.3 万字。本书为传记文学体裁,用文史结合的手法,反映了在长期革命斗争中为人民武装力量的创建、发展、壮大作出杰出贡献并产生重要影响的罗炳辉将军的军事生涯与主要业绩,介绍了罗炳辉将军如何从一个普通青年成长为将军的人生历程,内容真实,史料丰富,事迹感人,极富教育意义。本书写作按时间顺序,以史料为依据,力求反映罗炳辉将军一生的业绩和言行,是继江西人民版《罗炳辉的故事》、云南人民版《怀念罗炳辉同志》和中国青年版《罗炳辉将军》以来有较大影响的讲述罗炳辉将军的事迹的图书之一。

《罗炳辉的故事》,世晨编写,为“革命先辈的故事”丛书之一,二十一世纪出版社 1990 年 5 月第二次印刷，系根据 1987 年 12 月江西少年儿童出版社初版本刊印，累计印数 8450 册。封面布局亦与江西少儿版保持一致。

《罗炳辉将军在淮南抗日根据地》，宋霖、罗新安主编，为"新四军研究书系"之一，安徽人民出版社 1990 年 7 月第 1 版，41.4 万字，522 页，印 2500 册。笔者所藏有罗新安签赠原彝良县委书记邓正高之书(从旧书摊淘得)和宋霖签赠笔者之书。本书收有张恺帆序言 1 篇，回忆与研究文章 24 篇，罗炳辉著作 4 篇，罗炳辉部战斗详报 9 件，并附新四军五支队、新四军二师及淮南抗日根据地所辖各主要部队征战史略，罗炳辉逝世讣告、唁电、葬仪文献及报道 5 则，陈毅在罗炳辉墓前的演说，安徽天长县改名炳辉县报道 2 则、布告 1 件，宋霖撰写的《来淮南抗日根据地之前的罗炳辉将军》和跋。本书翔实可读，史料扎实可信，集研究文字、纪传、回忆录、文献资料于一体，不止历岁月、录行状、臧否评说，还"进入传主建功立业的职业环境详加考察"，揭示罗炳辉将军在戎马一生中形成的独具特色的军事思想、指挥艺术和作战风格。

《罗炳辉》，陈辛仁著，为"青年革命传统教育系列"丛书之"革命将帅卷"之一种，中国青年出版社 1992 年 7 月第 1 版，9.4 万字，143 页，至 1993 年 2 月第二次印刷时累计印数为 2.05 万册。本书为中国青年出版社 1986 年 7 月所出《罗炳辉将军》经过修订后的新版本，以丰富的史料、生动的笔触，描述了罗炳辉将军历经沧桑的戎马生涯、彪炳千秋的卓著功勋及其多情多彩的人生历程。

《罗炳辉的故事》，王辅一著，为"早陨的将星"丛书之一，河北少年儿童出版社 1992 年 12 月第 1 版，17 万字，273 页，印 2000 册。本书刊罗炳辉将军简历一份，书前刊罗炳辉将军生平相关照片 8 张及聂荣臻为"早陨的将星"所写的题词，并有插图 5 页。作者在后记中说："通过对罗炳辉足迹的追踪，既为他波澜壮阔的一生所激励，也为这位为中国人民解放事业作出重要贡献而未能见到五星红旗飘扬的将军的理想和情操所感染。……他的光辉实践,体现了他对帝国主义侵略者、反动派和剥削制度的刻骨仇恨,对国家、对人民、对集体的热爱的优秀品质,体现了他的英勇无畏和足智多谋的指挥艺术,体现了他那宽厚待人、严以责己、先人后己、公而忘私的高尚道德情操。”此书由河北某书友以30元代购。

《罗炳辉同志逝世50周年纪念专辑》,中共滁州市委党史办公室、滁州市新四军历史研究会编印,1996年9月第1版,32开,100页,彩色插页8页,黑白插页4页,8.7万字,印600册。全书记录了1996年6月10日,安徽省纪念罗炳辉将军逝世50周年大会滁州主会场(合肥、芜湖等地亦相继开展活动)的详细情况,包括会议掠影、报道,省市领导讲话,新四军老战士代表、罗炳辉亲属、青少年代表发言,陈毅悼诗,方毅、张劲夫、朱云谦、李世农、马长炎、李清泉、胡坦等人的回忆文章,孟亦奇、吴炎武、罗新安的缅怀诗词,方礼山整理的《罗炳辉在皖东》和卓海燕整理的《罗炳辉在淮南抗日根据地活动记略》,以及大会主席台就座者与来宾、纪念大会筹备工作者相关名单,滁州市概况。此书体现了安徽滁州革命老区对罗炳辉将军的一片深情。笔者所藏为滁州市新四军历史研究会所赠。

《罗炳辉将军》,中共云南省委党史研究室、中共彝良县委员会编著,王元辅、魏先忠、杨升华、陆廷荣主编,云南人民出版社1997年10月第1版,37万字,490页,印4000册。精装。编写出版此书,是中共云南省委纪念罗炳辉将军100周年诞辰的重要内容之一。本书开篇即言:“1989年11月29日,《人民日报》公布了中央军委确定的中国人民解放军33位军事家名单,罗炳辉是其中唯一的云南籍军事家,与毛泽东、朱德等齐名。这个名单的颁定,在罗炳辉辞世已满43年之后,足见他在中国人民解放军历史上的地位与殊荣。”作者认为:“从一个农民的儿子成为一位中国人民解放军的军事家,罗炳辉的一生充满了坎坷与奋斗,勇敢与牺牲,智慧与传奇。”

《罗炳辉传》，中共彝良县委员会、中共昭通市委党史征研室编著，中共党史出版社 1997 年 11 月第 1 版，22 万字，324 页。笔者藏有精装、软精装两种版本，前者由中共昭通市委党史征研室赠，后者由时任中共彝良县委书记张华贵、彝良县县长马廷光赠送。此传系综合《罗炳辉将军在淮南抗日根据地》（宋霖、罗新安主编）、《罗炳辉》（宋霖著）、《罗炳辉将军传》（王辅一著）、《罗炳辉》（陈辛仁著）等多种传记或回忆录相关章节，只是略有加工。书前插页 16 页，刊罗炳辉将军生平图片 40 张，正文配图 16 张，并附有张明秀、罗新安、罗惠安等撰写的回忆缅怀文章 3 篇和罗炳辉将军年谱。

《罗炳辉》（画册），中共云南省委党史研究室、中共彝良县委员会、彝良县人民政府编著，候兴福主编，云南人民出版社 1997 年 10 月第 1 版，大 16 开，163 页，印 2000 册。精装。此书收录罗炳辉将军在各个时期的生平照片、历史文献、战斗遗址和将军墨迹等相关图片 253 张。编者"为了突出罗炳辉无产阶级军事家这个主旨，系统地反映他一生所经历的重大军事活动，弥补历史照片的不足，对相关联的重大军事活动"，"尽可能在图片的说明词中，予以必要的介绍，并编写罗炳辉生平简介附在图片后面"。应该说，此画册在印刷等方面较为出色，但照片收录仍不完整，特别是遗漏了部分历史阶段的重要照片，而一些失实照片的误用和对部分照片的失实说明也是一大遗憾（如第 140 页所收《穿厚棉衣的张爱萍在罗炳辉墓前讲话》的照片即为误收，此实为张爱萍在彭雪枫追悼会上，时为冬季，而罗炳辉是在夏季逝世。按张爱萍当时的职务，亦无资历在罗炳辉将军墓前讲话）。笔者藏数册，其中一册为时任中共彝良县委书记张华贵和时任彝良县县长马廷光所赠。

《罗炳辉文集》，罗鲁安主编，中共党史出版社 2006 年 12 月第 1 版，42 万字，448 页，16 开。本书收录了罗炳辉将军的两部自传和军事著作、报告、日记、书信、题词、电文及语录等 27 篇，并附有有关回忆、研究文章和纪念活动的报道。在性质上，兼有纪念文集的意义。

《罗炳辉的故事》，欧兴义、杨升华著，云南民族出版社 1997 年 12 月第 1 版，8 万字，146 页，印 1.2 万册。笔者所藏为时任彝良县文体局局长王晖 1998 年所赠。本书通过记叙罗炳辉将军的革命经历，“显示了罗炳辉将军身上压不垮的民族气节、百折不挠的坚毅精神和灵活善战的英雄风采。透过这些故事，折射出罗炳辉将军所蕴含的不平凡的可贵品质的熠熠辉光。作品夹叙夹议，富于激情，引人思考，催人奋进”。本书扉页刊罗炳辉将军在红军时期半身像及相关题词 5 件。

《炳辉之光》，安徽省天长市炳辉中学编印，闵济林主编，为炳辉中学校本教材之二，2005 年 8 月编印，44 页。笔者所藏为编者赠送本。本书前刊江泽民题词及罗炳辉将军半身像（在武汉），收闵济林的《罗炳辉将军》、《罗炳辉将军在天长》、《将军英名化春雨皖东教育谱新词：罗炳辉将军与炳辉中学》及徐乃高的《新四军二师简介》4 篇文章。2005 年 8 月 1 日，《人民军队早期将领——罗炳辉》纪念邮票在云南昭通、安徽天长、山东临沂分别举行首发式。天长首发式即在炳辉中学校园举行。本书乃为首发式献礼图书，炳辉中学以此方式“寻将军足迹，励自我人生，面对将军铜像，聆听将军故事，接受爱国教育，接受历史熏陶”，“全心传承革命遗志，一意发扬革命传统”，意义深远。

《炳辉学刊》，1999 年 9 月创刊，安徽省天长市炳辉中学主办，至 2005 年 4 月共出版 5 期。该刊由汪道涵题写刊名，版式设计清新秀雅，颇具情趣。栏目视野广、涉及深、趣味浓，作者或来自学界，或为皖东名流，或来自乡土各界，更多的则是炳辉中学亲手抚育的苗子。炳辉中学以《炳辉学刊》为媒介，宣传将军事迹，传扬将军精神，广开教学言路，既展示炳中师生在教学研究、学习探讨、文脉传承等诸方面的成果，也在无形中造成了一种人人崇尚文明校风、和谐校园的可贵氛围。校方在试刊的发刊词中说：“《炳辉学刊》是一份综合性刊物。主要刊登教育科研和有关学术论文，同时兼及文艺类、知识类等样式。”在 2005 年 4 月的《炳辉学刊》上，闵济林的《炳辉园记》作卷首。文中有言：“今日之炳辉，皎若太阳生朝霞；皖东之名校，灼芙芙蓉出渌波。南有梅岭清旷，哺园繁茂；北有树人广场，炳辉铜像。濯缨浣月，淬高洁百炼之钢；结锦毓秀，造青钱万选之才。园报学刊，雅怀醉月……”

有关将军罗炳辉的著述，从书到刊，不计其数，多系民间百姓、部队战士精心保存。先有口碑尔后更有倾情记述，所知所见，无非一片深情表达而已。俗话说：“书比人长寿。”多少年过去了，罗炳辉将军长眠于山东沂蒙山中，不再醒来。唯有以上诸书和万卷青史为将军留名。一位诗人说：“有的人死了，但他还活着。”罗炳辉将军就是这样的人。在我的眼里，这些零零落落的旧籍故纸，乃是将军最宏伟的纪念碑。

罗炳辉将军光辉战斗的一生

◆宋　霖

一

罗炳辉，原名罗德富，自字宿星，1897 年 12 月 22 日（清光绪二十三年冬月二十九日）诞生在云南省镇雄州（今属彝良县）大河乡阿都村偏坡寨一汉族农家。

罗炳辉的远祖居江西庐陵，后迁湖南省邵阳县占籍。清中叶，在“湖广填四川”的大规模移民运动中移居四川省隆昌县。因“十邑之苦，莫苦于隆”，再迁云南镇雄。清道光初年，罗炳辉的高祖父罗凤鳌，携家带眷，向着苍莽的乌蒙山腹地进发。他们越过原始森林，涉过金沙江支流之一洛泽河，攀上阿都山，在离山顶不远的峭壁顶端开山造田，安下家来，繁衍子孙，到罗炳辉是第五代。

经过三代人的辛勤垦荒，到罗炳辉的祖父时代，家境已相当富裕。但是，在官府和土霸的交相盘剥下，到罗炳辉的父亲罗守清幼年时，家境又一贫如洗。罗守清成年后，租地主的田耕种，所产与地主平分，还四处做零工，入冬又肩挑山货做小生意，逐渐衣食自给，遂造屋置田，娶黄氏成家，先后生一女三男。长女成年后嫁蒋姓农民。三男为罗德富、罗德生、罗德银。罗德富后改名罗炳辉。

罗炳辉出生后，父母起早贪黑、勤苦劳作，家道日兴，逐渐从富裕中农升到富农。父母在体格奇伟、相貌堂堂的长子身上寄托了极大的希望，罗炳辉七岁入私塾读书，读了三年。十岁时，因土霸敲诈、家境复艰而辍学务农。

四代人的顽强挣扎、发愤兴家和仿佛是命定般的惨败，击垮了罗守清的意志，他变成了一个胆小怕事、逆来顺受的人。黄氏却性格刚强，常痛哭着对罗炳辉说："儿呀，你要争气！长大了除掉这帮土霸，我死才会闭眼！"罗守清则责骂妻子乱说，会招来横祸，害死全家。

当时的云南，偏远闭塞，贫穷落后，官府腐败，匪霸横行，人民生活的痛苦甚于各省。租高税重、徭役繁多不说，穷人的妻女只要长得漂亮一点，一旦土霸看中，就于夜间明火执仗率众抢去，并绑架亲夫或父亲到旷野，威逼他们在写好的文书上打手印、按脚印、舔舌印，形同匪贼。

罗炳辉十一岁时，一个土霸登门勒索，罗炳辉大声抗辩，毫无惧色。土霸说："这个干娃娃吃了雷公胆啦！长大了还不要翻天？非弄死他不可！"父亲吓坏了，骂罗炳辉惹祸，把他狠狠捆打了一顿。夜里，母亲把他搂在怀里，抚慰说："好孩子，有志气。"被捆打时没掉一滴眼泪的罗炳辉，这时伏在母亲怀里放声大哭了。父亲蹲在一旁叹息。

罗炳辉十二岁时又惹了一场弥天大祸。一个在当地最有权势的土霸带着打手到罗家讹诈，父亲吓得不敢说话，罗炳辉挺身而出跟土霸辩理。土霸说："老子在这片地方，比谁都要跳高三尺！"罗炳辉说："老子长大了要飞起来！把你这样的坏蛋杀光！"土霸狂怒，咆哮着说要弄死罗炳辉。父亲慌忙出外借钱消灾，罗炳辉阻拦说："拿钱塞狗洞，还不如跟他打官司！"土霸命令打手行凶，罗炳辉幸得乡邻保护，逃下阿都山，在亲戚帮助下写了状纸，历数这个土霸的种种罪恶，直奔县衙，击鼓喊冤，正正经经打起官司来。升堂时，县官十分震骇："这个十二岁的娃娃好大的胆！"此案轰动一时，县官不敢枉判。土霸偷鸡不成蚀把米，靠花钱贿赂县官，才勉强判个平头。顿时，"吃了雷公胆的干娃娃罗德富”传遍四乡，成了众口称颂的英雄人物，同时，也成了土霸劣绅的眼中钉。

这场轩然大波，把罗炳辉的父母吓坏了。他们怕罗炳辉还会闯出祸来，殃及两个弟弟，便硬着心肠决定分家，让罗炳辉结婚，分出去独立门户，以免日后受连累。父母料定年幼的罗炳辉无法独立生活，等到他要求合并时，再以“约法三章”捆紧他的手脚，免得再生事端。

罗炳辉三岁时，由父母包办，与比他大四岁的李贵秀订婚。岳父家是破产地主，此时正因与土司打官司败讼而携家外逃躲灾，立刻同意嫁女。于是，十三岁的罗炳辉又羞又怕地做了新郎。新婚之夜，他受不了贺喜亲友的戏谑调笑，躲进柴房睡了一夜。家人慌忙打着火把遍山寻找，寻到天亮才发现他。众人来拉，被他乱打乱咬，当场伤了四人。李贵秀以为罗炳辉不喜欢她，伤心地哭了一夜。婚后，罗炳辉和李贵秀发愤兴家，精耕细作，居然种出了一季好庄稼，产量冠于全乡，农闲时出外做生意又乱碰乱撞地赚了钱，都拿去孝敬父母。此时，父母想合家一处也张不开嘴说了。

1911 年 10 月 10 日武昌起义爆发。30 日（旧历九月初九日），昆明“重九起义”成功。11 月 1 日，“大中华民国云南军都督府”在昆明成立，公推蔡锷为云南军都督。云南各府、州、县，传檄而定，全省迅速光复。然而，辛亥革命推翻了清王朝，并没有给中国社会带来根本性变化。只是国号改称民国，县衙改叫县政府，1913 年新设置了彝良县，县治在离阿都山不远的角奎镇。社会依旧黑暗，土霸依旧嚣张，罗炳辉因与土霸结仇，处境依旧极为险恶。

1913 年，罗炳辉得一子，按家谱取名罗代勋。同年，彝良城里出了一件大事：本城大恶霸谢戒城白白被两名士兵痛殴了一顿，家具也大部被捣毁。谢戒城是当地一霸，就连新县长上任也得先拜见他，官才能做稳。他气势汹汹地坐轿子去见驻军的连长，要求严惩那两名士兵。连长却傲然拒不接见，不予理睬。谢无可奈何，威风扫尽！原来，这两个士兵为亲兄弟，是本城人，幼年丧父，寡母曾受过谢的欺压，这次总算报了仇。这件事使罗炳辉受到了极大的鼓舞，他认定：要报仇雪恨只有一条路——去当陆军！

罗炳辉几次离家出走，都被家人追回。1915 年冬，他出走成功，艰难跋涉两千多华里，到了省城昆明。从此再也没有回过故乡。

二

罗炳辉到陆军报名时，才知道当兵的要求很严，须有盈实铺保，还不能零补。他身无分文，举目无亲，只得在昆明靠打工糊口。他打工的那个老板有家产十万，膝下无子，见罗炳辉正直忠厚，相貌奇伟，非常喜爱，提出要收他为子。工友们都羡慕罗炳辉，说他交了鸿运，一步登天成了少东家。罗炳辉却根本不为所动，辞掉工，改到军营帮工去了。他先帮伙夫，后帮马夫，不久得到滇军炮兵大队长刘安华的赏识，补入炮队，从此开始了他的戎马生涯。

此刻，中国大地上空，正酝酿着风暴，密布着战云。12 月 12 日，袁世凯悍然窃国，帝制自为。19 日，秘密赴滇的蔡锷将军安抵昆明。25 日，云南宣布独立。1916 年元旦，唐继尧、蔡锷、李烈钧率护国军至昆明校场祭告天地，誓师讨袁。罗炳辉投身于护国战争的狂澜中。

护国军受到人民群众的热烈拥护，军威雄壮，军纪严明，进军川、桂，进图湘、鄂、粤、赣，与曹锟部激战于泸州、纳溪、叙府间，战况至为惨烈，终以数千饥疲之师，击败十万凶暴之敌。云南首义，全国响应，贵州、广西相继独立。3 月 17 日，护国军在川南发动总反攻。袁世凯被迫于 3 月 22 日撤销帝制，不久便在国人唾骂中死去。三个月的护国战争，使罗炳辉受到了最初的战争锻炼。蔡锷将军爱国爱民、舍生取义的高风亮节和滇军英勇无畏的优良传统，给了他深刻的教育和熏陶，以至影响了他的一生。

战后，罗炳辉律己更严，烟（鸦片）、赌、色诸军中流行的恶习一丝不沾。他常在夜间悄悄起床，一个人到操场上去练功，直至天明。终于练出了超人的臂力、精湛的武艺、百发百中的神奇枪法。在滇军每三个月举行一次的严格的晋升考核中，罗炳辉以优异的成绩连连晋升，由二等兵、一等兵、上等兵、三等下士、二等下士、一等下士直升到中士，一次没有脱过，被誉为“模范士兵”。在行伍中，他以作战勇敢、刚直无私、仗义疏财和敢打抱不平，深受士兵们的拥戴。

罗炳辉在滇军中连连晋升，引起家乡土霸、劣绅的极大不安。他们加紧了对罗炳辉亲属的迫害。1918 年，地主王海云等人以罗炳辉“当兵打仗，有死无回”为理由，逼李贵秀改嫁。罗母不许，被毒打致伤，气疯惨死。罗炳辉接到家信，当即痛哭昏倒。愤怒的士兵们纷纷要求带枪随他回家乡报仇，上司苦苦劝阻。罗炳辉明白，带枪离队是违反军法的。他不愿拖累滇军兄弟，便同意了营长的处置：由军队致函彝良县政府，要求严惩凶手。

公文到彝良，土霸、劣绅十分恐慌，索性一不做二不休，指使王海云在请罗守清喝酒时拔刀自伤，反诬罗守清持刀杀人。在法庭上，罗守清责问：“王海云说我刺他三刀，请查看：为什么有六个眼?”原来，王海云怕刺伤内脏，把肚皮捏紧，拎得老高，横戳三刀，结果留下了六个眼。谁知县长早已被土霸买通，不由分辩，将罗守清逮捕下狱，抄没家产，通缉家人。土霸派打手埋伏在昆明至彝良的路上，准备狙杀可能回乡报仇的罗炳辉。

罗炳辉的姐夫和二弟罗德生乘黑夜逃出家乡，到昆明报信，苦劝罗炳辉千万不要回去自投罗网。营长也力劝他忍耐，请上级发公文保释罗守清出狱。护国丧家，罗炳辉心中深深地埋下了对黑暗社会仇恨的种子。

1920 年，营长决定推荐罗炳辉到云南讲武堂读书，后又考虑讲武堂三年所学还不及罗炳辉入伍五年来已经学到的东西多，遂改变主意，于

9 月间推荐罗炳辉担任唐继尧、唐继禹兄弟的随行军士。

云南督军唐继尧此时正以川、滇、黔、鄂、豫、陕、湘、闽八省靖国联军总司令的名义统治云南，控制川、黔。唐继禹后来曾任贵州督军。二唐召见罗炳辉，见他体格魁伟、武艺超群、谈吐诚恳，十分欢喜，就把他留在身边，出入均给马骑。11 月，罗炳辉向唐报告家事，唐说："你们营长已经报告过，我已命令彝良释放你的父亲。"当即又命参谋长再去公文，严令不得继续迫害罗父。

然而，罗炳辉家中早已是母死家破，一片凄凉了。罗炳辉的三弟罗德银，也在贫病中悲惨死去。

三

护国战争结束后，以"东大陆主人"、"西南王"自命的唐继尧，在护法、靖国等役中，掣肘孙中山，并乘南北军阀对峙之机，迅速扩张自己的实力，内施暴政，外侵邻省，连年用兵，致使民怨沸腾，上下离心。1921 年 2 月 7 日，滇军第一军军长顾品珍和第八军军长叶荃宣布倒戈反唐。唐继尧被迫通电辞职，并于 2 月 8 日仓皇率亲信和卫队共百余人，乘滇越铁路火车南下安南（今越南），然后流落香港。罗炳辉随行。

到香港后，罗炳辉被唐继尧委任为随从副官，掌管财务，负责采买唐公馆的一切用物。香港各大公司都视罗炳辉为"财神"，奉为上宾。罗炳辉经手的巨款成千累万，却洁身自好，分文不沾，并且深深陷入痛苦思索之中。

在河口界桥，他看到，中国人带一盒火柴或一根针进入安南境都要罚大洋十元，带小刀则是"违法"。而法帝国主义者公然带枪械大刀进入中国境内都是"合法"的。在海防海关，他看见一个云南人带一只水烟袋过境，价格仅四元六角，却要上六元关税，那人宁可不要，把水烟袋扔进海里。法国人见敲诈不成，把这个人毒打一顿，捆绑而去。罗炳辉的民族自尊心受到了很大伤害。他从沦为殖民地的越南，想到了祖国的国弱民贫、民族危亡，心中充满了焦灼和痛苦。

在香港，罗炳辉痛苦地看到自己原本衷心爱戴的护国元勋唐继尧，在生活上骄奢淫逸，挥霍无度。法帝国主义者操纵中法银行封存了唐继尧四十万元存款，唐闻讯昏厥，半个多小时才苏醒。罗炳辉得知，唐继尧在香港、日本等地的银行存款，少则几千万元，多的达亿元，这都是唐继尧喝“民血、兵血”的证明！罗炳辉如梦方醒，决意归国。他数次向唐继尧告假，唐执意挽留，对罗炳辉恩宠有加。

这时，同行来港的一个滇军师长的姨太太，真诚地爱上了一身正气、年轻英武的罗炳辉。这个女子人品甚好，美丽善良，积蓄了一些钱财，她不愿做军阀玩物，渴望过正常人的生活，恳求罗炳辉同她一起去上海。唐公馆的参谋副官也从旁竭力支持，说这个女子是正派贤淑之人。罗炳辉表示自己以献身报国为志，不作他想，坚决地拒绝了。那个女子十分伤心，不久带着七十万元巨资，孤身去了上海。唐公馆的同僚们都嘲笑罗炳辉太过“愚蠢”。

唐继尧在香港期间，孙中山为了扩大革命势力，诚恳团结唐继尧。罗炳辉对孙中山的人品学问极为仰慕。5 月 5 日，孙中山在广州就任中华民国非常大总统职。唐继尧却出尔反尔，公然拆台，暗中支持陈炯明反对孙中山。罗炳辉对唐继尧彻底失望了，他给唐继尧留下了一封信，交清所有账目，毅然离开香港，取道越南回国。同僚们见罗炳辉来去清白，分文未沾，纷纷议论说：“罗副官果然不爱钱！他拐带几十万元走是易如反掌之事呢。”唐继尧也叹失奇人。

9 月，罗炳辉返滇。云南边防督办为防止唐继尧势力反扑，在边境搜查甚严，从罗炳辉的行李中搜出了一本写有“继尧”二字的书，当即将他逮捕，以重兵押送昆明，投入总司令部军法处的监狱。罗炳辉在狱中又目睹了许多罪恶和黑暗。军法处处长秦兆瑞多次审讯，确信罗炳辉不是唐继尧派遣的秘密使者。又经老长官刘安华奔走营救，向顾品珍保释，罗炳辉始获释放。

出狱后，罗炳辉协助刘安华操办滇军旅长鲁子材的葬仪，在经济上仍是一丝不苟、分文不沾。此时，罗炳辉在香港轻财拒色的严格操守和高志洁行的故事，已在昆明传开。滇军将领们都对他刮目相看，有的邀他去任职，有的为他做媒提亲。但是，此时的罗炳辉已经对军阀生活深恶痛绝，决心去投奔民主革命的先行者孙中山了。

四

1921 年 11 月，罗炳辉到达桂林，被编入军官将校队。12 月 4 日，孙中山抵达桂林，设北伐军大本营于桂王府。7 日，孙中山在军政学各界欢迎大会上发表《三民主义为造成世界之工具》讲演。罗炳辉极受鼓舞。

1922 年 4 月 8 日，北伐军大本营迁粤。5 月 4 日，孙中山下令北伐。8 月，发布总攻击令。北伐军分三路进攻江西。

军官将校队共有一千多名军官，分为交通、设营、侦察、给养、运输、作战等组，每组有军官百余人。罗炳辉任交通组副组长，因组长李鑫祥在出发时病倒，由罗炳辉代组长职。组内百余名军官大多数人军阶比罗炳辉高，有的不愿服从领导。北伐军滇军总司令朱培德当众宣布："必须听从罗炳辉组长的指挥。"交通组在韶关征雇挑夫百余人，挑着各种器材，由南雄县越大庾岭入赣南。罗炳辉对民夫不打不骂，和蔼体贴，一路上食宿和烟茶都安排得很好。民夫们对罗组长也很信赖、亲热，连一个开小差的也没有。军官们却嘲笑罗炳辉没有军官的威仪，"穷气未脱"。

北伐军 6 月 13 日攻克赣州，前锋进至万安和吉安一线，南昌指日可下。按照预先的约定，民夫到赣州就应该回家了，罗炳辉去军需处领取支付给民夫的饷钱和回家的路费，军官们乘机向民夫们造谣说："罗组长去领钱是假，他要你们继续送到南昌呢！”民夫们听说后，一逃而光。军官们要求瓜分罗炳辉领来的一万五千元钱，遭到了罗炳辉的痛斥。军官们威胁说：“你若不允，小心狗命！”一个朋友劝他：“民夫已经逃散了，你如果把钱退回军需处去，还不是落入军需处私人腰包？钱分给他们算了，只要你我不拿这个缺德钱，落个心安吧。”此事使罗炳辉深感悲愤：“我怎么总也逃不脱黑暗环境呢？”

6 月 16 日，陈炯明在广州发动叛乱，炮轰观音山粤秀楼孙中山住所。孙避登宝壁舰。19 日，孙电令北伐军回师讨逆。27 日，北伐军返粤，以朱培德为前敌总指挥。7 月 2 日，朱培德部在韶关城北帽子峰、许崇智和李福林部在曲江周田，与叛军对峙阵战。战斗呈胶着状态。

帽子峰战场与周田战场之间相距百余里，朱培德担心许崇智部与叛军同为广东人，唯恐许部有变，便特任罗炳辉等五人为参军官，去许部名为视察实为监视。罗炳辉一行抵达周田战场，见北伐军虽仍斗志高昂，但给养极端困难，附近农田中的菜根都已挖完吃光，大军云集的阵地上遍地便溺，加之天热，臭气熏人，断然难以持久；而叛军依仗着有铁路运输之便，给养和兵员源源不断地运来。罗炳辉向粤军总司令许崇智建议：应求速胜。许深以为然。当时军中没有无线电，亦无传骑，罗炳辉当夜步行七十多华里返回滇军司令部报告前方情况，次日又步行返回前方周田传达命令。命令的内容是：湘军陈嘉祐部 29 日至周田增援粤军；北伐军同日在周田、帽子峰发动总攻。

29 日，湘军准时进抵周田，北伐军士气大振，但是，湘军还没有进入战壕，饥疲已极的粤军就乱哄哄地后撤。叛军乘乱发起猛烈攻击。湘、粤两军混杂在一处，军无建制，如同山崩一般地溃败下来，一溃百余里，根本无法收拾。粤军第一师梁鸿楷、陈修爵部在大败后投降了叛军。当夜，罗炳辉在乱军中找到许崇智，建议退到脱离叛军时再集结部队反攻。不料，第二天叛军汹涌追至，湘、粤两军兵无斗志，一触即溃，四散奔逃。罗炳辉等五人也被乱军冲散。

在韶关城北帽子峰战场的滇军还完全不知道周田战场的惨败。滇军其实已经陷入腹背受敌的绝境中而不自知。

罗炳辉清楚地知道:滇军的存亡已经系于自己一身了!他必须尽快通知滇军脱出绝境!他从乱军中冲出,邀一随军做生意的云南商人,乘黑夜偷渡浈江,绕道仁化,向帽子峰疾跑。他机警地用军衣包着一把弯雨伞,冒充机关枪,三过匪区。疾行一夜,商人累倒,不能动弹。罗炳辉草鞋走碎,也难支持了。但他以惊人的毅力,踉跄飞奔。在总计不到二十小时的时间里,罗炳辉两涉江河,翻山越岭,经韶石、凉伞、浮岳、皇冈等九座大山,奔跑二百多华里,下午三时抵达韶关滇军司令部时已不能说话,昏晕倒地,抢救了两个小时才苏醒过来。朱培德闻报大惊失色,急速下令北撤,与迂回包抄的叛军先头团遭遇,将敌击溃,退往湖南。如果再延误一个小时,滇军就陷入叛军重重合围的绝境中了。全军将士莫不咋舌呼险!朱培德流泪说:“是罗炳辉救了滇军!”他把自己的坐骑让给罗炳辉骑,派专人护送其到湖南道州休息。

讨陈失败,孙中山8月9日退走上海。9月5日,孙函令朱培德攻取桂林。朱培德为培养罗炳辉,让他带兵。

桂林古城城高壕阔,防御坚固,广西自治军梁华堂率十万之众守城,以逸待劳。滇军只有兵力约三千人。10月1日攻城,罗炳辉身先士卒,冒着如蝗的弹雨,冲过漓江上的永济桥,至东江门下,放火焚烧城门,然后趁烟浓搭云梯指挥爬城。正鏖战间,城门被烧倒,罗炳辉率队穿越烈火冲进城内,衣服全被燃着,成了火人,经勇猛冲杀,守敌仓皇溃退,再经一夜巷战,占领全城。罗炳辉以战功获得滇军的勇敢奖状。

1923年1月4日,孙中山通电讨伐陈炯明。滇粤桂联军奉命出广西沿西江东下,9日占肇庆,10日克三水,16日收复广州。陈炯明逃往惠州。2月21日,孙中山返回广州建立政权,被推举为陆海军大元帅,重新成立了大元帅府。4月3日,孙中山将滇军朱培德部改编为“拱卫军”,罗炳辉任连长,护卫孙中山。不久,罗炳辉调任孝平兵工厂少校护厂队长，辖四个连。他把自己的七千元积蓄全部捐出，加强了所部的装备，并施以严格的军事训练。“罗炳辉不爱钱、不惜死”的声誉在滇军中广为传播开来。

4 月 16 日，桂军将领沈鸿英叛变，由白云山进窥广州城。孙中山亲自督师进剿。沈部北退。30 日，北洋军阀吴佩孚电令驻赣南的方本仁部入粤援沈，进攻英德县城。战事吃紧，罗炳辉奉调任代理营长进抵英德击敌。激战一周，双方伤亡俱极惨重，罗炳辉部伤亡过半，罗炳辉受轻伤两处，坚持不下火线。5 月 8 日，孙中山亲赴英德劳军，加上援军赶到，士气大振。上级新拨一营让罗炳辉指挥，他率部三面包围敌军，发动猛攻。敌不支，挂白旗乞降。罗炳辉只带一名护兵进入敌营受降，晓以国家民族之大义，指出中国人不应该自相残杀，应把枪口一致对向帝国主义。正在这时，敌军接到方本仁的不准投降、准予撤退的命令，遂扣押罗炳辉作人质，退回赣南。在英德战场受到罗炳辉部重创的敌指挥官，坚持要枪杀罗炳辉以泄愤恨，被敌军中钦佩罗炳辉勇敢正直的军官们制止。

在赣州狱中，罗炳辉被囚禁了九个月，颈部和手部的两处创伤发炎，苦不堪言。1924 年 2 月，原滇军将领、后依附吴佩孚的杨如轩到江西活动。罗炳辉在狱中给杨如轩写信求助。杨素来敬重罗炳辉的品行和为人，专电方本仁保释罗炳辉，待罗炳辉为上宾，委为营副兼连长，驻扎吉安，后移驻赣州。

在出狱后的一年半中，罗炳辉已经看清了北洋军阀必然灭亡的历史命运，认定唯有孙中山领导的革命，才是中国的希望。他遇到许多北伐失败后流落在江西的滇军官兵，都晓以大义，一一给予资助，设法送他们返回广东，先后又花光了两千余元的薪饷所得。他的举动被北洋军阀的爪牙们侦知，在 1925 年 8 月再次被捕。他乘乱逃脱，去见杨如轩，杨暗示他赶紧离开。于是，罗炳辉化装成商人逃离赣州，返回了广东。

当身无分文、衣衫褴褛的罗炳辉抵达广州、出现在刚刚于7月8日就任国民革命军第三军军长的朱培德的面前时，朱培德又惊又喜，紧握着罗炳辉的手说：“我们都以为你死了呢，前年就为你开了追悼会！”立即委任罗炳辉为少校副官，留在军部工作，信赖如初。

10月，朱培德改任罗炳辉为征兵主任。不久，又任命他为警卫营营长，视为心腹爱将。在此期间，罗炳辉得到了多方面的锻炼。

五

1926年7月9日，国民革命军在广州誓师，北伐战争正式开始。

国民革命军共辖8个军，约10万人。而面对的军阀势力却有盘踞河南、湖北、湖南和直隶南部的吴佩孚部20万人，据守江苏、浙江、安徽、福建、江西五省的孙传芳部20万人，据有东北和山东、直隶、热河、察哈尔的张作霖部35万人。北伐军采取集中优势兵力、各个击破的作战方针，先取两湖。第三军由衡州乘船到株洲，再走株萍铁路，乘火车到醴陵集中，监视江西，策应两湖战场。罗炳辉任第三军第九师第二十五团第二营营长。这个营是由军部朱培德警卫营改编的，装备好，战斗力强，是主力营。北伐军所到之处，受到共产党领导的农民协会和各界民众的热烈欢迎和大力支持，使罗炳辉思想上受到很大震动。人民群众的革命热情，是罗炳辉未曾见到过的。

两湖战场频频告捷，北伐军9月7日克汉口、合围武昌，吴佩孚逃往郑州。至此，北伐战争的重心移到江西战场。孙传芳9月初到九江部署，倾苏、皖、浙三省兵力的大半，计有8个师、12个混成旅、4个混成团、1个炮兵旅，共14万人，号称20万人，集中在南浔铁路，作困兽斗。孙传芳7日发表通电，狂妄地限令北伐军在24小时内全部退回广东。

9月3日，北伐军以第三军军长朱培德为前敌总指挥，分3路进攻江西，第三军为中路。敌江西总司令邓如琢凶悍善战，以唐福山师据守莲花、萍乡、万载为第一道防线，以谢文炳部据守安福、袁州、上高为第二道防线，以蒋镇臣师据守吉安、主力据守新喻、高安为第三道防线，层层拱卫南昌。

罗炳辉营所在的第二十五团，9 月 4 日由湖南醴陵罗家塘出发，经大义口、高洩里，迫江西萍乡敌之右侧背，6 日上午 10 时一举占领萍乡。10 日午后进至距宜春三十华里的孟子桥，与敌接战两小时，敌主动撤退，是晚克宜春。14 日，北伐军挺进新喻。不料邓如琢早已在新喻构筑坚固阵地，作好决战准备。从 14 日到 16 日，北伐军与邓部激战三昼夜，双方均伤亡惨重，敌终不支，退清江、樟树、高安。北伐军乘胜勇猛出击，18 日克高安，19 日克清江。第十九师（属程潜为军长、林伯渠为党代表的第六军）于 19 日攻入南昌。因第七师及第一师未及时赶到南昌对岸的牛行车站，致使敌人得交通运输之便，21 日又再度占领南昌。当日北伐军乘敌立足未稳，再次攻入。因第一师王柏龄部（属以何应钦为军长的第一军）覆灭，于 24 日退出南昌，北伐军全线失利，被迫退至生米街一带。

30 日晨 6 时半，敌郑俊彦之第十师及第五、第六两混成旅并独立第二团共万余人，向北伐军第三军进犯，双方激战于凤凰山、简山间。朱培德至抬山督战，战至午 12 时，敌攻势被扼制。午后 3 时，敌再度猛攻，北伐军以密集炮火反击，敌不支退向万寿宫。朱培德派三个团追击，敌方亦有增援，双方入夜仍肉搏不止。

10 月 1 日，“敌人殊死战，至下午 5 时许并以密集部队向我突击，经将预备队二十五团及二十六团之一部加入正面与敌彻夜肉搏，并将控制左翼之十九团绕攻敌之右侧，进步甚速，其时正面之敌已有动摇模样。”罗炳辉营作为二十五团的主力，在夜战和近战、拼刺上杀出了威风。2 日，第三军第八师猛攻大庙上，截断万寿宫守敌的退路，同时以第二十五团、二十一团、二十六团向万寿宫突击，恶战两小时，至午后 5 时占领万寿宫，敌全线崩溃。北伐军向南昌城逼近，揭开了血战牛行的战幕。

4日，孙传芳五省联军8万人向北伐军进犯，谢鸿勋部攻铜鼓、修水，卢香亭部犯高安、奉新，陈调元部由武穴出动。战场局势，瞬息万变。同日，北伐军总司令行营于上午9时电令：“第三军着留一部在赣江左岸对南昌之敌监视外，其主力于10月5日由现在地开始运动攻击南昌车站至乐化（乐化车站在内）间之敌。”同日，孙传芳由九江派两列火车运兵2000人至南昌牛行车站构筑坚固工事。8日，牛行车站已经猬集敌军达6000余人，坚守在有掩体和顶盖的战壕内，且正面为平坦的水田，给步兵进攻造成极大不利。与牛行车站隔赣江相望的南昌城，四门紧闭，在章江门敌设大炮4门，给牛行守敌以支援。10日，朱培德闻报：敌3列火车，每列12节，已开到乐化，将开往牛行增援。军情紧急，不容迟缓，朱培德下令总攻。

11日至13日，罗炳辉率部首攻牛行，战斗空前惨烈。炮弹落处，血肉纷飞，经三昼夜浴血鏖战，终于攻入牛行。但因协攻的二十团团长万人敌不敢到火线，躲在后方吸鸦片；二十一团团长彭武扬称病后撤；二十团三营营长在敌炮火最猛烈时贪生怕死、掉头逃跑；再加上奉新方面第一军何应钦所部首先溃退，牵动全局；致使牛行车站得而复失。罗炳辉负伤，遍体浸透了自己的和敌人的鲜血，成了血人。他以惊人的勇敢，怒吼着再次冲入敌阵，部队大受鼓舞，人人奋勇，终于再克牛行。

正在罗炳辉率部准备向残敌发起最后攻击之时，13日午后1时，蒋介石应南昌美国传教士之请，称“徇民众之请，决心变更战略，撤南昌之围”，并在南昌南门外下训令撤围。北伐军将士付出惨重牺牲才换来的胜利，竟成了蒋介石向帝国主义分子献媚的礼品，使罗炳辉愤恨不已！但军令难违，罗炳辉营撤出牛行时，四百人只剩下不足八十人了。

北伐军经短时间休整，再次围攻南昌。罗炳辉也基本恢复健康。11月2日下午1时，第三军经激战占领朝天领、狗子山，3日进攻蛟桥。第二军、第三军、第六军各选三百人组成敢死队，“以百人为一队，三百人为一大队，置大队长一员统率之，组合夜袭。同时俾以相当部队跟进。以一次奋斗突破其阵线，占领其工事地区”，“乘其混乱之际，通过浮桥，占领牛行车站及冲入南昌”。罗炳辉再次建立功勋。8 日，北伐军攻克南昌，孙传芳潜逃南京。在入城式上，原有万余人的第三军只剩下三千多人了。

1927 年 1 月，北伐军分三路进取浙江、上海、安徽、江苏、豫南。中路军由蒋介石兼总指挥，辖程潜的江右军和李宗仁的江左军，沿江东下，追击孙传芳。罗炳辉所在的第三军第九师暂划归程潜指挥，出江西入安徽境，连克芜湖、采石矶，3 月 24 日占领南京。南京打下后，罗炳辉部开往安徽省会安庆驻防。

北伐军出师不到十个月，就以摧枯拉朽之势消灭了北洋军阀吴佩孚、孙传芳的主力，从广州打到武汉、南京、上海，席卷了半个中国，沉重地打击了帝国主义和封建军阀在中国的统治。但是，北伐战争在它胜利发展的过程中，已经孕育着导致革命失败的因素。中国共产党“在北伐过程中，忽视了军队的争取，片面地着重于民众运动”。像罗炳辉这样的有良好品质和强烈正义感的军官，却没有受到党的多大影响或教育。蒋介石和其他军事首领迅速扩大了自己的军事实力。

戎马十三载，转战千万里，罗炳辉在军事上已经相当成熟。大革命的胜利前景使他欢欣鼓舞。然而，他到安庆没几天，蒋介石就在上海发动了“四一二”反革命政变。罗炳辉对中国富强、人民安居乐业、军队保国安民的理想与热望，在血海中破灭了。

六

蒋介石叛变革命后，武汉国民政府很快向右倾。5 月 29 日，朱培德在江西“礼送”中共党员一百四十余人出境。7 月 15 日，汪精卫在武汉叛变革命。共产党人和革命群众惨遭杀戮，白色恐怖笼罩全国。罗炳辉深深陷入迷惘、矛盾和痛苦思索中。

罗炳辉对北伐军中共产党员的英勇作战和大公无私是敬佩的，对土豪劣绅也深恶痛绝，但是，他对共产主义却无了解，而且还恪守着“军人不问政治”、“军人以服从为天职”的信条。

因此，在“八一”南昌起义时，他所在的第九军（军长金汉鼎）第二十七师（师长杨如轩）第七十九团（团长刘安华）在南昌城外小营盘驻地于睡梦中被贺龙二十军缴械后，当原第三军军官教育团团长朱德找他谈话，要他参加革命时，他对自我标榜为“中山信徒”的朱培德仍然深信不疑，表示愿留在滇军，不参加起义军。这一错误的抉择，使罗炳辉在黑暗中又挣扎了两年之久，并且险些断送了生命。

罗炳辉“不问政治”，政治却要问他。他在防区内主持公道，为贫苦农民说话，遭到了土豪劣绅们的仇恨。他向士兵们演说：“当兵的薪饷只是他的父母兄弟妻子可以吃，因为当兵的人是在烈日炎炎、冰天雪地、饥寒痛苦，尤其是在枪林弹雨中出生入死，这当然是为了革命付出的代价，是应得的钱。如果薪饷被长官吃了，长官买房子就会被火烧，买田地就会被水冲，讨老婆生儿子就没有屁眼。”士兵们拍掌欢呼，可是军官们却对他恨之入骨。他军纪严明，枪毙了两个违法的军官，引起了军官们更大的仇恨。他凭着自己的良知和正义感，扶贫济弱、打压豪强，军官们却据此控告他有“共产党嫌疑”。这一切，反倒唤醒了他先前对共产党人的好感。

1928 年 11 月，在蒋介石集团新军阀以吞并、削弱异己为目的的“陆军编遣运动”中，平日就嫉恨罗炳辉的七十九团团副（副团长）李文彬，纠集部分中级军官，编织了“罗炳辉通共十大罪状”，联名上报南京国民政府、江西省政府、第五路军司令部，亟欲置罗炳辉于死地。

已经爬上了江西省主席兼第五路军总指挥高位的朱培德，见事情已闹大，怕生出什么变故，就设计把罗炳辉骗上停靠在吉安的小火轮，船到南昌，才宣布罗炳辉已经被遣散了。

罗炳辉愤怒至极，去面见朱培德。朱培德对他说："你有很大战功，为人也忠诚坦白，就是火气太盛，难与同事相处。此次裁撤，五路军六个师裁掉了四个，撤了总指挥部、两个军部、四个师部和八个团部，遣散官兵一万多人。被裁军官两千多位，都不肯走，我不能为你一个人而得罪大家呀！"罗炳辉没有想到朱培德会这样对待自己，激愤地说："我来见省主席，一不是要官做，二不是要钱花，炳辉也决不做害民的官。只要人格在，挑葱卖菜也是一生，何必军马大刀！"

朱培德总算还念旧情，他写了一封亲笔信给广东省主席陈铭枢，介绍罗炳辉去广州谋职。12 月底，罗炳辉和三百多名被遣散的滇军弟兄乘船由九江到达上海。还差几天就是 1929 年元旦，花花世界的大上海到处是一片庆祝"编遣胜利"的喧嚣。罗炳辉和他的滇军兄弟们穷困潦倒，忧愤感伤，前途渺茫，觉得是受了新军阀的欺骗。特别是在北伐战争中负伤致残的兄弟，更觉得前途无望。罗炳辉拿出自己的积蓄周济他们，也属杯水车薪。春节临近了，他们买好轮船招商局新华号快轮 1 月 10 日开广州的船票，罗炳辉是去广州谋职，绝大多数兄弟都将在香港下船，然后取道安南（今越南）回云南故乡去。

1 月 10 日，新华轮因故未开，延至 11 日开船。11 日，罗炳辉正要上船，突然遇到了一个多年未见的老朋友，老朋友强行挽留他在上海多住几日，他只好临时退掉了船票，与滇军兄弟挥泪而别。17 日，罗炳辉正在旅馆中闷坐，那位朋友一路嚷着闯了进来，说："炳辉兄，你要给我救命钱了！"原来，新华轮驶离上海后，于 16 日凌晨 4 时在距香港 12 英里的洋面上触礁沉没了！罗炳辉幸免于难。6 天后查明，在这次海难中共淹死 400 多人，仅 18 名水手船员和 3 名乘客逃生，300 多名滇军兄弟全部惨死海底。1929 年 1 月 17 日上海《民国日报》载《招商局新华轮触礁全部覆没》。同日《申报》也发表此海难消息。18 日上海《民国日报》载《新华轮保险三十万》："闻搭客中退伍兵返粤、桂者亦颇不少。"22 日又载《新华轮调查员明日启程，总商会请彻底严查》说罹难者"除少数苏浙籍外，仍以滇籍为多……”

罗炳辉沉浸在悲痛和愤懑中。这些和自己同生死、共患难的袍泽和兄弟，有的在讨袁护国中流过血，有的在北伐战争中立过功，这些国民革命的功臣，被蒋介石新军阀一脚踢开，最终竟悲惨地葬身海底，而且“淹死之尸体多在船内一时无法捞出”。云南的荒村茅舍中又增添了多少孤儿寡母！而江西方面又不断传来朱培德、王均、金汉鼎率滇军“剿共”的消息。这一切，都给罗炳辉以巨大的精神刺激。他逐渐看清了该走的人生道路，半年后，他就义无反顾地把“拣来的一条命”献给了无产阶级。

2 月，罗炳辉到广州，受到广东省主席陈铭枢的热情款待。一位军界朋友推荐罗炳辉去担任黄埔分校中校区队长，罗炳辉婉拒了。不久，他便决意离粤。

3 月，罗炳辉取道上海返回南昌，偕妻子杨厚珍到高安县居住。杨厚珍是江西瑞金人，1901 年出生在一个富裕的米商家庭。此时，有人推荐罗炳辉担任高安县公安局局长，高安县县长刘振群在北伐战争中是罗炳辉部下的一个连指导员，现在看见罗炳辉落魄了，态度便十分倨傲，官气和架子十足。罗炳辉哪里能受得了这个！就当众吐了他一脸唾沫，怒骂：“老子革命是替你们这些人革的吗?”原公安局局长毛正先是个反动军人，曾于 1927 年 3 月制造残杀共产党员的“高安惨案”，他不肯向罗炳辉交职，被罗炳辉打了一记耳光。自从罗炳辉回江西后，就不断听到朱德、毛泽东转战闽、粤、赣的消息，还见到过红军写下的标语，早就萌发了拉队伍、投朱毛的念头。

罗炳辉决定策动县政府的老兵，杀掉县长和劣绅，拖枪上山当红军。此事为刘振群侦知，打电话向省政府告急，说罗炳辉要暴动。罗炳辉来不及组织，星夜避走南昌，后托人疏通，才使事态平息。

至此，罗炳辉已经决心先掌握一支武装，然后再图大举了。

七

1929 年 6 月 1 日，江西省吉安县富田、新安、新墟、陂头、值夏、白沙、永和、水东八市（这里的市相当于乡）联防县靖卫大队成立。时任江西省“剿匪”副总指挥兼陆军第十二师师长的滇军故旧金汉鼎电召罗炳辉就任大队长。

吉安是江西西南部的政治、军事、经济和文化的中心城市，旧设州、路、府，辖永丰、吉水、泰和、万安、永新、宁冈、安福、峡江等八县。地势险要，“南挕赣江，北键玉峡，东西控临川、长沙，神冈前峙，螺山后踞，江流东走其下，青原、瑞华诸山夹立而拥护。江西诸郡，独称雄奇”。吉安县靖卫大队对八个县的靖卫队起指导的作用。

罗炳辉就职后，首先将各区、乡靖卫团队的枪械全数收缴。接着，补充进散落在江西的滇军旧部，把成立时的 1000 多人清除掉 500 多人，凡是地主豪绅的走狗爪牙和打手，统统清除出去。再编为 3 个中队，9 个分队，进行严格的纪律约束和正规的军事训练。队员中如果有欺压群众的，定给予严厉的惩罚。罗炳辉的一系列措施，激起了地主豪绅的极大不满，他们惊恐地抱怨说：“这哪里还像靖卫队？简直是在搞赤化！”

吉安县县长冷照昇一开始还想拉拢罗炳辉，他讥讽罗炳辉不会做官，说自己当县长才九个月，已经弄到了五六万元。冷是四川人，他和罗炳辉拉大同乡关系，传授他的为官之道。罗炳辉严正拒绝：“像你这样的贪官污吏，应该打倒。”冷照昇见罗炳辉不开窍，就拿自己的做官经验来开导罗炳辉：“做县长一要会做公婆，二要会做阎王老虎，三要会做小媳妇。对地方商绅财主是公公婆婆，对无知百姓是阎王老虎，对上司和军队是小媳妇。”罗炳辉说：“做这样害民的官，我看还不如死掉干净！”冷照昇见拉拢不成，冷笑着说：“你老弟脾气不改，恐怕日后会有好戏看的!”

整训结束后,靖卫大队奉命到东固地区“剿匪”,所到之处,人民群众逃避一空,与三年之前人民群众扶老携幼夹道欢迎北伐军的情景,形成了极为强烈的对比。这使罗炳辉十分感慨。墙壁上书写的红军标语,一条条重重敲击着罗炳辉的心弦。被抓来的穷苦农民,地主豪绅们说他们是“匪”,可是他们都有和罗炳辉少年时代相同的苦难经历,在受审时都说:“当顺民就要饿死,当红军才有饭吃。”罗炳辉下令:给他们饭吃,统统发钱释放。

吉安全县轰动了,豪绅地主们纷纷提出了抗议。罗炳辉在回答他们的责难时说:“没有饭吃的人是杀不完的。吉安县有三十多万农民,绅士不足两万。把他们杀完了,诸位靠谁来养活?”地主豪绅们无奈,又生出一计:分组随军,监督罗炳辉。罗炳辉根本不予理睬。

7 月,中共党组织派赵醒吾到吉安找罗炳辉,晓以大义,畅谈三日。赵是云南宾川县人,1924 年入党,是滇军故旧。这次长谈,使罗炳辉在黑暗中见到了光明,他尽情倾吐了自己的苦难家世和艰难摸索,要求加入中国共产党。几天后,中共赣西特委书记刘士奇、中共江西省委军委书记蔡昇熙两人潜赴吉安,与赵醒吾一起跟罗炳辉正式谈话,并主持了罗炳辉的入党仪式。罗炳辉在党内使用化名:罗南煌。

罗炳辉秘密入党后,遵照党的“保持灰色,发展武装,待机而动”的指示,安排可靠的人打进永新、泰和、万安、吉水、峡江、永丰等县的靖卫大队,控制武装;还利用自己手中的权力,营救被捕同志,保护党的组织,成为插进敌人心脏的一把钢刀。

在此期间,朱培德、王钧、曾万钟等滇军故人还不断写信给罗炳辉,有的邀他回军队任职,并许以高位。已经是共产党员的罗炳辉当然轻蔑地拒绝了。

7 月底,指责罗炳辉“通共”的风声渐起。为防不测,8 月间罗炳辉率领县靖卫大队离开吉安城,到值夏镇驻扎。值夏镇位于吉安东南四十华里处，东面不远就是红色区域东固山区。罗炳辉把第一中队安置在水北罗家村渊泉堂，第二中队驻扎在增缨堂，他自己亲率第三中队驻守在扼守着向北大路的竹山村，并且赶走了随队监视的反动军官，半公开地向士兵们宣传起革命道理来。

“罗大队长已经赤化！”数百名豪绅地主联名上书吉安驻军湘军第五十师成光耀旅长，告发罗炳辉有“通匪纵匪之罪”。再加上罗炳辉已很警觉，轻易不进吉安城，就更加深了敌人的疑心。

9 月底至 10 月初，中共江西省委开会讨论决定了全省政治、组织、军事的总布置，期望发展全省的武装斗争，响应一二省政权的夺取，以推进全国总暴动的到来。省委决定:“特别是立即发动和扩大吉安与湖口两处的地方暴动。”中共赣西特委坚决执行了这一决定，并同意了罗炳辉提出的在 11 月 7 日举行赣西几县总暴动的建议。

10 月 10 日，中共赣西、赣南两特委同时被国民党当局破获，赣南特委损失惨重，赣西特委团的负责人被捕三四人。罗炳辉的身份暴露了。此时，原县长冷照昇已被解职，由更加反动的彭学游继任县长。彭学游是江西安福人，他早就知道罗炳辉有“异志”，马上设下圈套，以调靖卫大队回城点验、发饷、领取军械和冬衣为借口，急令罗炳辉率部回城，借此逮捕。

罗炳辉从一道道急迫得异乎寻常的返城命令中，察觉到了形势的严重。正在此时，他收到了曾山代表中共江西省委写来的一封密信，信中告诉罗炳辉赣西、南特委有许多机关被破获，已从北路撤退，党命令罗炳辉率部起义。罗炳辉下令封锁消息、检查邮件。10 月 11 日，罗炳辉截获吉安豪绅地主唆使第二中队哗变的密信。第二中队中残留的反动分子较多，而且中队长张慕良率二十余人去宣化、永福两乡催收丁漕，逾期不归。10 月 14 日晚，第二中队队副邓世斌借深夜查岗为名，潜逃吉安。情况十分危急，原定 11 月 7 日举行的数县总暴动只得提前，在值夏一处发起了。

10月15日凌晨4时，巍巍天梁山下，滔滔萧昌河畔，值夏镇之北的水北罗家村里，响起了激越的军号声。罗炳辉在增缨堂前集合全队，宣布起义，士兵们一片欢腾。

罗炳辉全副武装，骑着白马，走过萧昌河上的福星桥，率队向东固山区进发。日出时分，进抵新墟。刘士奇、蔡昇熙、曾山、曾炳春等负责同志在街口迎接，红区群众敲锣打鼓，送茶送饭，热烈欢迎起义军。罗炳辉命令列队，激动地对士兵们说："从现在起，我们就是共产党领导的红军了！"他带头摘下军帽，撕下青天白日帽徽，踩在脚下，激动得哭了起来。

10月16日，吉安起义部队开回到值夏镇，在青云台召开了有近万名群众参加的暴动大会。罗炳辉在大会上说："三天前我们是来'剿匪'，'剿'谁呢？'剿'我们的农民弟兄、劳苦大众。三天后，我们扛着红旗回来了，也来当'匪'了。谁才是真正的匪呢？不是我们，而是国民党新军阀，是吃民肉、喝民血的贪官污吏、土豪劣绅。他们才是真正的匪类！我们要暴动起来，打倒他们！"起义部队宣布改编为中国工农红军独立第五团，罗炳辉任团长，匡一心任政委。会上提出斗争口号：1.推翻国民党反动政府；2.废除苛捐杂税；3.打倒土豪劣绅；4.烧毁契据借约；5.实行土地分配。群众大会后，在陂头万寿宫成立了暴动指挥机关：纯化区革命委员会。群众的革命热情像火山爆发一样迸发出来。暴动歌声响彻云霄："我们大家来暴动，消灭恶霸地主，农村大革命！杀土豪、斩劣绅，一个不留情。建立苏维埃，工农来专政。实行共产制，人类庆大同，无产阶级世界革命最后的成功。中国国民党，反动大本营，新军阀，反革命，屠杀我工农。仍用旧官僚，苛捐更加重，勾结美日，卖国卖人民，大家起来，努力打倒这个死敌人！"

吉安起义的爆发，振奋了在白色恐怖下坚持斗争的江西人民，发展了红军，扩大了赣西南革命根据地，给国民党新军阀以沉重的打击。吉安城内一片惊慌。

11 月，成光耀率部渡赣江进犯。罗炳辉指挥反击，经 3 日纠缠激战，迫使敌人向白沙、吉安收缩。12 月 15 日，罗炳辉率部趁着漫天大雪，奔袭与吉安城隔江相望的水东，重创从南昌来援的江西省保安第三团第一中队，缴枪百余支，震慑了吉安守敌。仅两个月，罗炳辉部就由四百余人猛增到近两千人。

12 月，罗炳辉与彭德怀、黄公略会师于遂川。年底，以东固、延福为中心的赣西红色区域和以兴国、宁都、雩都为中心的赣南红色区域连成了一片，赣西南革命根据地初步形成。

1930 年 1 月，红六军组建，黄公略任军长，罗炳辉任第二旅旅长。

2 月，罗炳辉与朱德、毛泽东率领的红四军会合于东固山区。

2 月 7 日至 9 日，罗炳辉出席了在陂头召开的红四军前委，红五、六军军委与中共赣西特委联席会议（即二七会议）。在毛泽东主持下，会议研究了武装群众、扩大红军、建立红色政权、分配土地等重大问题，使罗炳辉深受教育，极为振奋。会间，罗炳辉与毛泽东首次见面，畅谈彻夜，相见恨晚。罗炳辉看见毛泽东、朱德身上的棉衣又薄又破，就设法买了几匹斜纹布送给他们缝制新衣，毛泽东说：“战士们衣裳更单，先给战士做吧。”

2 月中旬，红军摆开阵势，围困吉安。2 月 23 日，号称“铁军”的敌唐云山独立第十五旅汹涌来犯。毛泽东和朱德倾听了罗炳辉对敌情、地形的详细分析，决定分兵两路，由毛泽东和朱德率一路由水南向施家边、古卢进击，由罗炳辉率另一路自三星桥向茶家山、值夏进击，经 24 日战水南、26 日战施家边，大败唐云山旅，缴枪 2000 余支，其中有机枪 18 挺，迫击炮 10 余门，子弹五六十担，获空前大捷。

2 月底，罗炳辉率部配合彭德怀部攻吉水，未能成功。红四军和红六军移师南下，攻赣州未克，遂分兵开展游击战争。

3 月至 5 月，罗炳辉率部征战于赣江以东、武夷山以西的广大区域，在万安、赣县、雩都、兴国、宁都、广昌、石城等县开展游击战争，打土豪，分田地，建立党的组织和各级政权，为创造中央革命根据地奠定基础。

5 月，红六军改为红三军，罗炳辉任红三军第二纵队司令员。

八

1930 年 6 月"汀州整编"，成立了中国工农红军第一路军。朱德任总指挥，毛泽东任政治委员，下辖红三、四、十二、二十军。罗炳辉任红十二军副军长，代军长职。7 月，第一路军改红一军团，下辖红三、四、十二军，以黄公略、林彪、罗炳辉分任军长。

6 月 11 日，在李立三主持下，中共中央在上海召开政治局会议，通过了《新的革命高潮与一省或数省的首先胜利》决议案，命令红一军团攻取南昌。6 月 23 日，红一军团从长汀出发，经兴国，7 月 24 日克樟树，并西渡赣江，27 日克高安。为纪念南昌起义三周年，罗炳辉率部于 8 月 1 日进抵南昌城对岸的牛行车站，向南昌鸣枪示威，赣敌一片惊慌。8 月 23 日，红一、三军团会合于湖南浏阳永和市，成立红一方面军，攻长沙不克，回师江西，10 月 4 日攻占吉安。罗炳辉部进至峡江、新喻、崇仁、南城一带开展工作。

11 月，蒋介石纠集 10 万兵力，采取"并进长追"、"分进合击"的战略，西自吉安、东至建宁，向红一方面军发动第一次"围剿"。红军按照毛泽东提出的"诱敌深入"方针，放弃东固，将主力退至宁都县黄陂、小布地区隐蔽集结，仅留罗炳辉率红十二军第三十五师担负诱敌任务。在从 12 月 16 日起的 10 多天里，罗炳辉率部且战且走，故意丢下一些军需品，佯作溃退，成功地把公秉藩、张辉瓒诱向富田、东固、龙冈。12 月 28 日，敌前线总指挥兼第十八师师长张辉瓒进入龙冈地区。29 日夜，红军分两路秘密西进，包围龙冈之敌。30 日，红军发动猛攻。罗炳辉红十二军任左翼，占领万公山，以主力切断通南龙之大道。龙冈一战，全歼敌十八师师部和两个整旅，俘张辉瓒以下 9000 余人。红军龙冈大捷，蒋军全线动摇。敌十八师残部和敌二十四师、二十八师、五十师分别向富田、头陂、东固、东韶逃跑。

1931 年 1 月 2 日，毛泽东、朱德在宁都小布发布《进攻东韶之敌的命令》，命令罗炳辉率红十二军担任正面攻击任务，经南田、林池，直抵东韶。1 月 3 日上午 7 时，红十二军趁着晨雾迷蒙，从西面直扑东韶。彭德怀率红三军团亦发起强攻。激战至午，敌据黄泥寨高地顽抗，红军受阻。罗炳辉奉总部命令，以一部抢占比黄泥寨高的雪崖垴，居高临下，猛烈射击，以另一部配以梭镖队连续发起仰攻，经激战全歼守敌。红军各部，冲进东韶。东韶一战，歼敌第五十师一半，毙、俘敌六千余名。还缴获了一架无线电台，不久创建了红一方面军的第一个无线电大队。

红军在五天里打了两个大胜仗，粉碎了国民党发动的第一次“围剿”。战后，毛泽东高度评价了红十二军成功诱敌的功绩，称赞罗炳辉是“牵牛鼻子的能手”。

第一次反“围剿”胜利后，红军转入训练，原地分散筹款，发动农民分田。罗炳辉率红十二军南北转战，2 月 27 日克石城，3 月 26 日解放瑞金。

1931 年 4 月，国民党调集二十万兵力，以何应钦为总司令，发动了第二次“围剿”，西自赣江，东至建宁，构成七百华里弧形阵线，采用“稳扎稳打、步步为营”的战法，分四路向红军进攻。4 月 19 日，毛泽东、朱德在宁都县青塘签署《战前部队集中的命令》，红军向东固山区隐蔽集结。

5 月 14 日，红军总部电台截获敌王金钰部将于 15 日沿观音崖、九寸岭犯东固，敌公秉藩部亦经中洞犯东固的电报。16 日，罗炳辉部红十二军六十四师会同林彪部红四军，与王金钰部激战观音崖、九寸岭，取得了第二次反“围剿”的第一个胜利。红十二军余部 15 日占领大山垴，牵制了上坊、罗坊、潭头三个方向之敌，保证了 18 日至 19 日水南、白沙战斗胜利的取得，歼敌郭宗华部第四十三师大部和上官云相第四十七师一部，还缴获了两门七五山炮和一百六十多发炮弹。22日，罗炳辉率红十二军为总预备队，支援主力在中村歼灭敌高树勋第二十七师近一个旅，取得第二次反“围剿”的第三个胜利。敌朱绍良部第六路军各师于23日向广昌、南丰逃窜。26日晚，毛泽东、朱德、彭德怀、黄公略、罗炳辉在苦竹召开总前委第二次会议，决定攻取广昌城。27日，红军三路进攻广昌，罗炳辉率红十二军为右路，经头陂、新安，从城南攻城，反复冲锋，牺牲甚重，被迫停止进攻。晚，朱绍良带毛炳文师和许克祥师潜逃南丰，敌军心浮动。晚9时，红军发动猛攻，终克广昌。28日，总前委决定以一部佯攻南丰，麻痹敌人，以彭德怀率红三军团和罗炳辉率红十二军（欠三十四师），突袭福建建宁。建宁城三面环濉溪河，一面依龙堡山，地势雄险，城高壕阔，易守难攻。敌刘和鼎第五十六师以全副德国装备的七千人守城，气焰十分嚣张。红军以惊人的速度飞越武夷山，29日拂晓，彭德怀部为左翼，取溪口街，占青云岭，直扑建宁北门；罗炳辉部为右翼，过沙板桥，越雷钵岭，直迫建宁南门。敌顽强抵抗，红军伤亡甚重。罗炳辉纵观全局，当机立断，命令不惜任何牺牲，强渡濉溪河，占领与南门隔河对峙的水南高地，俯射南门之敌；并分兵绕马房村北取东山，控制万安桥，攻击东门。此时，彭德怀红三军团击溃龙堡山守敌，完成了对建宁的四面合围，城中守敌大乱。毛泽东、朱德登上龙堡山指挥，红军更加英勇。罗炳辉部攻击东门部队占领敌东山炮台，以猛烈火力扫射敌军。红三军团也突破北门城墙。罗炳辉呐喊着率部攻入南门，穿南门广场，直捣刘和鼎师部。南门广场上停着许多马匹，马背上都驮着麻袋，战士用刺刀一捅，哗哗流出的全是洋钱。当罗炳辉冲入敌师部时，敌刚刚逃遁，连桌上的电报、公文也没来得及收，敌残部挂白旗投诚。此役歼刘和鼎师三个多团，刘和鼎穿便服乘谷桶渡河逃命。

红军“七百里驱十五日”，五战五捷，歼敌3万余人，缴枪2万余支，取得了第二次反“围剿”的胜利。罗炳辉以行军神速，被闽赣一带群众呼为“罗炳飞”。

建宁大捷后，红军转入战略进攻。罗炳辉率领红十二军一部和红三军团第八军第六师彭雪枫部，向泰宁、将乐追击残敌，连克泰宁、将乐、顺昌，直迫邵武、光泽，开辟了广大地区。

6月2日，总前委决定红十二军在建宁、宁化、汀州、瑞金、石城、广昌等县开展土地革命，筹集款项，扩大红军，加紧部队训练。6月28日至7月1日，毛泽东连续给红十二军军委写了三封信，进行具体指导。

7月，蒋介石自任总司令，随带德、日、英国军事顾问，统兵三十万，采取“长驱直入，三路合击”的战略，发动了第三次“围剿”。分散在闽西各地的红军，未及休整，匆匆千里回师赣南。7月31日，当红军由兴国向富田开进时，被敌发觉。敌陈诚率第二路进击军两个师直趋富田。红军不得不变更计划，转进兴国县高兴圩，然后从中间突破。8月7日，红军战莲塘，歼敌上官云相第四十七师一个多旅。8日战良村，歼敌郝梦龄第五十四师两个团。11日战黄陂，歼敌毛炳文第八师四个多团。红军三战三胜，缴枪万余支，移君埠休整。

蒋介石虽遇挫败，仍实现了他的战略意图，自8月9日起，以密集包围压缩红军于君埠以东的狭小地区。战争形势十分危急。11日半夜，毛泽东向罗炳辉交待任务，要红十二军伪装主力向东北突围，吸引走敌军主力，掩护红军主力南移兴国。

12日晨，罗炳辉率部扬旗鸣号，大张声势，伪装主力突围。蒋介石举棋不定，派飞机侦察。罗炳辉命令拉长队形，排拉成连的架势，连拉成营的架势，在干燥的大路上拖着树枝，扬起漫天灰尘，浩荡北进。敌机从空中看下去，只见红旗无数、烟尘滚滚，足有3万红军全数北上的气势！蒋介石上当了，挥师汹涌追来。

为了使蒋介石把钩子咬得更紧，罗炳辉发动全军，大摆迷魂阵：在岔路口，写“三军团由此向北”、“四军向东前进”等留言；宿营时，多设土灶，多号房子，在门板上大写留言“某某同志速到前面找我”，署名都是红军将领名字。待敌人把钩咬紧之后，罗炳辉命令哪座山高爬哪座山，哪条路险走哪条路。这对于装备笨重，缺乏素养的蒋军来说，无异是一种酷刑。罗炳辉牵着蒋军，经白沙、藤田，到乐安的大、小金竹，在崎岖山道上“游行”了半个月，蒋军苦不堪言，肥的拖瘦，瘦的拖死，劳师辗转，处处扑空。等到蒋介石发现上当，红军主力已休整半个月，而蒋军已被拖得疲惫不堪、丧失进攻能力了。

9 月初，蒋军开始总退却。红军乘势反击，9 月 7 日战老营盘，歼敌蒋鼎文第九师一个旅；15 日战方石岭、张家背，歼敌韩德勤第五十二师及蒋鼎文第九师一部，韩德勤被俘后谎称自己是伙夫逃脱。至此，红军在 75 天中，歼敌 3 万余人，缴枪 2 万余支，取得了第三次反“围剿”的胜利。罗炳辉获得了“神行太保”的美誉，罗部则被称为“双脚骑兵”。

第三次反“围剿”胜利后，苏区和红军有了很大发展，苏区发展到 21 个县，人口达 250 万人，红一方面军也增至 4 万余人。通过三次反“围剿”战争，如同毛泽东后来所总结的那样：“全部红军作战的原则就形成了。”依靠群众进行人民战争；把游击战和带游击性的运动战作为主要作战形式；实行战略的持久和战斗战役的速决，战略上的内线作战和战役战术上的外线作战，战略上的以少胜多和战役战术上的以多胜少，诱敌深入，集中兵力在运动中歼敌。这些战略战术原则，丰富了马列主义军事学说。其间，罗炳辉为之作出了重大的卓越的历史贡献。

11 月 7 日至 20 日，中华苏维埃共和国第一次全国代表大会在瑞金召开，宣告中华苏维埃共和国临时中央政府成立。罗炳辉当选为中央执行委员。

1932 年 2 月 1 日，江西军区、福建军区同时成立，陈毅、罗炳辉分任和兼任司令员。10 月，罗炳辉任红二十二军军长。他率部纵横驰骋于赣南、闽西、粤北，4 月克永定、漳平，7 月战水口，8 月战乐安、宜黄，11 月战龙岩、南城，12 月战连城，雄姿英发，战功卓著。

第四次反“围剿”中，蒋介石采用“分进合击”战术，1933 年 2 月犯广昌、南丰。红军在周恩来、朱德指挥下，灵活运用前三次反“围剿”的经验，采用大兵团伏击战法，一战黄陂，歼敌两个师；二战草台冈，歼敌一个多师，粉碎了敌人的“围剿”。周恩来誉罗炳辉部为“战略骑兵”。

1933 年 9 月，蒋介石自任总司令，以 100 万军队、200 架飞机，向各革命根据地发动第五次“围剿”，其中，直接进攻中央革命根据地的兵力达 50 万人。10 月 28 日，中央革命军事委员会命令成立红九军团，罗炳辉任军团长，蔡树藩任政委。在王明“左”倾机会主义路线领导下，红军奋勇搏杀，虽在硝石战役、高虎垴战役、广昌战役中取得一些局部胜利，却扭转不了全局的被动和节节败退。罗炳辉等红军高级将领忧愤莫名。

1934 年 7 月 8 日，罗炳辉在石城接中央军委电令，护送由红七军团改组的中国工农红军北上抗日先遣队东进。罗炳辉率红九军团经禾口、宁化、清流、嵩口，7 月 19 日强渡九龙溪，22 日包围永安城，27 日到尤溪掩护先遣队渡过闽江，并袭占樟湖板，牵制敌军，保证了先遣队安全北进。完成任务后，红九军团将缴获的大批苏区奇缺的火药、食盐、药品，运回中央苏区，受到了中共中央的表扬。在数百里艰苦行军中，罗炳辉带头挑着重担，冒着酷暑，翻山越岭，使战士们受到极大鼓舞。

10 月 7 日上午 10 时，中革军委主席朱德电令罗炳辉率部于 9 日晨到达古城、瑞金间。21 日，红一方面军所属一、三、五、八、九共五个军团，护卫中央机关，开始了长征。

九

长征开始后，红一、八军团为左翼，红三、九军团为右翼，红五军团为后卫，掩护庞大的中央纵队转移。10 月 21 日至 23 日，红军在古陂、新田间突破第一道封锁线。红九军团在大庾黄龙阻敌，付出了很大伤亡。11 月 3 日至 5 日，红军从汝城、仁化间突破第二道封锁线。红九军团在文明阻敌，激战六小时。在夜过九峰山时，红一军团第二师第四团团长耿飚和政委杨成武赠送战马给罗炳辉。11 月 13 日到 15 日，红军突破第三道封锁线。罗炳辉率红九军团 21 日克湖南江华县城，开仓济贫，扩大红军 150 多名。江华是红一方面军长征中攻克的第一座县城，全军振奋。25 日，罗炳辉率红九军团克永明，打开当铺和粮仓，把财物、粮食分给当地和跟随红军从道县、江华而来的成千上万的贫苦农民。26 日，罗炳辉以一部佯攻湘桂边界上的龙虎关，迫使桂敌李宗仁、白崇禧放弃兴安、灌阳湘江防线，调恭城、富川防堵。调敌成功后，罗炳辉命令前锋改为后卫，连夜折回永明，复大踏步北上，克永安关，越都庞岭入桂，造成了桂敌更大的慌乱。29 日，红军掩护中央机关在界首等地强渡湘江，突破第四道封锁线。12 月 1 日，红军经浴血奋战，渡过湘江。至此，红军已损失近三分之二，由出发时的 8.6 万余人，锐减为 3 万人。

中共中央采纳了毛泽东的正确主张，改向贵州进军。黎平会议后，罗炳辉红九军团和林彪红一军团为中央红军的右路，21 日占剑河，25 日克镇远，26 日取施秉，29 日下余庆，红九军团于 1935 年 1 月 2 日在回龙场渡过乌江，连克湄潭、凤冈、绥阳，构成了遵义的东北屏障。

遵义会议后，红军 1 月 29 日在土城、猿猴等处一渡赤水河，图渡长江北上。罗炳辉率部北占习水，南下土城，掩护主力渡河，进入川南叙永、古蔺地区。蒋介石察觉了红军的意图，急令川敌刘湘部以 12 个旅 36 个团严密封锁长江，并电令其余各部向川南合围。红军北渡江已不可能，2 月 3 日，中革军委命令红军各部向西进入云南扎西地区。

为鼓起士气，蒋介石 2 月 9 日“重行悬示匪军各匪首擒斩赏格”。云南《民国日报》1935 年 2 月 15 日载“赏格”为：“（一）朱德、毛泽东、徐向前，生擒者各奖十万元，献首级者各奖八万元。（二）林彪、彭德怀、董振堂、罗炳辉，生擒者各奖八万元，献首级者各奖五万元。（三）周恩来、张国焘、项英、王稼祥、陈昌浩，生擒者各奖五万元，献首级者各奖三万元。（四）王宏坤、王树声、何畏、孙玉清、余天云、王维舟、刘伯承、叶剑英、倪志亮、暨伪中央政委、伪军团政委、伪军长等匪首，生擒者各奖三万元，献首级者各奖二万元。”其中，以“生擒者奖八万元，献首级者奖五万元”来买罗炳辉的生命。

云南之敌以为云南人罗炳辉将引红军入滇再图入川，更是惊恐万状。云南《民国日报》1935 年 2 月 13 日载：“赤匪通过叙永后，意欲窜逃筠连渡江，被高、珙两县之川军防堵甚严，匪计不得逞。适匪内有滇人罗炳辉，因熟习本省地情，乃献计趁我军未到达前，拟由威信小道偷过盐津，再窜绥江，企图渡江入川。朱、毛各匪首乃亲率万余人，依计而行。”

北渡长江不可能，川南一隅亦不可守，红军只能于 18 日至 20 日在太平渡、二郎滩二渡赤水，返回黔北。罗炳辉部激战娄山关，歼敌潘文华部两个团。红军 25 日克桐梓，27 日再占遵义。

蒋介石急切寻找红军决战。红军却出敌不意，于 3 月 16、17 两日在茅台三渡赤水，再入川南，摆出仍要北渡长江的姿态。蒋介石命各部向川南合围，并将兵站、医院、建碉堡用的建筑材料源源运往川南。红军却虚晃一枪，突然东折，于 21、22 两日在太平渡、二郎滩等地四渡赤水，向南疾进。

在红九军团掩护下，一、三、五军团护卫中央纵队，于 29 至 31 日抢渡乌江，跳出了敌人的合击圈，把敌人甩在川南、黔北，复兵临贵阳，调出滇敌，西进云南，北渡金沙江，就此跳出了几十万敌军的围、追、堵、截，取得了长征中具决定意义的伟大胜利。

——然而，红九军团却因为在完成掩护任务后已经根本无法按指定时间赶到乌江渡口，浮桥被拆，被阻困在乌江北岸。南横天险，北、西、东三面是敌，与中央的电讯联系又告中断，红九军团陷入绝境中。

军团长罗炳辉和军团政委何长工临危难而不惊慌，他们严厉批评了个别领导的绝望情绪，迅速稳定了军心，毅然掉头向西北插进，开始了在红军长征史上独具光辉的艰苦卓绝的单独行军。

红九军团的掉队，在客观上，却形成了红一方面军夹江而陈的阵势。这就造成了蒋介石判断的错误，他不敢在北线防堵上稍懈，徒耗大批兵力。再加上红军主力佯作东进入湘，这样一来，当红军分兵进逼贵阳时，蒋介石不能从北线、东线调兵救驾，唯一可行的就只能是调云南敌军驰援贵阳了。而毛泽东当时就说："只要能将滇军调出来，就是胜利。"调出滇敌，滇境空虚，红军才得以大踏步西进，巧渡金沙江。红九军团于此立功至伟。

4月1日，罗炳辉率红九军团从沙土西进狗场（今金沙县中心乡）。3日，在老木孔以东二十余华里的菜子坳伏击黔军魏金镛部的两个团，并猛追残敌，切断了尾巴。5日，翻越倒压大山，经泮水、石桥、里毛（今名农里）、石俾佬（今名石场），于7日伪装蒋军，不费一枪一弹，袭占大定县长石。8日，仍伪装蒋军奇袭瓢儿井，在此休整三天，扩大红军三百多人，同时打开官绅盐仓，把食盐分给穷人。16日，红九军团进抵毕节海子街、毛基场。再急行军南下大定县猫场，遭敌偷袭。复经大兔场（今纳雍），渡纳雍河，抵水城县茨冲。在当地群众帮助下，于21日渡北盘江，经普古、苏座、鸡场坪、断江，25日进入云南平彝（今富源）。

进入云南后，中革军委电令红九军团继续单独行军，以迷惑和牵制敌人。罗炳辉命部队离开羊肠小道，踏上滇黔公路，佯设红军番号，伪装主力北上，26日克板桥，27日占领滇东北重镇宣威，查抄县政府，打开监狱，把官绅财产分给穷人，还缴获了大批火腿。蒋介石唯恐红九军团北上，急派两师往威宁防堵。罗炳辉却率部大踏步西进，5月2日克会泽。在会泽，红军公审并枪决了敌县长杨茂章和唐继尧的舅舅、豪绅刘善初，分发官绅财产，扩大红军1500多人，还缴获了大批枪支弹药、几十匹骡马和6万多银元。

红九军团离宣威西进会泽时，罗炳辉巧用奇兵，示敌以南下板桥，给蒋介石摆下迷魂阵，蒋介石再次作出错误判断："罗匪感日（27日）窜宣威，当晚仍回窜板桥。"蒋介石29日电令李韫珩师："限艳日（29日当天)到松韶关,30 日以一旅守备威宁,以一旅守备宣威,并搜剿罗匪。”松韶关在宣威之南近两百华里。当蒋军向该地猛扑时,罗炳辉却率部在两百多华里外大踏步西进,这不能说不是一出极富滑稽意味的活剧。

5 月 1 日,红九军团已迫近会泽,蒋介石下达的命令却是一团迷茫的“详侦罗匪行踪,痛剿并电告”。5 月 6 日,红九军团已经胜利地渡过金沙江进入四川,蒋介石还在电令:“第五十三师限删日(15 日)在(云南)会(泽)巧(家)间地区歼灭罗匪。”直到 5 月 10 日,国民党报纸才颓丧地宣布:“罗炳辉匪部,已于 5 日午后在会泽西方之树节(距会泽约百七十里)附近,利用多数盐船,渡过长江。”

红九军团进入四川后,沿金沙江北上,至与云南巧家县城相对的渡口,与敌隔江相峙,以牵制敌军,配合红军主力自 5 月 8 日至 16 日对会理的 7 日围攻。5 月 16 日,红九军团北上,穿越彝族区,于 5 月 21 日在西昌正北的礼州,与彭德怀红三军团胜利会师。结束了历时 52 天,穿越黔、滇、川三省 17 个县、行程 3000 多华里的单独行军,在长征史上写下了光辉的一页。

会合主力后,红九军团与川敌刘文辉部三个团激战泸沽梳妆台,将敌击溃,复北穿冕宁彝族区,进抵大渡河畔安顺场,与渡到对岸的红一师夹江北上。夺取泸定桥后,奉军委命令坚守泸定桥。

罗炳辉在泸定桥即大病不能饮食,几乎死去。他以顽强的毅力,率部直插天全河上游,连夺两座铁索桥,进占紫石关。6 月 4 日到紫石关当晚,罗炳辉病势愈重,呼吸困难。深夜,毛泽东、朱德、周恩来联名给罗炳辉发来“万万火急”电报,命他不惜任何牺牲,星夜夺取天全县城,以挽救危局。罗炳辉以惊人的意志力支撑着极度虚弱的躯体,立即率队出发,经激战,击溃守敌杨杰生部,5 日中午攻入城内,冒着敌机轰炸,找船接渡红一、三军团先头部队,接着又猛击天全两个旅的逃敌,直追过始阳镇到飞仙关的铁索桥。完成任务后,罗炳辉两眼一黑,昏倒在地,抢救三小时才苏醒。第三天深夜,周恩来要参谋接通了飞仙关的电话，向罗炳辉表示亲切慰问。

红一方面军翻越过终年积雪的夹金山，6 月 14 日与红四方面军会师于懋功。8 月 6 日，中共中央政治局在毛儿盖沙窝开会，决定将两个方面军混合编组为左、右两路军。红九军团被编入由总司令朱德、总政委张国焘率领的左路军。因左路军中有原属红四方面军的红九军，为避混淆，红九军团改称红三十二军，仍由罗炳辉任军长。接着，左右两路军分别从卓克基、毛儿盖等地出发，穿越茫茫草地，8 月下旬先后抵达阿坝和巴西地区。

9 月，张国焘拒绝执行中央北上方针，中央决定率原属红一方面军的一、三军团继续北上。张国焘令左路军和右路军的四军、三十军南下，并于 10 月 5 日另立中央。在张国焘的指挥下，经“绥（靖）崇（化）丹（巴）懋（功）战役”、“天（全）芦（山）名（山）雅（安）邛（崃）大（邑）战役”、百丈关战斗、“康（定）道（孚）炉（霍）战役”，与敌拼消耗，虽红军将士浴血苦战，处境仍越来越恶劣。在以上诸役中，罗炳辉率红三十二军，10 月自大金以东攻崇化、懋功，激战七日，部队伤亡很大；10 月 24 日沿大渡河南下，占金汤，克紫石关；11 月 10 日再占天全，随即东向，迂回芦山；19 日血战百丈关，战七昼夜，伤亡甚重；罗炳辉部渡青衣江，25 日克荥经，继占汉源；终因强敌西犯，12 月被迫撤出荥、汉地区。至此，张国焘南下路线失败显见。

1936 年 2 月，罗炳辉部掩护红军撤离天全、芦山、宝兴地区，向西康东北部转移，3 月跟进道孚、炉霍。在红三十二军在王家山击敌后主动撤退时，侦察排长黄金山的头部被敌人子弹击中，子弹从后脑下部进，从下巴出，满头血污，战士们见他连呼吸都没有了，就地挖坑掩埋。土已填平，罗炳辉率殿后部队从这里路过。罗炳辉听战士说是黄金山牺牲了，头部穿了两个洞，不是“开花”，就命令：“扒出来，我看看。”这时，追敌已迫近，子弹呼啸着从头顶飞过，战士们劝罗炳辉赶快离开，罗炳辉流泪说：“黄金山是江西宁都人，多好的一个同志！只要有一线希望，我罗炳辉就不能把他一个人丢在四川!”他蹲下身去,解开黄金山沾满鲜血的胸衣,把耳朵紧紧贴到他的胸口上,听到还有微弱的心跳。罗炳辉命令战士们把黄金山扒出来,抬到后方抢救。在场的许多战士被感动得哭了起来。黄金山解放后仍健在。

5 月,罗炳辉率红三十二军出道孚,经雅江南下,牵制敌李抱冰部,策应红二军团(贺龙、关向应部)和红六军团(肖克、王震部)北上。6 月 3 日,与红六军团会师于理化县以南的甲洼寺。在会师前,罗炳辉发动全军为六军团战士筹集粮食、牛羊,还赶制了御寒的毛衣毛袜。

7 月 1 日,中共中央命令组建红二方面军。红三十二军列入第二方面军序列。8 月,三过草地,进入甘肃南部,罗炳辉部经腊子口、哈达铺,攻克成县,复经两当、凤县、天水至会宁。继一、四方面军 10 月 10 日会师于会宁之后,10 月 20 日,一、二方面军会师于会宁城北的将台堡,结束了伟大的长征。

在长征中先后隶属于一、四、二三个方面军的,只有罗炳辉部。中央红军长征两万五千里,罗炳辉部长征走了将近四万里。

长征结束后,罗炳辉部经甘肃环县之允城镇、庆阳,进至陕西泾阳之云阳,积极配合张学良、杨虎城部抵抗亲日派的斗争。12 月 12 日西安事变发生后,罗炳辉部移驻富平之庄里镇和流曲地区。

1937 年 1 月,罗炳辉进入延安抗大第二期学习。

十

1937 年七七卢沟桥事变发生,抗日战争爆发。国共两党谈判达成协议,把西北红军主力改编为八路军,属第二战区序列。8 月 25 日,中共中央军委发布改编令,八路军下辖三个师,罗炳辉部红三十二军编入一二〇师三五九旅。

12 月,罗炳辉任八路军副参谋长,到八路军驻武汉办事处,协助周恩来、叶剑英做军事统战工作，并和董必武共同负责延安抗大、陕北公学在中南地区的招生工作。他还以八路军代表的身份，出席各种会议和集会、参加武汉各界民众的抗日救亡活动。

1938 年元旦，由云南部队改编而成的第六十军奉调抵达武昌，并于 2 月间调驻孝感、花园、武胜关一带整训。蒋介石竭力拉拢，向他们灌输"一个党，一个领袖，一个主义"的"三一主义"法西斯思想。罗炳辉遵照周恩来指示，以云南同乡和滇军故旧的身份，成功地进行了对卢汉军长、一八四师张冲师长和一〇八一团团长潘朔端及广大中下级军官的统一战线工作，收到了很好的效果（后来，卢汉 1949 年 12 月率部起义。张冲 1946 年去延安，次年 2 月加入中国共产党。潘朔端 1946 年 5 月 30 日在辽阳海城率一八四师起义时，罗炳辉在山东临沂专电致贺。）。

罗炳辉在六十军的工作，使蒋介石十分不安。蒋介石特地召见卢汉，说："听说共产党有人在你们部队活动，是真的吗？他们是有政治中心的，你看得无所谓，他们会把你的部队拉跑的。这很危险！以后要多加注意。"卢汉知道自己和罗炳辉的频繁来往，已经引起蒋介石的疑惧，就找张冲商量，改为隐蔽地与罗炳辉往来。4 月，蒋介石变更了留六十军守卫武汉的决定，突然调六十军去鲁南参加台儿庄会战，连陈诚都觉得为难。蒋介石的自私、专制和奸险，使六十军将士受到了一次深刻的教育。

2 月，罗炳辉赴河南信阳县邢集，传达周恩来的指示，动员由鄂豫边红军游击队改编而成的新四军第四支队第八团队东进。

4 月 6 日，中国军队在台儿庄取得了歼敌二万余人，全歼日军板垣师团和矶谷师团主力的巨大胜利。7 日，消息传到武汉，武汉三镇沸腾了，几十万人上街游行。罗炳辉全副戎装，引导着写有斗大的"第八路军"大字的大旗，行进在武汉街头。罗炳辉以八路军代表身份，在祝捷大会上发表演说，第二天的《新华日报》报道了他的演说，他最后指出："今天虽然胜利，但我们要更加紧团结，而不能自骄。我们要把代表团的盛意，带到前线指战员中与民众们中去，让他们知道后方的力量是这样的雄厚，认识抗日必定胜利。这样，一定能增加他们的抗战力量和决心，更英勇地用热血和头颅来争取中国独立自由！”罗炳辉的慷慨演说博得全场热烈的掌声。

5月19日，中国空军远征轰炸日本本土。轰炸队回武汉后，22日，中共代表周恩来、王明和八路军代表吴玉章、罗炳辉亲往慰问。蒋介石害怕空军受共产党影响，不让他们与空军将士见面，派航委会总政训处主任蒋坚忍出面应付周旋，蒋说：“远征的将士们很高兴见见中共的领导人和八路军的同志。可是因为半小时前接到了命令，有任务出去，不能来参与这茶会的盛况，非常抱歉，并委兄弟代致意与表示谢忱。”为了表示团结抗战的诚意，周恩来、王明代表中共向空军赠锦旗，上绣“德威并用，智勇双全”；吴玉章、罗炳辉代表八路军赠锦旗，上绣“气吞三岛，威震九州”。

5月，世界学联代表团访问中国。25日，周恩来、王明、博古、吴玉章、罗炳辉举行茶会欢迎。在席间，罗炳辉欣然挥毫，为代表团题词：“中国是只狮子，以前曾睡着，现在怒吼了！日本军阀这只野兽是在走到灭亡。中国抗战得到全世界爱护真理、正义的一切人民的援助，全国一心一德在争取最后的胜利。自力更生，同时也力求外援，民族解放的光辉是在面前闪烁着！”题词的手迹照片在次日《新华日报》上刊出，笔墨酣畅，气象沉雄。

6月起，罗炳辉倾注全部精力忙于延安中国人民抗日军事政治大学和陕北公学的招生工作，不分昼夜地接待像潮水般涌到八路军办事处来的革命青年。一批又一批经过考察、谈话的革命青年，怀揣着有“董、罗”签姓的介绍信，奔赴延安。

7月8日，继蒋介石祭奠抗战死难烈士之后，叶剑英、罗炳辉代表八路军前往致祭。

在由《新华日报》社发起的“三十万封慰劳信运动”中，8月19日，罗炳辉写了致前敌将士的信，发表在《新华日报》上。在信中，罗炳辉以火一般的热情赞颂了中国人民“头可断，身可杀，而志不可屈、国不可亡的民族精神”，他具体地倡议并且呼吁：“我们要真正实现抗战建国纲领，迅速完成军事工业，迅速训练技术精良的机械化部队，切实将日寇占领区域变成前线，把真正抗日的游击队大量发展起来，有计划地来配合我主力坚守支点，达到我主力大量的运动战来消灭敌人。”他还如同诗人般激情满怀地写道：“亲爱的将士们！挺起胸来，尽量地杀敌吧！我们冲上前去，把敌人赶出国土之外！对呵，我们把倭奴杀到鸭绿江边，用鸭绿江的水来清洗我战士鏖战过的脸！啊！亲爱的前线杀敌将士们，愿你们珍重身体，努力杀敌！到取得胜利、重整山河的时候，我们大家来痛饮一杯民族解放自由万岁的酒！”

在武汉的十个月是罗炳辉一生中别具异彩的篇章，他或周旋于军政界上层人物中间，出席各种会议、集会和宴会；或奔走于武汉三镇，参加各民众团体的抗日救亡活动。他艰苦朴素，一身正气，总是一身旧灰布军装，打着绑腿，穿着布鞋或布筋草鞋，完全是普通抗日军人的穿着。罗炳辉的严谨作风，与国民党官场奢靡浮华的腐败之风，形成了极为鲜明的对比。在一次军政界宴会上，一个与罗炳辉早年相识的国民党高级军官嘲弄地说：“哎呀，你这位堂堂红军军团长、八路军副参谋长，怎么弄得如此寒酸啊！”罗炳辉正色答道：“如今国难当头，沦陷区父老乡亲水深火热，前敌将士缺衣少饷，我罗炳辉能穿上这一身，够阔气啦！老兄，我们共产党人可从来不兴吞兵饷、喝兵血哟！”说得那个军官面红耳赤。

在八路军办事处接待来访的青年学生时，罗炳辉和蔼可亲，诙谐幽默，深入浅出地讲述革命道理，使青年们听得入了迷。有一个东北籍的国民党军青年军官，穿着便衣多次来听讲，逐渐认识到只有中国共产党才是民族的希望所在，他找罗炳辉讲明自己的身份，恳求批准到延安去。罗炳辉考虑到与友军的统战关系，没有同意。这个军官痛哭着诉说了国民党军队的黑暗，说："我来听先生讲话已是多次了，我决定舍命跟共产党走！"他赖在办事处，坚决不肯离开。罗炳辉和董必武商量，破例批准他去了延安。到办事处来的也有国民党特务，对特务的挑衅言行，罗炳辉坚决予以反击，他目光如剑、声若洪钟，原来笑容可掬的"罗汉"，有时也能成为令特务胆寒的"煞神"。

在武汉期间，罗炳辉抓紧一切空闲时间，大量阅读政治理论、军事理论书籍。他在办事处只要有时间，总是手不释卷地苦读。遇到疑难问题，就去请教住在隔壁的董必武。董老也乐于跟罗炳辉在一起交流研讨。武汉的夏天，闷热有如火炉，罗炳辉每夜只穿一条短裤坐在房间地板上刻苦攻读，身下汪着一片汗水。他在一幅题词中写道："学习再学习，每日均要抽出时间来看书，如果不继续发愤努力，马上就会成为落后者。"

罗炳辉的爱人张明秀，是四川省昭化县（今属广元市）人，1918 年出生于一个豪富之家，1934 年带着小妹妹张明莲从地主家庭出走，参加红军。长征中，张明莲在过草地时牺牲，年仅 15 岁。张明秀 1937 年 9 月在延安抗大学习期间和罗炳辉结婚，1938 年 2 月从抗大第三期提前毕业，到八路军驻武汉办事处工作，任周恩来的机要秘书兼长江局机要收发员。9 月 13 日晚，周恩来获悉国民党当局要在拂晓前在武汉清查户口，情况紧急，办事处通讯人员又全部出外执行任务去了，周恩来征得罗炳辉同意，派张明秀连夜外出到几处通知中共湖北省委和有关机关："一、能烧的党内文件、通知、信件，一律烧掉；不能烧的，立即送办事处保存。二、外地来的同志，能返回的立即返回；不能返回的，搬到办事处来住。"张明秀拂晓前完成任务返回办事处，见周恩来彻夜未睡，在坐等她平安归来，十分感动。

罗炳辉和前妻杨厚珍 1929 年生了一个女儿，为纪念吉安起义取名罗吉安，长征前秘密寄养在南昌一岳姓行伍挚友家中，改名为岳冰玉。在周恩来的关怀和安排下，党组织在南昌找到岳家，把小冰玉接到武汉。罗炳辉对女儿说:“你受了不少苦,还要准备在一生中压倒大风大浪,爸爸给你取名‘罗镇涛’。”在罗炳辉撤离武汉时,决定把女儿托黄洛峰带到重庆去,并赠黄一支手枪,说:“如果万一遇到日本鬼子,你就把她打死,无论如何不能落在鬼子手里。”周恩来得知后,认为黄洛峰太年轻,不会带孩子,就亲自出面把罗镇涛托付给云南巨商李岳嵩作为义女代为抚养,还办了一桌酒席酬谢李。

9 月底,罗炳辉去延安列席中共扩大的六届六中全会。会后,被分配到新四军工作,任新四军第一支队副司令员,司令员是陈毅。

十一

1938 年 12 月,罗炳辉和张明秀,偕同姬鹏飞、王雨田等人一行,乘八路军驻西安办事处派出的卡车南下。经豫、鄂、湘、赣,于 12 月底经江西景德镇抵达皖南泾县云岭新四军军部。

1939 年 1 月,罗炳辉抵达江苏省南部茅山地区,与陈毅会合。

新四军第一支队于 1938 年 5 月在皖南奉命东进,6 月 14 日到达茅山。经韦岗、新丰、句容、珥陵、高淳、仓头诸次战斗,初创了局面。茅山地区,地处京、沪、杭三角地带,城镇密布,交通发达,日伪军据点如蜂巢密布,加上敌人以公路线把该地区分割成棋盘式的小块,新四军第一支队几乎是与日、伪军肩背纠缠。而且,各种名为“抗日”、实为扰民地打着各种旗号的武装蜂拥而起,国民党军溃退时丢下的枪支弹药大量散失于民间,致使这一地区土匪多如牛毛,斗争形势十分复杂。

罗炳辉抵达茅山时,正值日本侵略者基本学会了新四军的游击战法和夜战战法,采用“攻防并用”的战术,密筑碉堡填满空隙地带,企图聚歼或者压迫新四军出京、镇地区之际。战略形势对新四军极其不利,日军控制的京沪铁路畅通少阻。

陈毅和罗炳辉经过仔细斟酌,周密谋划,决心粉碎日军企图,把茅山地区变成进逼南京、镇江，北控京沪铁路的稳固的游击根据地。这一对红军时代合作得最为亲密的老战友，配合默契，成功地指挥了2月7日东湾战斗，14日延陵战斗，3月20日后对淳化、高资等地的袭击，皆予敌重创，摧毁了日、伪军一批据点，逼迫日军由攻势转入守势。日军不得不变更战略，放弃延陵、茅麓、丁庄、导墅桥等据点，向铁路和公路交通线上收缩。茅山战局自此大为改观。

罗炳辉在苏南期间，中央军委副主席周恩来受中央委托，于2月23日至3月14日到新四军云岭军部视察工作，传达中共六届六中全会精神，并与新四军领导人商定了新四军“向北发展，向东作战，巩固现在阵地”的战略方针。陈毅、罗炳辉决定以第二团主力和丹阳游击纵队向北挺进，至4月，控制了扬中和江北大桥地区。为新四军日后向苏北发展创造了条件。

4月，罗炳辉奉调返回皖南云岭军部。

十二

1939年5月3日，罗炳辉随叶挺军长北渡长江，进抵庐江县东汤池。5月5日，新四军江北指挥部成立。6月“反高（敬亭）斗争”结束后，以原第四支队为基础，整编为第四、第五两个支队。

7月1日，新四军第五支队在安徽省定远县藕塘地区正式成立。罗炳辉任司令员，郭述申任政治委员，周骏鸣任副司令员，赵启民任参谋长，方毅任政治部主任（后由张劲夫继任）。经一个月的紧张训练，于8月东越津浦铁路，向东挺进。

津浦铁路是中国南北交通大动脉。津浦路东的扬州、仪征、天长、高邮、盱眙、嘉山、来安、六合等八县市，地处苏皖边境，北依淮河，南控长江，东濒大运河、高宝湖，西扼津浦铁路，战略地位十分重要。经济上，西北山区资源丰富，东南平原向称膏腴；军事上，有山峦之险可守，有河湖之隔可据，有丘陵可作周旋，有港汊可资隐蔽，具备了创建根据地的良好的客观条件。自 1937 年 12 月 13 日南京沦陷后，日本侵略者迅速渡长江北上，至 1938 年 2 月，该地区全部沦入敌手。日寇肆虐，汉奸猖獗，土匪蜂起，地主武装一哄而起，有枪便是草头王，残害群众，人民生活痛苦万状。

早在 5 月间，中共苏皖省委就派遣方毅、朱绍清等组成津浦路东临时前委，率领由八团二营扩编而成的挺进纵队和第四支队战地服务团，进入了津浦路东，开展战略侦察和发动群众工作。他们分别到天长县铜城和汊涧镇向国民党县长和军官进行统战工作。8 月，罗炳辉率五支队进入路东后，以十五团守备六合县竹镇，以十团开辟盱眙、嘉山，以八团一、三营在来安活动，以八团二营直插扬州附近，在广大的区域里，勇猛穿插，打击日伪，宣传中共的主张，发动民众抗日。

罗炳辉部进军路东，使国民党反共顽固派极为不安。那些畏日寇如虎、却坚决反共的国民党政府流亡县长们，勾结反动乡、保长，多方掣肘，到处造谣，“新四军不是真抗日，是来抢地盘”，“罗炳辉这样胖，是因为每天要吃两个小孩”。一时间谣言四起，人心慌乱，群众莫辨真假。驻滁县日军为防范罗炳辉部进袭津浦铁路，乘五支队立足未稳，分兵侵占来安城。

面对这种复杂纷纭的混乱局势，罗炳辉决心攻打来安城，以实际行动粉碎国民党反共顽固派的无耻谰言，打击日军嚣张气焰，并激励起皖东人民的抗日热情。9 月 3 日，罗炳辉部署和指挥了一打来安城，经三昼夜激战，毙敌百余名，9 月 5 日收复来安。这一仗，使新四军军威大振，受到皖东人民的热烈拥护。至 10 月，打开了路东局面，开辟了以来安县半塔为中心的津浦路东游击根据地。

11 月 21 日，日军以重兵再占来安城。罗炳辉指挥二打来安城。他巧妙地避开敌人伏兵，派小部队乘黑夜拆城墙入城，然后内外夹攻。日军不支，在付出了伤亡两百余名的惨重代价后，狼狈逃回滁县。五支队

23日再次收复来安城，万众欢腾。

罗炳辉在群众大会上风趣地说："有人说我一天要吃两个小孩，我到此地已经三个月，该吃掉一百七八十个了，请问哪位乡亲家丢了孩子?"群众大笑，谣言不攻自破。此后，罗炳辉以喜欢孩子出了名，孩子们也喜欢他，他每到一地，肩上、背上、怀里都趴满了儿童，根据地人民称他为"福将"。他的爱子1943年12月25日在来安县境内大刘郢新四军二师师部出生时，他特地取"新四军时期生于来安"之意，为儿子取名"罗新安"。

11月，中共中央作出发展华中的战略部署。此后，中共中央中原局、刘少奇等安抵定远，传达中央指示，提出"东进，东进，再东进"的口号。11月，陶勇率苏皖支队由扬中渡长江北上。1940年1月，五支队一部与苏皖支队会合于六合县竹镇集。至此，在津浦路东地区，日寇占领着扬州和除盱眙外的六座县城，并在天长至来安一线以南遍布据点；国民党韩德勤部独立六旅和秦庆霖部占领着盱眙，控制着天长、来安以北地区；罗炳辉率五支队纵横穿插在广大农村，如蛟龙入海，应付裕如，连战皆捷。在苏皖支队配合下，1月中旬，连续击溃了六合日伪军向西、西北的两次"扫荡"，一举攻克了天(长)扬(州)公路上秦栏镇敌据点，伏击了由天长向南出动的日伪军。1月29日，在天长、六合边境的横山反击日伪军的合击，毙伤日军100余人、伪军200余人，俘获日军2人。战后，罗炳辉隔着布帷，听取了对日俘的审问。

进入路东仅仅5个月，五支队便由3000人增加至5000余人，3个团扩大为4个团。其中，第十团由4个连发展到11个连。根据地建设初具规模。罗炳辉那魁伟的身材、威严的军人风度、神奇的枪法、带有浓郁传奇色彩的经历，还有许多爱民、爱兵的感人故事，在民间广为流传。群众说他是"下凡拯救百姓的天兵天将"，是"罗青天"。

第一次反共高潮掀起后，2月，华中国民党军开始了大规模的反共军事进攻。蒋介石企图把新四军第四、第五支队赶出皖东。敌强我弱，兵力悬殊，斗争形势十分严峻。西线，国民党安徽省主席李品仙以桂系军队一三八师、一七一师越过淮南铁路向东进攻，其先头部队配合据守全椒县古河镇的李本一第十游击纵队和据守定远的颜仁毅第十二游击纵队，围攻新四军驻合肥青龙厂和定远县藕塘的第四支队，进逼驻定远县大桥地区的新四军江北指挥部。东线，国民党江苏省主席韩德勤调集一一七师、独立六旅、江苏省常备第十旅和各县常备队，准备进攻来安县半塔新四军第五支队。这一东西夹击的形势，严重地威胁着皖东新四军的生存和发展。

遵照中共中央的指示，中共中央中原局决定坚决自卫，集中主力先反击桂顽，后反击韩顽。3 月 4 日，津浦路西反摩擦战役打响，是日，第四支队袭取定远城，迫使倾巢南犯的颜仁毅部回援。6 日高塘铺一战，将其歼灭大部，颜逃寿县。10 日，再战松树刘，击溃正在吃饭的敌军。但是，路西局势仍未缓解。7 日，罗炳辉率第五支队主力（八团、新八团、十团一个营、十五团两个营）从来安县屯仓出发，急速西援，9 日在李山头越过津浦铁路，11 日夜强攻滁县施集，全歼顽敌，予敌全线以强力震撼，复向西横扫，顽敌见大势已去，望风逃窜。12 日，罗炳辉率部与第四支队、苏皖支队协同作战，在大桥地区重创顽敌，并乘胜取定远。13 日，罗炳辉在史家围子与刘少奇、张云逸会合。路西反顽大捷，共歼敌 2000 余人。为争取桂系，新四军乘胜收兵，晓以民族大义，提议和谈。

正当新四军在津浦路西作战之时，韩德勤乘路东空虚，驱一一七师、独立第六旅、秦庆霖常备旅共 10 个团 1 万余人，由汊涧、马集、东王庙、盱眙、马坝等地，向半塔进犯。新四军留守半塔的仅有五支队后方机关、教导队和 2 个连的兵力，共 1000 余人。敌我兵力，10 倍悬殊。经七昼夜激战，半塔守军守住了阵地，但形势仍十分危急。罗炳辉急速挥戈东指，率第五支队、苏皖支队、四支队第七团，星夜兼程东援，27 日再越津浦铁路，前锋进抵来安县张山集。同日，由苏中赶来的挺进纵队在叶飞率领下，进至六合县马集，歼顽独立六旅一个营，击敌侧背。韩德勤见新四军东、西援军驰至，惧遭覆灭，不得不于28日晚下令后撤。

29日，新四军分四路追击。罗炳辉率五支队八团、新八团、特务营和陶勇率苏皖支队为中路，直插王店、莲塘、张公铺。在莲塘至岗村一线与掩护半塔后撤之敌的顽常备第十旅仓促相遇。敌众我寡，不能强攻，罗炳辉巧用疑兵，派司令部六名通讯员在马尾巴上捆上树枝，于树林后纵马疾驰，拖得烟尘滚滚。敌见新四军骑兵“大部队”从天而降，四散惊逃。罗炳辉挥师猛追，直抵三河，4月9日在马坝歼敌1000余人。至此，彻底粉碎了第一次反共高潮在皖东战场的军事进攻。

4月上旬，刘少奇率中原局和新四军江北指挥部移驻皖东半塔地区。淮南抗日根据地的建设蓬勃开展。至6月，来安、嘉山、天长、盱眙、六合、高邮、宝应、仪征、定远、滁县、凤阳、全椒、定（远）合（肥）等县抗日民主政府先后成立。共产党独立自主地委派了各县县长，并成立了区、乡一级政府。还制订了减租减息、惩治汉奸、组织农会、组织各级人民抗日自卫队等规章草案，公布了财政、贸易、征收公粮等法令，发动优秀青年参军。

淮南抗日根据地的迅猛发展，使日本侵略者和3月29日在南京粉墨登场的汪精卫汉奸政府极为不安。5月下旬，津浦铁路沿线和淮河沿线的日伪军开始“扫荡”皖东。5月27日，日伪军两千余人由滁县出犯，再次占领来安县城。罗炳辉总结了前两次打来安城的经验，对三打来安城作了周密的部署，以八团一营自北门，二营自东门，十团一营自城南，三面围攻。以八团三营及特务连在西门埋伏和准备打援。30日午夜一时，八团一营秘密从城东北角下水道潜入城内。罗炳辉下令发动总攻，迅速突入城内。日伪军据高屋和据点顽抗。罗炳辉下令火攻，战士们在炸药包中多放硫磺，使之易燃，还将这种炸药装进竹筒，外包浸泡了桐油的破布、稻草，引燃后投入敌阵。来安城里，火光冲天，日本侵略者在熊熊大火中被烧得狼奔豕突。巷战达2小时，歼敌两百余人。

天亮时，罗炳辉下令撤出战斗。这就是著名的“火烧来安城”。

31日上午，驻滁县日军以七辆汽车增兵来安，闭门不出，入夜以鸣枪炮壮胆。罗炳辉却乘敌不备，分兵多路，夜袭滁县城、乌衣镇、担子街、沙河集、张八岭、嘉山集一线敌据点，百里铁路沿线，彻夜枪炮声不断，火光绵延几十华里，声势十分浩大，新四军军威大振。

6月初，桂顽乘日寇“扫荡”之机，进犯古城、青龙厂，企图占据津浦路西地区。李品仙特地从大别山区调一三八师来参加摩擦。罗炳辉派出五支队主力西援，和四支队并肩作战，会战古城。此役因协同不好，各团单独作战，致敌我双方伤亡俱重，未能歼敌，仅将敌赶走。从此，津浦路西进入顽、我拉锯作战的胶着状态。

路西刚趋平静，韩德勤又在路东唆使天长县大通镇、来安县屯仓、盱眙县马坝等地反动地主举行武装暴乱，并派出两团兵力偷渡三河以为策应。刘少奇、罗炳辉指挥部队，首先击溃了两个团顽军，继而迅速扑灭了地主反革命暴乱，清理了基层组织，纯洁了内部。

7月上旬，新四军第四、五支队分别召开党代会，提出了“党军化”、“正规化”、“群众化”的口号和发展地方武装的要求。会后，各部队进入了紧张的军、政训练，补充了新兵6000余名。至8月底，皖东脱产的县、区武装达9000余人，不脱产的人民自卫军发展到近10万人。淮南抗日根据地更加巩固。

十三

为了彻底粉碎韩德勤、李品仙东西夹击新四军第四、第五支队，进而摧毁皖东根据地的图谋，也为了配合苏北新四军进军黄桥，第五支队决定北出三河，开辟淮宝地区。

淮宝地区位于苏皖边境，西临茫茫洪泽湖，东至千里古运河，北倚苏北重镇淮阴，南控为淮河入江水道的三河，境内水网密布、芦苇丛生、物产丰富，素有“苏北粮仓”之称，时为韩德勤部第三十三师和秦庆霖常备旅盘踞。淮宝地区的封建迷信兼自卫组织小刀会，有十数万之众，散则为农，聚则成军，在当地势力极大。韩德勤用收买手段，控制了小刀会，广为散布“共产党共产共妻”、“罗炳辉生吃小孩”等谣言，煽动起了刀会群众仇恨共产党、仇恨新四军的情绪。这样一来，小刀会就由原来的封建性自卫组织，蜕变成封建的反革命武装，也成了韩德勤手中的一张王牌。

7月下旬，罗炳辉率主力集结于黎城（今江苏省金湖县城），开展战前大练兵。8月1日，罗炳辉主持了阅兵典礼。2日夜，宽阔的三河上夜雾迷漫，北岸守河的刀会武装不时吹起凄厉的牛角号相互联络。罗炳辉指挥八团、十团强渡三河。十团以三艘钢板划子和三艘双篷大船，一举抢渡成功。八团渡河后，夺取衡阳滩，为顽敌火力所阻，战至拂晓才将敌击溃，全部渡河。在金沟、银集向东警戒的七团亦随后渡河。3日，占领新集。

3日正午，小刀会集数千之众，在吞服了“神咒”、“佛沙”等麻醉品后，袒胸露腹，斜挎黄色符带，挥舞着大刀、长矛，呐喊着冲向新集。罗炳辉不忍心伤害这些上当受骗的群众，命令发动政治攻势，喊话劝其返回。谁知刀会会众像鬼迷心窍一样，嗷嗷叫着“老祖保佑！刀枪不入！”冲杀过来，杀伤新四军战士多人。罗炳辉不得已下令射击，“刀枪不入”的亡命之徒当场伤亡数十人，其余会众纷纷惊慌后逃。气愤的机枪射手还要追射，罗炳辉大声喝令：“不准伤害受骗的群众！”

罗炳辉针对该地区水网交叉、地形复杂、刀会人多势众的特点，命令将部队收缩在新集、高集、仁和集，构筑防御工事。罗炳辉派人送信给刀会首领，晓以大义，但没有效果。八路军五纵队一支队先头部队开进淮宝，在高良涧附近大堤上露宿时，深夜被刀会摸掉岗哨，被砍杀牺牲了几十人。消息传来，战士们气愤难平。

6日上午，数千刀会再犯新集。他们拍着胸脯，狂叫着“打不死！

打不死！刀枪不入！”冲杀过来。新四军自卫射击，刀会又留下几十具尸体。部分刀会群众刚刚有了一点醒悟，刀会头目又欺骗说：“新四军里，既有‘活佛’（刘少奇化名胡服的谐音），又有‘罗汉’（指罗炳辉），我们的神咒才一时失灵的。”刀会气焰，仍极嚣张。韩德勤则在一旁坐山观虎斗，准备坐收渔翁之利。

罗炳辉见刀会执迷不悟，恶战在所难免，便决心使用武力平复刀会。他指挥了痛击韩德勤部三十三师和秦庆霖残部，又指挥了14日战南甸，16日战双沟、万集、仁和镇，21日战马棚庄，22日战大楚庄，23日战黄集，28日战龙王庙，用血的事实，彻底粉碎了“刀枪不入”的鬼话，同时又广泛展开政治宣传攻势，迅速地瓦解和平息了刀会骚乱，胜利地与黄克诚会师于岔河。

在岔河，罗炳辉召开了万人大会，宣传中共的政治主张，发动群众抗日。开会前，罗炳辉命令把一个血债累累、十恶不赦的刀会头目押到会场。罗炳辉说：“你不是欺骗群众说刀枪不入吗？今天我们来试一试，果真打不死你，我们新四军就拜你为师。”这个家伙傲慢地说：“好吧。”就装神弄鬼地练起了“神功”，说：“开枪吧！”结果一枪就把他击毙了。刀会群众这才恍然大悟。为了抚慰受骗送死的刀会家属，罗炳辉下令：准许收尸；确有生活困难的，给予救济；受伤的，帮其治疗；对刀会家属不得歧视；军中禁止传唱战士自编的挖苦刀会的歌谣。广大人民群众齐称新四军是“王者之师”、“仁义之师”，拥军热潮迅速掀起。

在罗炳辉的关怀下，很快就组建了中共淮宝县委，召开了县参议会，成立了县联防办事处、独立团和区级政权。中共领导的各界抗日民众团体，纷纷成立。淮宝地区的开辟，具有重大的战略意义。它把淮北、淮南、淮海、苏中、盐阜等几块抗日民主根据地联系在一起，使华中战局为之改观。

日本侵略者为消除肘腋之患，保障伪首都南京和津浦铁路的安全，经过长期准备和周密策划，乘罗炳辉率主力北出淮宝、后方空虚之机，向津浦路东发动了空前规模的大“扫荡”。日军对战略时机的把握是恰当的。

8月下旬,天长、六合等日军据点开始封锁消息、禁止商人往来;各伪组织、绥靖队紧张备战。日寇大批网罗了皖东的汉奸、土匪作其耳目,还昼夜赶印了大批宣传品。8月27日,天长、来安、六合等据点开始增兵。同日,日军从苏州、武进、南京、镇江等地抽调的熊谷师团、岩松师团、铃木部队和伪江浙皖绥靖司令任援道部一部,共万余人,气势汹汹地向皖东合围。9月5日,日伪军以来安、六合、天长、高邮、明光、五河、张八岭共七个据点为依托,分兵七路,向津浦路东地区发动猛攻。

罗炳辉在淮宝地区闻报,留张劲夫率第十团守卫巩固淮宝,亲带主力急速南下。日军立即发现了罗炳辉的意图,9日出动飞机轰炸正在渡三河南下的新四军,但未能遏止。罗炳辉部返回皖东。

日伪军分七路进军后,南线,沿六(合)马(集)公路北犯,与新四军交战于马鞍山,6日里陷竹镇。西南,日伪军一部带军犬四十条,迂回雷官,进抵竹镇,两路合股后向半塔进犯。东线,日伪军出天长后分两路,经十八集、石梁、新街,进犯汊涧,6日拂晓与江北军政干校一队激战整日,形成对峙。黄昏向半塔进犯,与江北军政干校增援部队混战了一夜。六合日伪军向汊涧增援,7日与新四军在釜山激战整日。6日,敌陷半塔、大田郢。北线,五河之敌占双沟后,向自来桥进犯。西线,来安之敌先隐蔽集结于舜山集,6日经屯仓,进占自来桥。至此,日寇基本上顺利地实现了第一期战略部署。

从9月6日起,日军在数十架飞机的配合下,分为十几路,在根据地内往返穿梭,纵横“扫荡”,寻找新四军主力决战。日伪军高度机动,各路相距只二十华里左右,只要其中一路发现新四军,就能立即实现各路合围,造成决战的态势。在高邮湖上,则有三十多艘汽艇游弋,向苏中新四军陈毅部戒备。——日军的谋划,不可谓不严密周详。然而,在人民战争和游击专家罗炳辉的面前,日伪军却是处处挨打、处处扑空,连新四军的影子都找不到。

在根据地人民的支持下，罗炳辉率主力，时分时合，时伏时动，迂回穿插，巧妙周旋，有时几乎是与日伪军并肩而行，而敌浑然不觉。罗炳辉命令部队发动群众，严惩汉奸，以堵塞敌人耳目；坚壁清野，以制造敌军困难；小部出击，以主力猛击其侧后；速战速退，以避开敌人合围；时而奔袭，时而隐伏。共作战 65 次，歼敌 600 余人。日本侵略者劳师辗转，处处挨打，结果，由日军事专家们苦心设计的“扫荡”计划，只得告吹。预定一个月的“扫荡”只撑了 12 天，便匆匆收场。根据地人民经受了残酷战争的严峻考验和锻炼。日军在汊涧虐杀欢迎日寇的顺民，使人民群众更加认识了日寇的残暴和灭绝人性，更坚定了抗战到底的决心。

9 月，罗炳辉任新四军江北指挥部副指挥兼第四、第五支队司令员。

10 月中旬，国民党掀起第二次反共高潮。10 月 12 日，毛泽东、朱德、王稼祥发出《对华中部队行动方针指示》，指示皖东部队应加速部署向西防御，坚持皖东根据地。10 月，桂顽越淮南铁路东犯，连占大马厂、复兴集、周家岗。新四军第四、第五支队坚决反击，经 11 月 11 日激战界牌集、陈集、王山头，守住了皖东根据地的西方门户。

淮南抗日根据地在斗争中发展。12 月，路东开展扩军运动，主力部队扩大了 1900 多人，地方武装扩大了 1500 人。到 1940 年年底，仅津浦路东农抗会、妇抗会、青抗会、商抗会、儿童团等抗日群众团体，就拥有会员 17 万多人。

十四

1941 年 1 月 6 日，皖南事变爆发。17 日，蒋介石悍然宣布取消新四军番号。同日，新四军将领通电全国，愤怒声讨亲日派制造皖南事变的罪行。20 日，中共中央命令重建新四军军部。28 日，新的军部在盐城成立，全军共9万余人。其中，由第四、第五两支队和江北游击纵队及地方武装组建而成的第二师有2.5万人，由新四军副军长张云逸兼任师长，罗炳辉任副师长，郑位三任政治委员，周骏鸣任参谋长，郭述申和张劲夫分任政治部正副主任。下辖第四旅、第五旅、第六旅、独立旅兼津浦路东联防司令部、津浦路西联防司令部。师部驻盱眙县黄花塘。

在整编的同时，中共中央中原局和新四军军部召开了高级干部会议，向二师布置的任务是：巩固津浦路东，坚持津浦路西，加强向西防御，准备随时粉碎反共军的进攻。3月18日，中共中央军委总政治部向二师提出了独立坚持津浦路东、西抗日根据地的各项任务。

3月18日至25日，二师经凤阳山、朱家湾、瓦屋刘战斗，粉碎了日伪军3000余人对津浦路西的“扫荡”。路东各部在莲塘地区开展了轰轰烈烈的大练兵，使部队素质、战术水平、战斗能力有了大幅度的提高。

此时，日本侵略军积极南进，从华中调走了几个师团，失去了举行大规模“扫荡”的能力，变而采取了以各据点为“点”，逐步以公路连成“线”的战略措施，企图达到扩大伪化区、蚕食根据地的目的。为粉碎日寇阴谋，罗炳辉指挥了“天（长）仪（征）扬（州）地区反点线连续作战”，在广阔的区域里同时出击，经4月10日至11日初战谢家集；14日起袭扰天长城，破坏天（长）芦（龙）公路，激战芦龙，夜袭谢家集、陈家集、刘家集、铁牌店、蚂蚁山，伏敌十二里岔；17日大战金牛山，皆大获全胜。特别是在金牛山战斗中，罗炳辉初试了他创造的“梅花桩点式纠缠战术”，打得日本强盗首尾不能相顾，晕头转向。战后，新四军文艺战士许平填词、黄灿谱曲的《金牛山上打胜仗》迅速传唱开了。

反“点”“线”作战的胜利，极大地震动和刺激了日本强盗。5月下旬，日伪军5000余人“扫荡”津浦路东，以为报复。5月28日，日军第十一师团的步、骑、炮兵和伪军2000余人分4路合击驻来安的第四旅第十一团，经两日激战，毙伤日伪军300余人。6月3日，第四旅第十团在车棚抗敌，毙伤其50余人。日军在受创后，退回各据点。从此，日寇再也不敢“扫荡”路东了。路东根据地成为了华中敌后最为稳固的根据地。

5月6日，刘少奇在中共中央华中局会议上作《关于地方党问题》的报告，他在报告中热情洋溢地说：“皖东，特别是路东根据地的工作，与华中其他根据地的工作比较，是最好的，最正规的！”1941年度，二师被评为新四军的“全军建军模范”。

此后，罗炳辉威名远播，成为华中家喻户晓的抗日名将，使日、伪、顽闻风丧胆。他运筹于帷幄之中，奔驰于各战场之间，亲临于火线之上，经6月谢家圩子战斗；7月宝应县林家码头伏击战；8月攻击泗阳城；10月配合三师，会攻陈道口；11月津浦路西反顽，战大桥，战新张家，战赫郎庙；12月开辟江全，建立二、七师之间五条秘密交通线；1942年1月定(远)凤(阳)怀(远)地区反“扫荡”；4月战高庄，战杞岗；7月破袭铁路交通线；9月淮泗反“扫荡”；10月战藕塘，反击桂顽；11月到12月津浦路西反“扫荡”；1943年3月分兵北上配合四师反顽；6月攻克谢家集，收复扬州、仪征二十余乡；8月击寇六十一师团于八百桥、雷官；8月血战六合桂子山，二师都打出了威风。

因为淮南抗日根据地在华中最为稳固，1943年初，新四军军部和中共中央华中局机关从苏北迁到二师师部所在地黄花塘，直到抗日战争胜利。军部到达后，罗炳辉率二师师部移驻来安县大刘郢。

1943年2月，淮南抗日根据地精简机构，实行党、政、军一元化领导，由第二师兼淮南军区。罗炳辉任二师师长兼淮南军区司令员。

自第二次反共高潮被击退后，中共为了争取改善国共两党关系，加强团结，作了多方努力。1942年12月，日军进攻大别山李品仙部和豫南汤恩伯部，新四军主动声援：二师罗炳辉部和七师傅秋涛部在淮南铁路两侧及巢湖、桐城之线击敌之后路；五师李先念部在黄冈、黄梅及平汉铁路线上发动游击战和破击战，以为支援；在国民党军和新四军的夹攻下，日军虽连占英山、潢川、罗山、商城、固始、立煌(今金寨)等地，但不能支撑，只二十余日便被迫撤退。1943 年 2 月，日军围攻韩德勤部，新四军以民族大义为重，一师粟裕部、二师罗炳辉部、三师黄克诚部、四师彭雪枫部都主动向日军进击以援，其中，罗炳辉部以奇袭攻入淮阴城，使日军全线震撼。

但是，蒋介石却怙恶不悛，于 1943 年 5 月调黄河河防大军闪击陕甘宁边区，将第三次反共高潮推到顶点。在淮南，则有李品仙以一七二师的两个团“清剿”寿县地区；桂系主力从 8 月起进犯津浦路西根据地，9 月 17 日抢占路西门户界牌集。

为粉碎第三次反共高潮在淮南地区的军事进攻，罗炳辉亲率野战司令部赴路西指挥自卫作战。战前，罗炳辉用了一个月的时间指导军训，以村落攻击、野战出击的战术教育为主，以技术教育为辅，加强全军的学习和研究，进一步研究并掌握桂顽的作战特点，做到了知己知彼。10 月 27 日，罗炳辉以第十四团的两个营，一举拔除定远外围陈圩子据点，全歼顽化伪军徐郁堂部两百多人，扭转了路西局面，掌握了战争主动权。

10 月 29 日、30 日，桂顽主力一七一师以猛烈的进攻，犯新四军五尖山阵地。罗炳辉亲临火线指挥，命令示敌以守、示敌以弱，教育指战员要“静如处子，动如脱兔”，吸引顽军主力。桂顽在国民党军队中，向以能征善战著称，山地战尤为擅长。顽敌见新四军五尖山阵地上枪声稀落，愈加猖狂，轮番发起猛冲。罗炳辉命令不要打急了，以守住阵地为度，尽可能多地射杀敌人，他说：像熬糖一样，火大了要焦的。在指挥所里，罗炳辉手举望远镜，站在观察口，将近一个小时不言不动，仿佛一尊石像一般。他敏锐地察觉到顽军一次接一次的强攻已锋芒锐减。当他看到敌人后方有人开始运伤员时，炸雷似地大喝一声：“敌人要跑！”下令总反攻。桂顽做梦也想不到新四军有这样多的兵力和这样强大的火器配置，全线溃逃，死伤无数。罗炳辉命令全线猛烈追击，除打垮桂顽主力外，11 月 3 日重创陶庄王华锦部，11 月下旬重创谢家圩子牛登峰部，给国民党反共顽固派以沉重打击。此役后，桂顽一年多不敢进犯。在桂顽军中，称五尖山一带是攻不破的“罗炳辉防线”。

其实，“罗炳辉防线”又岂止五尖山一处！在此之后的1944年11月占鸡岗战斗，1945年4月黄疃庙战斗，7月白龙厂、林家庙战斗中，桂顽的每一次反共军事进攻，都在二师兼淮南军区军民联防的铜墙铁壁面前撞得粉碎。

十五

千百次征战和顽强的学习，把罗炳辉锤炼成了卓越的无产阶级军事家。

罗炳辉治军极严。他常说：“战场乃立尸之地。平时宽容，战时就要付出血的代价。”在二师组建之初，罗炳辉就发动了大规模的练兵运动。他提出：“平时多流汗，战时少流血”、“有三发子弹，也要拿出一发来打靶”、“要练得胳膊上立得起人，练得眼珠子淌汗（指累得流泪）”。

罗炳辉根据在淮南地区作战的特点，制订了一整套的练兵方法。野外操练，他设置了五大障碍：独木桥、短墙、铁丝网、水沟、壕堑。演练时，罗炳辉拎着一袋碎泥块，站在障碍边，干部战士在障碍前稍一犹豫，动作稍稍不到位，罗炳辉就把小泥块砸到他身上，说：“你被子弹打中了！”“你挂花了！快隐蔽！”“敌人机枪扫过来了，你怎么办？”“勇者生，怯者死！”练习得十分逼真。罗炳辉和战士们一起演练，摸爬滚打，亲做示范。新战士会惊异地发现：罗师长虽然身躯胖大，但动作却非常敏捷矫健，疾步如飞，一般人要拼全力跑步才能跟得上他。在个人技术上，罗炳辉要求每一个指战员必须熟练掌握五大技术：射击、投弹、拼刺、劈刀、土工作业。练劈刀，不但要掌握传统武术的基本套路，还要勇猛有力，劈出呼呼的风声，一刀下去，能把十枚叠成一堆的铜板齐刷刷劈成两半。有一次，他要战士们到根据地边缘地带群众大会上去表演劈刀，只听得一阵铮铮响亮，半截铜板漫天飞舞。罗炳辉笑着问道：“乡亲们，是铜板硬呢，还是日本鬼子的脑壳硬？”答案不言而喻，会场上响起热烈的掌声。

罗炳辉的大刀队在抗日战场上杀出了威风。有一次，一队日本兵窜犯根据地，推进到新四军的阵地前，抬头一看，阵地上不见一个人影，也听不到一点人声，只见齐刷刷倒插着一排大刀，足有一百多把，在阳光下闪着寒光，只听见刀柄上拴的红布在大风中哗哗哗地飘，日本鬼子吓得魂飞魄散，扭头就逃。

罗炳辉是著名的神枪手。百米之外打鸡蛋，四五十米打麻雀，百发百中。头顶上有老鹰飞过，瞄也不瞄，一仰脸，一抖腕，枪响鹰落，更是他特有的一手绝技。枪法好必须臂力强，马克辛重机枪他可以连续提举几十次，平端起来能瞄二十分钟，脸不红，气不喘。轻机枪，他平端着一练就是一个多小时，纹丝不动。在淮南抗日根据地，曾经广泛流传过“罗师长一枪打死三个半鬼子”的故事：有一次，一小队鬼子侵犯根据地，排着纵队过小桥，罗师长在桥头伏击点迎头就是一枪，那么巧，子弹穿透了前两个鬼子的咽喉，又掀掉了第三个矮个鬼子的天灵盖，钻进第四个鬼子的胳膊里，三死一伤。故事的准确程度已无法考证，但罗炳辉的神奇枪法却是根据地军民亲眼目睹的事实。

大比武、大会操，是罗炳辉推动开展练兵运动常常使用的形式。他在各旅、各团、各营之间，频繁组织竞赛演练。得胜的一方，由团（营）长和政委（教导员）上台领纸扎的红红绿绿的大飞机。输了的，只能抬回去一只灰不溜秋的大乌龟，于是，各部队练兵场上，争先恐后，龙腾虎跃，热气腾腾，掀起了一个又一个练兵热潮。

罗炳辉对指挥员的要求更加严格。他要求他们勤奋学习、善于谋略、敢于决断，要“待敌静如山，杀敌猛如虎”、“不动如山，动则山崩地裂”，要熟练掌握麻雀战、回旋打圈、地雷战术、狙击战术、化零为整和化整为零、布毒和断绝粮食水源、破坏桥梁道路、改造地形、埋伏袭击、截尾巧捉敌落伍人员、摸哨、围攻、诱敌、打援等游击战术。

每次新任命一个基层指挥员，罗炳辉都要把他带在身边，一起行军、打仗，在实践中考察干部。有时行军走出了几十里地，罗炳辉会突然考问："过了几条河？几座桥？经过了哪些村庄？现在处在什么位置？这里的敌情、民情、地方政权情形如何？如果现在遇敌伏击，给你一个营，你怎么打？给你一个连，你怎么打？怎么利用现有地形？怎样配置火力？怎样安全撤出战斗？"罗炳辉喜欢用这种方法考核干部，而不光听你说得怎样好听。他讨厌那种只会夸夸其谈、满口新名词，却没有真本领、会说不会打的人。

罗炳辉还要求全体指战员，心里装着根据地的山川形势、岗圩沟渠、民俗民情。不看地图、不找向导也能耳聪目明。因为，有时黑夜行军无法看地图，向导返回时也可能被敌人捉住。

淮南抗日根据地日趋稳固后，部分干部滋长了和平麻痹思想，有一次召开干部会，会议正开到半途，突然，会场外枪声大作，"是敌人偷袭！"情况猝然发生，有不少干部愣在那里，不知所措。这时，罗炳辉宣布：这是警卫连制造的"敌情"。他表扬了反应敏捷、迅速进入实战状态的干部，严厉批评了不知所措的同志。他说："作为一个军事干部，胸中应该时刻装着敌情。敌人来打你，不会预先下通知。以后同志们每到一处，比如来开会，就应该首先观察好会场四周的地形地物，万一被敌人包围了，应该怎样打，怎样分散，怎样反击，怎样突围。"

在新四军中，"二师出干部"是很有名气的。这与罗炳辉的从严治军、严格要求、言传身教，有因与果的关系。1941 年 5 月 4 日，为了适应二师和淮南抗日根据地对军政干部的迫切需求，中国人民抗日军政大学第八分校在天长县张公铺正式成立，罗炳辉兼任副校长。他经常给学员们讲课。抗大八分校后迁天长县龙岗、葛家巷，1943 年缩编为二师教导团。到抗战胜利时，抗大八分校和教导团共培养了 2500 多名军政干部，其中大部分后来成长为优秀的军政人才。罗炳辉曾经带着毕业班，走遍了战云密布的根据地边缘地区，让他们在实际战争中进一步完成理论和实践的结合。

罗炳辉实战经验十分丰富。从子弹的呼啸声中，他能分辨出敌人是盲目射击还是瞄准射击、敌人射手距自己有多少米。从炮弹的呼啸声中，他能判断出着弹点，常常是他刚刚命令同志们跑开，原来站的地方就落下了炮弹。战士们说："打仗有罗师长在前面，有宫部长（指卫生部长宫乃泉）在后面，我们什么也不怕！"群众称罗炳辉是"子弹不敢碰的军神"。

罗炳辉十分重视军事理论的建设。他亲笔撰写了《指挥员熟用手册》、《碉堡作战》、《民兵战术》、《关于三角式据点构筑和守备之要领》、《几打几不打》，创造了麻雀战和"梅花桩点式纠缠战术"，出色指挥了千百次战斗，丰富了无产阶级军事理论的宝库。

十六

罗炳辉爱民如父母，和群众亲如家人。他常说：人民是我们的父母，我们是人民的儿子，我们应该为人民尽孝，为革命尽忠。

每逢农忙季节、灾荒或冬天大雪封门，罗炳辉就集合指战员，说："大家知道，人民群众是革命军队的母亲。现在，母亲有了困难，需要我们的帮助。我请同志们立刻到母亲那里去！去尽孝道！一边劳动，一边了解他们有什么困难和问题要我们解决。"他每到一地，就和人民群众打成一片，拉家常，谈生产，调查各项政策的落实情况，了解基层干部的作风，一旦发现有不合理的事情，立即予以解决，绝不姑息拖延。他说："共产党是为人民大众求解放的，解决群众疾苦是共产党的分内事。不打抱不平，不是共产党！"根据地人民称他是"罗青天"。

1939 年 2 月，罗炳辉的父亲罗守清，于贫病孤苦中，在故乡悲惨逝世。身后萧条，靠彝良县邮政局局长温国桢先生的资助，才得以安葬。

罗炳辉得知噩耗，十分悲痛。他在1939年10月托同志代笔的《祭先父文》中写道："不孝自十七岁恚然背亲离家，远走从戎，迄今二十有三年未尝回籍定省。中虽率师道出滇池、经梓里，顾以戎机急迫，即欲一面惨别十九年之老父亦不可得！尔后，转战北上，抗日军兴，不孝以国难当前，民族危机，存亡绝续，在此一举，挽救民族，改进社会，大义凛然，责无旁贷，乃驰驱全国，转战江淮，了平生之宿愿，雪百年之国耻，固知此亦吾父所最属望于不孝者。然而，一念及少小一别即为儿与吾父永诀之时，能不椎心泣血乎！使不孝有父若无父，使吾父有儿为无儿，伶仃孤苦，受尽折磨，生不能养，死不能葬，此皆不孝之罪也。哀哀父母，生我劬劳，罔极之恩未报，终身之恨无穷！大别昆明，永致思亲之泪。天涯地角，长驰膝下之魂。灵其有知，曷览儿心！"罗炳辉还请同志代撰了挽联："痛吾父幼小困穷厄，尝备炎凉，劬劳七十又六龄，到老来只剩一身孤苦，易箦呼儿难瞑目；感不孝早岁事戎机，历尽艰危，转战二万五千里，看今日挥戈大江南北，誓歼倭寇奠先灵。"罗炳辉把对父母的思念，化作了对旧社会的刻骨仇恨。同时，把对父母的孝心，毫无保留地献给了中国人民。

1943年是八年抗战中最艰苦的一年。5月20日到28日，淮南苏皖边区第一次财政经济扩大会议召开，罗炳辉到会讲话。他号召党政军民各界增加生产，繁荣根据地经济，改善军民生活，军民携手共渡难关。罗炳辉身体力行，带着警卫战士一起开荒种地，挖塘种藕、养鱼。他种的蔬菜地，品种多，产量高，全军有名。在他的带领下，二师成了新四军全军的生产模范。1943年度，二师和淮南军区对敌作战2109次，二师的生产总额达2000万元，大大减轻了人民群众的负担。

1944年春，淮南抗日根据地军民合作重修了高邮湖西岸大圩数百华里，共用人工764150个，挑土方444000多方。这一工程的竣工，避免了国民党统治时期五年一沉圩的惨剧的发生，保护了7万人民和30万亩良田。罗炳辉还热情扶持了半塔大佘郢骆腾云互助组，骆腾云被评为劳动英雄。

1944 年 9 月，罗炳辉在天长县铜城主持民兵万人大检阅和百团文艺大会演，同时，还召开了劳动模范大会，举办了“生产大展览”。

军队爱人民，人民也全力支持子弟兵。1941 年春，二师供给部在天长县铜城创办飞马烟厂；9 月，新四军军工部副部长吴师孟和军工模范吴运铎等由盐阜区到达淮南，在高邮县金沟区（今属江苏省金湖县）白手起家创办兵工厂，都得到了根据地人民的人力、物力、财力支持。

罗炳辉爱兵事迹极多。至今有许多老部下忆起他，总要热泪盈眶。他以一片至诚至爱来爱护战士，体谅战士，切切实实帮助战士解决困难。他下到连队，和战士们一起摸爬滚打，同一个锅吃饭，围在一起谈心，活脱脱一个老兵。他叫得清每一个勇敢战士的名字，知道他们的家乡籍贯、家庭情况和本人特点、爱好。战士们有什么心里话，都愿意对他说。有一次，罗炳辉下到一个连队，听说当夜是一个原先胆子很小的新兵站岗，就约了连长半夜去摸哨。谁知那个新兵早已改掉了毛病，十分勇敢机警，当他发现暗夜中有两个人行动诡秘地向岗哨摸来时，朝着前面一个高大的黑影就是一枪。子弹把罗炳辉的裤腿穿了一个洞。事后，新兵知道是误打了罗师长，十分难过，也十分紧张。罗炳辉只指出他没有先喊口令就开枪的欠缺，在全连大会上大大表扬了这个战士，还奖给他一条毛巾和一双草鞋。后来，这个新战士成长为战斗骨干。

罗炳辉非常尊重知识分子，爱护人才。二师中从事政治工作、经济工作和文艺宣传工作的学生兵，都是他的好朋友，在一起无所不谈。罗炳辉常常向他们发感慨：“我敬重有知识、有文化的同志，也羡慕你们。等到革命成功了，我真想去读几年书。”他对二师中学有专长的同志关怀备至，1941 年 9 月，吴运铎来到二师，罗炳辉在大会上向大家介绍吴运铎：“这是我们的军工专家，大学毕业的！”吴运铎连忙更正：“我是工人出身，没上过大学。”罗炳辉爽朗地大笑着，说：“社会大学么，革命大学么，同志们，吴运铎同志有技术，懂洋文，大家说算不算大学毕业呀？”

“算!”台下一片掌声。吴运铎因公致残,罗炳辉在生活上十分照顾、体贴他,逢到师部来了战利品,罗炳辉总忘不了叮嘱警卫员挑一堆最好的,给吴运铎送去。罗炳辉还特地托从事地下交通的同志,从上海买回来一本美国出版的英文版《机械工艺》赠送给吴运铎。他在扉页上题写道:“只有把无产阶级利益和科学结合起来,才能算真正的科学家。”

罗炳辉在淮南抗日根据地的群众中,享有极高的威望。以至新四军军部迁来黄花塘后,罗炳辉有一次在汊涧街上遇到陈毅,立即翻身下马,向陈毅行军礼时,路边群众全都不胜惊诧:“啊呀,还有比罗司令更大的官呀!”罗炳辉每到一地,总会有许多群众闻讯赶来,想一睹他的丰采,罗炳辉谦虚地向大家说:“我只是一名普通的共产党员、革命军人。一将功成万骨枯,真正了不起的,是我们的战士!”

罗炳辉曾说:“在淮南路东,天时、地利、人和,这三样我们都占着。”

罗炳辉的爱人张明秀,是一位温和持重、正义感强烈的红军老战士。1939 年 2 月周恩来到皖南泾县云岭军部时,张明秀正在新四军教导总队第八队(女生队)当政治指导员兼党支部书记。八队有一位女同志在长征中掉队被俘,与党组织断了联系,她去找周恩来,要求准予恢复党籍。周恩来十分关心这件事,专门找来了张明秀,说:“我有一件事情要麻烦你办。你看这位同志党籍能不能恢复啊?”张明秀说:“周副主席,这个事我可办不了。在她狱中表现弄清楚之前,只能重新入党,不能恢复党籍。”周恩来说:“在人的问题上要慎重。她是长征的老同志了,为革命做过许多工作。要爱护每一个干部,尽快把她在狱中的表现查清。”事情过了好几天,周恩来到村中看望教导队学员时,特地找来张明秀,对她说:“前几天跟你谈的问题,要按照你们支部的意见办,因为支部的意见是正确的。你千万不要认为我周恩来说过了,不办不好。我也是一个普通党员嘛。我们共产党的规矩是按原则办事,服从真理,不能谁的官大谁说了算。”事后,张明秀把这件事告诉了罗炳辉,罗炳辉十分同意张明秀坚持原则、不随风转舵的做法,对周恩来关心同志、服从真理的精神也非常钦佩。1941 年底，张明秀生了一个女儿，十分健壮，但由于医生器械消毒不严，脐带感染，几天后就夭亡了。医生知道罗师长盼孩子心切，又悔又怕，紧张得直掉眼泪。罗炳辉从前线赶回来，兴冲冲地来看孩子，张明秀强忍着悲伤，哄他说："孩子生下来就是死的。医生同志抢救了很长时间，吃了许多苦……"直到 1943 年他的爱子罗新安出生，张明秀才把长女夭亡的事情告诉罗炳辉，说："我怕你发脾气，伤了同志的心。瞒了你两年，请原谅我。"罗炳辉深情地凝望着爱人，感动地说："当时你做得对。我脾气不好，知道了真情也许会伤医生同志的心。我得感谢你呀。"

罗炳辉性格刚强，治军极严，有时也不讲方法，脾气不好。长期的军旅生活造就了他性格中粗犷、彪悍的一面。有一次，教导队学员们正在谈论罗炳辉的神奇枪法，正巧罗炳辉散步从这里路过。学员们请求罗师长表演打鸟，罗炳辉正在思考问题，笑着摆摆手说："下一次吧。"学员马登奎开玩笑地说了一句风凉话："哪有那么神？我就不信！果真是一枪一个，我生吃了它！"罗炳辉很生气，掏出左轮手枪，四面看看，一甩手叭叭两枪，天上栽下来一只麻雀和一只灰喜鹊。罗炳辉板着脸，喝令："马登奎！出列！"他指着地下血淋淋的两只鸟，喝道："吃掉！"马登奎从来没看见过师长发这样大的火，脸都吓白了。还有一次，四旅旅长梁从学因为天气太热，没有扣风纪扣就在街上走，被罗炳辉撞见了。罗炳辉喊："梁从学！""到！""检查一下军风纪！"梁从学赶紧扣好风纪扣。罗炳辉严厉地说："稀稀拉拉，像个军人吗？要记得自己是旅长！"梁从学涨红着脸，张嘴想检讨几句，罗炳辉一挥手："别说了！以后要改！回去吧！"罗炳辉是个胸襟坦荡的人，批评归批评，爱护归爱护，说过就算，只记人善，不记人恶。批评过火了，事后他会主动道歉："枪伤好治，心伤难医，同志呀，我向你检讨。意见正确，但态度不好。"每逢他态度不好发脾气，张明秀就严肃地说："炳辉同志，别以为你是师长，我就批评你不得。你是共产党员，我是机关党支部书记，你得接受我们支部的监督!”罗炳辉组织观念极强,话说到这个份上,他会主动做自我批评。

十七

1944 年5 月,日军第六十一师团和伪军共2500 余人“扫荡”津浦路西定远地区,合击路西根据地中心区藕塘,被新四军第二师击退。11 月,日伪军纠集7000 兵力再次“扫荡”,激战一周,又被击溃。1945 年2 月14 日,日军华中派遣军山本旅团主力和伪军由扬州出发,向北进犯,企图打通淮河运输线,罗炳辉指挥二师一部和地方武装,与日伪军作战24 次,把敌人打回扬州、高邮。至此,日本侵略军的攻势已如强弩之末了。

长期艰苦的革命战争和忘我的工作,损坏了罗炳辉的健康。才四十多岁的他患有胃病和高血压,长期大量便血,有几次竟至生命垂危。

1945 年7 月26 日,中美英三国发表波茨坦公告,促令日本无条件投降。8 月6 日和9 日,美国在日本投下两枚原子弹。8 月9 日,苏联军队进入中国东北。9 日,毛泽东发表《对日寇的最后一战》,号召:“八路军、新四军及其他人民军队,应在一切可能条件下,对于一切不愿投降的侵略者及其走狗实行广泛的进攻。”一道道命令从延安发来,罗炳辉振奋不已。8 月10 日,日本政府发出乞降照会。10 日夜间,当胜利的消息传到二师司令部时,罗炳辉正在病榻上呻吟。他毅然抱病上阵,指挥战斗。

8 月10 日,朱德总司令发布进军命令。同日,罗炳辉指挥新四军二师各部,分别向津浦铁路和淮南铁路沿线的日伪军据点以及蚌埠、合肥等城市进攻,并命令独立旅向长江沿岸进击,各支队则向所在县的日伪军据点进攻。罗炳辉日夜操劳,指挥淮南全局反攻,全然忘记了病痛。

战争态势瞬息万变。10 日,日本陆相阿南惟几宣称要将“圣战”进行到底。11 日,蒋介石下达三道命令,要人民军队“就地驻防待命”,不得向日伪军“擅自行动”，由他来独吞抗战胜利果实。同日，朱德连下六道命令，命令人民军队收缴日伪军武器装备，接受日军投降。同日，新四军军部命令华中日伪立即投降，一切武装物资交新四军处理。14日，日本天皇宣布无条件投降。同日，蒋介石电邀毛泽东到重庆谈判。15日，朱德命令侵华日军总司令冈村宁次：“在华东的日军，应由你直接派出代表至新四军军部所在地天长地区，接受陈毅将军的命令。”

罗炳辉坚决地执行了中央和军部的命令，挥师全线总反攻。8月13日，罗炳辉部促成了伪警卫第三师师长钟剑魂在六合县钟家集率部起义。14日，二师第五旅猛攻蚌埠及其外围据点，是日解放定远县城。16日，二师解放盱眙、来安两县城。17日，二师四旅攻击滁县，同日收复嘉山三界；六旅收复朱巷、下塘集车站。20日，罗炳辉亲临指挥解放六合县城，同日解放天长县城。在短短的十多天里，迅速收复了广大地区，解放区人口达330多万人，面积达2万多平方公里。

为了挽救和平，避免或推迟战争，8月28日，毛泽东、周恩来、王若飞抵重庆与国民党进行和平谈判。为了表示共产党争取国内和平的诚意，中共代表主动提出撤出南方8个省区的人民军队。9月9日，中共中央制定了“向北发展，向南防御”的战略方针。

10月3日，罗炳辉率部离开淮南抗日根据地北上。经泗阳、宿迁，于10月20日下午在炮车、赵墩间强越陇海铁路，进入山东省境内。此时，罗炳辉部改称新四军第二纵队，罗炳辉任纵队司令员。

日本投降后，国民党调集17个军约40万人，在日伪军的接应下，分批向华东解放区推进，企图打通津浦铁路，进入华北、东北。为了阻止国民党军北进，争取时间发展东北战略区，中共中央指示新四军和山东部队，在济南至徐州间组织“津浦铁路战役”。10月19日，新四军攻克邹县、大汶口。11月3日，罗炳辉和陈毅共同组织并指挥了“界河战役”，成功地实现了由抗日游击战争转为大规模的兵团配合作战的历史性转变，歼敌吴化文部5000余人，严密控制了津浦铁路。24日，又发起了“临（城）韩（庄）战役”，迅速开辟了鲁南地区，控制了徐州至济南间铁路260华里，粉碎了蒋介石打通津浦铁路的阴谋。1946年1月国共双方停战实现后，罗炳辉倾注了极大的精力于部队的“百日练兵”运动。

过度的操劳，又使他病倒了。医生们联名给军部打报告，军长陈毅要罗炳辉休息治疗。他这才度过了在他戎马一生中仅有的一段休养时期。他2月26日游览曲阜。3月5日登泰山极顶。下山后，不顾医生的劝阻，又投入了紧张的工作。

4月，蒋介石悍然撕毁停战协定，集重兵向苏、皖、鲁各解放区大举进攻。已经组织批准去苏联治病疗养的罗炳辉，决定放弃出国治疗的机会，坚持留下来协助陈毅军长，转战山东战场。是月，山东军区成立，由新四军军长陈毅兼任司令员，罗炳辉任新四军第二副军长兼山东军区副司令员。

6月初，枣庄前线吃紧。6月5日晚，罗炳辉告别爱人张明秀和2岁半的儿子新安、7个月大的女儿鲁安，乘车驰向峄县前线指挥所。这是他与家人的最后告别。临行前，他已自知身体不支，决心贡献生命于党和人民革命战争。不久前从延安来的长女镇涛此时正在前方学习培训，新安的牵衣相送和幼女的牙牙学语，使他柔情满怀。6月7日，枣庄战役发起，战况十分激烈。

6月13日，罗炳辉在峄县前线指挥所里，给张明秀写了最后一封家信。在信中，他详细地谈了对镇涛的教育问题，希望她能“真正做一个劳动人民的女儿、女革命家”。他惦念着“新安这一向怎样？讲了什么话？鲁安更好玩了，我均很想念”。他在信的最后，无限深情地写道：“秀，你对我特别照料关心，可是对你母亲的安慰信写得太少了。详情再谈。”

16日，罗炳辉在枣庄解放的捷报传来后，在峄县前线指挥所主持召开高级干部会议，作新的战斗部署。深夜散会后，突然发烧，以至昏迷。

17日黎明，医生确诊为急性肠胃炎。

18日，病势转重。

19日，陈毅闻讯后，自临沂赶来，守护在罗炳辉的病榻边。陈毅带来了毛泽东5月20日致罗炳辉的亲笔信和朱德、康克清6月5日致罗炳辉的亲笔信。罗炳辉在病床上向陈毅叙述了自己一生的曲折经历。

20日，病势趋于稳定，医生建议送回临沂后方医疗。

21日晨，韦国清、詹化雨、宋时轮和医护人员护送罗炳辉离峄县，经张家庄、望夫台、古林村东行。道路崎岖，车极颠簸，天气酷热，正午到兰陵镇时，罗炳辉因出汗过多，严重脱水，出现虚脱症候。韦国清令移兰陵酒厂后院大屋内，实行抢救。延至下午5时许，罗炳辉的心脏停止了跳动。

十八

将星陨落，举国震惊。

6月23日，中国共产党中央委员会发表唁电，称："罗炳辉同志的病故，是我党我军与我国人民的重大损失。……中共中央谨以悲痛的心情哀悼他的逝世。"同日下午，新四军军部暨山东党、政、军、民各机关团体十万人，在临沂隆重举行罗副军长葬殓典礼。陈毅把一面绣着"中共"两个金黄色大字的红旗，亲手盖在罗炳辉的灵柩上，并流着热泪，在罗炳辉墓前发表了长篇演说。是夜，陈毅送葬归来，整夜不眠，他泪湿衣襟，感慨于"多灾多难的中国人民何其如此不幸"，写下了著名长诗《罗炳辉将军追忆词》(载《大众日报》1175期，后经张茜整理，收入《陈毅诗词选集》)。29日，苏皖边区政府发布政令："为纪念罗故副军长建立淮南解放区之功绩，特令将淮南路东之天长县，改名为'炳辉县'，并于该县建立纪念碑，永志不忘。"

1947年夏，蒋军陷临沂，惨无人道地对罗炳辉的遗体肆意凌辱，激起山东人民和全军将士的切齿痛恨。

1950 年,在陈毅亲自主持下,人民政府在临沂为罗炳辉重建了宏伟的陵墓,并雕刻了石像,建造了“瞻容思功亭”。

陵墓为四方抹角塔形,四面嵌浮雕,十二面镶碑文。罗炳辉生前战友题碑为:

人民的功臣罗炳辉同志不朽!——周恩来

炳辉同志纪念!革命到底,死而后已;精神不死,万古长存!——朱德

炳辉同志千古!志在革命,功在人民!——刘少奇

永垂不朽!——任弼时

罗副军长炳辉千古!为被压迫阶级争自由,剧战久经,到死不离民众;当反革命势力已殒灭,丰碑特建,勒铭永记殊勋!——陈毅、饶漱石

功垂史册,万古流芳!——周骏鸣

为人民革命事业壮烈牺牲,英雄事迹永垂不朽!——张震

(选自《中共党史人物传》第 37 卷,陕西人民出版社 1988 年版)

编后记

为纪念罗炳辉副军长而出版的纪念文集——《罗炳辉百年经纬》，经过两个多月的努力，现已编辑完成。在组稿、编稿工作过程中，得到曾经在新四军和二师工作过的首长、老同志的热情指导和帮助。

对本书的出版设计、编校、印制给予热情帮助的同志们、朋友们，致以衷心的感谢！

本书的组稿工作，要求作者做到忠于史实，客观、公正地按照历史事件原貌秉笔直书。但由于我们编者水平和对史料掌握的局限，可能存在诸多不足之处，诚恳请求读者给予批评指正。

感谢张安平、李道林、杨声华、李连福、李秀平、李倩，以及上海图书馆。

上海市新四军历史研究会军直分会、二师分会

2007 年 12 月

图书在版编目(CIP)数据

罗炳辉百年经纬/罗新安主编;上海市新四军历史研究会军直分会、二师分会编.—上海:中西书局,2015.9(2016.5重印)

ISBN 978-7-5475-0932-6

Ⅰ.①罗… Ⅱ.①罗… ②上… Ⅲ.①罗炳辉(1987~1946)—纪念文集 Ⅳ.①K825.2-53

中国版本图书馆CIP数据核字(2015)第229025号

罗炳辉百年经纬

罗新安 主编

上海市新四军历史研究会军直分会、二师分会 编

责任编辑	毕晓燕
装帧设计	梁业礼
出　　版	上海世纪出版集团 中西书局(www.zxpress.com.cn)
地　　址	上海市打浦路443号荣科大厦17F(200023)
发　　行	上海世纪出版股份有限公司发行中心
经　　销	各地新华书店
印　　刷	上海长城绘图印刷厂
开　　本	700×1000毫米 1/16
印　　张	33.75
版　　次	2015年9月第1版 2016年5月第2次印刷
书　　号	ISBN 978-7-5475-0932-6/K·186
定　　价	100.00元